全著作 森繁久彌コレクション 1

自伝

道

解説 鹿島茂

藤原書店

父・菅沼達吉
（1861-1915）

大叔父・成島柳北
（1837-84）

菅沼達吉の枚方の邸宅　正門と全景

大正6（1917）年頃。左から著者（3歳頃）、父方の祖母エキ、兄の豊（後列）と俊哉、母・愛江、姉・敬子とその長男正巳

北野中学校時代

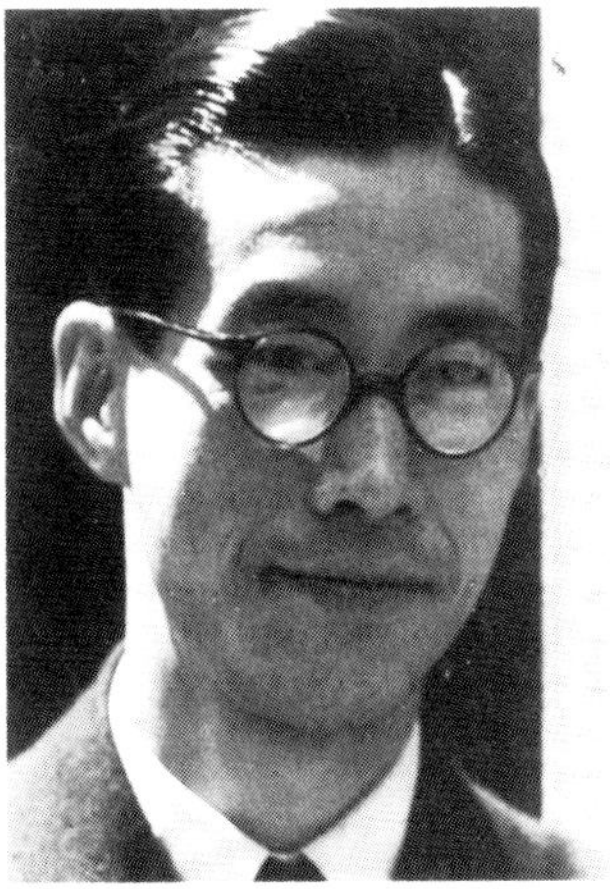

兄の馬詰弘

昭和8（1933）年頃、早稲田第一高等学院商科3年、運動会の応援団長をつとめ、商科が優勝したときの慰労会。前列右から2人目が著者。口髭は「勝つまで剃らない」ため

満洲にて妻、長女、長男と

昭和16（1941）年、満洲・新京にて、家族や放送局の同僚たちと。
右端が妻と長女、著者が抱いているのが長男、左端が手伝いのスーチン（13歳）

昭和24（1949）年頃、新宿ムーラン・ルージュにて。
吉田史郎作「蛇」公演、左は小柳ナナ子さん

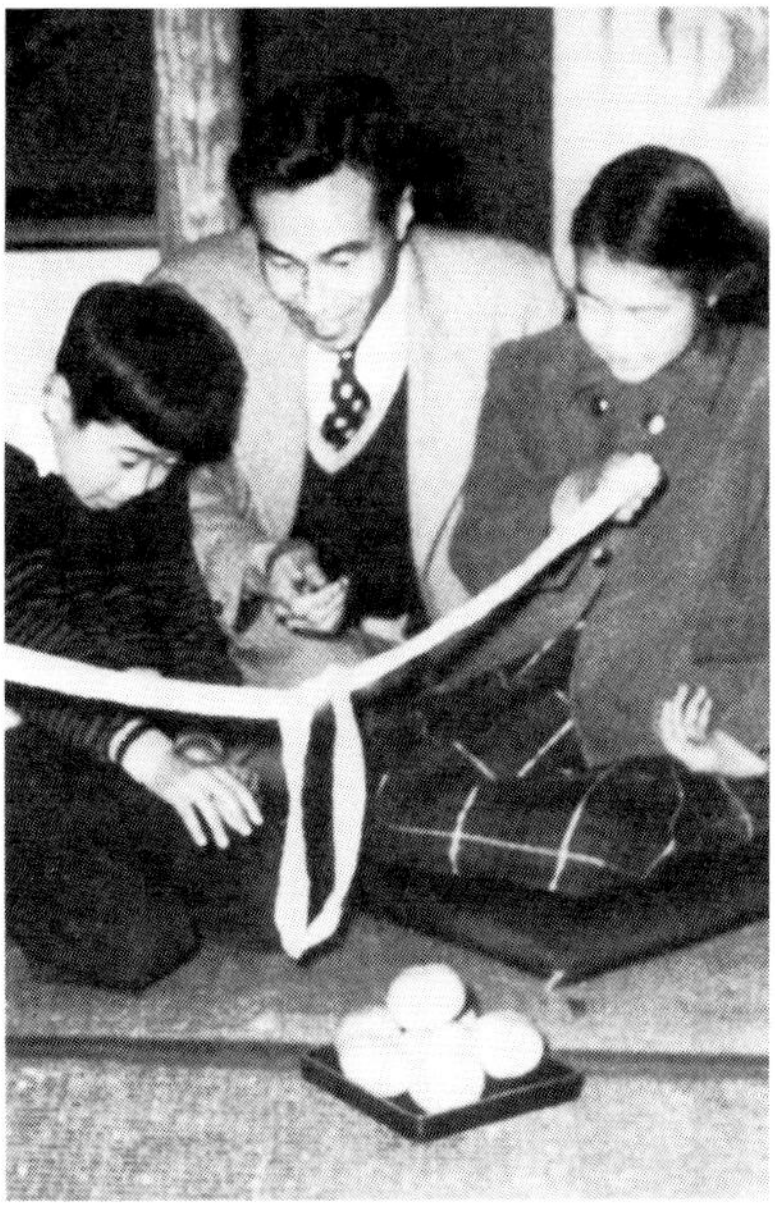

昭和28（1953）年頃、
子ども部屋の工作台で、家族と

昭和25（1950）年頃の正月、
子どもたちと

昭和29（1954）年頃、自宅居間で

昭和30（1955）年頃、自宅の庭で母・愛江と

全著作〈森繁久彌コレクション〉1　道——自伝　目次

学校時代　59

役者への道　81

II　森繁自伝

終戦の日から

III 満州

青春の地はるか　423

Ⅳ わが家族

私の家族 543

カバー画　山藤章二
装　　丁　作間順子

全著作〈森繁久彌コレクション〉1

道

自伝

『全著作〈森繁久彌コレクション〉』発刊にあたって

森繁久彌は俳優としてすばらしい業績を残したばかりでなく、自ら筆をとって多くの文章を残し、二十三冊もの著作をあらわした。名文であり、ユーモア、ウィットにあふれ、奥深い。しかし、著書の多くは今は品切れになっている。このままでは、〝文人・森繁久彌〟は埋もれてしまうと危機感を抱き、ぜひ残しておかなければ、との思いから、三年ほどかかってしまったが、ようやく発刊にこぎつけることができた。

本コレクションは、著者のこれまでの単行本から、あらためてテーマ別に構成し直し、著者の執筆活動の全体像とその展開を示すものである。

「全著作」と銘打ったが、厳密な意味で全作品を集めたというわけではないけれども、森繁さんの全体像が見渡せるようにと配慮した。

また、著者は故人であり、特に『自伝』の巻は、その全生涯を網羅的に出すことには至っていない。作品と作品の間に記述の空白がある部分もある。読者のご寛恕をいただければ幸いである。

『全著作〈森繁久彌コレクション〉』編集委員会

凡例

一、原則として、最新版の単行本を底本とする。単行本に未収録の作品については、それぞれ初出紙誌を底本とする。
一、原則として用字の統一は行わず、底本を尊重する。
一、ただし、明らかな誤植は訂正する。また明らかに不自然な表記は訂正する。
一、原則として、現代かなづかい、新漢字に統一する。（ただし、旧かなづかいの引用文等を除く）
一、現代では差別的とされる表現があるが、著者が故人であり、また差別の意図はないことから、そのまま残した。

序

十五年も前に書いた本（『森繁自伝』）だが、今読みかえして何とも稚拙な文章で恐れ入る。がそれにも増して自分を小気味のいい、小ぎれいな男に仕立てあげているのが鼻もちならぬ感じがする。

この本の原題は〝奈落から花道まで〟であったが、それはまあいいとして、〝花道から舞台へ〟の第三の人生は、芸能界への愛憎の中で、業に煮えてのたうちまわる何十年、これこそ克明に書いてみたいと、あれからしばしば思ったのだが、さてといって筆がすすまない。

ああ書こう――が、こう書きたい――になり、また、こう書くとアレがアレだから、それはとばして――と逡巡するうちに、筆欲は消え、危きを避けようとする老いの心根が、ぐっと私を制圧してしまうのだ。

誰をも傷つけることなく、自らもほおかむりをして静かにこの身と一緒に焼いてしまおうという気になる。

思えば、この三十年は、私を嘘つきにしてふくらませたようだ。でもその嘘つきの己れに奸知をはたらかせ、たくみに仕事（役者）の上に投影して、観客の笑いを買い、役者稼業の糧としたことはいなめぬ。

しかし——結論めいた話になるが、今日、六十数歳になって、役者は技巧だけではどうにもならぬものと悟らされた。役者はその人物の持つ魅力が第一で、それを役者の華とでもいうのだろう。つまりは役の人物と本人とをまぜ合わせてお客の心に生きるようにならねば、人は銭を払って見に来てくれぬことと知った。

私が世に出て映画俳優なるものに籍を置いて、さて役者のコツはどこにあろうかと、役が大きくなるごとにその悩みを深くしたが、昔からファンであった大先輩に一度、恥をしのんで聞いてみようと決心したことがある。

折よく、その人と伊豆のロケーションが一緒だったのを幸い、或る夜、お部屋に伺ってお話を聞かせていただきたいと願い出たが、相手は浮かぬ顔で、持参のウイスキーをただ黙々と飲むばかり、でもこの好機を逸してはと、恐る恐る、

「役者のコツは……」

と切り出した。

しばらくあって、その口から、

「役者はピンとキリを知っておれば、真中《まんなか》は誰でも出来ます」

と、ただこの一言洩《も》れた。

今日まで実はこの一言が私の役者道にも人生にも、それを左右するほど影響したことは言をまたない。

成程、貧苦も死線も越えて来た私は、十分キリの方を身につけて来たが、さてピンを知ることは誠

にむずかしいことであった。金を不必要に持ったところで、ピン性が身につくわけでもない。が、真中は誰にも出来る――の一言は、考えれば考えるほど、含蓄のある言葉であった。役者に限らず、文士も絵画きも、或いは実業家も、組合の幹部ですら、真中のなまぬるいところで天職ここに尽きる――くらいな気ぐらいをもって生きているのだろうが、その仕事の中に人生の哀歓の深みも何もないことが多いのではあるまいか。

　これは現代の若者にも共通して云えることのようだが、これには多くを語ることを割愛しよう。

　さて、映画界に入って十本目近くの主演が『夫婦善哉』であった。相手役の淡島千景が松竹の攻勢で決らず、遂に有馬稲子に変った。

　当時の彼女は、今のように腰の低い円満なスターではなくて、あたりを美貌と一緒に吹き飛ばしていた。監督の豊田四郎さんは危んで、私ら二人を、大阪へロケ下見をかねて連れて行ったのだ。

　数日の生活だがその間に気心を知り合い、夫婦の役をすき間風の通らぬようにしようとの配慮である。

　彼女は、大阪北の紙なべという店に仲居でつとめることになった。

「おい姉ちゃん、何たらいう女優によう似とるなあ。おい別嬪、ちょいとここへ坐ってお酌せえ」

　彼女は毎夜、女優の沽券をへし押られ帰って来た。私はひたすら彼女の帰りを待った。そのうち、だんだん、疲れて帰って来る彼女がいとおしまれ、大事にするようになって来たが、彼女があきらかに角がとれて来たことも事実だ。或る夜、疲れた彼女を誘い出して、六甲あたりまでドライブすることになったが、彼女と同道して来ているお袋さんが、余り浮かぬ顔で、

「大丈夫かしら」

としきりにいう。とうとう、その辺でお茶を飲んで帰って来たが、そのデイトから、私は「これでいける」と直感した。

その翌日、監督も、

「よし決った」

と私の顔を見てニヤリとした。

帰途、名古屋に一人で立寄り、ロッパ親父が御園座に出演しているのを訪うたが、その日、新聞記者から『夫婦善哉』中止の報をうけ、頭に血がのぼって、私は東宝を去り、日活にゆき『警察日記』という映画をとることになるのだが、やがて一年、東宝の名プロデューサーの故滝村和男氏が迎えに来て、再び東宝につれもどされ、『夫婦善哉』を淡島千景とコンビで撮ることになるのである。

その完成試写の日、東京宝塚劇場は大入り満員であった。そして映写前に、主演スターとしての挨拶をしろという。

「映画を撮り終って、役者が皆さまの前に大きな面をさげて挨拶することは何とも耐えられぬことでございます。こんな日は皆さまのうしろの席で、そっとこの試写を見て、冷汗を流しておるのが、真の役者の姿と考えますが、実は、今日、この舞台に上ります決心をしましたのは、病弱の母が、初めて私の映画を見ると申しますので、二階の一隅に席をもうけつれて参りました。その母に、まったくこの映画の主人公のような、ジダ落な青春時代を経ました私が、皆さんの前で、謝りたいと思ったからでございます。母さん、長い間御心配をかけました。ごめんなさい。でも久彌は今、この大勢のお客さんの前で、拍手で迎えられるようになったんです。喜んで下さい。母さん有難う」

何故か、ハラハラと落涙して、拍手を浴びて引っ込んだ。映画が済んで割れるような歓声が聞える廊下にお袋を迎えに行ったら、ロビーのソファでただ泣いている母がいた。聞けば映画は見なかったという。あとにも先にもたった一度の親孝行であったが、そんな芸能界のゲも知らぬ母も、それから間もなく世を去ったのである。

次々に、私のそばに、新旧とりまぜたスターが現われた。一人一人個性の強い女たちだった。

しかし、不思議と、その美貌の陰に哀愁がただよう。一本何か足りない女性像である。

そういうと文句の一つもとんで来そうだが、この商売は、本質的に人間を未完のまま終らせる仕事のように思えてしかたがない。

時には相手役との間に激しい情熱が生まれ、私生活までおかしそうになることもある。が、もともと大きな落し穴のある世界で、身分不相応な金と、人気という化物にとりつかれ、それらに迷うのが人情だ。が、迷えば迷うほど芸道から遠ざかる。しかも後続部隊がヒタヒタとおびやかすように迫って来る現状に、弱い人間は根性を犯されて欠陥の上に欠陥を積み、箸にも棒にもかからぬ人間になるよう仕掛けられている。

しかもマスコミによって生まれたブロイラーのような鶏だから、根っからの鳥根性も、ましてや上肉の美味さもない。不思議な世相の中の中途半端な産物である。

私は一切、相手役の女優には惚れまい、といち早く決心した。

幕内の色事は、両者を倒す――のタブーを死守したのである。虚構のなかの虚偽に、己れの目がくらんで、真実を求めたりするほど馬鹿らしいことはない。

事実、映画を撮っていれば、ふと則《のり》をこえて、惚れあうこともあるのだが、惚れれば嫉妬が生じ、その嫉妬故に職場がせまくなり、二進も三進もゆかぬようになって、いつの間にか両者とも消え失せるのである。

映画、舞台、テレビ、ラジオで知り合った役者は万をこすであろう。

今、それらの人々は、どうしているのか、その大半は消息を知らない。

下手の横好きというか、私はこうして作文し、めちゃくちゃの絵も書き、書も我流の大家だ。よせばいいのに詩を作り、曲までつけて恥を巷間にさらしているが、実は本業の役者もそれに準ずる万年素人であるようだ。

が、ひと言ここでタンカを切るなら、文も絵も書も後世に残るものだが、役者の舞台は瞬間を生きるもので、それらは網膜に残影を残して終りである。

私はこれを燃焼芸術と呼んでいる。

そのはかなさと、その〝時〟の流れに芸術する精神と肉体を芸術体とするなら、これらに一切の過去はないと見ていい。もちろん、積み重ねて来た過去の体験は必要だが、今日《きょう》の新聞のように、今日の民衆の中で生きるその華々しさが演劇の華であろう。

昨日の新聞はもう、畳の下に敷かれ、襖の中張りになり、焼芋の袋となる。この世界の過去は生きるべくして当人の中に生きられぬ。その絶対が役者の生命であろう。

この本が私より長い時代を生きるかも知れぬが、それは今日を生きる私には、関知する必要のないことであり、或いは邪魔なことであるかも知れぬ。
目覚めて今日を燃やし、幕が下りて今日を終る。それが役者のなりわいだ。

昨日の朝顔は　今日は咲かない

昭和五十二（一九七七）年五月十七日

森繁久彌

（『森繁自伝』「おわりに」）

I

私の履歴書——さすらいの唄

誕生、父の家系

私にも
父があり　母があった
そして
その父にも　母にも
また　父と母とがあった

その私に
私を父とよび　妻を母と呼ぶ
子供がいた

そして　その子を
父と呼び　母と呼ぶ

孫がいる

こう書いてみると――

何と、歴史とは長い重みのあるものだろう。

それは、余りに重いので、とうてい担いで歩くわけにもいけぬので、私たちは適当に忘却するのだろう。

故にこそ、くわしくとどめることも、なかなかかなわぬことなのだ、とつくづく思う。

人の歴史の、何となく哀しみに満ちていることも、こんなことからだろうか――。

昭和五十六年四月

森繁久彌

あゝ「不良」

私のまだ若かった頃。

つまりニキビの中学生の頃に、「不良」という一群が存在した。

「あいつら女学生の尻追いかけて不良や」とか。

「学校の帰りにコッソリ活動（映画）見に行きよる。あいつらの仲間はみな不良やから気をつけなさ

い」と親はいい、

「ワタシ、あのこの不良ッポイとこが何となく好きや」と女学生からモテたり、

「不良の真似なんかしないで勉強しなさい、落第するぞ！」とおどかされたりした。

そんな「不良」だ。

「不良」は文字通り〝良からず〟の意だが決して悪ではなかった。良家にいわしむれば好もしからざる少年たちなのだ。

さりとてこの連中は学校の成績が悪いかというと、そういうわけでもない。とくに良く出来たわけでもないが、どことなく古いシキタリなどに一寸ばかし背をむけ、教科書以外の本を読みふけったりする可愛いスネ者であった。

家庭でも手を焼くほどではないが束縛から何時の間にかスルリと逃げ、些か体制への反発も匂わせる——気取っていえば、進取の気風もある夢多きハイカラ野郎とでもいった連中であった。

どういうものか、当時の中流階級に多かったようで、少し貧しい家庭では一途に勉強に打ちこむ者が多く余り不良に仲間する者はいなかったように記憶する。

親の金をクスね、どことなく怠惰で、それでいて妙に斬新の風を見せる一群であった。

ところが不思議なことに、私たちの周辺を見ても、この「不良」たちが、今日文化の先端に立って大きな仕事をしているものが多いのである。

文士なんか殆んどが不良だったに違いない。詩人もそうだろう。絵描きも音楽家も、芸術と名のつくものに一生を送ろうとしたものはすべて家庭や学校では重荷であった生徒が大半であったことは事

実だ。

そういえば、今日私の親しくするズバぬけた才能の持ち主で会社を一人で切り廻すワンマン社長もそうだったようだし、ごく稀に政治家にもその過去は不良であったのがいる話を聞く。

虫も殺せぬ几帳面でヒ弱な優等生、つまりアンチ不良の秀才は、意外にも平凡な役人で終ったり重役から閑職についたりして余りパッとしない余生を送ったりしている。中には教授や博士になって物静かに人生を思考の中で終ろうとしているものも多い。

今、私は過ぎ去った六十有余年を懐古しながら、この「不良」という言葉にえもいわれぬ奇妙な魅力を感じ、その語感の中に少年の日の多感な夢を想い起すのだ。

有為転変の時代が来り去った。

世相も変ったが、青少年も全くといっていいほど変貌した。

今や、巷に不良の影はなく、あるのは不定の輩というか、或いは不逞の徒ばかりと見るは老いのヒネクレか。あの可愛い不良青年はどうなったことだろうと始終思うのだ。

さて、私の中学は、大阪一の有名校といわれた府立北野中学である。その卒業生の大半が一高と三高にゆき全国の入学率をいつも一、二とした勉強学校というか、最も不良の少い学校で、勉強以外に出てくる余計な芽は、無惨にもつみ取る、クソきびしい中学であった。

大正二年五月四日。午前十一時過ぎ。

大阪府下、菊人形で名高い淀川のほとり、枚方《ひらかた》市の万年寺山に、私は生まれた。

その日。

大阪練兵場から飛び立った民間初の飛行家武石浩玻氏は、すき透るような五月の空を飛び、大淀川を下に見ながら伏見の練兵場へと飛んだ。

いよいよ母に最后の陣痛が来た頃、空高く聞きなれぬ爆音に家中の者は飛び出して、空飛ぶ不思議な物体に口をあけた。勿論産婆も廊下へ出て、空を仰いだが、その時、私は目出度く母の体から離れた。

私が産着を着せられて、ホッとシャバの空気を吸っているころ、武石浩玻氏は伏見練兵場の真上から墜落してあえなく世を去ったのである。

枚方生まれ

私の生まれた枚方というところは、ちょうど京都と大阪の中間あたりにある淀川ぞいの町だ。少年の私には分りようもなかったが、いうなれば淀川を下る三十石船の宿場でもあったか、遊廓があって殷賑をきわめた場所である。私の生まれた家へ登る道に一乗寺という古刹があり、秀吉の愛用品などが宝物として今も残っている。

もう一つ有名なのは、枚方のクラワンカ餅で、今は三十石船もなくなり、その呼び声も聞こえぬが、秀吉が淀川の上り下りに枚方の町で他ならぬ民々の親切を受けたのが嬉しく〝望むものを取らせよう〟と或る日この田舎町にお声があったという。が、枚方の町民は何を頂くよりも、一つお許しが戴ければと申し出た。

「実はこの辺り一帯は河内の人間で、ひどい下司《げす》方言がなおりませぬ。どうか殿のお慈悲で、おい！　食らわんか、食らわんかと呼びます餅売りの方言を、そのままお許し願えますまいか」と。

この陳情を秀吉が笑って許したので、爾来この船着場に〝食らわんか、食らわんか〟が名残りをとどめたと伝えられる。

父は、新築をどこにしようかと、阪神の芦屋あたりから京阪沿線を探したが、枚方駅から山の方に登り、万年寺に立った時、この眼下に見える淀川のゆっくりした大きな流れと、河内の山脈《やまなみ》が殊のほか気に入り、雑木の生い繁った万年寺付近に家を建てることを決心したという。

些か秀吉を気どった風も感じられるが、もう一つ父がこの地を選んだのに東京の人間だということもあるようだ。海の見えるところに育ったものは晩年海辺に住みつくそうだが、どうもこの枚方の山は、竹藪と、いたどりや黄苺が重なる草叢は何となく湿った武蔵野の風情がある、といえばあるようだ。

約三千坪ほどある敷地には、タヌキが住んでいるという五かかえも六かかえもあろうかという大榎があり、誰がシメ縄をかえるのか、いつも真新しいシメ縄が張られ、木の下の祠には、マンジュウや餅が供えられており、近所のガキ共が盗みにきていた。

夜啼くホーホーのふくろうが子供心に淋しく、藪蚊にせめられながら乳母の背を離れなかった。台所の大きな板の間に、一米以上ものヘビが始終私たちを驚かした。

それにも増して怖かったのが百足《むかで》で、二十センチもあるやつが、まかり間違うと足や手をさし、三日も寝こむことがあったが、江戸ッ子の祖母は、生きた百足をアルコールにつけ、自家製の薬をつくって、赤くはれた足に塗ってくれた。

さて、この生家のあれこれの思い出を書く前に、私の家系をはっきりしなければならない。実はこれには相当の勇気がいる。

私がどこに生まれ、どのように育てられてきたかは、私は生涯、口を緘《かん》して語るまいと肝に銘じてきたのだが、このタブーを破らねばならないからだ。

もしも、私が田舎に生まれ育ち、笈《きゅう》を負うて山坂をこえ、困苦の中から今日を築いたとすれば、何となく美談にも聞え、面白くかつ感動を呼ぶ記事にもなると思うのだが、残念――といえばおかしいが、割に潤沢な家庭で、オンバ日傘で育ったドラ息子なのが話として全くゾッとしない。

私の父、そしてその父即ち祖父のことから書き始めるが、ここに一冊の大正五年に出版された〝菅沼達吉君記念誌〟がある。

菅沼達吉、これが父である。

しかし、本当の姓は〝森〟という。これが何故菅沼を継ぐのかも、先程出て来た祖母の故だし、その菅沼久彌が森繁になるのも、犬の子のようにやりとりする明治の武家の不可解な風習を語らなければ納得がゆくまい。

父は、文久元（一八六一）年二月八日、江戸・本所亀沢町一丁目に生まる。生きていれば百十八歳になる。

父・菅沼達吉

伝記より

大正四年五月三日、菅沼達吉君病みて大阪に歿す。君、旧幕麾下の名門に出で教育者として仙台二高の英語教授より日本銀行、後、大阪電燈（現関西電力）の常務取締役として生を終う。資性温雅にして渾厚、手腕適く処として可ならざるはなく、才思煥然、文藻に饒む、実に華城實業界希覯の紳士と稱せられ、君の逝くや、交友頗る多く、前輩の信任、後進の敬慕共に深かりしかば、人戚《じんかん》惋惜《わんせき》す。噫、天の才を与えて、而して、壽を吝める、何ぞ夫れ情なきの太甚《はなはだ》しき。

こう伝記にしるされているが、その父を私は二歳の時に失う。いうなれば父の膝の温もりを知らない。父が五十三歳の時の子で私は些か恥しい気もするが、且つて徳川夢声老が健在の頃、どこかの楽屋で、

「君の父君は、いくつの頃に君を作られたのか」

「恥かきっ子じゃありませんが、五十すぎての子です」

「いや、それは大したもんだ。晩年の子はおおむね、良い子が出来るんだよ」

「どういうことでしょうか」

「弱い精子はなくなって、よほど強いのが残っとるから、つまり上質の種子の子だ」

「じゃ、徳川さんは？」

「わたしゃ、その点ダメだ。二十歳前の子だから、一ペンに四億近くもの中の……いや、どれがツイタか知れたもんじゃない」

「……なるほど」

「でも、まんざら馬鹿にも出来んのだよ。わたしとて、四億の先頭を切ってきた男だからね」

実は、夢声さんは最后のところが言いたかったので、私を引っかけてこられたのかも知れないが、いずれにしても父は私をこしらえて、大正四年五月三日、私の誕生日の前の日に大阪病院に逝ってしまった。

その前夜、実弟松本安正に、談話を禁じられていたので手帳を開き、

〝静座面壁の達磨の如く、黙すること唖者に似たり、如此くにして快からずんば終に是れ天命耳矣〟としるして翌朝静かに息を引きとったという。葬儀は大阪と東京で行われ、大阪四天王寺には当時数えるほどしかなかった自動車が数台来て、それを見る人もつながったと母が語った。

大阪、本要寺に今もバカデカい記念碑が残っているが、碑石は戦禍でヒビが入っていたが、十数年前、いささか金をかけて、その廻りの鎖や木を新しくしたことがある。当時、本葬は東京谷中、天王寺斎場で行われ、友人総代に杉浦重剛、千頭清臣、川田正澂、二高の教え子の井上準之助、花岡敏夫などが名を連ねている。

残念乍ら私はその人たちを知る由もない幼児であった。

私の兄弟は六人だった。

先妻との間に一男二女、そして私の母に三人の男の児があり、母はどういうことか入籍ならずして、私たちは庶子と謄本にうたわれている。庶子とは格好がいいが、つまり平たくいえば私生子ということである。

新築なった枚方の邸には、祖父江戸大目付役の妻である祖母エキが未だ健在で、腹違いの兄、嫡子の豊、つづいて私のすぐ上の兄俊哉（これは菅沼姓を名乗り、共同通信の重役を最後に引いたが）と私、そして母、もう一人不思議な女性がいた。高木ハルというハイカラな一見、外人風な小母さんと、その子高木登吉、そして隻眼《せきがん》の爺やと書生、女中たちであった。

幼時の記憶は散漫で枚方の小学校に上るまでは、どうにもパラパラとしか思い出せない。

枚方の家は、私の幼い目から見た故か何もかもが大きく感じられて残っている。

複雑な家系

祖母エキは八十九歳で天寿を全うするのだが、武士の家に育った故か、元来が質素な人だった。明治初年から周りのものが洋行をしてヨーロッパに行ったりしているので、どことなくハイカラな家だった。朝は老骨にムチ打ち、ハムエッグを作りパン食をする風もあり、又、コロッケソングが流行した頃だが、コロッケも上手だったがハンバーグなども明治の頃から私どもは食わされていた。台所に、ヒキ肉用のミンチの機械がついていたし、病弱の母に生肉をしぼる機械で牛の血をしぼってはレモンをたらしてのましていた。

この祖母が木綿の風呂敷などを貰うと、たちどころに鼻タレの私どもの為に袴に早替りさせそれをはかせた。その裁縫の妙は母など舌をまいたそうだが、目が覚めると同時にその袴をつけ、三つ四つの私どもが、長い廊下を歩いて祖母の部屋に「おばあさま、お早うございます」と伺候する。子供心にもこれが厭で、何となくよそよそしい妙な家であった。

〝菅沼達吉（父）は旧幕麾下、森泰次郎の長子なり、祖父を松本治右衛門という。治右衛門の長子は松本家を嗣ぎ、次子泰次郎は森家を冒す。三男を弘といい、成島氏に養わる、成島柳北是なり。泰次郎はエキと婚し、二男一女を挙ぐ〟とあるが。

長男が父でこれが菅沼家をつぐ。次男は松本家をつぐのだが、〝維新の際、徳川御三卿の一たる清水家、後嗣なくして一旦断絶せるを以て明治初年、旧幕臣一同へ還禄公債下賜の恩典ありしも清水家は之に与ること能わず。森泰次郎ら頗る之を遺憾とし成島柳北と謀り、時の大蔵大輔、大隈重信に事情を語り、徳川慶喜の息を迎えて清水家の当主となし其の再興を図れり。清水家之を徳とし当主のアメリカ留学に際し森泰次郎の嫡子をも同行せむとす。然るに年齢皆幼にして之に適せず。依って大隈氏の意見に従い其の学僕高橋氏の子、明善なるものを森氏の養嗣子として洋行せしむ〟

この森明善という人は、泰西にあること七年、素晴しい技術者として帰るのだが（その后再び、森家を辞し実家に帰ってしまう）、ところが、この明善が森家をついだので、祖母エキは、実子が次男となるので徴兵をきらい、三河、菅沼村の城主、初之助の後を襲がすのである。嫡嗣は兵隊にならなくてもいいというので、犬の子のように方々へやってしまう維新当時の風習がここに見えるのだ。

過ぐる年、この明善なる人の孫から電話があり、あなたと私どもの関係はどうなっているのでしょうかとの問合わせがあったので、おぼろげながら以上のような話をした覚えがある。

まさか後年、この系譜の中から役者が出ようとは、誰が想像できたろう。幸にして？私は幼児の時に父を失い、甘い母に育てられたりしたので、芸事の世界なんかに入ることが出来たのだが、これが僅かに残る我が家系の誇りにふれ、簡単に廃嫡同様になってしまうのだ。菅沼家は上の方ほど殿様風で、下の下、末っ子の私などは、庶民の最たるものとなったのである。つまり時代の風が兄弟に変遷の色を移したとでもいおうか。

その頃、阪神沿線、甲子園に（勿論まだ甲子園は建っていなかったが）母たちと移り住んだ。あの武庫川の支流の枝川のほとり、西畑というところに、一群の文化住宅が建ち、大正の初期、そこは大阪、神戸に働く高給取りのいわゆる文化村であった。そこに母方の祖父祖母と乳母のトメたちと移り住んだのだ。

この祖父は山口県の森繁という。後述するが実は血のつながらない人だが、母方の祖母が二度目に一緒になった夫で、鉄道の技官であった。

祖母の姓は馬詰（マヅメ）といって昔は一世を風靡した〝阿波屋〟という海産問屋だったが蕩尽して馬詰家は衰退し、養子だった私の本当の祖父はアメリカへ逃げてゆくのだ。

さて、この西畑村は、大会社の社長や、裁判官、素封家の後裔たちに、大阪の大店の旦那たちが住んでいたが、中でも有名なのは佐藤紅緑という文豪がいたり、白蓮《びゃくれん》さんたちがかけ落ちしてきたりして不思議な村だった。しかし今はもうその片鱗も見あたらない。

「パパ」「ママ」

再び父のことにふれるが、一応はオヤジの履歴を書きつらねないと、私のドラ息子ぶりが浮び上ってこないのでお許しを乞う。

文久元年――江戸に生れ、父泰次郎は幕府大目付役たり。
明治三年――叔父成島柳北、啓蒙義塾を浅草本願寺に開く。
明治四年――（十一歳）啓蒙義塾に入り、英語、漢学を修む。
明治八年――箕作秋坪の門に入り、普通英語学を修め、同時に英人ウヰリアム氏に就きて修学一年。
明治九年――東京大学に入り、米人スコット、ウイットニー、レーシー、英人フェントン、ストレンシ等に従学す。又、十二年まで柳北について漢学専攻、翻訳に従事す。
明治二十一年――平岡氏のコトと婚す。第二高等中学校英語担任。
明治二十三年――同校教授。長男実生る。
明治二十六年――同校舎監。長女恭子生る。
明治二十八年――経済学の英書を講ず。次女敬子生る。
明治三十年――山本悌二郎、宍戸一郎、高山林次郎（樗牛）等と共に第二高等学校教授を退き日本銀行に入る。次男豊生る。

明治三十一年――実父泰次郎逝く。
明治三十二年――大阪山口銀行に聘せられ支配人となる。
明治三十四年――鶴原定吉市長の招請で大阪市高級助役となる。
明治四十年――馬詰愛江との間に男・弘生る。
明治四十一年――長男実死亡。
明治四十二年――大阪電燈株式会社（後、関電）常務取締役となる。
明治四十五年――男・俊哉生る。
大正二年――五月四日、男・久彌生る。
大正四年――五月三日、大阪病院に逝く。

簡単に書くとこういうことになるが、父の記念誌に私はたった五字を残す以外何もない。しかしこれも書いてなければ、私は過去を語る資格もないのだ。

誌中、〝ゲーテが赤子に題する詩の意を訳して〟というのがある。

ヤヨ幼児よ揺籃《ゆりかご》は
いまなが為めに世界なり
月日めぐらば世界こそ
いましが為めの揺籃にせよ

と意訳があり、又〝スコット作――湖上の佳人〟も、

〝夕べの影は徐《おもむ》ろに来りて、樹々の梢は次第に暮色を帯びぬ。梟《ふくろう》は覚めて塒《ねぐら》を離れ、狐は忍びて巣窟《すみか》を出づ。実《げ》に深山路の黄昏《たそがれ》は、淋しさいとどまさりけり〟

と始まり、読んでも途中には、日本語からは消え失せた難解な字が随所に出て来て到底今の人の読みうべくもないものだ。この父も、後年実業の世界で活躍するのだが、〝俳句を論ず〟――などという一文も出てきて妙に幅を拡げるところは、その子の私にも些か染色したのだと感ぜざるを得ぬ。

にがにがしいつまで嵐ふきのとふ　宗鑑

折る人のすねにかみつけ狗ざくら　同

鶯の捨子ならなけほととぎす　守武

などの俳句を古語をもじった僅かに滑稽の囈語《たわごと》に外ならずと憤懣を語り、後芭蕉に傾倒して、文を簡にするは、人をして霊活なる感覚を起さしむの秘訣なりと述べて自分もこんな句をしたためている。

花を散らす心は見えず春の風

鬼百合のゆらぎて城の崩れ哉

秋風や十萬餘骨となる（日露戦争）

こんなことでもないと、オヤジの俳句などに目を通すこともない。余りうまいとは思えぬが、どこか私の句にも似ていて、変に懐しい。

明治から大正、私たちは父をパパと呼び、母をママと呼んだ。小学校に行くに及んでついうっかりパパ、ママが出る。大正の始めだからもっともな話だろうが、「外人でもないものが、なんでパパや、ママや、あほくさい！」と、さげすみの眼が感じられ子供心にも情けなくて泣いた思い出がある。それが戦時体制に突入してゆく程に、私を悩ませたが、今日思えばウソのような話だ。

その故か私どもは自分の子供が出来た時にいち早く、お父さんお母さんに変えてしまった。

大叔父・成島柳北

明治維新というものは、どういうものか薩長土の側から書かれたものばかりだ。わからぬでもない、勤王の志士たちが主役だから無理からぬことと思うが、無血で城を明けわたした徳川方からの歴史こそ、実はもっと聞きたいし知りたいと思うは、徳川方の私だけだろうか。

父は五歳で、徳川慶喜公の太刀持ちをしていたと伝えられる。文久に生れた父が、その身辺に起った諸事は知るべくもないが、何がなし心ひかれることだ。柳北は勝海舟と意見があわず喧嘩ばかりしていた話も語り草として聞かされたが、これも詳しく知りたい。

柳北が遊びの哲学を説いて花柳の巷に入りびたるのは柳橋新誌に詳しいが、永井荷風や前田愛さんの書にも或る程度は見える。が、この人と父との日常のことなど、もう少し父が生きていてくれたら面白い挿話がつづれたと思って残念だ。

百二歳の高齢で養老院に逝った柳北の娘という岡田フデさんを何度も訪うたが、この人がはたして柳北の実子であったかどうか、誰の腹に出来た人か別に怪しむ必要もないが、しかと聞きたかった。親のことを〝柳北先生が……〟という話しぶりの中にも出生の秘話は埋もれているようだが、さらに聞いても、いつも話は同じところのくりかえしだった。

自分が小さい時チフスになって、柳北がいろいろな外人医者に診せた話と、柳北の洋行の話、そして最后が墓地で自分が自殺を計って助けられこの養老院につれてこられたという物語ばかりで、私が他の話をと誘ってもなかなか出てこなかった。

今にして思えば、品のいい最后の江戸っ子という、まことにきれいな江戸弁を話すお婆さんだった。

柳北の記念碑が江東にあり、縁むすびの神様として（この石のかけらを懐にしていると結び神になるいい伝えがあり）、芸者や誰かれに掻かれ、今や石が丸く小さくなっている話を聞いた。が、行って見たこともない。

ただ熱海の富士屋の庭に大きな碑があり、共同通信にいた兄の菅沼俊哉と二十年程前に二人して熱海に呼ばれたことがある。町の古老が集って、昔話をしてくれたのが何より楽しかった。

肺を病んだ柳北は、小田原あたりから熱海まで、鉄道馬車であろうか――、それに乗ってよく静養に来たという。そして朝野新聞に熱海の温泉のことをよく書いたので、熱海では柳北を熱海開発の恩人としたそうだ。

そんなことで碑が建立されたのであろうが、今は海岸の方に移されたと聞く。一旦東京に急用が出来れば外国奉行だった故か、軍艦を熱海に呼んで乗って帰ったともいう、豪勢な話を聞かされた。

碑は東京玉川のほとりの綱島近くにもあり、或る素封家からお譲りしてもいいという手紙が来たことがあるが、それにしては余りにも大きいので、これも見にも行かなかった。

我が家に柳北の軸が一幅あるが、父も達筆だったが、それにも増してむずかしく、その子孫の凡学では読みうべくもない。

枚方の邸の下の台地に大きな孟宗竹の林があるが、私の幼時、おいしい筍が食べたいという祖母の声で、京都の人からか貰った二本の竹が、その后竹林になったのだ。

この筍を掘るのが大変だった。爺やがもうボツボツよろしいでしょうという日に、私たちは坂を下りて筍掘りに集る。

掘った筍を、そのまま生えているように上を向けたまま持って坂を上り台所へ行き、大きな釜の湯にほうり込むのが私たちの役目だった。

筍を横にしても逆さにしてもマズくなるという。

私はいまだに湯の中から出して皮をむいた筍の美味さが季節と一緒に突然頭をもたげるのだ。

明治の人は食べることにも今と違ってシンケンだったのだ。

オヤジの影

何年頃だったろうか、十五年も前になるか或いは二十年にもなるか、私は京都祇園にとある人から招ばれたことがある。多分あの有名な一力の前の茶屋だったように思う。

宴がすすむにつれ女将が現れ、何かの拍子に私が菅沼達吉の一番下の息子だということが分った。老女将がしばし感慨にふけったような顔をして、

「アラ！　菅沼先生の！　わたしが舞妓で出てる時でした。色の白い貴公子さんで、可愛がってもらいました。きれいなお声で里見八犬伝やお江戸日本橋を唄われるのが御自慢ドした」

その時、二歳で死別した瞼の父みたいなオヤジが始めて私のそばにやって来たような気がしたことがある。

親父も結構遊んだのだろう。その后、大阪は伊丹の酒造家、白雪の大奥の老夫人が（この方は皇室関係から来ておられると聞いたが……）楽屋を訪ねられ、一度お食事にご案内したいと招請をうけた。

この方は、役者びいきがお道楽で越路吹雪君なども色々と応援をうけたそうだが、私もその一人にえらばれたわけだろう。

その令夫人が、〝あんた菅沼さんのお子さんだって、まあ驚いたワ〟と言われて、オヤジの色沙汰をいろいろと教えてくれた。あげくのはてに、どうしても連れてゆきたいところがあるという。

〝あんたのお父さんとえらいネンゴロだったのが北浜で料亭の女将をしているのよ。もうその人もい

いお年だけど、つまりお父さんの彼女だったのよ〟と。
父の本の中にこんな一節がある。

「有為青年独身論」

或日有為の青年、偶々予に書を寄せて曰、已に大学を卒業し、後某会社に奉職す、俸銭幸に一身を支うるに餘あり、近頃先輩諸氏の勧めに随い妻をめとらんとす、幸に其の是非を教誡ありたしと。予直に返翰を認む、左の如し。

青年の社会に雄飛し大に為すあらんと欲するものは、須らく妻帯すべからず。妻帯は小成に安ぜしむるの傾あり、妻を得るは繁累を得るが如し。人の世に為さんと欲する者は、内顧の憂なく、繁累の煩なく、独立独歩を以て自由自在に濶歩し得べき者たらざるべからず。如此者にして始めて大業を成就し、大事を興すを得べし。成効是より来り、栄達是より起る。然るに青年の永く妻帯せざる者は、往て社会に信用を得ざるとの点より、之を求めんとするものあり、迷えるの甚しき哉。妻帯し得るの信用なるもの、抑も亦青年の為め幾何の益がある。此の如き頼りを得て結ぶの果実は、其形多くは順常のものたり。何を苦んで之を求むるぞ。其器の小なる実に論ずるに足らざるなり。予は有為の青年なるもの誤って妻帯し、為めに栄達の半に到らずして順常に終りたる例證の多々を惜むものなり。君請う予が此奇矯の言を玩味して、其真意を捨つること勿れ。

明治の後年に、こんなことを書いた父を、今の年になってみると感じ新たなものがある。別に目新しいことではないが、七十年を閲した今日でもこれが何かの示唆を与えているように思えて、何となくほほ笑ましい気さえする。

　そして、その父が私と同じように夜な夜な花街に出かけて行ったことが、人間くさくて私にたまらなく親近感をいだかすのだ。

　恐らく母は面白くなかったろうと思うが、今日のように父さんのワイシャツの襟に残った口紅を子供たちの前でせせら笑う母ではなかったに違いない。何をしても父は父で、父の威厳には変りなかったのがその頃だったのだ。

＊

　今から十年以上も前になるが――。

　始めて松下幸之助さんに呼ばれてお目にかかったことがある。その時この事業の鬼は、一介の役者風情の森繁久彌を迎えるのに充分の予備知識を入れておられるのに舌をまいたことがある。

「あんたのお父さんはえらい人やったお方ですな。私はその頃電気工で、よう芸者のおさらい会などによばれて、照明の器具をとりつけたりしていましたが、なかには芸者が自分をキレイに見せて貰うために、私につつみ銭をくれたりしたことがありました。当時大阪にはアカ新聞という三流紙がありまして、これが何とのう薄赤い新聞で、いうなればピンク記事のゴロ新聞みたいなもんでしてナ。それに毎晩、大阪の著名人が夕べどこの料亭で何という芸者をあげて遊んだかが、新聞の下の方に書いておますのや。その時分、お父さんのお名前、よう拝見しましたで。私も早よこうなりたいと思いましたな」

私は記事のことより、そんな話を平然とされる松下幸之助という人物に一ペンにまいってしまった。親しみを感じた故もあって、

「いかがです。会長もひとつオヤジのようにおやりになったら……」

と水をむけたが、

「あきまへんなあ、今は自分の金で遊んでも組合がうるそおましてな」

と、現代の居所の悪さ――が返答として返ってきた。誠に今日は功なり名とげても、居座っているのにさえ何かと楽しくない時代かも知れない。

話がそれるが、私が満州のアナウンサーになって赴任して間もなく、東京から伍堂商工大臣が訪満され、新京放送局でお話をいただくことになった。

担当アナウンサーの私はモーニングを用意しろというので朝から家の中でバタバタしていたら、母が今日は結婚式でもあるのかい、と聞く。

いや、内地から大臣が見えられて、その講演の担当アナウンサーになったので――と説明した。ところが意外な話が母の口からもれた。

「伍堂さんとおっしゃるの？」

「そうだよ、商工大臣だ」

「あら、卓雄さんかしら」

「どうしたの？」

「その方だったら、家にずっとおられた人よ」

「エッ！」

「聞いてごらんなさい」

大変な警戒ぶりで大臣はスタジオに入られた。私が一年に二度ぐらいしか拝顔出来ぬ電々総裁広瀬(元)中将もいるではないか。

モーニングに威儀を正した私は些か興奮しながら、おそばで見まもるうち無事話が済んだ。ちょうどいい。今だ。私はつと立って出て行かれる大臣の後にすがりよって、

「一寸、おたずねします」

と声をかけた。

が、とたん綺羅星のお付きが、

「何だ、君！」

と私をおしのける。

その時、大臣がふり返って、

「何か用かい？」

と聞かれたので臆せず、

「私は菅沼達吉の子ですが、父を御存知でしょうか？」

大臣はおもむろに近より、親しげに私の肩をたたき、一緒においでと貴賓室にさそわれた。

「こりゃ珍らしい人に逢うものだ。あなたは菅沼先生のお子さんか。いやいやこれは驚いた。私は先

生にこよなく可愛がられ、お宅にも長いことお邪魔していた。君のお父さんはえらい人だよ。君が二つの時になくなられたのか？　しっかり仕事をして下さい。お父さんの血を恥しめぬようにね」

並いる連中は口をあけたままだった。

それよりも私の心中には、えらくなる人というのはこういう人だなと、そればかりが反芻されていた。

本来ならば、おえら方はそんな過去の姿を見せたがらないのに――、私は大臣の顔を見ながら何故か涙がこみ上げてきて仕方なかったことを思い出す。

幼少のころ、母のこと

幼稚園

美しい松並木が川の両岸をはさんで、幅百米ほどの枝川は海までのびていた。この川の果は大阪湾である。

この枝川という川は、兵庫県の宝塚のそばを流れる大きな武庫川の支流だ。その川の真中に水をせきとめて甲子園が建ったが、私の幼年期は鮎の泳ぐ清流だった。

土手のタンポポやレンゲをつんだ幼稚園はその松並木の中にあった。美しい土手で、これを海の方にゆくと松露という茸なども生えており今では想像もつかないことだ。

幼稚園の先生は少しばかりビッコの女の先生だった。

或る日、神社の近くで転んだのがモトだそうだが、それから片足が悪くなり、びっこをひくようになられた。村の悪童どもは、あれは神社の近くに住んでいる狐の故だと囃したが、そういえば子供の頃には狐狸譚が盛んだった。婚礼の弁当を狐にとられたとか、狸にだまされてとうとう家に帰れなかったとか、どうやらこれは大人の作り話で態のいい浮気の言い逃れだと大人になってから気がついたが。

先生はその頃、枚方の家に書生をしていた無口な玉井という人と一緒になられた。子供心に、先生なる者が人妻になることがフに落ちなかったが、あの玉井のオッさんがよからぬ病でもうつしたんで足のつけねが悪くなったのではないかと年とともに邪推をするようになった。

でもいい先生で、その頃はこの先生が玉井のオッさんにとられるのが面白くなくてしかたがなかったこともある。

佐藤愛子さんの上の兄弟で彌（ワタル）というのが幼稚園から小学校時代の私の親友だった。後年サトウハチローさんと親しくなるようになってから、逢うたびごとに彌の話に花が咲いた。ハチローさんも余程可愛かったとみえ、彼が南方で戦死した話をするたびにポロポロと大つぶの涙をこぼし、あの巨体をゆすって泣かれたことだ。

この佐藤紅緑先生の息子の彌と私は、近所の娘を誘って押し入れにとじこもったり、股の間に朝顔のしぼり汁や葉っぱの青汁をぬりつけて医者の真似をし、親からえらく叱られたことがある。私たちの犠牲になったあの可憐な小娘も今はいいおばばになっているのだが西畑のイチゴ会などで逢っても、両方とも紳士、淑女のさりげない顔をしている。

笠置シヅ子さんと親しくさせて戴いてたが、或る日一緒の汽車で仕事に行く途中、

「うちの母が、枚方のお宅にお手伝いに上ってましたそうですネン」

といわれ、母堂のお名前を聞いたが、私に覚えはなかった。が、私の母が在世の頃だったので尋ねてみたら、〝あらあらそう、お世話になったわ〟といっていたから、きっと想い出したのだろう。不思

議な世の中のつながりをかみしめたことだ。

爺やは出雲の士族の出であったらしい。その名字も真先（まっさき）といい隻眼だったから何か武勲をたてたのだろうか。

その長男は宮内庁に入って陛下のお食事を作る板前になったのだが、その頃のことだ、よもやのことで宮中には上れぬからさぞや由緒のある家だったのだろう。

末弟は枚方の町でブリキ屋をいとなんだ。真先多留（タル）という。

多留は私より十五歳も年上だが、私が大阪の公演にゆくと必ずやってきた。しかも羽織袴で白扇をもち〝お坊ちゃまはこちらですか〟と入ってくるので〝あの人はどういう関係の方ですか〟と劇団の中で評判になった。

その多留さんも先年逝ってしまった。我が家の昔話をしてくれる唯一の記録係を失ったようで残念でならない。

私が引き揚げて来たド貧乏の最中には、私は誰にも逢わなかったが、何故ひと言お報らせ下さらなかったかと、あとで大層残念がったが、彼こそ今日あることを一番喜んでくれた一人に違いない。

長兄・馬詰弘

枚方をあとに、阪神沿線の鳴尾（西畑）に移り住んだのは、私が五歳の頃、母と母方の祖父祖母とで、今の甲子園のそばの文化村に住んだ話は書いたが——。

上の兄、弘は須磨の姉の婚家に引きとられ、中の兄がエキ祖母のお気に入りで枚方の家に残された。姉のところへ行った長兄は母方の馬詰を継ぎ、私は母方の祖父の森繁を継ぎ、中の兄だけが菅沼として残った。

私たちの財産は親戚たちによって管理され、家計はもっぱら母が貰った遺産で中学から高校へ行ったのだが、乱費といえば乱費でもあったろう。没落した阿波屋の血を引いていたのか、二十九歳で未亡人になった母は自分の三人の男の子の為に、可愛さ余っていいなり放題だったともいえる。当時高価だったドイツの玩具で、蒸気機関の船や汽車を買わせ、庭中に線路を敷いて走らせ、近所の悪童どもの遊びの巣だった。

上の兄馬詰弘が静岡の高校に行った頃は、夏休みともなれば何人もが泊りに来ていつまでも逗留し西へ東へ遊び廻っていたが、どうやら家計は苦しかったのだろう。母が自分の着物を質屋に運ぶのを友達が見たという。

しかし長兄の弘はそんなことは一向おかまいなしだったようだ。頭の良かったこの兄は、いつ頃からか左傾していった。静高でストライキをやり、数人と一緒に首になったが、同窓生だった静岡の素封家の鈴木俊一氏（日本原子力発電社長）などは当時を回想してあんないい男はいなかった――と先年、この兄の三十三回忌に来て述懐しておられた。

兄は、横浜の裁判所長をしていた叔父松本安正の力で立教大学に入るが、ここでまた当時のナップに入りプチブル共産党の見本になるのだ。

親戚たちは血相を変え、この兄が青山の歯医者に行くところを渋谷警察に連絡して捕えさせ一カ月を渋谷署に留置されるのだ。慶応に行っていたすぐ上の兄や私もこの長兄の命令で、銀行から金をおろし、街頭レポみたいに一分刻みで資生堂あたりの銀座路上ですれ違いざま金を渡したことが再三ある。急に頭を丸刈りにした兄に逢ってめんくらったりしたが、ようやく軍部の圧力が増す頃、兄は特高の網をくぐって左翼の仲間と奔走していたのだろう。

それより前、静高の時にも甲子園の海に舟を出させた。漕ぎ手がない為私が動員されたが、兄を含めた数人の静高生たちは、魚釣りなどは名目で、終始議論をし、印刷物を廻しては何ごとかを論じ、帰りにはインターを唄いながら紙片を小さく破って海に捨てていた。だから何の思想も持たない中学生の私も、舟の上で見よう聞きよう、

〽三一五うらみの日、われ渡マサに誓う、とか、

〽憎しみのルツボは赤く燃えて、とか左翼の唄を色々とおぼえた。

後になって、東京の大久保に住んだ頃、警察がチョクチョク訪ねてくるので思案に余って書棚の洋書を苦労して風呂や庭で焼いたことがあるが、この時ばかりは帰ってきた兄が、あの温厚な顔を真紅にして怒った。それ程手に入らぬこれは大事な左翼の書だったとは私は知らなかったのだ。

やがて終戦の年の始め、兄は召集を受け朝鮮に連れてゆかれ、アキレス腱を切って陸軍病院に入ったが、敗戦を満州（現中国東北部）の安東あたりで迎えたらしく、肺炎で遂に帰らぬ人となったと風の便りで聞くのだ。この兄の妻は私が東宝の頃友達になったＰＣＬ映画にいた山崎郁子という美しいスターであった。

私は中学に行くようになって〝子供の科学〟という雑誌にひかれ、理工科を志望していたが、地理

や歴史がきらいで、何の為に応仁の乱の年代をおぼえ、叡山の坊主の名前をおぼえなければならぬか、当時これらを暗記ものといったが、バカバカしくて家で本などあけたことがなかった。

面白半分、歴史の試験を白紙で出したら、ものの美事に落第した。今のように留年という甘ちょろい時代ではない。屈辱と破廉恥の中学三年が二度つながるのである。

敢ていうなら、この敗北は実は人間を創るために役立ったと思っている。

勝利の中に人物は出ない、敗北感が人間を造る——と人の言うように。

母方の馬詰家

母方の馬詰家の話になるが、この馬詰という名前が、あまりに珍らしいので多分どこにもないだろうと思ったが、大阪に二、三あると聞いた。その人が私たちの親戚かどうかはわからない。

この不思議な名字は、商家だった祖先に四国かどこかの殿様から功をたたえて拝領したものだと聞く。

馬でも売ったか、差し上げたのか——それにしてもバクロウの様な名字だ。

恐らく何代か続いたのだろう。屋号は〝阿波屋〟という。

大阪、河口の本田一丁目あたりは、殆んどが、自分の地所で、阿波屋の土地を踏まずに住吉神社には参れぬといわれた。この港街にあった住吉神社は船の神様で、莫大な阿波屋の寄贈で社を変えて神様は繁昌したといわれる。高価な馬詰の絵馬が長く神社に幅をきかしていたことを祖母から聞いた。

その后この辺り河口一帯は、中華料理屋の並ぶいわゆるチャイニーズ・タウンになって、私も子供のころはよくつれてゆかれたが、その辺の土地が祖先の土地とは露知らずに、腹のさけるほど食った思い出がある。

この阿波屋の巨額な財が、一瞬にしてなくなってしまうのだが、僅かに残る母方の親戚に聞いても、誰がどういう風にして使いはたしたかはさだかでない。

私の祖母であるマスは、父方の祖母エキに比べてまことに贅沢な人だったが、いくら贅を尽くしても、あれだけの身代を消費する力はないと考える。自家用の人力車がいたというが、それを乗り廻して金をバラまいたとしても女であれば限りもあろう。その一代前の馬詰与兵衛も、働きものという噂もあり、いや、やっぱりあの人が道楽をしつくした——ともいわれ解き得ぬナゾだ。又、一説には、どこにもありがちな悪番頭がいたという話もあるが、いずれにしても、母が小学校にゆく頃の話を何故か聞きもらしたのは、何となく語りにくい色んなことがあったのだろう。

母は小学校を本田の学校で終え高等小学を盈進高小に行ったのだが、それでもおつきの女中がついて淀川を河口から天満橋まで蒸気船で上って登校したという。

その母の真実の父は、堺の有名な線香屋から養子で入ったが、余りの蕩尽ぶりに驚いたのか、マスと一緒になってその腹に母がみごもるやいなや阿波屋を飛び出してアメリカへ出奔してしまったのだ。

母は明治十九年の生れだが、その顔も見ずに行ったというからには、同じ年かその前に渡米したんだろう。後、親戚にアメリカの絵葉書が二、三枚来たといわれるが、この話すら母の没后に、遠縁から聞いた話だ。或いはアメリカに私の縁戚があるのかと思えば逢っても見たい。

母は高等小学校を出ると明治三十何年か、大阪市長鶴原氏の家に引きとられる。この間のいきさつが分らない。恐らく行儀見習いとか上女中とかで行ったのだろうが、家計が傾いたというより、妙な繁雑さがあり誰かがこのイトはんを連れていったのだろう、知りたいところだが分らない。簡単にルーツというが既に一代前でこれだから二代前など分ろう筈がないものだ。

ただ、その頃、馬詰マス（祖母）はアメリカへ逃げられた夫への腹いせか、或いはもえるような恋のはてか、森繁という人物と一緒になるのだ。

この森繁平三郎という人は、南海電車の技師だった。後、カブト山のトンネル工事にも関係していたというから鉄道の建設の為、あちこち行ったのだろう。三重県の津にいたことなどを祖母からよく聞いたが、恐らくこれはカブト山のトンネル工事やその他の為だろう。

端麗な顔をした二枚目で、役者にしたいようないい男だった。しかもインテリでおとなしい山口県秋穂の産である。

近年、小林和作画伯の自伝に近いテレビをとるために、尾道に度々小林家を訪うたが、夫人から、和作さんが私に大変逢いたがっていたと聞かされた。この小林和作さんも山口県秋穂の産で、町には秋穂の三和という人物がいたと。その一人が森繁和吉という人だと聞かされた。

海産問屋であったのか。維新の当時、多勢の志士があつまって革命を画策した話もついでに聞いた。森繁という姓があるからには武士であったんだろう。そんな山口を出て森繁平三郎がどうして技術屋になるのか、あんなに大事にしてくれた祖父なのに一言もそんな話はしてくれなかった。

母が好きだ

この森繁平三郎という、祖母マスの二度目の夫は、先夫の子の母を可愛がって引きとったという。天下茶屋に住んでいたというが、これがいつ頃か、多分その頃に市長とつながることでもあったのだろうか、私の推定では母は十五歳の頃に鶴原市長宅に行ったことになる。

明治三十八年、鶴原氏が市長をやめて東京に行くのだが、その時、連れてゆくかゆくまいか、色々とあって、市長の下で高級助役をやっていた父、菅沼達吉にあずけられ、桃谷というところに住むのである。病身の妻を東京に残していた父は、この母を求め二人は結ばれるのだ。そして父もまた大阪市をやめ、山口銀行支配人となって、明治四十年、母は二十歳で私の長兄弘を生むのである。

そして十年を見ずして、父の死にあい、生涯を、つづいて生まれた俊哉と久彌の三人の男の子の為に生きるのである。

思えば、波瀾の中にその青春を送りつづけた母であるが、色の白いヒ弱な母は、過去の悲しさも手伝うのか、時にはヒステリーが高じて、私たちをなやませた。

でも、どんなことがあっても私は母が好きで、この金銭感覚に些か乏しい、何でも人にやりたがる大まかな母を後年空襲からまもる為に満州くんだりまで連れてゆくのだ。

二十年以上も前だろう。日本財界の雄安川第五郎さんにお目にかかったとき、〝御母堂はお元気でしょうか、私の妻と学校が同じでした〟と聞かされ、家へ帰って母にいうと、〝あら懐しいお方〟といっていたが、その后、どこかでお目にかかって昔話をしたという記憶がある。

その話の中に、どういうわけだか孫がいて、お祖母ちゃん同士が、「お嬢さま」なんて話してたと面白がったのをおぼえている。

幼児の記憶というものは、全くアテにならないが、私の頭の中に今も、中二階のある家が浮ぶ。八手の青い葉と、暗い庭も思い出されるが、それが何所だか分らない。母にきくとそれは桃谷の家だというが、私は枚方の家に生まれたのだから桃谷を知るわけがない。

生まれて後、三歳頃に桃谷の家へ行ったとすれば、その桃谷の家には誰が住んでいたんだろう。

父がなくなった枚方の邸は、母もいたが或いは没后しばらく桃谷に住んでいたのだろうか。枚方の家は、母よりも祖母エキ（大目付役夫人）に勢力があり、その下に高木ハルという小母さんが采配をふるっていた。

この人は前にも書いたが変にハイカラな人で、一見一寸外人風に見えるのだが、ついこの間、戸籍謄本からこの人が何であるかを知った。

このエキなる祖母は、明治三十一年、夫森泰次郎が逝ってから、高木という人のところへ嫁に入り、このハルさんを生んだのである。そうなると明治とは、或いは武士の世界とは、全く気ままなものとしか映らない。

その高木が死んで、エキは息子の新築の家に娘をつれてきて住むのだが、その高木ハルに登吉という息子があり、これが一番上の兄（異母兄弟）豊と同年であった。

この人がどういうわけか成島柳北に似てまったくの馬面だった。おとなしい人で科学が好きで、当時、大きな飛行機を作って私たちを喜ばした。この肝腎の登吉さんも数年前に死んだのでいよいよ分らないことだらけだ。

平穏な日々が、鳴尾村西畑の家につづいた。祖父森繁平三郎は碁が好きで、毎日明け方までつづき、祖母たちにきらわれた。でもただ一つ碁だけが人生らしく、あとは私の手を引いて、大阪のモーラ館まで頭を刈りにつれていくぐらいだったようだ。

いまのようにアクセク働かない人ばかりの様に思えた。どの家もみんな平和で、大きな庭があり、黒い塀を登って他家の庭を逃げて鬼ゴッコをやったのだ。

そんな日、鳴尾村から、私の小学校の同級生が、袴をはいてチョコナンと碁を打ちにきていた。しかも驚いたことには祖父が黒石なので、なんだそんなに弱いのか——とからかったことがあるが、後、この天才少年が瀬川良雄八段となるのである。

学校時代

北野中学校

高木ハル。この人も子供心に不思議な人に思えた。風貌がどことなく外人くさい。もっとも殆んど洋服を着ていた故もあるが、明治から大正へかけて、胸にかざり鎖などをかけ、ハイカラな頭をしていれば、奇異にもうつるものだ。

実はこの人は、外国船の女パーサーを長くやっていたという。その頃洋行する多勢の人たちの世話をし通訳をしながら長い船旅を慰めて旅の繁雑な事務をやってくれる人だが、外人くさくなるのもやむを得ぬことだろう。

家の中では、私たちにビスケットを焼き、シュークリームを作ってくれたが、この人も我が家に外国文化を注入したことは事実だ。恐らく朝のハムエッグもハンバーグステーキも、この小母さんのお土産だったかも知れない。

母違いの一番上の姉は、小清水義男に嫁したが、この人も明治に親父のすすめでイギリスに留学して技師となり、長く大倉組に勤めた人だ。二番目の姉は耳野正三郎に嫁した。この人は大阪商家の出だが、川崎造船に勤め、軍艦や汽船の設計をして有名だった。昭和十年頃他界し、川崎造船の設計部の重役として社葬をうけるのだが、大正十二年八月二十一日、淡路と明石の中間にある仮屋沖の灯台の付近で川崎造船自慢の第七十号の新鋭潜水艦が進水して、そのまま浮上せず遂に造船関係者や海軍関係の人たち九十五名を乗せたまま大海の中に消えてしまうのだ。

義兄も、乗艦の義務があったのに、風邪気味で、乗らなかったので一命を拾うのだが、潮流のはげしい明石海峡でこの船は遂に上らなかった。思えば子供心にも廻りが大変な騒ぎなので、姉の家に行った思い出がある。

この耳野の兄の弟に、有名な耳野卯三郎画伯がいる。このむずかしい学者の兄とはコロッと正反対のやさしいいい絵描きの小父さんだった。

この川崎の方の兄は、無口でなんとも取っつきの悪い兄だったが、私が中学一年の時、北野中学に〝行け若者よブラジルへ〟という講演をしにきた男がいた。少年の私はこのアジ演説にいたく感動して、爾来ことあるごとに学校をやめてブラジルへ行くと母を悲しがらせた。遂にたまりかねた母から、耳野の兄のところへ相談に行って来いといわれ、私は勇躍、須磨の家に行くのだが、途中、こう止められればこう言おう、ああ聞かれたらこう言い返そうと電車の中でしきりに考えていたが、いざその晩、

「何だ！　何がしたいんだ」

「僕、ブラジルへ行こうと思います」

「ほう、いいだろう、行って来い」

私は狐につままれたように、シューンとなって返答にこまった。ただそれだけで相談は終った。帰りの車中で、いよいよ行くとなると、どうすればいいのか。言葉は分らないし、親と離れて暮せるかしら……、よもやまの事がこみ上げてきて、一ぺんに厭気がさし、やめてしまった。それから間もなく石川達三さんのブラジル移民を書いた「蒼氓」が世に出て芥川賞の第一回をとるのだが。生きるのにこれという心がまえがあるわけではなし、人の言葉にクもなく讃同し、右顧左眄《うこさべん》、将来なんて考えたこともない中学時代がつづくのだが、小学校は枚方小学校、鳴尾小学校、堂島小学校と変り、北野中学に進むのだ。そもそも勉強の余り好きでない男が、大阪で一番むずかしい北野を受けたのも間違いだったかも知れない。

ただ上の兄馬詰弘が北野に難なく入り、真中の菅沼俊哉が高津中学に入ったのは、各々住んでいるところから近い方がいいだけの話でもあったようだ。でも母の心中には、私を堂島小学校に五年で転校させたのは、北野への入学率が多いのをたのんでのことだろう。堂島の先生がシブシブ、私を北野受験組に入れた話をあとで聞いた。

余聞に属する話だが、上の姉の夫、小清水義男は戦時中に逝くなったのだが、私が目下所属する東京ロータリー・クラブに最年長今年九十六歳でカクシャクたる渋谷澄氏は小清水と一緒にロンドンに留学した仲だと分った。氏は電気に、小清水は土木科に学んで明治の後半の新進の技術屋として気をはいた話を懐く聞いた。

森繁姓

鳴尾の小学校も、枚方の万年寺山の小学校も、今から考えれば素朴でよかった。皮靴をはいていた私はいじめられた。一、二年頃は草履ばかりだったし、そのあとはゴム靴の流行だった。子供たちは青いハナ水を流して、それを袖口でふいて、みんな絣の袖をピカピカさせて通学していた。三分の二ほどは袴などはいてなかったし、その連中はサルマタもパンティもはかず、すいすいと風をまたぐらに感じながら、それでも男も女も、子供たちはしゃがめばチラチラ見せながらも元気だったのだ。

そんなすみっこで私は泣かされてばかりいて学校がきらいだった。ヘビをカバンの中に入れられたり、カエルが筆箱から飛び出したり、その都度泣いたに違いない。

枚方の祖母は、この泣き虫の私がきらいで、私を余りよせつけなかった。いかにも武士の子らしくないのだ。

小学校の五年生頃か、私の名字が、菅沼から森繁になった。この言い訳が出来ずに〝養子っ子〟といわれて、これにも泣いたに違いない。

ただ、祖母エキの一言、「この子は森繁をつがせなさい」で終ったそうだ。長兄の弘は、母方の祖母、馬詰をつがされた。きっと彼女は昔父たちにしたと同じように、さっさと徴兵拒否で変えたので、そんな気で同じように扱ったに違いない。

祖父森繁平三郎は私の十九歳の時七十四歳で、いとも静かにこの世を去った。その時始めて森繁家の親戚が遠く山口くんだりからやって来た。兄貴が香典を整理しながら〝何故こんな三円二十三銭なんて半端な金をくれるんだろう〟といぶかったのを覚えているが、それが当時の米の一俵分の値段だったそうだ。米が重いから金にして持ってきたのだろうが。

その頃は、枝川を、つまり甲子園をへだてて、対岸の今津に移り住んでいた。母の金は、とみに逼迫し、余り金勘定の出来ないのばかりが、オロオロしながら生活していたようだ。母は何度も私たちの遺産を少し出してほしいと姉たちの所にたのみに行ったようだ。

その頃、今津の酒造家たちの文学好きなどが集まり、ささやかな郷士風の同人雑誌を出していた。私はもっぱら謄写版ずりと製本の担当であったが、その中に、同級の野間宏が文才を見せていた。

今津の浜の酒蔵の通りは、大河内伝次郎たちのロケ場としても有名だった。貧相な今津港だったが、昔からの珍らしい木製の灯台があり、灘の生酒を江戸へ積み出していた名残りというが、ロケには都合がいいのだったのだろう。捕方が路地を廻り、つづいて伝次郎が飛鳥の様に角口を廻る。でも私たちはすぐに見あきてしまい、あまり忠実な活動ファンではなかったようだ。

そういえば一寸足をのばすと、香櫨園の山の方に、撮影所があった。一度か二度、その辺を通ったことがあるが、さらに活動写真には興味がなくて、撮影所の中などへは入ったこともない。

私たちは、その港から釣りに出るのだが、くねくねと家の前の久寿川を舟が通り、やがて港に出る。波の荒い時は、櫓がはずれて中々のことで港から沖へは出にくかった。どうにも舟が出ないと引き返し、酒蔵を通って大酒造家の庭に友を訪ね、プンプンと酒の匂いのただよう中でサイダーを飲みながら長い時間話しこむのが常だった。何の話をしたか思い出せもしないが遅くなるとメシまで食って行った。物腰のひくいお母さんが今も眼にちらつく。

すでにこの辺りは埋めたてられて、昔のよすがをしのぶことも出来ぬが、今や故郷は僅かに六甲の上を流れる雲のみということか。

私たちは子供の頃からハイカラで、六甲の登山をした。外人によって開かれた六甲は、その頃は登る人も少なく、足腰の弱い母までつれ出し着物のうしろから尻を押して弁当もちで登った。道があるようでないので、一行が長くのびてリーダーは大変だった。道々、西畑クラブの旗を何本もつけて、一番乗りは頂上で小一時間も待たなければ全員が来ない。

六甲山頂

六甲山頂のひるめしは絶景かなで五右衛門のように八方へ眼をやり楽しかった。

ドイツから買ってきた双眼鏡を持ってる小父さんがいて、自慢たらしく眼下の我が里を見ながら長講一席に及ぶのだが、借りた私はそれがどこかよく分らなかった。ただその眺めの中に遠く大阪湾から堺のほうまで、又、淡路島も遠望されて、少年の夢は何故かここから羽搏いて飛んで行きたい衝動にかられたことだ。

それ程美しい眺めだったが、その后、五十年余りで、全く様相をかえてしまう。先日神戸に〝屋根の上のヴァイオリン弾き〟の公演に行った際、一度登ってやろうと、足で歩いた道を車で登った。

大きな道路が山をうねり、山頂には大ホテルがあり、毒々しいペンキ塗りの看板の下に軽便食堂が軒をつらねていて、ここは何処かと、がっかりしたことがある。

山を開拓するのもいいが、ついでに商人にも見さかいなく場をゆだねるのもどうかと思われるのだ。山はあくまで山であらねば、登った甲斐もないではないか。同時に海も海だ。これもすでに少年の日、海辺の恋の哀しみに打ちくれて、遠い白い渚を歩いた浜辺はもう見つけようにも無い。この辺がそうでしょうか——と、はげしい生活の匂いのする食堂やマーケットの通りの下を指されたのには、まことに情けない思いがした。埋めたてられたそこには大河内伝次郎も林長二郎の影もないのだ。

そういえば、六甲山、胸つき八丁でもないが最后の登りでバテた母が、当時屈強な青年の背におぶわれて登ってきた懐しい道は今はもうない。母もいないし、それをおぶった青年も他界してしまっていないが、町も海も山も故郷は遠きにありて思うものとなったのだ。ただその麓にある六麓荘という一帯は、昔と変らず僅かにその片鱗をとどめて、名だたる阪神間の金持ち連中の住いの場となっている。

戦后、子供の頃にあそんだ六麓荘に土地を求めたく、遂に友だちを介して某有名な金持ちがもっていた土地一千坪を、六麓荘の山の上に求めたが、この一帯の山はすでに五十年も前から、電信柱がなく、電力も電話も地下ケーブルであり、六麓荘だけの貯水池が山上にあった。赤松の美しい山膚をぬって舗装道路が八方に走り、これも又外人の設計かと思われる程シャレたところだ。又、この山に住むことにもなかなかむずかしい掟があって、先住者の力が強く一部の好事家たちによって占められているといってもいいようなところだ。

だが、世の中には悪い人もいるもので、金に困った私がこの千坪を担保に金を貸してもらったが、この不動産屋が即座に売り飛ばしてしまって、どうすることもならず、泣く泣く手離さざるを得なくなった。爾来、晩年を生まれた土地に暮そう、という気はフッ飛んで、とみに故郷は外国よりももっと遠いところになってしまったように思う。

関西、とくに阪神間は、京阪と違って砂が白い。今は黒いアスファルトの道になったが、昔は白い道のつづく町だった。それが何とも清潔な感じで、明るく乾いて見える故郷だった。海も白砂青松で、東京に来たての頃は、鎌倉の海岸の砂の黒いのにギョッとしたくらいだ。

甲子園海水浴場は有名になったが、まだその名前のない頃の浜辺は私たちに海を愛することを黙って教えた。

綺麗な海水だった。夏といったって誰もいない。私たちだけの専用の海水浴場のようなものだ。うつろに響く声は地引網を引く漁師たちで、二十名くらいが、二手に分れ大きな網をロクロでまき、二時間もかかってあげるのだ。

「おいボン、引けよ」

私たちも手伝うのだ。漁師たちも大まかだった。バケツに一杯のイワシをくれるのだ。それを持って帰るのに歩いて何キロ。それが厭さに、「小父さん、魚はいいよ」というと、めしを食ってけという。

何故か、このメシの美味さが忘れられない。おれの家は安い米を買っているんだナとずっと信じていたくらいだ。

西畑文化村

潮が引くと、随所に大きな水たまりが出来た。私たちは木綿針を三本竹の棒にしばりつけてこの水たまりを歩くと、掌ほどの小さなカレイが足もとの先を動いて砂に埋もれる。その辺りとおぼしきところを突くと難なく竹の先にそっくりかえって刺さってくる。私たち少年はこれを焼いて海風になぶられながら食うのだ。

四月から五月頃は潮干狩の頃だ。結構はまぐりやあさりをとって、ブリキ板を探し浜の木片れでこれを焼きながら食う。さしたる楽しみでもないが、螢を追い、カナブンブンを探し、ヤンマを追って少年の日を過したのだ。テレビもないしインベーダーもなかったが、情操を失われることもなく、ごく自然に大きくなったような記憶がある。

しかし、いつの間にか色々なものが入ってきて、浜は人と一緒によごれはてて、海は青から黄色に変ったのである。

正月ともなると、この小さな西畑の文化村は大変だ。連日連夜、百人一首のカルタ会で、火花がとぶほどの熱戦が展開される。その大方は我が家が中心で、朝から朝まで〽大江山いくのの道は遠けれど……と。そんな中に色恋の沙汰もあったのだろうが、若さでむれかえるような日々がつづいた。

でも不思議なことに、ここで若い男女が結ばれた話は一度も聞いたことがないし、結婚式も見たことがない。もっとも私たちが中位の年齢で、その上が二つずつくらい年上で、下も又、二つずつくらいが大半であった故もあるだろうが、この村が出来て住んだ人たちの年代もほぼ同じであった為だろう。

いまも、イチゴ会という名前でいい年寄りになった連中が鳴尾村西畑の会に集る。そしてよるとさわると、文明におかされなかった遠い日の楽しかった物語ばかりをくりかえし、酒も弱くなって入歯だらけの残照の会だが。

私たちがいよいよ中学に行く頃になると、急に友達が別のところに出来るようになるので、何となく疎遠になりがちになり、遊び方も変わってきた。

上の兄弘は、喧嘩が好きで「よし、やろう！」となると、止めようがなかった。兄が北野中学三年の時だったろう。じゃ枝川でやろう——といったらしく、私がかけつけた時は、川原で兄貴一人に向うは五、六人、それを見物にきているのが数十人。ギョッ！　となって母親に知らせに帰ったが、母親の一声で西畑の同志が、一人に何人とはけしからん、と飛び出していったが、すでに顔中血だらけにした兄が、笑いながら握手していたことがあった。

鳴尾というところは、当時競馬といちご狩りで有名だった。よせばいいものを、見張り小屋が出来て、いちごのシーズンになると、西畑の悪童どもが夜間演習と称して、夜中に盗みにゆくのが楽しみで、今日の畑は、どこどこだ——と決まると、作戦をたててしのびこむのだ。真暗闇で何を食っているのか味など分らないが、必ずといっていい程とっつかまるのだ。さて、そうなると大変だ。やがて玄関にすごんだ百姓が何人もきて、いっかな動かない。母はどのくらい金をつつんだか、いちごの時季は厭ねえ——とこぼしていたのを思い出す。

中学に上って間もなく、私の科学ぐるいが始まるのだ。

当時、〝子供の科学〟という本がたった一つのよりどころだった。それまでは三越へ行って、母にねだって蒸気のエンジンや、デルタという鉄の組立てのオモチャを買ってもらい、それに夢中だったが、この雑誌から売り出されるモーターが、電車、汽車とエスカレートし、つぎつぎに売り出される新製品に目の色をかえるのだ。「子供のクセに何時まで起きてるの」という母の声が絶え間なかった。

私は家中に、庭もそうだが線路を敷き、電車を走らすことに夢中になった。

その為についつい面倒くさい勉強がきらいになり、とくに暗記ものと称する地理、歴史など、とんと本を見ることもない。

その頃、学校では成績のいいのが教室の後ろに座り、成績の悪いのが前に座らされた。私は殆んど前の方にいた記憶しかないが、学期末には、家庭教師がきて一夜漬で教える。しかし、大方それもウワの空であった。

落第中学生

中学三年生。

平均点六十点以上ないと進級は無理だ。そのくらいは知っていた。

が、歴史の試験で、チリヤン（という仇名の先生）がさぞ出来んだろう……というような眼で私を見るのがシャクにさわって、しかたがない。私の得意は、物理化学、数学、幾何、博物で、といってもずばぬけて良いわけではなかったが、ほっておいてもどうやらいけるというところだ。歴史の問題に目を通したが当てこんだところははずれて、小モノが少し分かる程度だ。こんなことなら、ごめんこうむろうと、白紙で出した。

これが問題になって、三月何日、進級の張り出しを見にいったら、その最后にも私の名前がない。ずっと後の方に、次の者、原級にとどめると、しおたれた森繁久彌の名を発見した。

それでも私はクラスの人気者だった。どこがといって取り柄もないが、クラス会などでは、余人をのけて歌も活弁も、詩の朗読もうまかった。私はやたらと大正詩人の詩を暗記した。後年そんなことが役に立とうとは。

そのクラスのみんなは、残念だといいながらも何となくチラッとさげすみの表情を見せて四年生に上っていった。

私は何ということもなく直ぐに新しい三年生たちと仲良くなったが、年だけは一年上なので、少々の遠慮もあってか、私に一目おくのがいじらしく、でもなべて楽しい再三年生であった。

結局、何が何だか良く分からなかったが、四年生から早稲田の理工科でも受けてみようかと、さして落第を気にもとめず三年生が再び流れていって、どうやら今度は無事四年生になった。

或る日、一年遅れたので四年生から早稲田を受けてみますと先生に相談しにいった。

「理工科かい？」

「そうです」

「ふむ」

「どうでしょう」

「まあ、行ってみてごらん」

と、人の気も忖度《そんたく》せずに、投げやりな返事だったが、出来のいいのと悪いのでは教師の張合いも違うのだ。

ところが東京に行ってみると、先生の話を裏書きするような事があった。

私は一番上の姉、小清水の家に靴をぬいだ。ここは秀才ばかりの家で、ひどくお行儀のやかましい家庭で、とくに娘は学習院だ。昔と違って、あの頃の学習院は全部オヒイ様あつかいで、何かとこの小さな叔父を下品ものの代表のように見るのだ。鼻唄の一つも注意されて、とかく身のおきどころもない毎日だったが、そんなことより何より、早稲田の理工科は十三人に一人という率で、秀才の集まるところという。

ここまできて〝やっぱり駄目でした〟と、再びあの中学には帰りたくない、という気もあり、おまけにその年から、大阪駅の裏手にあった中学が淀川を越えて、新装なった十三《じゆうそう》に移転するという。この辺で決別しなくては――と、さだかな理由もないのに、私をせきたてるものがあったようだ。

大阪堂島小学校から、中学と、ずっと同じだった友達の飯田正美（前関西電力専務）も早稲田の理工科を受けにきている。

「どうだ、理工科は？」

「うむ、なかなか骨らしいな」

「骨が折れるんなら文科にするか」

「シゲさんは文科むきだろう、理工科はやめとけ」

そんなこともあって、再び姉の家で夜食の時に相談したが、

「あんたが理工科なんて、そりゃ無理ですよ」

どこを押してそう決断するのか姉のひと言で、文科を受けることになった。どうしても理工科に入りたければ、一応入学しておいて、何とか手を廻して来年もう一度理工科の一年に入る手もあるんじゃないかと、又も落第のような理屈にならないアドバイスも出た。

結局私は早稲田第一高等学院文科に入学することになるのだが、これとて四人に一人で、そう誰でも入れるもんでもなかったのだ。

早稲田第一高等学院

入学式というのがあり、私たちは新しい帽子に新しい服を着て穴八幡の神社の下にある早稲田第一高等学院に通うようになったのだが、驚くようなことばかりで、その年は始まった。

なかには小父さんと呼んでもいいような年寄りがいる。着物に袴をはいているのも珍らしかったが、着流しの兄ちゃんもいた。いつの間にか出来た友達と始めて酒をのみにも行った。それらがみんな私よりマセていて、どうにもこうにも話が合わない。酒はそれでもつき合えるようになったが、童貞の私はそのあとがつづかない。彼らは新宿二丁目の遊廓や吉原にゆき、なかには神楽坂で芸者をあげるものもいて、そんな経験など何一つないモヤシみたいなこの男は、いつの間にかつまはじきされてい

たのだ。

　俺は大人になったのだ、といいきかすのだが、さて何を何処でどうしたら大人になれるのか、その手立ても分らぬままに半年程が過ぎ、私は姉の指示で目白にある稲門塾という右翼がかった丸刈りの塾長のいる妙な寮に放りこまれた。

　ここなら大丈夫と誰が太鼓判を押したのか、ところが、この塾が間もなく私を一ぺンに大人にし、あやしげな風潮の中に引きずり込んでいくのである。

　思えば中学は楽しかった。少々のいたずらもしたが、なべて可愛いものであった。校長が憎らしいと竹刀を十字にしばり、クズ籠をかぶせて蟹の絵を描き（校長の仇名がカニであった）、柔道衣を着せて二階教室から校長室の前の窓におろした。これで二日間の停学だ。

　阪急電車で女学生の尻を追っかけて二日間のお休み。それもその女どもが「私の降りる駅までついてきました」と自校の先生に言いつけたので、その学校から北野に電話があり、〝まさか、そんなことをしている者がこのクラスにいる筈はないが――〟と先生の話の途中で、いさぎよく〝私です〟と手をあげたのがモトだ。他の一人は級長だったので、彼の立場もあろうかと、ただそんなことぐらいの軽い犠牲的精神であったが。

　そういえば私が小学校の頃、上の兄弘は、喧嘩も好きだったが、教師になぐられたのを不当として、学校へ行かず府庁の視学課にゆき、座りこんで、ここのえらい人にあわせろ、とどなりこんだ男だが、私にはそんな勇気はなかった。ただ映画を見たさに道頓堀を歩いていて、補導員という中学校の教師たちで組織しているパトロールに引っかかり、おそくまで教室に残されて、くだらない質問に返答をつまらせたことなどが度々あったくらいだ。

〝何で一人で歩いていた〟

〝何で活動を見に行くのだ〟

〝何で真直ぐ帰らないんだ〟

〝何でお茶など飲みに喫茶店に入るのだ〟

今の子供に聞かせたら、バカバカしいより、質問の意味がよく分らんだろう。

あの中学が、戦后、女を入れ男女共学の高校になったと聞いても容易に信じ難いことだったのは分っていただけると思う。

そんな、いわば滑稽に等しい程、堅い中学から十八歳で高等学校にきたのだから幼稚丸出しのアカンタレで、当座は喫茶店に行くのも、妙に気おくれしたぐらいなのが、僅か半年ほどで、新しい生活に馴れるのだ。

稲門塾は、目白にあり北向きの部屋で、かけブトンの襟が白く凍るほど寒く閉口したが、そのうち先輩が、寒きゃ泊りにこいという。何の気なしに或る夜、泊めて貰うと、毛を長くのばした役者にしたいような、この佐賀の先輩は、私を夜中に抱きしめて、〝おれは君が来たときから、君ばみて好きになったとタイ〟。ふとんの中で泣き始めたのには、まだ少年くさい私はビックリして声も出ず、便所に行きますと深夜逃げ帰ってきたことがあった。しかしこれも馴れるに及んで、さほど厭気もささず、ちょくちょく呼ばれて、彼の部屋で酒を御馳走になったことがある。

その頃、早稲田第一高等学院では授業中に窓から教室内にビラがまかれ日本共産青年同盟へ入会せよとアジテーションがつづいた。

ムーラン・ルージュ

私が早稲田に入って次の年だったろうか、新宿・武蔵野館の向うに赤い風車が屋根に廻るムーラン・ルージュというのが出来た。

学業などどこ吹く風、私はそこに通いつづけた。やがてここが学生やサラリーマンのメッカになって、山手に新しい浅草が誕生したように新宿の名物となるのである。

昭和七年だ。

高輪芳子という蒼白い歌手が当時流行したフランスのダミヤが歌った〝暗い日曜日〟を唄って私の心をさまよわせたが、暮れもおしせまった日、新聞がアパートでの彼女の自殺を伝え、暗い日曜日が現実になったことにビックリ仰天したことだ。

十日目ごとに変る題し物を、新鋭の作家たちが書いたのだが、この人たちで未だ健在の方たちがおられるが、浅草から館主佐々木千里氏がつれて来たのは、島村龍三（この人の娘がハナ肇の妻である）をトップに、斎藤豊吉、伊馬鵜平（春部、今もお元気）、穂積純太郎（この方とは後、ロッパ一座でご一緒して今日に至る）、小崎政房、阿木翁助、山田寿夫と、それらの方々が名作を連ねるのである。

役者も多士済々、可愛い明日待子、小柳ナナ子、望月美恵子（のち優子、参議院議員になって世を去る）、竹久千恵子、外崎恵美子、池上喜代子、水町庸子（現三木のり平夫人の母）、原秀子、大友壮之介、鳥橋弘一、有馬是馬、石田守衛（後ロッパ一座で一緒になる）、山口正太郎、三国周三（三国一朗氏叔父）、左卜全、沢村い紀雄、ムサシノ漸（現宮阪将嘉）、郷宏之（紅花の社長・故人）。

数えあげればきりがないが、それらの役者が見せる伊馬春部作「桐の木横町」「かげろうは春のけむりです」、穂積純太郎作「風呂屋の煙突は何故高い」と、ムーラン調の作品が日毎に確立していったのだ。

早稲田第一高等学院に入学するなり、いろんな部の連中が私たちに入部を勧誘にきた。その頃出来た明治学院の教授の伜・笹尾というのが拳闘部に入りたいといっていたのだが、どうしたことか、私のクラスにどやどやと入ってきた拳闘部の先輩が、

「モリシゲってえの、居るか！」

という。

「私だ」といったら、

「何故練習に出ない」という。

私は入部したおぼえはないし、第一なぐりあいなど喧嘩というものをおよそしたことのない者がどうして拳闘部に？　あとで聞いたら笹尾が一人では淋しいのでお前の名前を書いておいたという。

爾来、私は毎日連れてゆかれて、縄飛びやらスパーリングやら、毎日顔といわず腹も胸も、メッタ打ちにされて鼻血を出し、しかも最后に「ありがとうございました」といわされるバカらしさに、折あればやめたいと必死で思った。

ところが、遂に校内大会という。大隈講堂の地下にある小講堂で、何番目かに私は出るのだ。忘れ

もしない。隣りのクラスの韓という青年だった。始まる前に、余り本気でやるのはよそうと申し合わせたが、いざリングに入ると、廻りから先輩の声が、

「バカ！　本気でやれ！」

「試合をナメてるのか！」

と飛んでくる。そのうち何かのハズミで私の一パッが彼の顔面をとらえた。とたん！　民族意識であろうか、たちまち彼は狂ったように私にかかってくる。あまりのメッタ打ちに耐え切れずリングのコーナーにつかまって、即ち戦意のないことを告げるのに、後ろから首をぶつので、めくら滅法、右手をうしろにふり上げたのが、彼のキンタマに当って、のびてしまった。

いきなり私はひきずり降ろされて、控室でサンザンな目にあい、人にも見せられぬ、ハレ上った顔をして便所で泣いたのだ。

あれ以来、遂に拳闘部はやめ、阪神沿線の友や、東京のヨットの好きな連中と、早稲田にヨット部を作ろうと奔走した。が、それも私が劇研（演劇研究所）に入部するや、おろそかになり、田原氏や小沢氏やらが早稲田ヨット部を作ることになる。

さて、当時の劇研には、田村泰次郎、大森義夫、山本薩夫、谷口千吉などがおり、やがて、大隈講堂でアートオリムピアという催しをやって大事件となるのだ。青共の連中の運動にまきこまれて、山本、谷口の両氏は去り、鹿内（サンケイ新聞社長）や、私のＮＨＫの同期のアナウンサー大友平左衛門（故）も警察のブラックリストに載って大変だったのである。

放蕩

神楽坂、渋谷、池袋と、ツケが効くのを幸いに花柳界にもだんだんと明るくなってきた。三味線でザレ唄の一つもうたえるようになり、えらそうに流しの新内につつみ銭を投げて、イッパシの遊び人気どりをやったりしたが、幸いにも当時はオカンジョウが盆暮れなのでついついあそび過ぎるのだ。ついでに質屋通いもおぼえ理工科などはとんと忘れて遊蕩の月日が流れた。

早稲田に入って一年程たったが、慶応にいっていた兄貴も私も、どうも信用出来ないというんで、母が上京し目黒の墓のそばにあった小さな家を借りて三人で住むことになった。母にしてみれば、久彌はともかく、兄の俊哉は自分の手で育てていないので、何とか一緒に暮したかったのだろう。

そんな小っぽけな家に、今や話題の松野頼三の兄貴で、同級生になった松野良助が、親父・鶴平の大きな外車をもってよくあそびに来た。私たちは、それに乗って西へ東へと社会学の勉強に紅灯を求めてあそびほうけたが、その頃の早稲田の仲間は、渋谷の駅前の大地主とか、郷里へ一緒につれてゆかれてビックリたまげた大御殿に住んでいる豪農やら、総じて金持の不良が多かった。

そんな友達の中に先日ガンでなくなった矢野茂という理工科の友達がいた。この男とは北野中学以来の友達で、親父は当時有名な矢野雄という医学博士だが、本人は頭のいい割に無頼途方もない男で、クサイ屁をするところから中学時代にイタチというあだながついた。

彼の学友には、親しかったソニーの井深大氏などもあるのだから学問は出来たのだろうが、オートバイのレースに出場して足を折ったり、四十五年も前に、彼はすでにレーサーとして、学校などゆかずに競走用の自動車を自分でこしらえたのだ。助手が乗らねば出場出来ないのでお前乗ってくれんかと、私と心中でもするようなことを頼みにきたりした。

馬鹿はイタチひとりではない、私も同意した。二、三度は練習に同乗しろという。これが物すごい音で耳がどうかなるという程の騒音で走り出したのだ。そしてシッソーする車の中で彼は私に大声で

「アカンなあ、大事なネジがゆるんできたナ！」

「じゃ、とめろよ。ガタガタいってきたじゃないか」

「まあ、こわれるまで走ろう」

私は何度も、これでダメかと思いながらつきあったが、レースの当日、幸いなことに、エンジンが駄目になって私は命びろいをした思い出がある。

後年、私の新京放送局時代、新京の南にある通信隊の隊長をやっており、大尉姿で時々オートバイで私の家にメシを食いにきたが、酔うとしつこく女房を口説いて一晩いっしょに寝かせろといって私を困らせた好漢であった。

池袋の芸者はあかし花が六円五十銭、渋谷が七円五十銭、神楽坂が八円から九円だったように記憶するが、朝めしがついていたのがうれしく、朝風呂などに入ると、何となく旦那気取りにもなり、学校へゆくのが厭になった。

横浜・本牧にはチャブ屋があり、第一キョ、第三キョなど、何とも不思議な異国情緒を味わせてくれた。

〽夕べ見た夢、船の夢……こんな流行歌をうたって、本牧をさまよい、ついには意を決してドアを押すと中は外人の群れだ。そんな中で小さくなっていると、〝坊や学生かい〟なんてお姉さんに可愛がられ、朝はハムエッグとパンを頂戴すると、英語の一つもつかいたくなるような気持にさせられた。ものうい汽笛を窓の外に聞いて、その晩またも、おねえさんを慕って上ったことがあったが、私の友人の一人など、ここの娼婦が身ごもったのを、あれは俺の子だと変な義侠心を出して引きうけるといい、出来た子供が黒かったので大あわてした話など、後年、映画の筋にもなったことである。

それ以外にもアソビはあった。ダンスホールである。先ず第一がフロリダでこれが溜池にあった。そして新宿の帝都座が映画館の上にあり、京橋と数えあげれば、蕨あたりまでダンスホールは、東京、大阪、神戸に一パイあった。ナンバーワンを中心に百五十人程のドレスアップの女性がならび、桜井潔がバイオリンを弾き、南里文雄がトランペットを吹き、私たちは手の中のティケットをにぎりしめ遅れじとばかり、曲が始まるとダンサーめがけ、突進したのである。病は高じて遂に、タンゴやスロートロットの免状までとったのだ。

役者への道

無一物

拳闘以来、スポーツとは縁の切れた私だったが、二つ上の兄・菅沼俊哉はその頃、慶応で中距離ランナーとして鳴らしていた。早慶陸上競技で、早稲田の多田選手とのはげしい八〇〇米のツバぜり合いも神宮へ見に行った。角帽の早稲田の中で、菅沼！　がんばれ！　とどなって、この野郎何を血迷ってやがると、あやうく袋だたきに遭いそうになったが、兄貴なもんですから……と妙な言い訳でケリがついたのもおかしかった。

大学へ行く様になって、私たち三人兄弟は、一家が東京に住むことになり、大久保の柳生さんのお屋敷の離れというバカでかい家を借りて住むことになったが、早稲田劇研に誘致のポスターを東京女子大学に張ったら野村萬壽子というのがきた。劇研に花が咲いたが、そこへたむろする学生の心にもそれぞれ花が咲き、一刻も争うようなツバぜりあいとなり、私が強引にこれを自分のものにした。

この女性（杏子と改名）との夫婦生活が波乱の中にもやがて五十年を迎えようとしているが、その頃私たちの家のものは、世間態を気にして妹ということで、この大久保の住居に引きとって一緒に暮すことになったのだ。

長兄は立教をやめて、シュミットというドイツの会社（ライカという写真機や顕微鏡の）に勤め、中の兄の菅沼俊哉も慶応を出て共同通信につとめ新聞記者になり、私は大学三年になって軍事教練不出席で都の西北から去って、東宝に入社するという――昭和十一年から十二年のあの不況の中で、親の財産をあてに誰一人月給を家へもって帰るもののないなべて道楽もんのようなダラけた毎日が流れた。

しかも、兄弟たちは、それぞれ株に手を出して、あえなく大金を無くすのである。二・二六事件は、国にとっても、私にとっても悪夢であった。株の暴落で私の株屋は一瞬にして消えた。しかも、これが正規の取引員ではなく、ノミ屋だったとは――。しかも私は株券から何から何まで、たった一枚の白紙委任状に実印を押して、当時の短期の追敷にこたえようと手渡したのが最后だった。

親父には申しわけないが、今から考えるといい時に金が無くなったと思っている。あれがあるうちは私は男にはなれなかったに違いない。

大久保の二百坪もあった屋敷から逃げるように、半分ぐらいの家に引越したが、怠惰と浪費の癖がやまろう筈がなく、誰かが払っているだろうぐらいの気安さで、月末に一銭の金も入ってこない。引越しも手伝わない兄二人は、酔って夜中にもとの家に帰って行ったくらいだ。

やがて半年もたつと、出入りの商人たちもだまっていない。私は末っ子の貧乏性か、ひとり気をもんでいたが、遂にたまりかねて、母と祖母を芝居見物に出し、その留守に家中のものを全部タタキ売ったのだ。

今にして思えば五十本程の掛軸の中には、いいものがウンとあったというし、曲物の金蒔絵のある火鉢が二つ一組になって五箱もあったが、書籍も何もひっくるめていくらと、大ざっぱな売り方で（でないと芝居から帰ってくるので）、八百七十円の金をうけとった。その夜は母にも祖母にも泣かれたが、いよいよ迫った不運を朝まで話しあった。そして払いがすむと原宿に三間の小さな家を借りて、細々と生活するようになったのだが、その頃、家内のお腹がボツボツ大きくなり出していた。

金がないということは、こんなにつらく情けないことかと骨身にしみて知ったのもその頃からである。私の給料――といってもいつまでたってもウダツの上らぬ役者で七十円くらいも貰っていたろうか、その時の東宝劇団というところは、寿美蔵（後の寿海）、もしほ（勘三郎）、簑助（三津五郎）、高麗蔵（団十郎）、芦燕（我童）など若手が顔をならべ、私などはハナクソみたいなもんで、このハナクソが、おとなしくしていればいいものを、馬の足などやらされると、フテくされて出トチるし、風呂で幹部さんと喧嘩などするものだから、まったくウケの悪い奴だったに違いない。

その頭取がまたイジの悪い男で、ことあるごとに私の給料から三分の一ずつ、罰金と称して差し引くので、月給などまともにもらったことがない。

我が家は窮乏のどん底にいるというのに、あいつは金持ちの伜だと、とんだところで私は泣かされていたのだ。

新婚アパート

私たちは新大久保の京菊荘というアパートに移った。その小さな八畳程に三尺の台所のついたその頃では奇態な部屋に住んでから、あわただしく色々のことが起った。

窓をあけると二米程のところに隣りの窓があり、その窓をあけて外国人が顔を出す。そこが、このところ問題になっている老朽家屋の国際学友会館である。その時はまだ出来たばかりで、それでもきれいだった。

その窓から顔を出した色の黒い一見インド人風な男たちが、毎日のように学生だった女房に興味をもって口笛で呼ぶのである。彼らはアフガニスタンからの留学生であった。

「お嬢さん、今日はヌカ雨ですネ」

どこでおぼえてくるのか、ヌカ雨が余程気に入ったのか、こっちもからかって、

「今日はヌカ味噌です！」

というと、

「おお！　味噌もクソも一緒ですね」

と冗談のうまい連中である。

相当な家からの留学生だろうと思ったが、地図をあけて探したアフガニスタンが、地図の上でも何となく殺風景であまり大した国ではないと興味をそそらなかった。

或る日、一同を我が家（部屋）に招ぶ――と女房がいう。ターバンを頭にまいてアフガンの盛装で数人があらわれた。

アブドラ・ジャン・ナヒビ（後、内務省役人）

ナクシシュ・バンド（この人もえらくなったようだ）

ヤクタリ（この人は後に左翼政権になるまで副首相）

その他の名前は失念したが、祭りの儀式や、婚礼などで、ターバンの巻き方が違う――と色々見せてくれたり、酒と豚は駄目だと、さかんに食べものを気にしたり、アフガンはいい国だ、泥棒は一年に一人あるかなしかだとか、西瓜が日本の大きさの五倍もあって一人では重くて持てないとか。これが熟れると、その廻りをどんどん飛び跳ねるだけで、ピーンとひびが入り割れてしまうとか。私たちの見せる地図を指して、このカブールの峠から私の国へ入りますと説明するのだが、インドの山奥からラクダや馬で入国する不思議な話におとぎの国のような錯覚をおぼえた。

最近、女房が日本アフガニスタン協会の理事になったそうだが、昔のことが懐しく二度程訪うたのがキッカケになったのだろう。一回目は例の連中が大臣にいたり、あの頃、一番のオシャベリだったジャンが、

「奥さん懐しい、覚えてます」

と昔の変らぬ調子のよさで方々を案内してくれたそうだが、泥棒もいるし食い物のまずいところで、「アフガニスタンは今、沢山のお金が必要です、お願いします」と国が貧乏なのか自分が食ってゆけないのかわからない様なことをいって、ヒッコクつきまとわれた話をきいた。

その后、あの国も赤化したか、現在の不幸なアフガンとなりはて、昔の友だちもどこかに失脚したに違いない。

あれから三十年余の歳月は、あの地をも変えたのだ。あの人たちにも有為転変の人生があったのだろう。思えば昭和十二、三年ごろは雨がふります、ヌカ雨です——と純情な青春が日本に流れた連中だが戦争が拡大するやあたふたと帰国し、その彼らがアフガンの文明開化に活躍したことは間違いなかろう。

その頃、このアパートに、新劇の美術をやる森幹夫が住人になったりしたが、彼は金持ちの伜だったので、食うに困った新劇の連中がよくめしをくいにやってきた。そんな中に本庄克二（東野英治郎）なども ステッキをついて来たのが、何故か印象に残っている。

私の部屋の隣りに、女ばかりの三人きょうだいがいて、おとなしいこの家族と親しくしていたが、時折、鼻のでかい中学生の弟が遊びにきた。これが後年の三木のり平である。或る日不思議なことに、このアパートに慶応の医科に通っている印度人が越してきた。

ビシュア・ナースという人で、仲々いい男のシャレた人だった。

日本語の達者な人で、慶応病院から別の病院へ行くのが日課の様だが、市電（都電）の乗りかえ券をごまかすのが得意で、見つかると、

「オウ……わたしわかりません！」

とおどけて、うまく逃げる話がいかにも面白かったが、市電をごまかさねばならない程貧しい人でなく、印度では上位の階級にある医者の卵であった。

いずれ私は船医になります、と言っていたが、世界は広い、未だどこでも彼の話を聞いたことがない。

大手術

さて、その頃私は大病を患った。

中耳炎がこじれて内耳炎となり、ベゾルトという病名だ。日本語では乳歯突起炎という。私の金もなくなった頃なので、どうしようもなかった。でもナースさんが友達の医者をつれてきてプロントジールなんて染料から出来た高貴薬を打ってくれたが、とうとう病いは高じて、入院することになる。

沢田正二郎が死んだのも、このベゾルトという病気だったらしい。俺も耳病だけは同じだぞとうれしかった。これは中耳炎がこじれて頭蓋骨がクサるという病気で、おまけに内耳は脳に近いのと、頸動脈がそばを走っているため当時はまことに厄介な病気だった。

私は、ナースさんの友達という佐藤院長の順天堂病院に遂に入院することになった。

どこでどうして金をつくってきたのか、いまだに聞いていないが、多分恋女房が叔母のところからでも無理算段してきてくれたのだろう。すでにまとまった金など雲散霧消した今、個室に入ってるのが不思議なくらいだ。

「あなたは、怖がりだね。それとも私が信用できそうもないのかな」

「いいえ」

「いずれにしても爆弾を抱いているようなもんだから、すぐ明日手術しましょう」

あれ程拒否しつづけた手術がいよいよ始まる。耳のうしろの頭蓋骨を削りとるのだ。

「頭に少々ひびくが、局所麻酔でやりますから」——と、当時の新聞にのっていた外国のマンガ、ジグスとマギイに出てくる様な、温厚な老医は宣告した。この医者が当時耳鼻科の名医といわれた松本本松という、どっちから読んでも同じという博士であった。

耳のうしろに注射をされて、モワーッとしているうちに、私の耳がうしろからはがされ、横目で見るとすぐ目のそばに耳がたれているのが見える。ものすごい勢いで耳を引張っている看護婦の白い股あたりが私の目の前にいる。

私も腹をきめた。何でもしてみろ、痛きゃこの看護婦の急所を一パツつき飛ばしてやろうと思っていたら、その手をつかむ手がいた。

「わたしもついてますから、安心して」という声と一緒に、ギュッとにぎりしめた。何だ女房も手術室に入っているのか！　いよいよ泣けぬな——と思っているうちに、頭がガァーン、ガァーンと、脳味噌がひっくりかえるようにひびきわたった。そしてポキンと骨をへし折る異様な音がする。もう断末魔のアガキだ。ノミを頭蓋骨につけ木槌で叩くのだ。「俺をバカにしてしまうのか！」頭の中が家鳴り震動する。おまけに歯という歯がその度に共鳴していまにも全部ゆるんでぬけ落ちそうだ。

一時間もそんな時間がすぎて、私は疲れはてて手術室を出たが、何時間たったか、水をひたした脱脂綿で、ヒビ割れになった口唇をぬらしてくれている女房に気がついた。

「私も全身消毒されて白衣とマスクをして手術室に入ったんですよ」。こんな気の強い女とは知らなかった。「全部見てなきゃ気が済まないから是非にと頼んだら、先生が〝いいよ〟といわれたので。でも私の方へ骨が飛んでくるので一寸気持悪かったけど、一かけらでも記念にもってきてあげようと思ったが駄目でした」

えらい奴だ――と内心思ったが、口には出さなかった。その夜、夜中から高熱が出て、なかなか下らない。一日おいてもう一度再手術ということになった。多分、危険な状態にあったのだろう。二度目の手術はどうしたか余り記憶にない。記憶する力もなかったのだろう。

約二ヵ月の入院。あれが飲みたい、これが食いたい――と我まま放題を言って遂に退院したが、おおむね、それをかなえてくれたのは女房以外にないのだから、随分金のかかったことだろう。それにしても、何と割のあわぬ男と一緒になったか――と彼女は思ったに違いないし、何となくこっちも頭があがらなくなるという、妙なキズナが生まれたことは事実だ。というのは、これじゃよもやなことでは別れられぬ、と内心思ったことは確かだから。

新派の小堀誠さんも入院していた記憶があるが、別にお話したこともなかった。ただ少し元気になって外来まで歩いて診てもらいに行くと、ちょうど蓄膿の手術にぶつかったらしく松本先生が〝どうだ参考のために見てゆけ〟といわれ、のぞいたら口の中の上顎をメスで切って顔を半分上にひっくりかえしているので失神し、以来あんな恐いものは二度とごめんだと思った。

入営……「即日帰郷」

耳の病気の頃、女房の腹に入ったのが長女で、この子が、あくる年の十四年に生まれて間もなく、私と同じ病気になって赤ん坊なのに、あの恐ろしい手術をした。どうもあれは遺伝するものではないかと思う。私が退院して間もなく、昭和十三年七月、召集令がきた。手術よりも何よりも一番おそろしい厭なものが遂に来たのだ。

ところが、この召集令が私に二つのメリットを与えたのだ。

長い間、親戚一同に顔も合わさず、疎遠になっていた上に、学生の身で同棲しているということを、よほどニガニガしく思っていたのだろう。それが召集令というので、お国の為に一命を捧げるなれば、この際すべてを氷解して、式を挙げ兵隊に送り出してやろうと話がきまったらしい。

私たちは晴れて、というのが正しいのだろうが、あまり晴れた気もなく明治神宮に参拝し、その足で近所の明治記念館におもむき、簡素な結婚式を挙げることになった。両家の親族が集まったが、別に和気藹々《あいあい》と話し合うこともなく、なんとなく重っ苦しいような雰囲気の中でノリトを聞き、杯を飲み合って、式はいともあっさり済んだのだ。

これで手もなく、戦地で死んでいればそれまでだったのが、なかなか死なない運命にあったのだ。

出征の赤だすきで東京駅に立った私の廻りに、ロッパ一座が全員歓送の為に取りまいて、三益愛子や名だたる役者を見んものと、その廻りを群衆がかこむ大団円の中で、つっ立っているのは全く無名の青二才である。

関西にでて、ついでに駅前の北野劇場を訪うた。いじめぬかれた東京の歌舞伎一門の楽屋に挨拶にいったら、幕間に全員総出で舞台に出され、なみいるお客の前で勇躍戦地におもむきます——と心にもない御挨拶を申し上げる仕儀となった。長兄に送られて丹波の篠山にある隊におもむいたが、どういうわけでこんな山の中の連隊に入営するのか、窓外を走る峡谷に、不安と哀愁をそそる様に雨が降っていた。

篠山は、歌に名高いシシの里、そこは有名な山岳部隊であると、召集でごったがえす汽車の中で聞いたが、とある一軒のハタゴ屋の様な宿に泊った。兄貴が酒でも飲むかというので、医師から耳の手術のあとで三年は禁酒を命じられていたが、とうとうヤケクソで飲んだ。

翌朝は背広にゲートル。奉公袋を下げ、営門で兄と別れて始めてみる軍隊なるところに入った。

「フンドシをしてこいといったろう、何だそのサルマタは！」

そのサルマタをおろして、ケツの穴まで丹念に見られ、やがて最后の軍医の前に行ったが、私の三人前の男が軍医に、

「どこか悪いところはないか！」

と丁寧に聞かれているので、私もアチコチ悪いところを誇大に話そうと考えていたら、私の前が、

「私はずっと胃が悪くて」

というやいなや、

「誰がお前に悪いところを聞いたか。甲種合格！」

と、おどろく様の大声で、ボンとハンコをつかれるのを見て、アッ、これはいかん、もう少しで俺もやるところだったと、何となく従来虚弱な体質であったという風に見せながら、しかも祖国愛にみなぎる忠心愛国に芝居を切り替えた。

「どうだ、どこか身体に異状はないか！」

「どこも悪くありません」

と蚊のなく様にいった。

「ウソを言ってはいかんぞ、お前も困れば軍隊も困るからな」

「お国の為に一生懸命御奉公します」

「それはいいが、最近病気したことはないのか」

「一寸、耳を手術しましただけで大丈夫です」

「耳！　耳はいかんぞ、向うの耳鼻医のところへ行け」

昨日飲んだ酒が悪かった。耳の中は真赤に充血しているし耳のうしろの手術の跡を見るなり、

「残念だが、又、治して来るんだな」

即日帰郷という判をおされて再び営門を出てきたのが総勢六人だ。中には村長の伜で、この男は口惜しいと自殺でもしかねそうなことをいう。ひどいインキンで駄目だといわれたそうだ。

私は何となくさわやかで、餞別金もある。

有馬という駅の呼び声でフラフラとその温泉駅に下車したのだ。

アナウンサーで満州赴任

近頃、易だとか占いだとかが、やたらと大流行りだが、あんなものはつまりヒノエンマだとか、トモビキとか、五黄の寅とか、姓名判断とか、すべて私には信用ならぬものだ。

昔、学生時代に酔った余りに新宿の易者をひやかしたら、森繁久彌、世にこれほどの凶なる名前はない、注意しろと、今にも自動車にはねられて死ぬようなことをいわれたことがある。爾来、人間の弱味につけこんで、いい加減なことをいう男が大嫌いになった。そんなことをいうくらいならお前さんがこんな寒空でローソク立てて暮していなくても、もう少しましな生き方があるだろうと捨てぜりふを残して立ち去ったが、己れを判断することは自由だが、どうして他人にまでその手をのばしタツキの業とするのだ。

どうせ人生には大小の起伏もあれば紆余曲折もあるものだ。今更何にすがって名前をかえたり気学とやらで廻り道までしなければならぬのか、努力も忍耐もない奴の神だのみみたいなものだ。私とて人を見て十分も話をすると大体の性格や過去がわかる。わからなければ役者をやって一人の人間を創造するなんか出来ないことだ。

ま、それはそれとして、遂にロッパ一座もやめ、なるべく徴兵の来ない仕事を探したが、これがなかなか見当らない。

昭和十三年の暮、ＮＨＫでアナウンサーの募集があった。ヒヤカシのつもりで受けに行ったが、これが花のアナウンサー時代で七回も試験をされ、だんだんその人数が減りながらも三ヵ月もつづいて、生れて始めての大難事だった。

九百七十人中の三十人に私も入ったが、私はわざと外地をのぞんだ。十人が日本の放送局、十人が満州（現中国東北部）、朝鮮が五人、台湾三人、樺太二人ときまったが、私は満州にきまった。

〽せまい日本にゃ住みあきた
　支那にゃ四億の民がまつ

馬賊の唄を口ずさんで、些かすてばちな気持もあり関釜連絡船で日本をあとにしたが、朝鮮をすぎ、鴨緑江を渡るとがらりと服装が変り、見はるかす大地の広さに私たちはただ目をみはった。奉天といえば日露戦争で知っている程度だが、そこから新京へは、人の住む家を見つけるのが困難なくらい長い遠い地平線が、何の変哲もなくどこまでも続くのだ。やがて新京の呼び声で私たちは下車したが、驚いたことにそこは一見近代都市だった。ただ駅前の馬フンの匂いだけは、遙けくも来つるものかは――を感じさせるのだ。

いよいよこの地に来て、ここに生きる。

よく考えてみれば、ここは外国でもある。この土をどこまでも行けば、ロシアにも、中近東にも通ずる。これは島ではない大陸だと、ニレの街路樹をわたるさわやかな五月の風の中で感傷にひたったが、ここには日本は少しも出てこないのだ。

私は一種の決別の〝時〟をここで知った。すでに助けを求める人もいない。それは、寥々として私をまったくの孤独にしてしまう大地であり、そして明日からは、ここに何のかかわりもなく夜がきて朝がくるのだ。

自ら働いて食う。やがて女房が始めて生んだ子供をつれてくるのだ。ここでは私以外に彼女も子供も頼るものがないのだ。

私は恥しながら、三つの指針（テーゼ）を持とうと心に言いきかした。

その一つは、何でもいいから文句をいわず人の二倍から三倍働いてやろう。

その二は、今からでも遅くはない、出来るだけの勉強をして、無為に流れた青春の日々を取り返そう。

その三は、一切の過去を、良かれ悪しかれひっくるめて忘却の淵に捨て去ろう。

親がえらかろうが、先祖がどうだろうが、俺の血の中にこそ遺産はあっても、俺がよくなるのも悪くなるのも、この地ではこの自分の力しかない。

十人のアナウンサーのうち、二人が新京中央放送局に残った。その当時全満に二十三ヵ所の放送局があったが、他の連中は三ヵ月間の血の出るような講習ののち散っていった。

私は同僚と二人で一生懸命働いたが、もう一人の渡辺という男は、すぐに〝今頃東京は……〟が始まり、映画や芝居や寄席やすし屋やうなぎ屋や、こんなクソ寒いところで――を始終口にする。

私は月給も社宅もくれ、もっと嬉しかったのは放送局ももらったことだ。聴取者もつけて。ここで男にならねば私は生まれながらに不完全な男なのだといいきかしてただただ働いた。

大地の悟り

ああなりたい――とか、あの人のように……とか。私は羨望とかあこがれというものを実は生まれながらにして持ち合せていなかったようだ。あっても決して顕著なものではなかったかに思う。まるでエライもカユくもない男の青春記に意外と紙数をつかいダラダラとどうでもいいことを書いてきたが、すべて親からのモノが無くなり、たった一つの小さなこの頭とあまり働きものでない手と足で、二十六歳外地に生きる日がきたのだ。

庭の松の木じゃないが、何本ものササエ（親の光り、財産、学歴、etc）を失えば、一寸した風にも小さな根ごとひっくりかえるようなもんだ。私は大陸に生きる一本のススキにも変身せねばならない。自らの根で養分を吸い、その根で風雪の中に立たざるを得んのだ。

そう思って廻りの人を見るとみんな、すごく努力家の様に見える。加えて満韓蒙露どの人たちにも深い畏敬を惜しまない気持が生じた。

そんな日々の中に満州の生活が始まり育ち、大陸の大きさを知り、恐ろしい程の自然の驚異の中で家族と生きてゆかねばならぬ時代がどうやら私を変え始めた。

それかあらぬか、今でも人間を無視する様な不当な弾圧にあうと、腹の底からシャクにさわり、ついつい先頭を切ってそいつに立ち向うクセも出てきた。

新京放送局のアナウンサープールには多様な人種が入り乱れて仕事をしていたが、満州人のアナウンサーなどは、時たま私をいさめてくれた。

「モリシゲさん、あんた働きすぎるよ、人は、人という字の様に生きなければいけない」という。股を開いて物を押せと――ハンじものの様なことをいうのだ。

両足をそろえて会社の為に押せば、会社がつぶれればお前も一緒に倒れるだろう、人は一本の足を前に出し、しかる後全身の力をかけるのだ。タオれた時には、前に出した足が、さっと身体を受けとめてくれるという。ついでにいうが両足をそろえて女に惚れるなよ。女がお前を捨てたらたちまち、ひっくりかえってお前は失意の中に自殺するだろう――と。

毎年、私は誕生日に五族のアナウンサーを我が家に招待した。それは五月の或る日、私どもの社宅は畳をかえ、壁を真白に塗りかえてくれるので、きれいになったところで皆んなを呼ぼうという算段だ。

その一日、子供が塗りかえた白い壁に気持よくエンピツで落書きをした。そこへ先ず満人アナウンサーの張さんが入ってきた。丁度私が、うちの坊主の頭を「何をするか！」とひっぱたいていたところだ。

張さんはコトの次第をきいて私の手を引っぱり壁から離した。

「遠くから見れば、大体白いじゃないか、大体白ければ良いじゃないか」

とたしなめた。爾来、私の考えの中に、この〝大体白きゃいいじゃないか〟という中国的思想が泌みついたのだ。

こんな話は長くなるのでとても書き切れないが、よくいえば白紙の様な私に満州の大地は万巻の書をひもとくように色々なものを与えた。

ただ、大書したいのは、こんな男にも世に出る機会は与えられるのだということだ。早く世に出る神童上りみたいなものもあろうが又、失敗に失敗を重ね、一敗地にまみれて、そこからなかなか立ち上れぬ人間もたんといる。

しかし、人生には、二度や三度はチャンスがくるのだ。意味なく生きている筈はない、人間が人間の為に造った社会なのだから。いたずらにあせっても、運は向うから来るもので、ただ眼をふさいでいては見そこなうことがあるということだ。

だが過去の栄光も、過去の泥沼も、すべて過ぎ去ったもので、今日を燃える生命に、それは燃料にはならない。

その〝燃える時〟が幸いにも長かろうが、或いは不幸にして短かろうが、それは宿命と考えよう。これからの後半は、既刊『森繁自伝』(中央公論社)にあるので、このヌケガラみたいな青春日記もこの辺で筆をおくのがいいところだろう。

Ⅱ　森繁自伝

終戦の日から

新京に祖国を失う

マンドリンの冷たい眼

八月十九日。

私は九人のソ連兵を後に従えて歩いた。

大陸に秋の気配の来たことを知らすのはまず空の色だ。この先には海がある、と思わせるような清澄な高い空から、銀まぶしの陽光が乾燥しきった街路とアカシヤにはねかえっている。

ときどき背中をタラタラと汗が流れるのを感じた。

それはどうやら自動小銃を向けられているあたりから泌み出ているように思えた。

ふり向いたら奴等は射つナ——と直感もした。が、すぐそんなに痛くはないはずだ、瞬間だからと云いきかせもした。

でも、誰かにこの場を見ていて欲しい気がしきりと湧いた。

十人の一列は、靴音だけひびかせて黙って歩いた。「あなたに刃むかう意志はミジンもない」という汗が冷たく乾いてヒンヤリし、妙にこそばゆい。

新京の街全体が逼塞《ひっそく》したように沈んでいる。

芝居を一生懸命背中で見せていることに気がついていた。中央銀行・電電本社・市公署と廟に東西南北をかこまれた周囲一キロの大きなロータリー――この大同広場は、ふだんは自動車と馬車と人で活気を見せているのだが、今日に限って重々しくよどんでいる。それはちょうど、満潮と引潮の変り目のように、歴史の変り目のふと静止した瞬間を思わせた。

「オイ、ドコヘ連レテ行クンダ！」

すぐ後から聞えたロシア語は、太いバスだ。

「その建物だ」

瞬間、振りかえってそう答えた私の眼に、チラリとマンドリンと呼ばれる自動小銃がちゃんと擬せられているのが見えた。

射つかな、あと百メートルだ、などと考えながら、私は私の通う放送局の方の玄関はわざとさけて、満州電信電話株式会社の正門を入った。

敗戦処理で、まだみんながウロウロしている玄関を、土民兵とも何とも形容のつかない薄汚ない顔と服の、新京初入城のソ連兵九名を従えて、貴賓室へと歩いた。

「どうしたんだ繁さん」

「いや、今日あたり入って来るっていうから、どんなのが入って来るか見てやろうと思って中銀の前にいたんだが、斥候みたいなこのご連中が一番乗りらしい」

「何で、ここへ連れて来たんだ」

「お茶ぐらい飲ませてやろうと思って……」

「よしゃいいのに、馬鹿だなあ」

この声は小さかった。

「しかし最初の親切が、思わぬ拾いものってこともあるだろう」

「下手すりゃ射たれるぞ」

「そうなんだ、俺もビクビクなんだ。交代してくれよ」

「とんでもねえ」

まったく、よせばいいのに私は大馬鹿モンになってしまったらしい。しかしここまでくれば、そんなこともいってはおれない。二階の大貴賓室へと案内した。いっかな落ち着きそうもない彼等は、やたらと自動小銃を群がる私たちの方に向け、ねめまわしながら即座に殺してやるといった恰好である。私のロシア語なんて屁にも役に立たない。でも連れて来た責任上、無理に笑顔をつくって、私だけが彼等に近づいた。

「Пожалуйста（パジャールスタ）、садите（サジーチェ）。［どうぞおすわり下さい］」

と、大きな部屋のふかぶかとした椅子に彼等をうながしたが、なかなか腰を降ろそうとしないばかりか、二人がドアのところで門番をし、分隊長みたいな奴が、大きな声で皆目わからぬことを怒号しはじめたのには閉口した。

私は、その言葉の合間をぬって、

「Чай（チャイ）？〔お茶〕 Кофе（カフェ）？〔コーヒー〕」

と、おあいそ笑いをしてすすめたが、

「Не（ネ） надо（ナード）。〔不要〕」

とどなりかえされた。

まったく、えらいものを、親切ごかしに連れて来たことに後悔したが、もうどうにもならない。

そのうち、いよいよまずいことが起り始めた。窓の方を警戒していた奴が急に大声で私を呼び、何やらわめいたが、どうやら今玄関からトラックで運び出している作業を中止せよ、ということらしい。

実はそれは、中央銀行にあった有金を各大手筋の会社に分配したので、わが社もそれを受け取って社員に分配するまで一時危難をさけるため社宅に運び、部課長の縁の下に当座かくしておこうということにしたが、ここでも社宅へと今や積み出しの真最中であったのだ。トラック何台かで、ちょうど三分の二を運び終った頃である。二尺に三尺ぐらいの分厚い白木の箱に入った紙幣は、かんじんのところで取り押えられる憂目となった。

これもいわば私の責任である。渋面をつくったえらい連中はみんな姿を消して、どこかで会議でも始めたらしい。運が悪かった。

ホトホト困っている私のところへ、二、三人が、それでもビールやピーナッツを持って現われた。

ビヤ、ビヤと連発しながら、ふるえる手で栓をあけ、

「Ура（ウラー）！　Совет（ソビャート）！」

といい加減なロシア語を叫んで私はコップをあげた。ウラーとは、ハルビンのロシア人と酒を飲む時に、彼等がいつもそういっていたので、いちかばちか口に出してみたのだ。

いくらか落ち着いて来たらしく、差し出したタバコをうまそうに吸っている奴もいたが、ビールは飲まなかった。

それにしても、これが大ソ連の兵隊かといぶかしくなる、ボロ服をまとった何とも汚ない動物園のようなにおいのする一番乗りであった。

そのうちに、ロシア語の出来るのも出てきて、まあまあと胸もなでおろした恰好になったので、私は、そそくさと我が家へ引き上げてしまった。まったく無責任である。

「ママ、いよいよソ連が入って来たよ」

「そうですか。どうなるんでしょうね」

「ここはお国を何百里っていうそんなお国を、今まで身近に感じたことはなかったけど、やっぱりあったんだな。何ともはや、この不安はどこの誰にいっていいやら心細くなって来たな」

「全部殺されちゃうのかも知れませんね」

「いずれにしても、ここへ来て、ここで一生を終ろうと思ったんだから、それが早く来るか遅く来るかの問題だ」

と強がりは云ったものの、

何だかほんとに厭な気持になって来た。

「ああ、厭だ」

デバ庖丁と火焔壜

終戦の日の一週間あたり前から、新京には軍人の姿が消えて行った。

実は、私たち放送員は、九日頃から、大体降伏という事態に立ち至って行くことを、うすうす知っていたのである。というのは、新京の放送局には、英米向け、ロシア向け、朝鮮、蒙古、支那向けの放送が、日本語、満語放送以外に波を出しており、そのために担当部が、アナウンサーとともに各国の情況を入手していたから、十一日、十二日には敵方の放送によって、ポツダム問題のニュースなどがどんどんと入って来ていた。

しかし、それらは極秘で、局のまったく一部の人間しか知らなかった。

でも聞きかじっていた私たちは、ひそかに関東軍の動きを注視していた。白頭山麓の最後の要塞に立てこもって邀撃《ようげき》を試みるというまことしやかな噂のかげに、軍はまず家族を列車の健全なうちにどんどんと南下させ、最後の車には本人たちも乗って、私たちを置きっぱなしにし、新京の城を明け渡していたのである。

八月九日、新京の東南部、満映のある南湖と街との中間にある私たちの社宅街に、順天小学校というのがあったが、そこへ、どこで編成されて来たのか、ヨレヨレのオッサン部隊が一個小隊ほど准尉に連れられてやって来た。丸腰で、鉄砲が僅かに五挺ほどあるだけ、つい二、三日前まで町のどこかで働いていたような、市民老兵の一群である。

長とおぼしき准尉もまたそうらしく、小学校の講堂に私たち社宅の婦人連をあつめ、演説をはじめた。

いまや、事態はいよいよ急を告げ、どうなるか私にも分らん。しかし、白城子方面から入城して来るソ軍は、ちょうどこの辺に入って来る模様である。女子供といえども最後まで死守するつもりで軍の方針に協力してほしい。ついては、武器も少ないので、各家にある庖丁は一つを残して全部供出してくれ。今、竹棒を集めに兵隊を出しているから、それが間もなく帰って来たら、半分の人は尖《さき》にデバ庖丁などを縛りつけて各自の武器を作ってほしい。あとの半分の人は、これから指定する所に壕を掘って貰います。

何とも情けない話である。私も聞きに行ったが、この准尉がよく見ると在郷軍人で顔見知りの男である。演説のあとで会いに行ったら、

「ああ、森繁さん、お宅、この近所ですか。いや助かりました。私も何をしていいのか見当がつきません。命令ははっきりしないし、しようがないから、こんなことでもするんですが、一つ力を貸して下さい」

という。そして、

「実は、火薬が少しばかりありますが、何とかならんでしょうか」

というので、

「火焔壜はどうだ」

というと、

「結構ですが、つくり方は分りますか」

と、ますますたよりない。

「家に映画のフィルムが大分ありますから、火薬をビール壜につめて、導火線にフィルムをつけて、火をつけて投げてみたらどうだろう」

というと、やってみてくれという。さっそく近所からビール壜を供出させて、私はその製造にとりかかったが、作りながらふと、これで戦車がひっくりかえるわけはないが、みんなが死ぬ時くらいは役に立つだろうと思った。そんなことを考えながらも器用にまかせて作って、さて公園にもって行き、いよいよ実験ということになった。マッチをする手がふるえたが、どうせ死ぬかも知れんのだと、火をつけて投げた。が、シュルシュルと飛んで行く壜のフィルムは、みんな途中で消えてしまって、ボンも、ドーンも聞えず、コトンと林の中に落ちた。

　そのうちに、十日、十一日となると情勢はますます悪化して来た模様で、うすうす局員の中にも洩れはじめ、非常事態にみんなの口は重くなって行った。その頃、近所の家でご主人が一家を日本刀で殺し、自分も防空壕で腹と胸をついて果てる事件が起り、つづいて、家族の首をしめ自分も首をつって死んだりする悲惨な事件が、つぎつぎに始まって来たのである。私たちは、その死体をひとまず空地へ埋めたりしたが、夜な夜なリンが燃え、しまいには雨で腕や足が出て来て、その陰惨な末世の様相から、他人ごとでないことを知らされた。

　いかに陽気な我が家でも、これには暗澹とせざるをえない。そして新京にいた旅行者たちがゾロゾロと私たちの所へもころげこんで来たのである。ご難の文化座の面々も、食うに困ってシラミだらけでころがり込んで来たし、見知らぬ兵隊が二人も三人も居候に来るうえに、電電寮の中学上りの青少年も淋しくなって慕って来るし、ゴッタがえす我が家となっていった。

無謀な立退き

八月十五日早朝、突如、「ただ今から最もすみやかに新京を立退け」という命令が出た。追ったてるような怒号が社宅街を流れ、手ぶらでいいからすみやかにトラックに乗れというのである。何がなんだか分らないが、もうどたん場へ来たんだと、それだけは女子供にも分ったらしい。そうなると、人を蹴倒しても己れ一人生きようと、狂気の修羅場となった。ジキルがハイドと化すかと見れば、あの美しい貞淑な奥さんもハンニャと変って、つきたおし、おしのけ、持てるだけのものを背中といわず腹といわず両手両肩に満載しての陣痛力を見せた。

日露戦争の時に、退却の号令をかけたら、日本兵は蜘蛛の子を散らすように逃げて、再び集めることは出来なかったというエピソードがあるが、神風となるこの民族の半面には、こうした醜い根性もかくれていたのかと、いまさらにギョッとするほどのものであった。

トラックに乗りそこなった妻は、そこばくのものを乳母車に積み、三人の子と身体の弱い母を連れて放送局まで別れに来た。

ちょうど午《ひる》ごろ、一家と共に終戦の詔勅を聞いたのである。

なぜか大した感動も起って来ず、「そうなったのか、とうとう」という顔をしていたようであった。が、どうにも妻子だけを汽車に乗せるのは気がすすまなかった。

男は皆、会社に残ることに方針が決定したが、これから家族を汽車に乗せて、一体どこへやろうというのか、それはまったく無意味で無謀にしか思えなかった。私たち夫婦は、放送局から駅までだまって歩いた。私が口を割れば、そのまま引っ返すに違いない顔を女房はしていた。

ごったがえす駅で、もみくちゃにされながら、やっと屋根のない貨車に乗せられた子供たちは、無心にはしゃいでいたが、それを見ると何度も胸がつまって来るので、用もないのに忙しそうに他人の世話をしてまわった。

そうこうするうちに、それでも汽車はやや日本の方角にむかって動き出したのである。

子供たちが皆、いつまでも、

「パパー」

と呼び、

「お父ちゃーん」

と呼んでいたが、やがて小さく消えて行ったとき、見送っていた男どものどの顔も、クシャクシャになって濡れながら下を向いていた。

その帰り道。あの長い社宅街が、落花狼藉、どこの家もからっぽでひっそりかんとし、何でも取りたきゃ取り放題、書画骨董がそのままに床を飾り、置時計が誰もいない家にチクタクと動いている昼さがりは、無気味なむなしさといった静けさで、何だか地球の最後のように思えてならなかった。

その夜は、近所の男連中は一人で家に居るものは少なかった。みな寄り合って酒に心をまぎらわせて、やがてしのび寄る死の影を払いのけようとするのか、大声で唄いだす奴もいた。私も近所の独身寮へ出かけて行って、「淋しいものはやって来い」と十名ほどを家へ連れて来たが、淋しいのは彼等じゃあなくて私自身のようだった。

「もう何があっても役にも立たないから、この家をかき廻して欲しいものはみな持って行け」

といったが、誰も別にこれが欲しいという奴もいない。ただ着る物だけは、これからのこともあったので、「いただきます」とその場で着こんだ奴もいた。

ところが、どうしたことだろう。

翌日になって連絡が来た。全員がまた明日新京に帰って来るというのである。

たった三日ではあったが、私たちは再会をよろこびあった。女房は涙を流しながら、

「パパ、もうこんなことはいや。一緒に死んでもいいから、みんなで居ましょう」

といい、温かい味噌汁をこしらえて、ただおどおどしている子供たちを、ねむりなれた懐かしいフトンにねかした時は、ほんとにほっとした。

「アラ、わたしのジャケツがあったんだけど、どうしたのかしら」

「ああ、あれはお前のか。実は昨夜若い奴が大勢来たんで、みんなにくれてやった」

「どうして、そう簡単に人にやったりするんです」

それも妙な云い方だが、生きて帰れば物欲は昨日につながるのが女であった。

しかし、その三日間の話を聞くと、生きようとする人間の意志は、医学など足もとにもよれない、炎のように生命力をかき立てるもののようであった。

雨中を行く無蓋貨車

午後三時、五十輛の無蓋貨車を引く機関車は、それでも、あてどなく汽笛を引いて新京を離れて行ったのだが、十分も走ると止り、やっと走るとまた止るという鈍行で、四時頃から、雨の少ない満州に、運悪く篠突く雨が降り出したと云うのである。

無蓋車といっても、石炭を積む、フチに四尺ぐらいの囲いのあるものはまだしも、材木などを積むまったくまわりに何もないものは、カーブでは外に放り出されてしまうような不安定なものであった。ところが、いちばん文句の出たこの何もなしの方が、雨にはかえって好都合だったのである。二十年ぶりだといわれる大陸には珍しい大雨が、容赦なく頭からたたきつけて来ると、フチのある車は、荷物と人間が邪魔をして、この雨が外に流れ出る道をふさぐために、坐っているアンペラの上にやがて一寸二寸と溜りはじめて来た。それが、深夜には腰までになり、池が走っているような恰好になって来た。防空頭巾も何もあったものではない。全員、全身びしょぬれである。

母親は赤ん坊を裸にして胸にジカに抱き、背負ってる子供は雨の中にさらす以外に手はない。ねている子供の開いた口に雨が入ると、咳入っては目がさめて泣き叫ぶのである。

そんな群衆の中で我が家は、母と家内が、おおいかぶさるようにして三人の子供を中にうずくまったが、白くふやけたオチンチンやお尻のままねてしまうのである。隣りの奥さんは双生児《ふたご》と赤ん坊の三人をかかえて一人である。赤ん坊を抱いても双生児の方までは手が廻らず、二人をしばって子供が水の中に顔をつっこむのを防いだ。

満州の夏とはいえ、夜明けは冷たい。大人も子供もフヤケきって、寒さに震えながら太陽の出を待ったが、太陽はその日も顔を見せない。そうこうするうちに親の方もだんだん気力が失せてゆき、死は静かに迫るかのようであった。しかし、生きようとする力は強かった。車軸のように降りしきる中に、びしょぬれの着物を着て食うや食わずで走る列車の上には、一人の死人も出なかったのである。

リュックの中の砂糖は流れ出て、ニチャニチャの水が足腰にまとわりつき、米は水を吸ってトランクは豚の腹のようになり、わずかに罐に入っているものだけが泣く子の口に送られた。

「こうして何日走るのだろう」

誰もが聞きたかったが、もう口にするものもなくなった。全員は、よどんだ眼をして雨に煙る曠野を見ながら、笑いを忘れて、ただただ何かを祈る心だけが残っていた。

時たま、どうかすると、列車は田舎の駅や野原に止るのである。前方から、「二十分停車の予定、急いで用便して下さい」の声が伝達されてくる。するとその高い四尺の囲いをこえて、一同は下車するのである。車の隅にアンペラ囲いの臨時便所は出来ていても、そのバケツにたまったウン、ションを高く捧げて車外に捨てるものはもう少ない。席を動くと寒いし、力もぬけて、男もだんだん億劫になり、はてはそのウン、ションが、汽車がゆれるたびに溜り水の中にこぼれてゆくので、その近所の連中からは文句が出る。だから我慢の出来るものは我慢をしつくし、出来ないものは或いはその場で雨水の中に静かにもらし流したのであろう。しかし、大便には我慢の限度もある。列車が止ると同時に真白いお尻が一列に並ぶのは壮観であった。いつ動くかわからぬ汽車だから、そう遠くへは行けず、さりとて人目から離れたいその距離は一定しているかに見えて、飛び離れたものは一人もいなかった。

しかし、その中にも、若い娘さんが恥かしさのあまり貨車の下にもぐって用便していた時に動き出して哀しい事故も起った。それでも人々は徐々に羞恥を忘れていった。

やがて四平街に来た時に、止っているこちらの列車の向うに勢いよく客車が入って来た。その客車には兵隊がいっぱい乗っていて、ガラス窓のところには酒ビンが行列をしており、飲めや歌えの、どんちゃん騒ぎをしているのが見えた。すると、上の四歳の坊主が、

「ねえママ、どうして、兵隊さんの汽車はお屋根があんの」

と聞いたのを女房は今も忘れないという。

あまり慌てたので、女房はトランク一杯の米と、あり合せのアメを罐に入れ、砂糖は一袋、それに子供の下着と、紙芝居を二つ持って乗った。あとは私が与えた大きな懐中時計と、庖丁を供出したから、その代りによく切れる小さなナイフを渡した。このナイフには、いろいろの意味をもたせたが、まず列車が駅らしい所に停車したら、必ず一番東の端の駅標に、「ママ」と刻んで行けと云いわたした。それは後を追う私の目印だ。日時を必ず下に入れて、余裕があれば簡単に現況を書きそえておくよう、そのためのナイフではあったが、また夜になると頻繁に列車を襲ってくる野盗の護身にさせるつもりでもあった。その時「辱しめられたら死ね」と云おうか云うまいか迷ったのをおぼえている。

今や、不安の中に、口かずも減った車の上で、勇敢にも女房は紙芝居をやって廻ったそうだが、子供は無心に喜び、大人はひきつったような顔をしてそれを見ていたという。

こうして開原という所までたどりついたが、ここで前進が困難になって来たらしい。雨はどうやらあがり、一行は幼児をかかえる者のみ開原の工場に一時収容ということになったが、誰一人列車に残

る者はなく、若い連中若干をとどめるだけで、全員は工場の方へ引きあげてしまった。当り前の話だが、幸せの時のみ人は人のことをあたたかく憶《おも》うが、この不幸の中にあっては、要求する方が無理である。とげとげしい猜疑《さいぎ》と嫉妬と利己に、愛も情も雲散霧消してしまうのが普通である。誰も居なくなった汽車の上で、双生子の奥さんと女房は人世を語ったそうだ。そして車上の大掃除をしようと決心して、一応の水をはかして、つぎに付近の草をその小さなナイフで刈り、それを敷いていたら、見かねた満人の若者が、アンペラがあるという。とうとうその満人農家まで行って、アンペラを求めていちおう特等車にしたそうだが、

「自分にも我さきに人を押し分け、何とか少しでもよくなろうという気持はありましたけど、その自分にどこまで闘えるか試していたのかも知れないわ」

と笑いながら語った女房の顔が、この時ほどすがすがしく見えたことはなかった。

ソ連兵の暴虐

再び新京の生活は旧に復したかに見えたが、すでに旧ではなかった。

八月二十五日ころまで一週間ほどは、ソ連軍も管理に手がまわらなかったのか、放送はあい変らず我等日本人の手に依って波を出して、全満の同胞に、できるだけくわしく現在の新京の状況を伝え、落ち着いてしっかり手を組みあって生きて行ってほしいと訴えた。考えれば、これこそラジオが果した世紀の放送であり政治でもあったろう。ただ残念なことは、内地のことは何一つ分らず、放送できなかったことである。

そのうち、進駐して来たソ連軍の数も増え、そろそろ随所に強姦、強奪、殺戮の惨事が起りはじめ、それらは街中《まちなか》から街はずれの社宅街にものびて来た。

それは言語に絶するものであった。ヨーロッパのあちこちで、戦勝のドサクサに味をしめてきた連中もまじっているので、いよいよ兵隊どもの暴虐は、ここを先途《せんど》とたけりはじめたが、KП（カーペー）という憲兵の屯所が所々に設けられて、いちおう巡査の役も出来たのである。が、これとて焼石に水で、そのKПも、時には同じ穴のムジナとなり、豹変するとあっては、手のつけようもない騒擾に、市民の気持はちぢみあがってしまった。

不思議なことに、そんな時、黄疸《おうだん》の患者が方々に出た。肝をつぶすという由来がわかったようで、おそらくこうした衝撃から来たものだろう。

ソ連兵といえば、全部が共産党員だろうぐらいに考えていたのが大間違いで、党員など数えるほどしかいないのだから、シベリア各地で集めて来た最低生活の烏合《うごう》の混成軍は、狼を野に放ったとしか見えなかった。

家の壁やドアに五寸板を縦横に釘づけし、それに鉄条網を張り、隣りの家とは壁を抜いてお互いに逃げ道を作り、また、電線やヒモを引いて近所への連絡にもした。もしその辺の一軒に兵隊が入ると、まわりの家々から金だらいや鍋をたたいて喚声をあげ、彼等の気力をそぐという、つまり猛獣の撃退法を真似たわけだが、何に彼等がいちばん驚いたかというと、電話が鳴ることであった。兵隊が乱入して来るとヒモを引くのである。すると隣りの家から我が家に、電話がケタタマしくかかってくる。何が恐ろしいのか、この電話の音に彼等はパッと身をひるがえして退散するのである。もっともこれも初めのうちだけだったが。

その頃からまた、軍隊から逃げて来た日本の兵隊が、「お願いします、置いて下さい」とやって来るのが増えて来た。食い物とてないうえに、かくまえばなお危険にさらされるのを知っていても、これを無下に断わることも出来ない。私の家にも、すでに三人がころがり込んでいた。

ライターなんて知らない

或る晩、不覚にも家内がゴミを捨てようと裏口を開けたとたんに、ニューッと背の高いのが二人入って来た。

「Часы（チャスイ）……Давай（ダワイ）、Часы（チャスイ）。」

時計である。時計を出せ、彼等の一番欲しいものだ。

「お前のズナコイム［友達］がもう持って行ってニエット［無い］。そのかわりこれをやる」

と、私が台所でライターを出したら、いきなりガーンとピストルをぶっぱなした。

満州の家はレンガ造りだから、弾がはねてガラス戸を破った。キーンと耳鳴りがして、しばらくボーッとした。

彼等は、私が落したライターをさして、「Что（チトー）это（エート）？［なんだ、これは］」を連発している。

「スピーチカだ」

つまりマッチだと説明したが、ライターを見たこともないものに、これがマッチの一種だとの説明はどうしようもなかった。この前入って来た奴はタバコを電球のところへ持っていって火をつけようとしたが、これはおそらく彼等の生活がランプだからであろう。そんなことで、この急場は如何ともしがたい。拾えば射つし、蹴ってもドンと来るだろう。彼等にこれが武器ではないとわからせるのに、三十分以上は要した。しかし、最後にこの小さな文明が理解できた時は、鬼の首でも取ったように他愛なく喜び、ポケットから、どこかでダワイして来たらしい札束をゴッソリ出して置いて行った。

また、隣りに入ったのなどは、釜に残ったこげ飯《めし》へ燈油と塩をかけてうまそうに食っていったのには、どんなところで何を食っているのか——シベリアは広すぎて、いかなる善政《コミニズム》も行きわたりかねている数々の証左を見せてくれているようなものであった。

その頃から、男が道を歩けば、駐留軍から「Давай（ダワイ）、Давай（ダワイ）」で労役に引っぱり出され、そのまま二日も三日も帰って来ないことが多くなりはじめた。

しかし、そうこうしていても、何かやらねば食えないので、運動会の模擬店のような課長しるこ屋や部長うどん屋や重役一杯のみ屋がはじまり、日本人が日本人相手に、なけなしの銭をはたきあう奇妙な商売が路を賑わしはじめた。

それと同時に、公園の随所で市《いち》が立つようになり、群狼の如き満人の群に交って、勇敢にも日本婦人が、己が持ち物をより高くとカン高い声を張り上げて売りはじめたのである。これがまた引揚げまで続いたのだから、いかに日本人が、分不相応の買溜めをしていたかがうかがわれて、舌をまいたことである。

しかし、これとても幸せなことで、本来ならば、苛斂誅求《かれんちゅうきゅう》にあっていた満人労務者たちが、暴徒と化して逆襲して来ても何の不思議もなかったのである。ところが、それがまあおとなしく物を買っているのだから、不幸中の幸いであったわけだ。

それでも満人蜂起の噂は、始終、街に入り乱れていた。その中には朝鮮人と満人との衝突もあり、話の真相は私の生活からは遠かったが、目をおおう惨事も起っていたのである。鼻に針金を通された朝鮮人の血だらけの男を、四、五人の満人がぶったたいているのを見てちぢみ上ったと報《し》らすものがあったが、不思議に日満の間には、そんな噂はなかったのである。

満鮮は古くから犬猿の間柄であったが、日本人とて功罪半ばしているのである。それなのに日満の間にいがみ合いが起らなかった原因の一つは、ソ連兵が、最初のうちは日満の人種区別が分らなかったことにもあるようだ。

だから、満人も、私たちと同じように、強姦、強奪の憂目を見、憎しみは、むしろ当座はソ連兵に向けられていたからだろう。

「これじゃあたまらぬ、こんな国に入って来られるなら、日本人の方がましだった」と思ったことは事実で、放送局の満人の友達が城内の様子を唾を飛ばして毎日語ったが、メイファーズとは云わなかったことでもわかった。

隣家の惨劇

ようやく秋風が冷たくなる頃に、第二の不安がまた襲いかかって来た。

スパイ狩り、軍人狩り、重要人物狩り、反ソ分子狩りが、ゲペウたちによって活潑におこなわれはじめたことである。

それらは、なんの弁解も容赦もなく、どんどんとシベリアへ送られて行った。南新京駅には、日本人を満載して釘づけにされた有蓋貨車が、ひきもきらず北へ北へと走って行った。かり出された私たちは、その汽車を見送りながら、どんどんと荷物をその列車の後尾の貨車につみこまされた。

一体何が梱包されているのか、たまに面白半分に中をこじあけて見て驚いたが、フスマの引手のカンやら、真鍮《しんちゅう》の家具部品、洗面器、便器に束子、一切のデパート陳列品がそれらの大半であったが、私たちはそれでよかったものの、鉄材とセメント、タイルの方に連れて行かれた連中は、その重さに耐えかねて足も腰も上らぬ思いであったそうだ。

或る夜、向いの家に叫声が聞えたと思ったら、お婆ちゃんが走り出て来て、

「みなさん、ご近所のみなさん、家へ兵隊が入っています、お願いします、お願いします」

の声に、どうしようもない私たちは、ただ窓からのぞくだけであったが、電話をかけてもＫＰは来ないし、やがてそのうちに、にぶいピストルの音がした。

頭を射たれて血まみれになったご主人をかこんで、近所の者は集まったが、奥さんを辱しめようとする者を許せぬ日本人の夫の、それは哀しい末路であった。

母のズダ袋から一巻の経を出して、私はその枕頭に不出来の読経をし、遺体を南新京の駅の近くの原っぱに運んだ。

そこには、即成の焼場が出来ていた。

こんなに焼ききれるかと思うほどの屍が、雨の中にころがっていた。

それらは主に、東満地帯から一ヵ月がかりで歩いて来た難民たちの最期で、骨と皮になって山積されている。この痛々しい屍体の中には意外に子供たちが多く、私はひからびた埃だらけの頭をなでているうちに、あふれ落ちる涙をどうすることも出来ず、石をつかんで天にむかって投げつけた。

「まだ心臓のあったかいのも居るんだがね」

というオンボ氏の話は、わけもなく悲しく、にえくりかえる気持を誰にたたきつけようもなかったのだ。

「お願いします。この遺体ですが、何時頃焼けるでしょうか」

「この通りだからな。それに石炭が減って来て困ってるんだ」

「すみません、何とか早く。それから……お礼は？」

「一升持って来たか」

「ハイ」

「それでいいんだ。同胞だからな」

そこにたむろして一升ビンをかたむけているのは、汽車から降りた満鉄の機関士たちで、罐焚《かまた》きさんの尊い転職の姿であった。

焼くのを待っていたら、突然、

「水をくれえ、日本人だ、水くれ——」

というかすかな声が、引込み線の闇の中に聞える。

声の方を探しながら歩いて行くと、貨車の小さい窓から半分ほど顔が見えて、

「水をたのみます。大勢いるんです。かくれて来て下さい。屋根の上に巡視がいますから」

私は再びとって返して、一升ビンの空いたのをもらい、水を探しに出かけたが、

「やめた方がええよ、射たれるから」

罐焚きさんは忠告してくれた。

しかし、どうにもあの声を聞いては思いとどまるのが卑怯のようで、私は駅の構内を探しまわった。水はあったが、これを貨車へ運ぶのに、いつ動くか知れぬ列車の下を這って行って渡すのである。それでもどうやら手渡したときには、先の方で機関車がボーッと汽笛をならしてゴトンと動いた。間一髪であった。

チロチロと屍を焼く火が燃える向うの闇を、物言わぬ車が、何輛も何輛もつづいて北へ北へと消えて行った。

春画買って下さい

まだ満州紙幣が通用するし、ソ連の桃色の軍票はぐっと相場が下である。彼等も駐留が長くなってくると、どこでどうして取って来るのか、持ち金は軍票ではなく中銀発行の満州紙幣である。

これらがまだ通用するところに、人々は何かはかない一縷《いちる》の望みをもっているようにも見えた。通用するならばこの金を集めねばならない。

いつの時代にも勇敢であったように、大和撫子が随所に淫売をはじめてくれたおかげで、少しは街

に強姦も減ったが、それでも知人の満鉄病院産婦人科の先生は、毎日運びこまれる無惨な姿に、手のほどこしようもないと訴えていた。六十になるお婆さんや、十ぐらいの女の子が、十人以上の輪姦で陰部をただれはらして運ばれてくるや、出血多量で死んでいったり、その悲惨はここに語る力がない。が、その悲しみの中にも生きようとする力は大きかった。

社宅街は、いくつにも区切って、東村、西村、中村、などとわけ、おのおの村長を置いて村の財政や食糧を確保することになった。が、われわれに大きな収入のあろうはずもない。

或る日、村会を開いて、どこの家にも必ずあるという春画を集め、どうせ持っては帰れぬものだから、これを兵隊たちに売ろうじゃないかと議案がまとまった。貧すりゃ鈍するの譬えか、しかし鈍どころではない、品も格もかなぐり捨てて、ただ少しでも長く己が食いぶちを作ろうとする姿は、祖先からの生活力の強さであろう、笑うものは一人もいなかった。

さて、村長宅にどっと供出された逸品、珍品、古典の数々に一驚した。特に、供出先の名は名誉のために秘すことになっていたが、あんな謹厳居士の、おまけにしとやかな奥さんの家からどっと出て来るのには、秘めたる個人の性生活の裏を見たようで、妙に後めたい気持さえした。

ところが、この迷案も、猫に鈴をつける話で——この名品をいかにしてソ連兵に売るかであるが、コミュニストといえどもこれの嫌いなものはなかろう、というところまではよかったが、手段については名案さらに浮かばずで、結局有志がこれをポケットにして、道行く旦那方をつかまえての流し即売ということに話が落ちついた。

まあ、手はじめにそこからやれば、大量取引の道も開けようという、あやふやな商算となった。

さて、恐ろしい兵士がぶらぶら歩いているところを見つけて、

「ダワイ、ダワイ、ちょっと兄さん」

と今度は逆にこわごわシベリアの旦那をつかまえることになった。

いいものをお見せしますが、こちらの草むらまで——、何ともうら悲しい商売だ。

昔、浅草六区の暗闇で袖を引かれた思い出がよみがえり、買手が売手に変じた世相の変転を、ポケットからのぞかす色草紙におぼえて、こんなことまでするなら、いっそ死んだ方がましじゃないかとさえ考えたくらいだが、背に腹はかえられないのである。

ピストルを擬してついて来たこわい顔の兵隊が、やがて大鼻子《タービーズ》をほころばせ、正直にポケットの金を探りながら、やっきになって買いあさるさまは、思想も主義も超越した人間の姿に他ならなかった。

そのうち、一人が二人を紹介し、二人が四人を——やがて下士官も将校もあらわれて、大方を売り尽した時には、それらが米や野菜や肉と変って各戸に配られ、久しぶりにスキ焼の香りのする窓も見えたのは、こちらも笑えぬ春の絵姿であった次第だ。

それればかりではなかった。

或る家では、「兵隊さんのために、我が家を時間で提供します」というロシア語の貼り紙を出してつれこみ宿も始まった。一時間いくら、二時間いくらと書いてあるのを見て、結構勇敢なる日本婦人がソ連兵の手を引いて借りてゆくのである。

お客が我が家に入ると、家族は公園にゴザを持って遊びに行き、その一時間を、そこで待つのである。そして時間が来ると、主人が玄関に行って、ベルをチリンと鳴らす。すると中から、

「すみません。もう一時間のばして下さい」

の声などが聞えたりして、もう一時間たって行ってみると、こんどはもぬけのカラで、おまけにジャケツや奥さんのパンツが無くなっていたりの珍商売も続出した。

「父ちゃん寒いヨ。お家に帰りたいヨ」

「駄目駄目。もう少しここで遊んでから」

零下十何度の公園に立たされていた子供たちこそ可哀相なことであった。

名演奏に憩うひと時

その頃、ホトホトこの無頼の兵隊に手をやいていた新京市民に、ソ軍司令部からお布令が届いた。

全市在住の芸術家は、すみやかに今夜新京公会堂に集合というのである。

何事ならん、と私も出かけた。

しかし、公会堂の玄関をくぐると、これはどうしたことか……粛然とした気配である。

そのうちに静かにドン帳があがり、やがて、これまた見なれた兵隊とはおよそかけ離れた立派な紳士が、通訳を介して、

「今から、ソビエトが誇る偉大なるヴァイオリニスト×××を紹介する。諸君らは、ゆっくりこのすぐれた芸術を鑑賞されたい」

というや、燕尾服を着た、オイストラッフにも似た白髪交りのヴァイオリニストが現われ、疲れはてた市民を前に、まったくすばらしい演奏を聞かせてくれたのである。

私たちは感嘆し、ただ声もなくこの妙技に聞きほれて、万雷の拍手を惜しまなかった。

そして、興奮した面持ちで公会堂を出て来た時には、異口同音に、

「あの兵隊もソ連人、あの音楽家もソ連人、うーむ」

と、うなったことであった。

そういえば、ソ連兵の悪口ばかり書いたが、放送局長のところに宿泊していた軍医少佐は、すばらしい人格者であった。その温厚篤実の標本のような上官の部屋に、深夜二人組のソ連兵が押し入り、その上官の軍服から時計から持ちもの一切を盗んで行ったのには、解釈に苦しんだ。

ソ連軍も、米軍とほとんど同様に、佐官級になるとなかなかのインテリで、おおむね紳士であるが、尉官についで、下士官、兵ときては、無学、無智で、しかも米軍ほど裕福でないだけに、手のつけられぬ群狼となりはてる。上官のものでも強盗するんだから、恐らくこちらばかりでなく向う様も困っていたに違いない。あまりにも広すぎる国の悩みでもあろう。

しかし、この身ぶるいするような残虐も、かつて通州事件を初めとして日本兵がおかした、あの暴虐と対照してどうだろう？

帝国陸海軍が東亜の各地にまいたその罪の深さは、いまや輪廻《りんね》となって我らの頭上に降って来ても、以て瞑すべきとあきらめねばなるまい。

写真屋開業

私が写真屋をはじめようといい出したのも、その頃である。

ところが、わが村では大反対で、せっかく隠し持っていたライカもコンタックスも、開店の日に取られるだろうという全部の意見である。

それでも、一軒の家を明けて写場にし、《Фотограф（フォトグラフ）》とロシア語の看板をあげ、写真の上手な社員と、ロシア語の出来る受付と現像の係を置いて、主人は来客を待った。

ところが、さあ大変、開くやいなや門前市をなしはじめたのだ。

ちゃんと金は払って行くし、技師の前では、あの獰猛《どうもう》無智の輩も猫のようにおとなしくなり、深く敬礼して、技師には限りない尊敬を惜しまなかった。

彼等のサイフにある写真を見ると、いまや色褪《あ》せた明治の頃の写真で、「俺《おら》が村に年に二回、祭りの時に来る写真屋先生に写してもらった」のだという。

ところが、こっちは八つ切、四つ切、半截と引伸しは自由だし、お好みに応じて着色もしてやるのである。

金は面白いようにころがり込んで来るし、行儀よく列をつくって何時間でも待つし、そのうちに、もしも金でも取られるようなことがあってはと、KPが一日中立哨してくれるようになったり、思いもかけぬことばかりであった。

どこでものして来たのか、椅子に坐った下士官殿は、腕をまくって六つも八つもつけた腕時計を見せて、このポーズで撮ってくれろといったり、少尉や中尉あたりでも、女性のコンパクトを出して鼻の頭や顔にぬり、白く綺麗な男に写してくれという。

写真技師は、まるで神様みたいなもので、彼等はその前に来ると緊張し、写し終ると最敬礼し、写真が出来上ると、どこから持って来たのか罐詰やビールをくれるのである。

その写真屋も、門前市をなしたのはよかったが、ボツボツ近所から苦情が出はじめた。金のない兵隊が、写真を貰いに来る前に近所にちょっと押し入って「ダワイ、ダワイ」をやってまきあげてから来るので、これではかなわない、もうこの辺で止めてくれということになり、まことによい商売ではあったが、善良なる人民のため閉店のやむなきに至った。

芸術に国境はなかった

あの頃のエピソードには、ソ連の現情を知るとともに、ロシア人を知るにも好適な逸話が方々に生まれた。

或る日、放送局員の音楽家でチェロをひくI氏の宅に二人組が押し入った。壁にかけた時計から衣服のほか、手あたり次第に掠奪して、最後に、氏がこれだけはと押入れに深く隠してあったチェロを見つけてしまった。

ところが、

「どうかこれだけは俺の命につぐ大事なものだから、かんべんしてくれ」

と頼む氏の前に直立した暴兵二人は、

「あんたは、Музыкант（ムジカーント）（音楽家）か」

と問うので、

「そうだ、チェリストだ」

と答えたところ、

「これは大変申しわけないことをした、許してくれ」

と平に詫びて、取ったものをまたもと通り棚や壁にもどし、こんどは礼をつくして、チェロを持って私たちと同道してくれと頼むのである。

氏は、あっけにとられたが、命に別段のこともない模様なので二人について行くと、なんと小学校へ入って行くのだ。ここはソビエトのシビリアンらしい連中が講堂いっぱいにひろがって、軍服、軍靴の修理をしているところである。やがてここの責任者らしい上官と二人の兵隊が話しているうちに、黒い髭をたくわえたその上官は、うやうやしく氏の前に礼をして、ぜひ演奏してくれと頼むのである。

「それはお安いこと、私は音楽には国境も敵もないと信じて生きて来ました。ですから私にもロシアのレパートリーはたくさんあります。私の音楽があなた方の慰めとなるなら、私は朝から晩までで弾いてあげよう」

というと、大変に感激したらしく、講堂の演台に立つI氏に全員は起立して敬礼をした。

割れんばかりの拍手がおこり、さて弾き始めようとすると、二、三人が立ち上って何か云いはじめた。

ロシアの曲は知っていてもロシア語のわからぬ氏がためらっていると、通訳が来て事の次第はわかったのだが、

「私たちは、仕事を急ぐので手を休めるわけにはいかないが、音を小さくするから、仕事をしながら聴かせていただく無礼を許していただけるかどうか？」

という話なのである。

快諾したI氏は、さっそく古いロシアの曲から弾きはじめた。するとどうだろう、靴を縫っている爺さんなどは、異国の空で異人のかなでる祖国の曲に眼をふきふき、感にたえず、帽子をぬいで堂内をまわりはじめた。そして、みんなはポケットからなけなしの銭をはたいて、やがて氏の前にもたらされたのだが、そのお金は、それでもびっくりするほどの金額で、I氏は恐縮したそうである。今日はこのくらいで結構です、また明日も来ていただきたい、こちらから、さっきの二人が迎えに行きますからという。そしてお金を途中で取られては申しわけないからと、再び強盗君は、今度は護衛となって鄭重に家まで送って来たというのである。

ソ連は技師と芸術家の天国だと聞いたが、この一事をもってしてもわかるようだった。

憲兵ご入来

恐怖の中にも、どうやらいくらかののどけさも出て来た頃、放送局長が憲兵隊に連れて行かれた。つづいて報道課長も行ったという報らせが来た――。次の日、子供が飛んで帰って来て、

「パパ、家のまわりに機関銃があるよ」

と云うやいなや、窓から四人のソルダート（兵隊）が土足のまま飛び込んで来た。

びっくりした私に、二人の蒙古兵が自動小銃をつきつけ、パルチーク（中尉）が、私を指さして何かどなった。するともう一人の背広を着たロシア人が、

「その場に静かにしなさい。反抗すると貴方は死にます」

と通訳した。これがなんと、いつも菓子を買いに行くアルメニヤという駅の近所のロシア菓子店の主人ではないか――うーむ、世の中は一変したのだ。

菓子屋の主人「あんた、モリシゲ、ね」

真青な私「そうだ」

憲兵中尉「(はげしいロシア語)」

この間《ま》、通訳の間があるんで即答しないのが大助かりである。

菓子屋の主人「私たちと一緒に行きます。なぜ行くかわかります、ね」

真青な私「わかりません」

憲兵中尉「(ドン、ドンとテーブルをはげしくたたいて、ピストルを擬しながら早口でしゃべる)」

菓子屋の主人「あなた放送局、みんな調べました。シベリア行きます。裁判あります。奥さん、寒い用意しなさい。いますぐ行きます」

土色の私「………」

私の顔面はおそらく色を失っていたのだろう。声が出なかったのをおぼえている。子供たちは三人、祖母のところへよりそって、パパがどうなるのかと、泣くのも忘れた顔で見ている。中尉はやおら立ち上って、「Маленьки(マリンキー)[子供たちよ]心配しないでいいよ」と笑顔を見せ、子供たちのいる次の部屋との間の襖を閉めた。そして、ふり向くや大喝一声。通訳は――

「あなたは、かくしますと、ソンです。もし、あなたが、シベリアへ行きたくないなら、五人の人の隠れているところ教えなさい。――大丈夫、あなたに心配はかかりません。憲兵、警察、役人、軍人、あなた知っているえらい人、たくさんあります。その人は、今どこにいます。えらい人は、どこかに隠れてます。五人だけ、家を教えなさい。あなたは、行かないでいいです。どうぞ！　どうぞ！」私が、返答に窮してふるえているところへ、救いの神のように、静かに——いとも静かに、女房が紅茶を持って入って来た。

そして彼女は、おもむろに皆の前に紅茶を出して、静かな口調で菓子屋の主人に、女房「いつも買いに行くアルメニヤの小父さん、おぼえてますね、私の顔。（主人は、ダ、ダ、と小さな声で返事をした。）すみませんが、こちらの将校さんに通訳して下さい。わたしは、ソビエトという国は、今日世界の最も進歩的な国だと信じておりました。ところが、はじめてお目にかかったその国の責任あるこちらの将校の方が、こんなに礼儀を知らないのにびっくりしました。こうして、土足のまま窓から入って来て、いきなり家族のいるところで無作法なふるまいをなさいますが、これはお国の習慣なんですか？　小父さん、訊いて下さい」

どう通訳したか知らぬが、中尉もいくらかホコ先がくじけたのだろう、紅茶は飲まなかったが、今度はやわらかい調子で、菓子屋になにかささやいた。

菓子屋の主人「あのね、奥さん。旦那さん、放送局ね。知ってる人、たくさんありますね。五人教えなさい、悪くしません。水曜日午前十時ね、義和胡同の憲兵隊本部に来て下さい。もしね、それがだめな時は仕方ない、シベリア行く用意して来なさい。今日は、これだけね。（私の方を見て意味あり気に）あなたは損をしないでいいです。家族もあります、助かること第一です。それではね、水曜日、アシタ、アサッテね。会いましょう。**До**（ダ）**свидания.**（スベダニヤ）。［さよなら］——」

うす気味の悪い笑いを残して、彼等は再び入って来た窓から出ていった。

捕われの身

水曜日が来た。

何事もなすことなく来た。

水盃をして、言葉少なに別れを告げたが、その時までだまっていた六つになる長女の昭子が、突然ワーッと泣き出した。これには家内も母も私もビックリした。

「何か、わかるんですね」

と小声で私にささやきながら、妻は、

「どうしたの、昭っこちゃん、パパじきに帰ってらっしゃるわよ。大丈夫よ、大丈夫よ」

と慰めたが、娘は、壁に顔をつけて、今度は声もたてずシャクリ上げていた。私はうしろ髪を引かれながらも、振り向かないで、冬の陽ざしの中をスタスタと歩いた。

彼等は玄関に出迎えていた。

この建物は、かつてわが放送局の青年寮として建てた四階建の建物である。

中尉はチラと私を見たが、私が、寒い支度に身をかためて来たのを知ると、菓子屋と二人何か話しをしてさっさと中に消えてしまった。

私は、兵隊につきそわれて、中尉とは逆に地下室へ導かれた。地下二階、ここは、暖房を焚く満人《ニーヤ》の部屋と倉庫しかない。

私はいきなり、そのニーヤの部屋にほうりこまれ、大声で何かをどなる兵隊の声とともに鍵をかけられた。

そこには、ソ連の兵隊ばかりが四、五人いた。一人は、今、人殺しか何かをして来たのだろう、顔から上半身にかけて返り血をあび、その形相のすさまじさに、まず度胆をぬかれた。

皆、無口で何一つ声を出さない。ただ私をにらみつけている。いまにも飛びかかって来て、なんなく私は絶命させられる気配十分である。そのうちに、その中のいちばん大男で眼が両方にはずれた獰猛そうなのが、私に近づいて来た。縦四畳ほどの部屋である。明りとりの窓が一ヵ所、呼べど叫べど声の聞えぬ地下二階。大男は私の肩に手をかけ、

「**Пойдем**（パイジョーム）〔来い〕」

と云うのだ。

瞬間に身体の血がサッと下って行くのをおぼえた。すると、やおら上衣をぬいで、その裏の縫目のところから吸いかけのタバコを出して、お前にやるというのである。

「**Не**（ネ）　**надо**（ナード）〔不要〕」

とひきつった声で答えたら、全員がドス黒い笑いを浴びせてきた。

すると、もう一人が立ち上って、窓を指さし、アレを壊してお前と逃げよう。そして食う真似と、飲む真似をした。

どうやら敵意のないらしいことがわかって来ると、急に、ソ連兵特有の動物園のようなにおいが鼻をついてきた。私は、その場にしゃがみこんでしまったが、その私の横で、ジャアジャアとくさい小

便をし、そのしぶきが私の方へ、むれかえりながら飛んできた。

深夜に近かっただろう。靴の音がしてカギがあけられ、私は呼び出された。二階にある部屋に通され、いよいよ尋問が始まった。

「お前は、対ソ放送をたびたび実施している」

「そんな覚えはない」

「嘘をつくと損である。お前の放送は全部しらべがついている。見せてやろう」

これにはおどろいた。私の作品がずらりと一覧表になっており、特に、関東軍報道演習の際の長篇の三部作、『黒竜氷原を往く』というソ満国境アムール河のルポルタージュなど、克明に出ているのである。(これは国定教科書に採用された。一、国境の町、二、守備隊、という私の昇進の作品であった。)

「これは、お前の作ではないのか?」

「いかにも。しかし、関東軍の命令である」

「オリジナリティをみとめないのか?」

「私は、報道員ではない。芸術家である」

相手はここで、フフンと鼻で笑い、しばらく考えてから、

「しからば、新京に住む芸術家を千人、ただちに集める自信があるか?」

と妙な質問をしてきた。私はだまって答えなかった。しばらく中尉は通訳と話していたが、一瞥もなく隣りの部屋へ消えた。

さてそろそろ拷問が始まるナと直感した。両手をうしろにしばられ、ロウソクで背中を焼く話も聞いていたので、いよいよ苦しければ、舌を噛んでやろうと決心した。そう心が決ってしまうといくらか平静になったが、ひょっとすると留守宅を襲うのではないか、と考えはじめたらまた矢も楯もたまらなくなってきて、私は通訳に、

「罪があるというなら、それにも従うが、どうか、私以外を苦しい目にあわさないでくれ。私は貴方も知っているように、老いた母がある。あの罪もない母が苦しむことは、忍び難いのだ」

と話すうちに、ハラハラと落涙した。それを見ていたのか、中尉が土下座する私の上で笑う声が聞え、続いてアルチースト……という言葉が耳に入った。

「なるほど、こいつは芸術家だ。泣くのが上手《うま》いわい」

と云ったのだそうだ。

「話はすんだ、釈放する」

それからしばらく、私は一人で残されていたが、二時間ほどして菓子屋の親爺がやって来て、

「シベリアへ行きたくないか?」

と耳もとでささやいた。

「勿論だ。私は、たとえ祖国に帰れなくとも、家族の待つ家には帰りたい」

と答えると、

「あんたの持っているものを、交換できるか」

と云う。初めは何のことか分らなかったが、

「望みとあらば、すべてを差し上げよう」

と私は、真新しい軍の外套や防寒靴、防寒帽、ウォルサムの腕時計（これが一番ほしかったらしい）、まとまったお金、毛糸のジャケツ、一切を提供した。すると通訳は、石炭を一クベして、寒さにふるえる私を残して、荷物をひとまとめにして部屋を出て行った。私は身をさすような寒さにふるえながらも、どことなくホッとして、一縷の希望がこみ上げてくるのをおぼえた。やがて親爺は、うすよごれた外套を一着持って現われ、私にそれを羽織らせると、

「こっちへ来い」

と云う。次の部屋に入ると中尉がいて、いままで見せたこともない笑顔で私を迎え、

「話はすんだ、釈放する」

と一言云って、紅茶を入れ、砂糖をうんとほうり込んで私にすすめるのである。

私がそれを飲んで、お礼を云おうとすると、通訳は、

「何も云わないでいい。裏口に馬車が待っている」

と、まるで映画のようだ。

午前三時を少し廻っていただろう。通訳におくられて、私は馬車に乗り、凍りついた道を追われるもののように飛んで帰った。その時ほど馬車が遅いと思ったことはない。

私は思い切り家の戸をたたいた。が、誰も返事をしなかった。真暗な庭へ廻って、

「ママ、僕だよ、僕だよ。帰って来たんだよ」

と云うと、明るい光が台所に光り、ドアが開いた。

だまって二人は抱き合ったのである。

必ず来る第二の検挙を恐れて、私は間もなく身をかくした。そして二ヵ月ほど城内にいたが、どうやらほとぼりもさめたろうと帰って来た或る日、駐留軍の歓迎のために出来た中央通りのキャバレーに、顔をかくして友達と行ったところ、何と、すぐ向いのテーブルに、背広を着た中尉の眼を発見した。彼は私を見つけると、静かに笑って頭を下げた。そして近づいて来そうになったので、その中を消えて飛んで帰った思い出がある。

その頃、局長や副局長や報道課長たちは、みんなシベリアを走る汽車の中で凍傷に苦しんでいたのである。どうすることもできないことだが、いまだに思い出すと心が重い。

中国軍の市街戦

やがてソ軍の撤退が始まると、二十四時間以内に中国軍が入城し、市政は一変したのである。それも束の間、こんどは市街戦が始まるという噂がどこからともなく伝わって来た。すでに奉天から四平街を陥した中共軍は、新京に迫って強行軍中だというのである。近所の中国軍(かつての満軍を主力とした)がソワソワしはじめると間もなく、土嚢が街の角につまれ、殺気が漲って来た。私たちは、そんな中で、対岸の火事のような気持とはいえ、いつ燃えてくるか分らぬ不安をぬぐえず、ただ右往左往して暮らしていた。

春の気配も土の色に見え始めた或る日、遠くに砲声を聞いた。

それは、満映のあった南湖の遙か向うの地平線からのようであったが、しきりに砲声が伝わって来た。それらは夜に至って機銃や小銃の音を交え、だんだん近づいてくる様子である。深更三時頃には、息をひそめて寝ている私たちに、それが、すぐそばの順天小学校の方に来ていることが察知された。と思うや、庭に面したガラスが一枚割れ、瞬間に、ピューンとうなった弾が、座敷と台所の間の壁にはねかえり、どこかへ飛んだ。これはえらいことになったぞ、と思った矢先、向いの家に落ちたらしい迫撃砲弾が、物すごい音をたてて我が家を震動させた。弾はあたらぬまでも、突きぬけたヤツが煉瓦の壁に撥ね返るのを恐れて、台所の隅に全員は身を伏せたが、こことて安全ではない。フトンを何枚も重ねてその中に入ったが、私は生涯でこんな無気味な夜を体験したのは初めてだった。

すぐ窓の下の道をスタスタと走る音。時々、つんざくような叫声が聞え、呼子の笛がピー、ピーと鳴る。家も外も真暗である。

窓の下に誰かが話し合う満語。その間をぬって間断なく聞える砲声や銃声。そのうちに、表の扉をドンドンと誰かがたたいた。あまりの恐ろしさに息をつめていたら、隣りが起されたらしい。翌日になって聞いた話だが、負傷兵の収容に中共軍に動員された家がずいぶんあり、横に建ち並ぶ住宅を縦に一直線にたたき起し、道路があるにもかかわらず、そこは通らず、窓から窓へ、明けられた家の中をつぎつぎに横断しながら、戸板に乗せた死人や負傷兵を後方に運ぶのである。

手榴弾は炸裂するし、弾は飛んでくるし、真暗がりの闇の中で無我夢中で収容するのだが、腕や足だけならまだしも、血だらけの頭などをかき集めて戸板にのせて運ぶのには、生きた心地もない恐怖のどんづまりのようであったと語った。しかし、それよりも、血のしたたる板が寝ている上をこえて行くのであるから、通路にあたった座敷にいるものは、貧血を起したものも少なくなかった。朝が訪れた時には、砲声も銃声も少し位置を変えていたようだ。

おそるおそる上窓から外を見たら、各家の軒下に、莫大な兵隊が腰を下ろしていた。私はさっそくお茶を沸かして湯のみを添え、表へ出た。そして軒下の兵隊さんに、「どうぞ」とすすめたが、黙ったまま家の中に帰されてしまった。

九時頃、住宅街は一せいに起され、隊長らしい人の訓示があり、兵隊を各戸に寝かしてくれと云うのである。但し、食べ物は一切いらない、と厳重な注意があり、我が家にも十人近くの兵隊が、靴をぬいで、着のみ着のまま武装も解かず横になった。

彼等は疲労しきっていた。お茶と湯のみを出すと、湯のみを一二三と勘定して、何個拝借したと云い、お菓子を添えたが、これは子供に食べさせてくれと、家の子供達を指差しニッコリ笑った。そして、間もなく、一人の見張りを残して深い眠りに落ちて行った。

曳いて来た小さな大砲には、長春へ長春へ（新京のこと）と、どれにも白いペンキで書いてあったのが、何か生ま生ましかった。

街に平和がやって来て

先にやって来た眼の青い人民解放軍には、こっぴどく人民はいためつけられたが、どうやら今度入城して来た黄色い顔の人民解放軍は本物のようで、どう人民が解放されるのかは知らぬものの、長い恐怖におびえきった掠奪と殺戮と強姦の街には、久方ぶりに暗雲がぬぐわれて明るい太陽が輝き出したことは事実だった。

　それまでは、洗濯物も、ふとんも着物も、干せば盗まれるのが当り前で、表にあるものはにわとりも鉄のブランコも、すべてはいつの間にか消え失せたのである。満人への苛斂《かれん》誅求《ちゅうきゅう》の仕返しが無警察の街に跋扈《ばっこ》するのだから、生きているだけでも有難いような毎日である。そんな時に中共の入城は、まことに一陽来福であった。

　しかし、来福の主《ぬし》は世界で一番きたない兵隊と云ってもいいくらいな、よごれはてた第八路正規軍であった。とはいえ、その嶮《けわ》しい眼の陰にかくれた笑顔と、きびしい軍律の中にきたえられた正直さは、胸のすくような思いで、やたらとこれに媚びへつらう日本人の顔の方がどんなにかいやしく見えたことである。さもしい人民は、この兵隊たちに見まもられて、たまっていた洗濯や虫干しに大童であった。街全体は息を吹き返したように、ヒラヒラと小春日和の中に干物をひるがえらせ、その様は、あきらかに民々の解放の姿に他ならなかった。

　この正規軍は、たしかに立派な訓練を受けている連中ばかりであった。同じ中共軍でも、この軍隊がいずれかに転進した後に来た、インスタントに編成をしたらしい満州産の共産党軍の悪さには閉口した。威張りくさった、青白い顔をしたあやしげな主義者《コミュニスト》がリードする愚盲の隊は、再び国なき人民を不安の中におとしいれ、随所で行われる勝手な人民裁判に、身の毛のよだつ明け暮れともなった。反動の罪状をプラカードに書き立て、馬車の後に針金で足をしばり、街中をズルムケになるまで引きずり廻す姿は、革命とは見えず、生ま生ましい惨事としか人民の眼には写らなかった。

口なおしのように再び正規軍の話にもどるが、彼等が進駐して来た時、高粱の飯を焚いたが、私たちは卑屈にも、かくれて隠匿の白米をたいていた。或る時、隊長が各戸の台所を見て廻った。折悪しく、その時、釜の横から吹きこぼれる白米のフタを開けられた者もあったが、恐縮して謝った日本人に、隊長は静かに笑って、

「あなた方日本人は白米が常食ですから、遠慮なく食べて下さい、私たちは高粱が常食なんですから。私たちは一刻も早く、皆さんが安い米を買えるようにするために努力します」

この一言にはいたく胸をつかれ、涙を流したことも嘘ではない。

そのよい例が――、街中どこへ行っても恐くなく、自由になったので、長い間食べなかった餃子《ぎょうざ》を久しぶりに腹一杯たべようと、城内へ行った。一軒の汚ない、しかし美味で有名な店は、そこにまだあり、大変な繁昌をしていた。私たちはコワゴワ暖簾をくぐって餃子を注文したが、その店の隅っこに、赤ら顔の六尺豊かな正規軍の一人が、うつろな眼を宙に向けて坐っていた。満人の客たちは何となく敬遠して、声も小さめに己れの料理を待っていたが、やがてその軍人の前に、山盛りの肉マンが運ばれた。ところが、いっこう手を出さず、無表情にまだ宙を見ている。私たちも、何だか気押されて、外へ出ようかとささやき合ったが、やがて一本の白乾児《パイカル》酒と盃が来るや、その大きな軍人は、ヌッと立ち上り、盃を持ってテーブルを廻りはじめ、

「皆さんと一口ずつ飲みましょう」

と酒をついで廻った。私たちもその恩恵に浴したが、私は勇を鼓して、

「人民解放軍、長春入城おめでとう」

と日本語で挨拶したら、これまた、ヌッと私の倍ぐらいある手が出て、私の青白い手を力一杯にぎり

しめた。一わたり酒をついで廻ったその勇者は、静かに自分の席にもどり、マントウに口をつけた。山のようにつんだマントウがペロリと胃袋に入ったのだから、どんなにか腹もすいていたのだろう。約一ヵ月の進撃のあとの唯一の御馳走であったのだ。私は心を打たれ、見惚れていた。彼は食べ終ると時計を見て立ち上った。そして、お金を払うと、その場のみんなに「私たちに協力して下さい」というような意味のことを云って静かに立ち去った。私は、そのすばらしい中共軍の腰に、朱房の拳銃があるのを見のがさなかった。彼は将校であったのだ。

コッコ座誕生

私たち放送局の学芸課の者は、日頃ドラマをやりに来る放送劇団や、新京へ集まった旅の途中の内地の俳優さんを集めて劇団を作った。一方に、ミュージカルの一団も作られた。これらは益田隆の一団を中心として、斎田愛子、上野耐之を加え、舞踊歌劇『カルメン』やスペインのものなどを演る大がかりなものだったが、まったく困難な条件の中で、衣裳をこしらえ、靴を作り、楽団三十名を擁して立派なレヴューを見せたのである。私たちの方はジミな芝居で、最後にはご難の劇団文化座からも私たちの方にお手伝が来た。

演出家村山知義氏も新京にいたが、別に私たちを手伝う気もなく、たまに我が家に来ては、我が家のなけなしの酒にただれて、文化座の佐々木隆氏と朝まで口論に余念がなかったが、明日を語る話でもなく、くだらない演出、演技の抽象論であったことを記憶している。

しかし、私たちは行動した。理窟はあとまわしにして。

集会が禁じられている中を、私たちは新京放送総局副局長武本正義氏宅に集まった。自給自足体制に入っているので、氏の宅の鶏は貴重であった。ちょっと眼を離せば、ウロツキ廻るニーヤがかるく失敬して行くので、庭の鶏たちは今やお座敷に宿がえをし、住居には押入れの上下があてがわれた。夜座敷に集まる私たちに、さほどの影響はないが、稽古が朝まで続く時、突如として押入れの中からコケコッコーと鶏鳴暁を告げるのである。さあ、それからというものは、十羽近くが、コッココッコと、その騒々しさに稽古は中断のやむなきに至り、ねむい眼をこすって私たちは我が家へ帰るのであるが、いつかこの騒々しい鶏どもの暁の声が、生きる力の讃美と聞え、ともすれば沈滞する私たちへの、勇気をかきたてる生命の雄叫びにも覚えられてきたのである。

武本旦那は、或る夜、稽古を見ながら、私たちの劇団のために劇団歌を作詩作曲したのである。

コッココッコ
鶏が鳴く
ほのぼのと夜が明けた
笑ってる、泣いている
その涙の一滴が
ルリ玉色に光ってる
おお　世紀の劇団
テアトロ　コメディア

コッコココッコ
鶏が鳴く
皆んな来い手を握ろ
笑ってる、泣いている
今日の祈りはひたむきな
命をかけた花道だ
ああ　世紀の劇団
テアトロ　コメディア

まったく、世紀の劇団であった。

明日の生命も分らぬ、祖国を失った民々は、異国の涯《はて》に一切の希望を失って、蒼惶《そうこう》とした毎日を送っている——そんな街の人々とともに、私たちは少しでも、生きる力や勇気や、かそかな喜びや幸福を語り合う時間を持とうとしたのだから。

幕があがると、劇団員は、初めはパラリとしか入っていない客席のお客と一緒になってこの歌を唄うのである。

そして、その日の幕が静かに降りると、客席から、この歌が再び湧き起り、幕はまたあがって、見る者も演じる者も手をつないで、天にもとどけと合唱するのである。そうした時のその人たちの眼には、誰もひとしくルリ玉色の涙がかがやいていたのである。その感激は、今日の日、どの劇場で私が味わった感激より、何倍か強いものであったことは勿論である。

チェーホフがあり、夏目漱石があり、尾崎士郎があり、創作があり、演目は検閲をうけるために何の統一もなかった。それでも時には、何かの嫌疑で、芝居の最中に役者が警察や駐屯軍に引っぱられたこともあり、またそんな芝居は不都合だと、かつて威張られた腹いせに、知り合いの満人文化人に横槍を入れられて中止したことも、たびたびであった。

柳絮《りゅうじょ》は舞って

しかし、いつとはなしに食糧事情は悪くなり、金はなくなるし、売り食いにも限度が来て、このままた一年が過ぎるとすれば、私たちの前途には、何の光明もなくなってきたのである。

しかし、新京の街の楊柳は若い緑の芽を吹き、柳絮は舞って、春はどこからともなく、何の変りもなく訪れて来た。この澄んだ空の涯に日本はあり、そこでは今、一体何がどうなり、どこがどう変っているか知る由もなかったが、空があまりに澄んでいる時は、いっそう人々の心は暗かった。

銀色のまぶしい初夏の太陽が照りつける長い道で、牡丹江や佳木斯《チャムス》や、チチハルから流れて来た難民の同胞は、饑餓のはてに死んでいった。

ある母は死んでいる赤ん坊を背に何百里を歩き疲れ、村長の王さんや豪農の李さんのお妾になったのである。今ははやその人たちの安否を知る由もないが、もう、顔にも手にも言葉にも日本人は消え去ってしまっているだろう。それを憶うと、私の胸は今日の喜びの大きいほど、鈍い痛みにうずくのだ。

再び夏がめぐって来た頃、ようやく帰国の報は確定的になり、各地区ごとに約二千名ずつの引揚団が組まれ始めた。

しかし、去年の今頃、つまり終戦の時とは人の心も根性も変ってしまって、エゴイズムははっきり己が命につながり、他人を見る眼にも人のぬくもりは影をひそめてしまったようであった。親しかった隣人も、我欲のことに汲々として、われ先に祖国に帰る日を待ちのぞんだのである。

高粱とアワとを石臼で碾《ひ》いて、これを鉄板の上で焼いて食うチェンピンをリュック一杯につめ、それにアゲパン、砂糖、塩、手製のビスケット、着がえ、子供等のための便器、ヤカン、食器、毛布、あとはもう何もない。印刷物と写真はみな焼けと云うので、冬の間に暖炉で燃し、三百冊ほどの本も、大方、毎日の燃料と化した。売るものを売りつくした我が家は、既に廃家の様相を呈していたが、そんな中で、子供たちだけは、ママごとのおもちゃが増えたと喜んでいた。


三十数輛をひく機関車の汽笛が、夏の雲に哀しく別れをつげた。

もう再びまみゆることもない新京に、永遠の訣別の時が来たのだと思ったら、私ばかりでない、妻も、老いたる母も、七年間住みなれた我が家の方を見て泣いた。何が哀しいのか――住んでいたことが懐かしいのだ。いや哀しいのだ。

我が家の愛犬コロが列車に轢かれそうになりながら追って来る。あの恐ろしい夜な夜なを、ただひとり外にいて、無頼の近づくのを忠実に吠えて教えてくれたあのコロが、大きな眼をあけて横を走るのだ。白い貧相な犬だったが神さまだった。もう子供たちがいくら呼んでもついて来れなくなった。コロは月見草の中にチョコナンと坐りこみ、遠く去ってゆく私たちを、じっといつまでも見送ってくれた。

四平街あたりの草むらに列車が臨時停車すると、決って満人の掠奪隊が襲って来た。我々の団長は、私たちから、なけなしの金品を集めてこれらを撃退したが、奉天のガランドウの工場の幾夜も掠奪の不安に暮れ、再び錦県に動き出した列車には、ようやくコレラと赤痢と発疹チフスが人命を奪い始めていた。

お湯を沸かせないことが、何よりもその原因を作っていたのである。

DDTという名の白い粉

一度半年ほど前に、志ん生師匠や円生師、それに斎田愛子さんなどを連れて会社の定期慰問に来た錦州の街は、見覚えがあった。

駅前の社宅街が仮収容所にあてられ、既に、ここには一万近い引揚団が滞留していた。貨車を降りた私たちは、何列にも並ばされ、白い粉を頭の先からふりかけられた。その袋にUSAとあるのを見て、日米戦争の終着を実感として初めて知った気持だった。私たちはソ連に負けたという意識しかなかったが、やはり相手はアメリカであったのだ。

粉まぶしがすむと、一列縦隊はそのまま、男はズボンを下ろし、女は着物やスカートをまくって、お尻の穴へガラスの棒をつっこまれた。DDTのシラミ退治に始まり、つづいてコレラ、赤痢の検診である。試験管に、挿入済みのガラス棒はつっこまれ、菌が培養されるのである。この結果がわかるまでの一週間ほどは隔離に等しく、他の部隊との交渉や、自由に収容所内を歩くことも禁じられた。もし一人でも真性や疑似患者が出ると、出発が二週間は遅れるというのである。

私はここで、この収容所に最後の勤労奉仕をしている、かつての職場劇団の連中と逢った。一夜、彼等の尊い話を聞いて、その仕事に俺もつかせてくれと頼むことになった。

「ここに来れば、みんな帰り足がついているから、無給でこんな仕事をするやつは誰もいない」

と云う彼の言葉に同情したというより、

「私が心から愛したこの国土を、しかもいろんな民族が手をつないで理想の国を作ろうと思ったこの赤い朝日の満州を去るのに、何を急ぐのか、この馬鹿者」

と自分を叱りつけ、満州にいる全日本人を送った後、最後の船で帰れるものなら帰ろうと腹をくくった。家内もそれに大賛成だと云うし、母も、今さら何をあわてて帰らねばならないのか、私はここで死んでも悔いはありませんと云う。

私は、その日から隊列を離れて、「もの好きな森繁さん」の言葉をあとに、所員官舎へ引き移った。所員官舎といっても、四畳半一間で、私一家と若い者が二人の八人でそこに自炊が始まった。

子供は、お家が出来たとはしゃぎまわり、女房は便所があるのが何よりと大喜びだった。というのは、この鉄条網にかこわれた大収容所の中の便所は、溝を掘って板をかけ渡した、ただそれだけの便所であった。初めはムシロが前にたらしてあったらしいが、他人のお腹のくだるのをスパイするために、つまり、あの人は赤痢の疑いありと密告するために、明けすけになってしまったのである。すでに羞恥はない。男女はあけすけの中に並びあい、また向い合って猜疑の眼を人の尻にむけて用を足すのである。まったく、マカ不思議な解放の図である。悲しいかな人々はまた性欲を忘れていたのである。

所員も減って行くので、私たちは二間の家に移った。そして、ついていたゴエモン風呂を修繕して久方ぶりに湯につかった。何たる爽快さだったろう。この味を、せめて祖国に帰る前に味わせてやろうと、倉庫のわきに共同浴場を作り、また床屋も開設した。しかし、砂だらけの頭は、一人をかるとバリカンが切れなくなり、有志の床屋は、どうしようもありませんと、千客万来、来るほどに困った。

さて、この収容所をもう少しくわしく説明すると、所長以下（満州航空の人が多かったようだ）二十名程で、すべて有志に依って組織されていた機関である。

まず列車が入ると救済班が飛んで行き、難民の程度をしらべる。自給能力のあるものをAクラス、それに準ずるものをB、そしてC、Dとある。辺境から来るDクラスなどは、見るも無惨なもので、女性の中には麻袋を腰にまいているだけのもあり、大半が栄養失調や病人で、手のほどこしようがなかった。列車が入ると、まず、静かに休養をとらせるのが一番で、うっかり豚汁や米のめしでもあてがおうものなら全部が吐いてしまうので、この回復が一番大変な仕事であった。しかし私たちは、随所に血の通わぬ冷たい収容所を見て来たので、「暖かく、まず親切に」を第一のモットーとして働いたのである。Dクラスの連中が、やがて眼の色に輝きが見え、次に風呂に入れて頭をかり、金持部隊から供出させた衣服を着せ、労働奉仕で編んでいったワラジをはかせれば、曲りなりにも人間らしくなってくるその時のうれしさは、たとえようもないものだった。そして、元気になって、胡蘆島《ころとう》のLST船（米軍の大型上陸用舟艇）に乗船する日が来ると、さようならと帰るものより、「元気でね、もう一息です」と送る私たちの眼からうれし涙が落ちるのである。

元気でお帰り下さい——、何万人を、こうして送ったことだろう。

この鉄柵の中には、大きな料理屋も出来ていて、すべては商売上手の満人の経営になっていた。また、鉄条網の外には、中から買ったり食ったり出来るように、食い物や、品物買いますが、ズラリと屋台を並べ、金さえ出せば、ビールも日本酒も、うまい支那料理もパンもコーヒーも飲めるのである。

ここで、貴金属とお金は、全部、供出させられることになっている。中国軍人が、あけたリュックを克明に見てまわって、ＯＫが出ると最後の汽車に乗りこむのである。出来るだけかくして持って帰そうと私たちは努力するのだが、それがバレると、この錦県と胡蘆島港を結ぶ僅か一時間の汽車が出発しなくなる。勿論、意地悪も手伝うのだが、さあそうなると大変である。この収容所がまたたく間に膨脹して、ニッチもサッチも行かなくなり、私たちは途方にくれてしまうのである。

哀しや女郎屋の亭主となる

この組織の中に新しい班が一つ生まれたのは、私が来てからであった。これが渉外班と呼ばれて、最も厄介な仕事を引きうけることになった。

班長兼班員は私一人で、その役目は、鉄道の指揮を受け持つ蔣介石軍の特別の慰問、そして慰安婦の提供という態のいい興行兼女郎屋の主人である。

団体が着くと、私は団長とひそかに会って、その団体に、特志婦人の有無を聞く。たいがいは、二、三人を団長が確保している。それらの人はかってその道の玄人であった人は少なく、大方は夫を失った奥さんで、「皆さんの生命が私の身体で護られるなら」と、特志を申し出ているのである。この婦人たちは、列車が途中いろいろな事情で止ると、食糧事情やすべてにつけて一刻も早く出発したいので、その要所に差し向けられ、係官の慰みものとなるのである。

私は、収容所内の所長室の横にある一番きれいな十畳の座敷を、これらの婦人のために用意した。食事も衣類もみな、私がするのである。そして、本隊と別れても必ず次の船で送ることを誓って、一旦緩急のために待機して貰うのである。

私は、この大和撫子たちと、夜の更けるまで話して、何度、涙をぬぐったことか。あまりの尊さは、あまりの哀しさに通じるからだ。最低五人は、入れ替りたち替り、ここに居合せたように覚えている。そして、中には国境近くにいた日本軍の将校の未亡人も居られたようだ。

鉄道係の将校がつむじを曲げると、まず収容所では演芸隊が組織される。日本舞踊、手品、歌手、etc、不思議なほどに何でもそろうのである。一団の練習が終ると、駅近くにある中国軍部隊の本部に、馬車二、三台を仕立てて、私は、これらの人を連れて行くのである。

勿論、最後の馬車には、おめかしした特志婦人数人をしのばせてである。

馬車が止り、連中が酒席へまかり出ると、私と婦人たちは最後の馬車でひそかに待つのである。一応の演芸がすむと、決って酌をして行けとのご託宣がある。その時に、可憐な踊りの娘さんたちと特志婦人をすりかえて、演芸隊を無傷のままで収容所に送りかえすのである。途中の街も恐ろしかったが、したたか酔った軍人相手のこのむずかしさはひととおりではない。
そして、深夜、再びとって返し、私は街角に一人馬車をとめて、特志婦人の特志のあとの帰りを待つのである。

この間がどんなにつらかったか。下手に迎えに出ようものなら、ぶん殴られることもあり、さりとて引き下ってばかりはいられず、この軍人の中に顔を売って、明朝の一台の列車を懇請するのである。

しかし、必ず、これがあると汽車は出た。時には、うまく行きすぎて、うんと列車が用意されることもある。すると今度は胡蘆島埠頭に人間があふれ、LSTが間に合わず、またしてもここで群団がたまり、胡蘆島の関係者からボロクソにどなられるのである。

演芸慰安隊を幾度か編成し、胡蘆島の米軍の方にも廻したりして、それでも私たちは内地送還をはかった。

こんなことを云っては大げさだが、私一人の力でやる仕事の量は大変なものであったのだ。

勿論私ばかりではないが、常に一人が数千数万の人と対決しているようなものであったのだ。それでもこんな仕事に従事して何ヵ月かすぎた。その間には著名な人も随分送った。放送局にいた関係から知り合う人も多く、政治家や実業家や映画の人や文士や、中でも痛ましかったのは、美しい木暮実千代さんがご主人と一緒に着かれた時など、これが一世の名女優さんかとうたぐるほどのやつれかただった。それでもお風呂から出てビールをのんでお腹一杯たべてもらったあとは、どうやら女優さんの香りがどことなく漂って来たようだった。

長男、二千円也の高値

子供たちも、いつかこの収容所にも馴れて、時折襲うコソ泥と喧嘩したりしたが、情なかったのは、窓の下を担架に乗せられて運ばれる病死者をまねて、下の男の子を戸板に乗せ、長女と長男が運んで行く遊びであった。私たちはホトホト閉口し、孟母三遷の教えをしみじみと知らされて苦笑した。

街へ出られるのは腕章をつけた所員だけであったが、たびたび出る私は、街にも顔見知りが出来て、「お茶を飲んで行け」「飯を食って行け」と、商人が私を呼び入れるようになった。そんな時、話はきまって、「日本統治の十数年はやはり私たち満人にも有難い時代だったと思う。これからは、また心配の毎日を送らねばならない」と話に華が咲き、どうやらおせじではない眼に親切が見えるようであった。

時々、男の子二人を連れて街へ出ると、私が買物する間に馬車の前に人がたかり、私の子供をいじくり廻すのであった。聞けば、

「ヂャングイ（旦那）、この小輩《シヨウハイ》（子供）を売れ」

と今度は私をとりまく、いよいよせり市が始まりそうなので、あわてて子供を抱いて逃げ帰ったこともあるが、上の坊主は高値を呼んで、当時の金で二千円までついた。どうしてこう日本人の子供を買いたがるのか真意のほどはわからぬが、優秀民族と思いこんでいるのだという話であった。

この収容所で、持って来た金は、皆、供出させられるのである。だから金を持っているものは、モンサント（サッカリン）の大罐を買ったり、タバコに替えたりしてリュックにつめたが、貧富、うら

みっこなしの「金壱阡円也、日本銀行の紙幣と交換す」のレシート券が配られて、それで在外資産はおしまい、ということになり、皆の財産は、おおむね一律の千円となるのである。

中には、在満何十年の巨万の不動産を捨て、僅かに金に替えた何万かの札を腹にしまった老夫婦などが、何と説明しても、がんとして金を出さず、遂に風呂敷に入れた満州紙幣を玄海灘の海の中に気が狂って放り投げたという悲話も生まれた。

海に見入る大陸の子

ようやく秋の色も濃くなって、熱河の栗や柿が実りを見せる頃、一応の送還を終った。そして私たちもここを引き揚げる日が来た。所員を送る第二次の船にいよいよ乗ることが決ったが、どうしたことか私はちっとも帰りたくなかった。

子供たちは生まれて初めて見る海に眼を見はり、埠頭の前で胡蘆島を指さしながら、

「パパ、あれは何?」

と情ない質問をする。

「島だよ」

と答えると、

「その島の下はどうなってるの?」

と、しきりに島の海に没する部分を聞きただした。

「あれはね、浮いてるんじゃないんだ。こっちの陸に海の中でつながってるの……」

しかし、それがどうしてものみこめない大陸の子供たちであった。

私たちが乗船する日は、私の心のように一天全くかき曇って、東支那海から吹いてくる風が十五メートル以上であった。

不細工な熔接船LSTは、いつバラバラになるかも知れぬ歪《ひず》みを見せて港を離れたが、全員は一時間をまたずしてはげしい船酔いに苦しんだ。

でも、船の好きな私は甲板に出て、大陸が見えなくなるまで立ちつくした。

もう何も云うことはないのだ。トントン的完了《デワンラ》――最後の満語がひと言口をついて出た。

キャビンにもどって、吐きつづける人たちの間をぬいながら、同じように苦しんでいる家族のところへ帰って来た。

私は横になっている五つの生命をじっと見ているうちに、切なくて切なくてたまらなくなり、こっそりしのばせた白乾児酒をあおって眼をつむった。

妻は三つと五つの男の子をだいて苦しんでいる。

私は、陽焼けした長女を腕の中に深くだいた。

この娘の生まれた時から、私の第二の人生が始まり、そして、やっと一人で生きて行ける自信もついた七年目に、はや一つのピリオドを打たねばならぬはかなさに、涙が頬をつたって流れる。

私は長女の塩からい頬を、動物のようになめてやりながら――。

この娘が生まれる時からの春秋を、はげしい風波の中で思い起していた。

それは一つの淡い幻想であり、また七色の夢でもあり、そしてまた、黒と白との現実的《なまなましい》な日記のようでもあった。

嵐の中の回想

なかなか生まれない長女

つきたての鏡餅のようにピーンと張った皮膚は、その張力のゆえか血管を浮かして緑色に見えていた。

妻の大きなお腹だ。

この中に人間が生きているのかと思うと、何だかこわくて、こんな姿になった妻が可哀そうに思えてならなかった。

「先生――どうして生まれないんでしょう」

「ほんとにねえ――」

「？」

「メトロをもう一度かけてみましょうか」

「間もなく、予定日から一ヵ月たちますね、先生」

「ハイ」

「このままで育って行ったら、どうなるんでしょう。ハレッするより仕方ないわけですね」

これは、四回目のメトロを挿入する時であった。

はじめての妊娠である。そして一ヵ月近くものびて生まれぬとあれば、夫は蒼惶として足もとはグラつき、うつろになってしまうのは当り前だ。

メトロというのは、物理的に陣痛を促進させる方法で、子宮の中にゴム風船を入れ、それに食塩水をポンプで送り込む。そして、出かかっている赤ん坊の頭のところに、もう一つ人工の頭を作って、これに紐をつけ、ベッドのところから滑車で曲げて、その先に分銅をつけて引くのである。つまり子宮口を始終引っぱるから、頭が押して出て来るようなことになり、陣痛を呼ぶのである。寝返りも出来ず、これを十二時間もかけているのだから、妊婦も大変なことだ。

そのうち、三時間、四時間、そして五時間目ごろから、ボツボツお腹が痛みはじめ、これをはずすころには本ものの陣痛となって、やがて出産ということになるという仕掛けだが、家内の場合は、これを十二時間後にはずすと、間もなく陣痛は止んでしまうのである。

予定をすぎて十日目、普通の人よりも育ちのよい鏡餅をかかえて、不安な夫婦は、このメトロを信じて深夜のベッドに寄りそったが、夜明けとともにきざしは消えてもとのもくあみ、再び二日後にこれをやったが、これも効なく終った。

メトロとは妙な言葉だが、なるほどアスコも地下鉄みたいなところだから、メトロでいいんだろうが、こうなっては私よりも医者の方が本当に心配しはじめたらしく、一度レントゲンを撮りましょう、どっかに癒着してるのかも知れませんと云う。

しかし、レントゲンの淡い黒白をスカすと、小さな脊椎は彎曲して、新しい生命は厚い外壁の中に浮かんでいた。

　それから五日目――。

「今日はブージーを入れてみましょう」

「ブージー？」

　いろんなものを入れるもんだな、そんなにエタイの知れない物をやたらと挿しこんで、その後の使用に耐えるものかと心配になった。

「どんなことをするんでしょうか」

「やわらかい一尺ほどの金属を、子宮の壁と赤ん坊の袋との間に入れるんです」

「そうすると？」

「動くたびに、それがあたるでしょう。その刺戟で陣痛がおこるわけですね」

　そんな馬鹿な！　と口まで出かかったが、すべてはあなたまかせにした。

　ブージーの十二時間は、さほど苦痛ではなかったらしいが、十時間目くらいからおこって来た陣痛の前ぶれに、家内はのたうちまわった。それでも夫婦はうれしかった。

　しかし、せっかくの努力もまた無駄に終って、さすがにタフな彼女もようやく精神的に疲労のキザシが見えて来た。

　医者はただささえ骨盤が小さいから、子供を犠牲にされてはと勧告した。

「それでなければ帝王切開でお腹を切って出すのですが、これは、実はあまり……やりたくないんです」

「……というのは」

「陣痛のおこらない子宮を切りますと、出血がひどくてね。つまり、子宮を切って赤ん坊を出しますと、普通の場合ものすごい力で子宮は収縮するんです。ところが奥さんの場合、陣痛が起らないんですから、それがうまく収縮するかどうか疑問なんです。収縮しないと、子宮のまわりの血管は、なにしろ小指ほどもありますからね、大変なわけですな」

一時、退院させて休養をとらせたが、余りの大きさに歩行も困難になって来たので再び入院させ、またまたメトロをかけたが、これも翌朝尾を引きながら消えて行った。

一方、私の満州行きは、どうしても延ばすことが出来ない。

四月三日、送別会ののち、私は一行十人のアナウンサーとともに、東京駅から出発することに決定している。

しかし、私はどうしても同行出来ないので、東京駅で鹿島立ちの花束をもらい、一応汽笛一声をあとに「さよなら、さよなら」をしておいて品川で降り、こっそり青山の日赤にかけつけた。

「がんばって下さい。案ずるより生むは安しで、生まれるものは、ほっといても神が生ましますよ」

つい先頃出来た友達の、わかったような激励の声をあとに道を急いだが、翌日帝王切開ときまった妻に、最後にうまいものを食べさせてやろうと寄り道したので、一時間ほどおくれて病院にかけつけた。

妻はいつもと変らぬ明るい顔をしてシュークリームを食べ、

「わざわざ降りて下さったんですか、すみません。一人でちゃんと生みますのに」

と云った。

帝王切開の前に、念のためと、もう一度かけたメトロが効いているのか、

「うれしいことにお腹がずーっと痛みどおしよ。生まれるんじゃないかしら」

と云う。

まんじりともしない春の宵が、やがてしらみはじめる頃、私はうつらうつら妻の顔のそばに額をつけて眠っていた。

そのうち、いやというほど頭をなぐられて目がさめた。ベッドの横の鉄棒で打ったのだ。

「おい、どうした」

「同じョ――」

「同じか！」

「さっきも婦長さんが見にこられて、本格的じゃありませんねって――」

「ふうん。でも、いくらか陣痛が起っているんなら、切りゃしぼむだろう」

「何のこと？」

そうだ、出血多量については、彼女には話してなかったのだ。


「パパ、生んじゃった」


母がやって来たので、私は家に帰り、交替して眠ることにした。

疲れていたのか、家へ帰ると朝めしも食わず、ごろりと畳の上に寝ころがったが、どれほどねむっ

たのか。

間もなく、隣りのおばさんが、

「森繁さん、お電話！」

「えっ――」

一瞬、胸がキューンと痛んで、不吉な予感に下駄も引っかけず隣りの庭を走ったが、電話の上の時計は九時であった。手術は午後だというのに、何だろう。

おそるおそる電話に出ると、看護婦さんの声で、

「ただいま女のお子さんがお生まれになりました。お母さんもお元気です。おめでとうございます」

私はフラフラと眼まいがして、その場に坐りこんでしまった。――どうして日赤へ駆けつけたか、その間のことはまったく記憶にない。

「奥さまは、今、お部屋へ帰られます。赤ちゃんご覧になりますか」

「ハイ、変りないでしょうか？」

「ハア、お二人ともお変りありません」

「いえ、あの、五体の方は満足でしょうか」

「ホッホッホ――大丈夫ですよ」

「そうですか。じゃ、まず女房に会ってから」

「そうなさいますか」

「ものは云っていいんですね」

「ええ、どうぞ」

「向うも云いますか？」

「ええ、奥さんお元気ですよ、ホッホッホ——」

「手術じゃない、お産なんですものね」

「そうですよ、ホッホッホッ」

私も笑いたかったが、顔がこわばって笑えなかった。婦長には何人も見て来たオロオロ亭主の顔なのだろう、笑って行ってしまったが、私は急に会うのが、恐ろしいというより、何だかテレくさくてしようがなかった。

そこへ、手押し車に乗って、誇り高い仕事を果したわが妻は運ばれて来た。どうしたことか声がつまって、駆け寄る力もなく、近づくものの前に、私は頭を下げてためらうばかりである。

ところが、何と！　妻は頰を紅潮させて明るい顔で眼をしばたたきながら、

「パパ、生んじゃった！　女の児よ」

と、一言いって眼をとじた。

疲れているのだ。頰ずりしてやりたい気持だったが、

「えらかったね」

と小さな声で云った私の声は、おそらく聞えなかったろう。私は窓際で涙をふいて、勇者の去るのを見送った。

ご対面、大きな赤ん坊

「こちらへどうぞ」

いよいよご対面である。

「大きな赤ちゃんでした。ここ三ヵ月の記録やぶりです」

「へえ――」

「一貫五十匁（三・九キロ）です」

「そんな大きな赤ん坊が――」

「無キズ、無出血ですから、よろしゅうございました」

「そうですか。いや、ありがとうございました」

何がありがたいのかわからないが、ところかまわずお礼を云いたい気持でいっぱいである。

フサフサとうすい長い毛をたらし、眼をあけてキョロキョロしているわが子は、ポイと私の腕に乗せられたが、私のものというより女房のものという感じが強くて、わが子という実感を伝えぬもどかしさと恥かしさが入り交った。

私はこれで安心して、昨日と同じ時間に出る下関行きの汽車で、こんどは一人の見送りもなく出発したのである。

「うちの家内が、女の児を生みましてね」

と、隣り近所に話しかけたくてしようがなかった。

暗い窓の外に、しばらくは見られぬ相模湾も富士もあったろうが、妻の顔とフサフサ髪の顔とが重なって、胸のどこかがガタコンガタコンのたびに痛みどおしだった。

今、我が二世を授けたもうたというのに、神はこの親子を割いて、私だけをなぜ見も知らぬ曠野の涯に送りたもうのか。

京城から満州へ

全員と落ち合う約束の京城に着いた。

汽車の窓から顔を出して、

「オーイ、オーイ」

と、どなっていたら、

「いた、いた」

九人が駆けつけて来た。

「生まれたよ」

「生まれたか、おめでとう」

「女でした」

「ああそう。俺たちの記念の子だね」

「ほんとです」

「それより、君がいないで残念だったな。京城――おもしろかったぜ」

私の感激と彼等の感激は、ピンとキリで、私が赤ん坊の話をしようとすると、彼等は毛のない淫売の話を先に切り出すのである。何の興味もなく、ただ相づちをうっている間に、それでも汽車は新義州をこえて、いよいよ満州に入っていった。

聞きなれぬ言葉の入り交る車内に、にんにくとセンブリのにおいがただよい、くさい旅愁をさそったが、でも何でもよかった。これからどこへ運ばれようと、何が私におそいかかって来ようと、そんなことはとんとおかまいなしで、親子三人、川という字で寝る日ばかりを夢みていた。

勉強などロクスッポやったこともないし、親爺の金は、芝居と芸者につかいはたすのにあきれかえった親戚が、とうとう一切出入り差止めの交換条件でわが手に渡したが、買いたいものは買いつくし、遊蕩も学生のわくをこえた。

青春に、今こそ一切の訣別をするのである。

今日までの自分の姿が、それこそ走馬燈のように瞼の中をかけ廻った。

意志は弱く、身体もさして筋肉労働に向くとは思えず、思想も主義もさらになく、スポーツは嫌いで、取り柄といえば科学が好きなくらい、それも、金にあかして母にねだったドイツやアメリカの電車や汽車や飛行機のオモチャが山積していたくらいである。

が、今、一切のものが私の身体からぬぐい去られて、ムクの自分が立つ日が来たのである。まるですすきを根本からすぱっと切ったような、――根があっても生えて来そうもないすすき――そんな気持である。

中学から数えて十年も通った学校を、あと一年で卒業だというのにほっぽり投げ、「せめて学士さんの肩書だけは」と、あれほど母親が頼んだのに、その御免状も願い下げして、おまけに株券から公債、定期の金も全部を、最後には株をやって雲散霧消した夫婦善哉《めおとぜんざい》の柳吉っつぁんである。七軒の質屋に入れたぜいたく品は全部流れて着のみ着のまま、手もとにあるトランク一個が今の私の全財産である。親類にも見放されたし、淋しいほどせいせいした瞬間が、ふと見た窓外の無毛の大陸に変にマッチした。

臭い汽車は、曠野の真中をどんどん走った。

かけめぐった大陸

新京駅に降りた私は、まず鼻をついてくる馬糞の香りにいささかゲッとなったが、駅から真直ぐにのびる中央大街を行くにしたがい、街路樹を吹きぬける大陸特有の乾燥した空気が実に肌に快く、飛び舞う柳絮《りゅうじょ》と馬車の鈴の音に、妙にロマンを感じて、あっさりここを安住の地と決めた。

そして、放送局の門に入って、のどかな実習生の三ヵ月を送ったのだが——。

私は、まさかノモンハンに従軍しようとは夢にも思わなかった。

火筒《ほづつ》の音をチチハルに聞いて、いよいよ前線に出発しようという前日に、皮肉にも大連から特急〝アジア〟に乗って、愛妻が愛児をだいて来るという電報をうけとった。

そうなると、戦場の方はちょっと待ったをして貰いたくなったが、軍令は動かすわけには行かない。それでも愛国より愛妻の方が強かったので、ええままよ、どうともなれ！　と私は、急遽、非公式に四平街に飛んで〝アジア〟を待ち、百日目ぶりの赤ん坊にご対面をすることにした。

よれた協和服にゲートルを巻いた父親は、ヒゲ面をして満人と見まごう薄ぎたなさで、満鉄が誇る〝アジア〟の中を、三等、二等と探しまわったが、娘も母親もいない。

躍起になって、まさかと思う後部車輛の一等特別展望車へ顔を出したら、

「パパ！」

と、この薄ぎたない私を呼んでくれるすがすがしい声があるではないか。

コロコロと、腕の中でどう抱いていいかわからぬわが子をかかえて声も出ず、ジーンとしていると、この親爺が面白くないのか、やたらと足をつっぱって、昭子は母の手にもどろうとする。まるでハンディキャップがついているのが淋しかったが、ここに満州満一歳の愛児は、私と同じようにゼロから育つことになるのである。

満州の話は別著にくわしく書いたので重複をさけるが、人の嫌がる仕事をみんな引き受けて、無能の私はただただ勤勉に働いた。

録音器をかついで私は満州全土をくまなく歩いた。北は黒河から漠河に至る人跡未踏の地から、興安嶺山下に道を探して、オロチョン族やゴルチ族を訪ねたり、春の解氷に先だって、零下四十度以上の草原にトラックを飛ばし、アルグンの国境から、カザックのユートピアであるドラガチェンカ（三河地方）にまで取材の足をのばした。蒙古は、ハルハやブリヤート、とアルタイメンをさまよい、また万里の長城近く熱河のあたりを、今の中共（当時八路軍《パーロ》）の掃討戦について歩いたり。天津から北京。東満は綏芬河《スイプン》からポグラニーチヤや、謎の興凱湖《ハンカ》。また海拉爾《ハイラル》から満州里の国境。そして、冬の

ダライ湖の氷上漁業を凍傷にまでなって収録した。

これら何千枚の貴重な記録は、その頃、文部省や好事家のよき資料となったのである。

そして、その間に子供を作ることも忘れず、さらに男子二児をもうけて、初めて自力で生活できる、つましくとも平和な家庭をつくったのである。

年々送られて来るアナウンサーは、〝新京のママさん〟と家内を呼び、寂しければ、ここで甘えてホームシックをいやした。しかし、その返礼として子供のお守りを皆させられたのである。

天然痘にかかって家のまわりに縄を張られたこともあれば、アミーバ赤痢にもかかったが、よくも死なずにあれだけの仕事をしたものと、今も満州の地図を見れば、熱い感懐がこみあげてくる。

見はるかす曠野に沈む紅い紅い夕陽を見て、たった一人、蒙古やバルガの大草原に立った私は、そのあたりから、気も心も大まかになったようだ。

そんな夕陽や、また雄大な興安嶺や、アムールの黒緑の流れや、白頭山や、豊満ダムや、チチハルの野鴨《ヤーチ》（素人淫売）や、大衆浴池や、うまい満人の三助や、ロシア料理や、ハルビンのナターシャ嬢や、大連の星ガ浦や——が走馬燈のように廻る中を、私は娘の手を引いて歩いている夢を見ていた。

ＬＳＴは、相変らずはげしいキシミを見せて嵐の海をのたうち廻っている。

沈むものなら、このまま沈んでもいいような気もした。何だか、そうなった方が死んだ人にも顔向けが出来るような気もしたりして、嵐の音をうつろに聞いていたが、フト我にかえると、汗びっしょりの中で、大きくなった長女メは、相変らずのフサフサとした髪をたらして私の腕をつかんで眠っていた。

七年の成長。

鉾をおさめて再び祖国にもどる私に、この娘とともに生きた七年の成長がどれほどの役に立つであろう——。

玄海灘の座談会

月の美しい玄海灘で、放送局員の私は最後の仕事を思いつき、本職の座談会を開くことにした。両舷にくだける波音を聞きながら東に向かう船の甲板に集まった十数人と、私は、「満州を去るに臨んで我等は一体何を土産とするべきや」を語り合おうという次第である。

話は名司会におどらされ、次から次へと華が咲いたが——。

一朝一夕に出来上った財産じゃない、権益をタテに、異国の土地でだましたり、かすめたり、良いこと悪いこと取りまぜて築いた巨億の宝を一瞬に失う羽目となり、たった千円を懐ろに帰る連中である。おおむねはグチに終りそうなところを、

「それじゃ、もとも子もないじゃありませんか！」

と話にのせ、月も西に傾いて、東の白むまで語り合って得た船上の結論は——。

ここに一人の申し分ない娘があるとしよう。

これにプロポーズするに各国の紳士を配した。ジョンブルと呼ばれる英国紳士もあれば、ドルで面を張るヤンキーもあり、また、おしゃれのパリ野郎も、思想の中に情熱を見せるロシア人も、さらに、底知れぬ中国人の魅力も、科学のドイツ魂も、すべてこれ、その国の人がその国の誇りと特質をもっ

て花嫁の関心をそそるに十分なものがあろうが、さて、何かにつけて貧しい我ら日本人は、果して各国人に伍して、何をもってこの娘の気を引くに足るやということになって来た。

我等とて、地球の上に生を得た、立派な特権をもつ日本男子であるならば、必ずや彼等にまさるなにものかを蔵しているはずであろう。今こそそれを知り、それをのばすことが、敗戦日本のこれからの道であり、再建のメドでもあろう——、と大上段にふりかぶった結論はいかにも大陸育ちであったが——。幸いにして私たち満州に住んだものは、たとえ民度は低くとも満鮮蒙露の民族と住んだ唯一の大量国際人である。己れの優劣については、内地の井の中の蛙よりは、ちっとは経験もあるしマシでもあろうじゃないか。富士山の麓に住んでいたより、富士山を遠くで冷静に見ることの出来た我等の能力こそ、大きな無形の財産でもあろう、と気焔を上げておひらきになった。

しかし、今にして思えば、焦土と瓦礫の祖国の中で、力強く、ねばり強く、しかも大まかに建設の槌《つち》をふるった者は、不思議や外地の引揚者が多かったことは、いなめざる事実となって数字に出てきたのである。

私もその一人に違いない。しかし、その一人とはいえ、あの時には、その大言壮語の舌の陰に、暗澹たる将来を感じていたことは、隠せぬ事実であった。

これが日本であるという緑の山の煙る港に、錨がゴロゴロと鳴りながら降りた。

我が三十年の前半の旅は、かくてここに終ったのである。

〃旅の涯　くらげ呼吸《いき》する海の青〃

波のまにまに、ものうげにくらげは祖国の港に漂い流れていた。

帰国の日から

かすむ故山

錦県の収容所でもらった酒屋の領収書のようなうすっぺらな紙切れ六枚を窓口にさし出すと、見忘れていた日本銀行の百円札が六十枚、ニュッと出て来た。

これが、これからこの六つの命を何日ささえてくれるのであろう、ちらとそんな気が走ったが、考えることはやめにしてポケットにねじこんだ。リュックの中には（リュックといっても手製のズダ袋である）もう金目のものは何一つない。僅かにモンサントというサッカリンの大罐が一個と満州タバコが五ボール箱ほど、それ以外は子供の下着と、ボロ切れに鍋と薬罐と、便器の壺と——海に捨ててもいいものばかりである。

DDTに白くまみれた身体の弱い母が、一層みじめである。子らは、七つに五つに三つの七五三で、世が世なれば晴着で飾ってお祝いする年頃だが、数寄屋橋の上に並べて坐らせたら、ほうり銭は間違いなくいただける恰好である。

大陸のど真ン中、新京に生まれた子供たちは、「あっ、パパ、すごい池！」と初めて見る海に奇異の眼を見はってはいたが、やがては感激もうすらいで降りたがったのには閉口した。

「ねえ、どこへ行くの？」

「日本に帰るんだよ」

「どうしてそんなとこへ帰るの？　新京《うち》へ帰ろうよ」

「家へは帰れないんだよ。だからパパの生まれた日本へ帰るの」

「つまんないの……」

毎朝繰り返すのである。

五日目の朝、遙かにかすむ故山を見たが、検疫のために数日の生活がまだ船に続いた。くたびれはてたサビだらけのこの機関車《ちちおや》は、五台の貨車《かぞく》を引いて、さて、これから一体どうして生きて行くのか、座談会では大見得を切ったが、更に自信もなければ、勇気も湧いてこなかった。

旅の終点のような、とぎれてしまった気持である。

赤い柿の実

昭和二十一年十月二十一日、佐世保の土を踏んだわが一家に、故国はひんやりとした秋風を送っていた。ＤＤＴをかぶった一家は一層みじめであったが、その中でも、女房は悲惨を通りこして、いくらかのすがすがしさをたたえていた。これから生きて行けそうな気配を感じさせるのも、女のほうが動物的に強いせいだろうか――。呆然と立ちつくす私をいそいそとうながし、六千円の札たばを私から取りあげて、ドンと荷物を背負い、子供を両手に引いてスタスタと歩き始めた――。

生まれて初めて無蓋貨車に乗り、満州の曠野を一ヵ月、新京から錦県にゆられて行ったが、こんどはちょっとましな有蓋貨車である。雨風のしのげる、窓のない貨車の暗い一隅にうずくまって、ガタガタガターンと動くごとに、とまるごとに、家鳴り震動する恐ろしい連結器の音を聞くと、子供たちはシクシクと泣き始めた。窓のないこのかこいの中は、息をとめられるような思いだったのだろう、もう新京の話もしなくなった。

私は暗い箱の中で、さっきの千円のことを思い出していた。あの一人千円は、私にとってはサバサバしたスタートラインだが、船中、特にボヤいていた数人は、あれを受けとった時にどんな顔をしただろう。金でいえば、億という数字——そんな土地やら家やら、ビルやら物やら財宝やら——そして、長い年月の血と汗がただ働きにすっとんで、各人一人千円のユニティな振出しに戻ったのである。運命は皮肉である。

物を持つということが、こんなに滑稽なものだったかと知らされたようなものだ。もしこれから己れを生かす仕事で、食えて、寝られれば、これをしも最高の幸せというべきであろう。

悟りを開いたような気持で女房にそう話したら、「さあ、男の仕事はそればかりとはいえませんよ。これをどうするんです」と、いちばん下の坊主を私の膝の上にどすんとよこした。

下関からは三等車の一隅に優先的に乗せてもらえた。

焼けただれたとはいえ、日本の秋は悲しいばかりに美しい。あの山の下、あの木の下に住む人は、こんどは異邦人じゃないんだ、と思うと心強い。満州の曠野を走っている時は、家を見ても、人を見ても、そらぞらしいほど遠い他人と見えたが、あの赤い柿の実のなる家を眺めては、おお同胞よ！と口にも出かかるたのもしさである。これが祖国というものだと一人うなずいた私だったが、安直にうなずいた揺りかえしはひどかった。それから幾年、そして幾度、私は温かかるべきその祖国の同胞から非情の打っちゃりを受けねばならなかったか。――

厄病神

百ほどもあるトンネルを越えて高知についたのは、それから二日後だったが、腹をすかす子供ばかりでなく、毎日ひじきとえたいの知れぬ粥にあけ暮れた船旅の栄養不良もあって、親も子も、前後の計算なしに駅売りの芋羊羹や、港のカストリ横丁のいいだこやバクダンをあおった。たちまちに減って行く金にもさして心の痛む思いはなく、どこかへ行けば何とかなると、この親はのんきであった。

「高知の人は日本一善人だ、引き揚げたらぜひ僕の里に来い」

先発した友を求めて、この六人のガタボロ部隊がバスに乗って高知から二時間あまりの小さな田野という町に着いたのは、夜も更けた九時頃であった。親切なバスの女車掌さんが、その終点から私たちを連れて、その家まで案内してくれたのである。大きな家である。が、トントンとたたいても家人の起きる気配はなく、地べたに子供らはうずくまって有難い家の戸の開くのを待った。

ようやくにして家人はあらわれたが、運の悪いことに、私の友は、きのう東京に職を求めて出かけてしまったあとである。細目に開けた戸のすき間からの両者の話はソッケなく終って、戸は再びピシンと閉まってしまった。初めて悲しみがこみあげて来たのだろう、母は地べたにしゃがんで子供を抱きながら物をいわなくなった。

「こんなことをしていても始まりません。ねえ車掌さん、どこか旅館はないでしょうか」

「ほんとうにお気の毒です。私が今から宿屋を起しますから」

バスの車掌さんの声に、妻は先頭にたって歩いた。〝ハタゴ〟とよぶにふさわしい宿まで、つかれはてた子供の手を引いてはあまりに遠かった。

「……お願いします、そんなわけなんですから――」

と車掌さんと妻とは頼んだ。

「うちは、引きあげの方はお泊めできないことになってるから――」

母がうしろで泣き出してしまった。子供らはそのそばにかたまり、

「だからお祖母《ばあ》ちゃん、新京がいいっていったのにネエ」

となぐさめるのである。

きたないリュックの中から、満州のタバコを出し、その一ボール箱を差し上げ、金は持っているから――という話に、ようよう宿は態度が変った。

ああ、何日ぶりだろう、長旅の垢をロウソクのともる風呂に落し、浴衣に着替え、あたたかい白米の食膳についたのは――。幾度も死線をこえて生きながらえた家族六人の顔が、うるんでうるんで、どうしようもなかったのである。

次の日に役場の人が来て、ここに留まられるなら何とでもお世話しましょうと、初めて人間らしい言葉を聞かせてくれた。が、私たちは高知まで戻って、駅前の収容所にとまることにした。夜になる

と、うまいうどんの味をしめ、食べようとせがむ子らをだまして寝かすことが一苦労であった。

方々を歩いてみたが、手に職のない私にむくような仕事は、おいそれとこの街には落ちていなかった。

焼けているだろうとあきらめていた須磨の親戚に、なけなしの金をはたいて長距離電話をかけることに夫婦は決心したが、電話は二時間も三時間も出なかった。

なかばあきらめて眠りかけた頃、

「出ましたよ」

という声が私の耳にひびいた。私はしばらく信じられなかった。

「姉さんですか、ほんとにそうですか？」

明るい光が電話器の向うからさしこんでくるようだった。

ようやく親戚の様子がわかって来た。

母は弱りに弱って、歩くのもつらそうであったが、一家は再び、百のトンネルをこえて、南国土佐をあとにしたのである。

私の親戚を廻り終えた一家は、家内の親戚を求めて東京に向った。

悪は急げ

東京のはずれ、狛江《こまえ》村の親戚に六畳の一間を借りて住むようになったのは、寒い木枯しのそろそろ吹き始める頃だった。女房が子供の手をひいて炭や芋を小田急沿線に買い求める毎日を、私は見るに耐えかねた。

「大阪の友達をたずねて来よう、親戚もあることだし、何とかなるだろう」

何とかなるはずはみじんもないが、ここからどこかへ逃避したい気持も多分にあったのだ。

モンサントの罐をこっそり風呂敷につつんで大阪に着いた私は、さっそく、道楽息子ばかりの中学の友達を探し歩いた。不思議にみんな戦死もせずにいた。彼等は、昼は一あみ張って一攫千金を夢み、夜は脂粉を求めて酒にただれていたが、どうやら売り食いが本職のようであった。夜になると、私は足手まといについて歩いて、無為に流れる時間を過した。その間、どうしたことか我が家のことはあまり思い浮ばなかった。ただ、いつか俺にも金が舞いこんで、意気揚々と東京に帰る日があるように思えてしかたがなかったのである。モンサントは四千五百円で私の手を離れ、その四千五百円は一銭も家族に送らず、また私の手から離れていったようである。

御堂筋に黄色い銀杏《いちょう》の葉が舞い散り、六甲に冬雲の気配が見える頃、無責任な私にも終末が来たようであった。私は呆然と大阪の街をさまよい歩いていた。私のためには、この国に仕事のないことが分ってきたのだ。人、人、人のどの顔も、私には、無頓着で忙しそうに歩いているように見えてきた。

そんな或る日、偶然私は甥《おい》に逢った。

「おじさんは漁師を知らないかい？」

いきなりこいつが妙なことを聞いてきた。

一杯の大豆コーヒーで大体話の様子は分ったが、つまり要約すると、もと魚河岸にいた親方と友達になったその甥が、魚の闇で一儲けしたいと八方奔走中なのである。聞けば、そう無茶な話でもなさそうなので私も協力することにしたが、網元だけはなかなか浮んで来なかった。が、二、三日たって、オジキが網元だといつか話したことのあるひとりの顔を、ひょっと思い出した。

「あるぞ、待てよ、誰だったかな」

そうだ。島根の山の中に銀シャリを食いに行った時に逢ったひとりの顔である。

「あればね、二十万や三十万は軽くぬけるんだ」

「そうか、うまい話だな。よし、あたってくだけようじゃないか」

それから三日目、徳島は牟岐《むぎ》町に近い村に住む自転車屋を紹介する手紙が、思い出した男から来た。この自転車屋君の叔父貴が、四国は八坂八浜きっての網元とのこと。その手紙を中心に、魚河岸の旦那をはさんで甥と権謀術策が始まった。魚は鮮度が一番大切ということ、つまり、氷をしっかり入れることから、サバには黒と青があって、どうちがうのかは知らぬが、黒は〆(百匁のこと)何円何銭、青はいくらと一夜漬けの勉強である。ブリ、マグロ、その他もろもろの魚類、私のノートは、かつて一度も書いたことのない名称と数字で埋まった。

「あんたでは、どだい無理のようやが、まあやってみなはれ。そいで相手の出方によって電報をおくなはれ、こっちはそれで手配しますよってにな。わかんなはったな」

さっぱり、わかんなはれへんのだが、ともかく悪は急げというので、その夜大阪天保山《てんぽうざん》の港を出る徳島通いの船に軍使は乗ることになった。ものうい汽笛が鳴って、ようやく岸壁を離れたらしい船の底は、むれるような人いきれである。小さなスペースを見つけてゴロリと横になったが、パラパラと降って来る札束の妄想に、私はなかなかねむれない。魚を西宮港へ入れ、ほんの一部を公定に廻して、あとは大会社の食料部へ闇値でおろすとあの親爺はいったが、一匹四円のものが二十円に売れるとすると十六円の儲け、百匹として、いや千匹としていくらになるかナ、ノートを出してカケ算タシ算、とらぬ狸の夢ばかりである。そのうち、うつらうつらしたら急にとなりの子供が泣き出したが、親が離れているので、仕方なく私は便所に連れて行ってやった。子供に小便をさせていたら、急に東京のことが頭に走ったが、大急ぎでかき消した。大事の前にそんな女々しいことを考えておっては心がひるむばかりと、勝手な解釈をしたものの、こんどは、サバやイワシに私を待っている子供の顔がダブって閉口した。

インスタント上官

徳島の朝は前途を祝福するかのように日本晴れである。

嚢底をはたいて、おそわった通り牟岐町の終点まで汽車の切符を買った。その終点に自転車屋氏は待っているというのである。無性に腹が減って来たが、もう金はない。片道の背水の陣である。何としても我慢せざるを得ん。着けば何か食えるであろうと、すべては先方まかせである。一銭もないということは、人間をかくも大胆にするものである。

「すみませんが、タバコを買いそこねましてね、ご都合がよければ……一本」

「いや、まったくタバコにゃ不自由しますぞな。さあどうぞ、こんなでよけりゃ――」

なるほど、四国の仁は人がよい。こりゃますます幸先がいいわいと、ニコッとほくそえんでスパリと一服を深く吸いこんだが、タバコが短くなるにつれ、生まれて初めて物乞いをした経験に、何となく哀れを感じた。が、何かを返せばいいんだと変な理窟を考えて、面白い満州の話を長講一席弁じ立てたら、仁は感心したり大笑いして、一本のタバコは二本となり三本となった。差引きして決して先方が原価を割っているとは思えない上等漫談であった。

「モリシゲさーん、モリシゲさーん」

大声で呼ぶ男が改札口に見えた。四国の人はやはり嘘をつかない。これまた人の好さそうなオヤジが私を待っていてくれた。持ち前の図々しさは、僅か数分にして十年の知己となり、二人はバスの客となった。

「きれいな海ですなあ」

「はあ、これが明治天皇行幸の折の御手植えの松です」

「なるほど、この海なら魚もうんといそうですなあ」

「魚のことは私はよう知らんのですが、まあ、叔父貴のほうは景気がよいですから、おりましょうな」

「なるほど」

「ああ、それからちょっと、前もって相談しときたいことがありますで、――うちの叔父貴は律儀《りちぎ》もんで、沖買《おきが》いなど来ても絶対売らん人ですから――」

「沖買いというと――」

「つまり闇船を沖の網につけてですな、組合の統制に入れずに魚を買いに来よるんです」

「それで――」

この即成闇屋もちょっと心配になって来た。

「それでですな、私の考えはですな、叔父貴にウンといわすには、これが一番と思う手がありますので、その打合せをちょっとしときたいと思いますが――」

「なるほどなるほど、どうぞ」

「私、軍隊におりまして、おもに中支で転戦しとりましたが、その折の上官ということにすると、話が早うまとまると考えましたので――」

「なるほどなるほど、つまり私が将校になればいいわけですな」

「そうです。あんたは軍隊の経験がおありですか？」

「いや、それが四ヵ月ほどの教育召集だけで、星一つだけですが――」

「ハッハッ……二等兵が中尉に昇進ですな。まあ、それでええでしょうが、もしも何か聞かれたら、ざっとこんなこと話してくださりゃええです」

それからの話は、えんえんと漢口の激戦や、長い行軍や、不意の敵襲やを、バスが目的地につくまで彼はトウトウと私にしゃべるのである。私はときどきノートを出して、要所要所を書きこんだ。まるで喜劇のようだが、役者の心得が思わぬところで役に立ち、旅館に着くなり、「うんそうか」とか「よし」とか、使いなれない軍隊用語に、「インスタント上官」は大出来であった。

徳島と土佐との県境あたり、晩秋の海は碧く澄んで旅の心地よさが潮風にのってくる。上官用語と魚のいそうな秋の海とで私の心は豊かになっていった。

雲つく大男参上

旅館は海のすぐそばだったが、通りの中ほどにあって、景気がよいのか、三階の離れを建て増ししたばかりである。小ぎれいな部屋におさまりかえって、銀色に光るメシと鮮度十分のさしみを食った時には、ペテン師のうしろめたさはどこかへ消え失せ、ご機嫌上乗となってしまった。

「疲れとられるでしょうから、昼寝でもして休みなされ。その間に、私は叔父貴と打合せして大体の話をして来ますから。叔父貴は無口もんですから、来てもようしゃべりませんから――」

ふとんを敷きに来た女中の物腰も、その後で来た婆さんのアンマも、すべてはかつての上官に対する礼節を損うものではなかった。腰をさすりさすり、ポツリポツリと語るアンマの話は大いに参考になって、寝てなどはいられなかった。

網元というのは町一番の権力者で、この辺一帯に大きなのが五つほどあるということ。そして、彼らのひと声で、学校も建てば役場も青年会館も建つということ。つまり、一網を青年団に貸せば、その魚のあがりで家が建つのだそうである。

村長よりもえらいそんな網元のご入来となると、こうノウノウとしてはいられなかったが、外へ出てもはじまらぬので、三階のこの部屋からは一歩も出なかった。――これがあとでひどい目にあう原因となるのであるが――。

電燈のつく頃、部屋へ一升壜が三本とどいた。二合の配給もないおしというような御時世に、何とこれはまた豪華をきわめたものと、ノドの鳴るのをおさえながら、久方ぶりに黄金の一升壜を上からなでていたら、自転車屋君が帰って来た。

「先に一杯やりましょう、さしみも出来たで――」

「よかろう」

と、兵の言葉に上官はすぐのった。酒盛りが始まって、またまたびっくりしたことは、「きょうはあまりいいものが上っていませんでしたので」と、断わりをいうには恐れ入ったほどのご馳走である。モンゴウいかのさしみは二センチもある厚さで舌の上に溶け、小鯛の浜焼きなど数年見たこともない有難いものであった。

本物の酒は、五臓六腑どころか、爪先にまでしみ通り、気宇ますます雄大となるは必定である。

「ああ、もてる国、四国よ、いいねえ、一丁やるか」

大親分のご入来の前に、はやもう唄の出る始末で、メートルはますますあがって、将校も漢口も忘れはててしまった。

その頃、襖が開いて、雲をつく大男がご参上になった。赤銅色に灼けた大きな長い顔、ギロリと光る眼。グローブのようなでかい手を畳について、

「ようおいでなされた、わしはこういうものです。こいつがえろうお世話になったそうで――」

「いえいえ、大したことはありません」

「きょうは、まあ何もないが、ゆっくり飲んで下され」

酔いはどこかへすっ飛んで、腹が痛くなるような緊張をしたが、身体が左右にゆれてとまらない。私のこのおしゃべりがどもるしロレるしで、サバの青も黒も云えたもんではない。もう駄目でもいい

や、ご馳走になっただけで十分だ、明日帰ろう……、とまるで弱気ばかりがつきあげて来る。上官の芝居もしどろもどろで、何をしゃべっているのかうわの空である。それでも、どうやら時間が流れるに従って、酒は両者をいくらか近づけたようである。

「大体のことは、こいつから聞きましたが、どこの港へ入れるんです」

「ハッ！　西の宮のほうであります」

「うむ。オオシキ（ダイボオ網）は入れたばかりだから、三、四日待って下さりゃ、初あみを廻しましょう」

「（シメタ）そうでございますか、有難うございます。あの、それで、氷は入れていただけるでしょうか」

「？」

「あの、鮮度のほうが――」

「当り前ですがな。氷入れにゃ魚はくさりますで――」

「氷は手に入りにくいでしょうね」

「うちゃ製氷会社もやっとりますで――」

「あッ！　なるほど、なるほど。失礼しました。で、運送船のほうはどうしたら――」

「廻船もやっとりますから、そんなことは心配せんでええです」

「そうでしたか、どうもこりゃ――」

まるで、トンチンカンの大べら棒である。

「それで――あのう〆はどのくらいで、いや、青ですか黒ですか？」

よせばいいものを。先方にありありとあきれた顔が見えたので、急に話を変えて、

「一網で何貫ぐらい上りますか？」

と幼稚きわまる質問に、巨漢もいささか閉口したに違いない。許せ、この上官は千貫から三千貫は優に上るというそんな大きな網が、この世にあるとは知らなかったのだ。

「まあ、ゆっくりあそんでゆきなされ」

と一言を残して、鴨居スレスレの救世主は変な顔をして帰って行った。

三本のかつおぶし

湧き上る喜び、ああ夢の金はわが手に握られる日が来た。

妻よ、子らよ、長い間ご苦労であった。父は君たちにだまっていたが、四国の涯まで来て、こんな苦労をしていたのだ。その甲斐を見る日は近いぞ。

女中を呼んで、魚河岸のダンナに電報をうった。

「三四ヒマテバ　ンジ　オーケー」

おお三千貫、一貫は千匁だから……少なく見ても何十万の金が――。気が遠くなるようだ、万事OK。酒は流れるごとく胃袋に入り、酔いは天井をついた。

そしてどうして寝たか――寝かされたか――。

――この喜びを一瞬にしてくつがえすものは、神の力だけである――

午前三時――。暗黒の闇がドシンと大きくゆれたと同時に、寝ている私の頭に異様な物体が落下して来て眼がさめた。はね起きた私は足を払われてステンとのめり、またも何かが落ちて来た。

地震だ！

梁《はり》が無気味な音をたててきしみ、いまにもこの家が倒れるようである。

真っ暗な中に私は死を待った。

連続してゆれてくるこの驚天動地は、私を冷静にとりもどす余裕などない。ようやくゆれがおさまった時に、キナクサイ中から便所の臭気がただよって来た。私は窓を求めて走ったが、下が見えない。後で知ったのだが、そこから飛べば泥坊よけのとがったサクにつきささっていただろう。また廊下の割れたガラス戸から飛んでいたら、下は井戸であった。

一度しか昇ったことのないこの建増しの三階から玄関へは、迷路もいいとこで、押入れにつき当り、部屋に入り、人影もない旅館の中で、

「誰か――誰か――」

と絶叫しながら、またまたゆれて来る中を、やっと玄関にたどりついた時は、身体の方々に血を流していた。はだしで表へ飛び出したら、遠く提灯が動いて、

「津浪だ、津浪が来たぞ！　山へ逃げろ！」

の声が闇をつんざいて聞えて来た。

「山はどこだ」

山も海も分らない。腰が抜けて立ち上れないのを、誰かがぐいと引っぱりあげてくれた。

「山はどっちです」

男はむんずと私をだいて山へ走った。

これが紀州の大地震であった。

刀折れ矢尽きて避難民の証明書をいただき、かつおぶし三本を土産に、東京までタダの汽車で帰って来た。「もう、あなたにはホトホト驚きました。別れていただきとう存じます」と女房にきめつけられる覚悟だった。女房は三本のかつおぶしと私とを黙って見ていたが、ポツリと、

「捜査願を出すとこでした」

と云った。

無惨！　津浪の果て

紀州の大地震のことについては、ことが小説より奇なので、もう少しくわしく書いてみたいのだが、どうにもちょっと心にひっかかって筆が進まない。というのは、その終末が、私にとっては喜劇として終ったのだが、案内役の自転車屋氏にとっては、まことに悲惨な結果と相成ったからである。

かいつまんでお話しすると、――

翌朝、二人で自転車を飛ばして、きのう来た道を彼の家へと走ったのだが、何と、途中でびっくりした。山の中腹まで大きな船がのし上っているし、田圃は一面の泥海と化し、屋根やら材木が折り重なって、一瞬にして起ったこの津浪がどんなにひどかったかを如実に見せられた。そして、ようやく

彼の村にさしかかると、海岸三メートルほどの石垣の上にあった町は、道の両側の家をきれいに洗い流してあとかたもない。

「やあ、家が無《の》うなった！」

彼は足をとめて呆然と突立ってしまった。

このあたりだろう……と、わずかに土台のコンクリートを探しあてたが、ここが六畳で子供たちがおっ母アとねていた所だ、こっちが土間です、ここには自転車が二十台ほど天井と土間にありましたが……。

それにしても、そこが確実に自分の家だというには、これという目ぼしい何もない。わずかに大きなスパナが一挺、土間だと彼がいうくずれたセメントのくぼみに落ちていた。

真っ蒼になった彼は、村の人が避難していると聞いた山へ走った。鳥居をくぐると、大勢の人間がうずくまったり右往左往したりしている。恐怖の一夜があけて、うつろな顔をしている群衆の中を、声もさけよと必死になって彼は子供と妻の名を呼んだ。しかし、誰も返事をしない。かけずり廻るうちに、お堂の中からゾロゾロと子供たちが出て来た。六人の子供は生きていた。何という幸せだったろう。が、どうしたことか、かんじんの奥さんがいない。

「母ちゃんは？」

「母ちゃんなア、みんなつれてここまで来たけど、また、お金とりにもどった――」

「そいで帰って来んのか？」

「うん」

大粒の涙がポロポロといたいけな坊主の頬を流れた。

「馬鹿たれが！　なんでここにじっとしとらんかったんだ――」

わなわなと口をふるわした彼は、飛ぶように走って行った。私も彼の後を求めてそのあとを追い、泥田と化した田圃の中へ入っていった。

そして、それから一時間ほど、遂に無惨な対面となったのである。大事な、大事な苦労を共にした彼の妻は、泥まみれになって、田圃の桑の木にひっかかって、無惨な最期をとげていたのである。二人して顔の泥を落してやり――、髪を洗ってやり――、着物をぬがしてやっていたら、帯の奥からポトリと財布が落ちて来た。私はなぐさめの言葉もなく彼と一緒に泣いた。

一瞬にして数十万円がころがりこむ一攫千金の夢は、一夜のうちにまとまり、また一夜のうちに泡のごとく潰え去ったのである。ダイボウ網は切れて流れ、私が呼んだばかりに、彼の愛妻も大波に流されてしまったのである。

にくらしいほど晴れわたった初冬の蒼い空であったが、私の心はニブくよどんで泣いていた。ただ、ダイボウ網から逃げて行った青や黒の鯖《さば》や鰤《ぶり》だけが、思いがけない命拾いをしたということである。

ここで、私がこの眼で見た津浪の恐ろしさと、不思議な話だけを、ついでにちょっと記しておこう。

津浪というのは、最初二メートルほどの波が襲って来て、あっという間に入口から窓から侵入する。そして畳や簞笥を浮かし、見る見るうちに鴨居近くまで上って来る！　かと思うや、それより早い勢いですーっと引いて行くのである。この力が、来る時の何倍かで、四方の壁をついでにひっさらって行く。壁がなくなると日本家屋はまったくもろいもので、続いての第二波が倍の高さで襲って来ると

(つまり、最初が二メートルなら四メートルの高さで来る)、こんどは屋台骨がバラバラとくずれ、屋根がドシンと下に落ちる――。つづいてこんどは三倍の第三波が襲い、これに乗って屋根も箪笥も柱も、すべては山や田圃に運び去られてしまうのである。まるでブルドーザでならしたような、何もない平地となってしまうのである。これが津浪で、来る時はまだしも、ひく時の力は、いかなる頑丈なものも立ち尽す術《すべ》がないという――皆さんも、波打際に立った時に、波が引く時、足の下の砂がくずれてよろめくのを、たびたび経験されたことだろう。つまりはあれのものすごいやつである。

　私の泊った宿は、前に大きな島があったので、津浪が直接来なかったために被害は少なかったが、思えばあの夜、宴の最中にたびたび地鳴りのようなものを感じた。私は、二、三度、「地震じゃないの?」といった記憶があるが、「ありゃァ海鳴りですよ」と軽くかたづけられたので大して気にもとめなかったが、前ぶれはそのようにちゃんとあったのである。もっと顕著な兆候は宿の女将に聞いたことで、

「あの日、いかのおさしみをあがったでしょう。あのいかをナ、家の井戸で洗ってましたが、水が濁っとるので、どうしたことじゃろう、いかの墨でも入ったかなちゅうて、一丁ほど先の井戸へ水を貰いに行きましたが、そこの井戸も濁っとるので、おかしいのう、おかしいのうと、云うとりました」

と話してくれたが、ここにも大いに地震の兆候はあらわれていたのである。

　それよりも私がびっくりしたことは、自転車屋氏の子供たちが避難した神社に、百年ほど前、やはり同じようにこの地を襲った大地震の碑が苔むして建っていたが、その石碑の裏に、今より約九十年後にまた、このような大地震が起ると予言がキザまれていたことであった。その昔、何を根拠にどんな人がこれを予言したのか、神秘な話である。

ザリガニ・フライの正月料理

師走の風はいよいよ冷たく、東京のはずれ、狛江の私たちの一家を吹きぬけていた。あすは正月だというのに、団子汁といもがゆである。終戦後の正月を満州で送ったが、この時とて、精神的な恐怖はあったが食糧だけは豊富であった。

久しぶりに帰って来たこの無頼の父を、それでもうれしそうに迎えてくれる子らの顔が、栄養失調の故か、眼ばかりキョロリとして青くやせていたのにはやりきれなくて、土方でもいいから働かしてほしかった。元旦を明日に控えて、無力の父は、

「かくて暮れた今日と何の変りもない明日であるのに、なにゆえ、もったいらしく元旦なぞというんだ」

と、うらめしそうにつぶやいて、いものとろけた哀しい粥をすすりながら決心した。

私の腕にだけチカチカと音をたてて残っていた満州七年の苦労を一緒《とも》にした時計を、その夜、白いお蔵の奥深く、二千五百円で入質した。金を握ったらとたんに人間らしいぬくもりがもどって来て、まだ起きていた店で卵を家族の数だけ六つ買って、除夜の鐘に追っかけられるように走った。

「これ！」

と女房にお金をさし出して、子供たちの前でこんどは誇らしげに新聞紙をひらいた。

「卵、まあ！　買ったんですか？」

「うむ、全然動物のにおいのせん正月じゃあ始まらんじゃないか——。卵焼きでもつくったら」

「すみません」

「おい！　子供たち、卵だよ。ホラ、見てごらん、これが卵。鶏の生んだ卵だよ！」

子供たちはうれしそうに眼を見はった。

初日の光はうららかにさし込んだらしいが、元旦のお祝いもどうせあるまいと、六畳の隅にいぎたなく寝くずれていたが、

「起きてパパ！」

と子供たちにゆり起され、

「さあ！　お祝いしましょう！」

という晴々とした妻と子供の声に、しょうことなく顔を洗った。

鼻の下の長い話で恐縮だが、（どうしてこんな時にこんなことが出来るのか、これで何度目かの経験だが）女というものは、時に得体の知れぬえげつないほどの力を出すものだ。

驚くべし。寝ぼけた私の眼にうつったミカン箱の膳の上には、まがりなりにも酒どっくりが一本、そして、四角に切った白い白いモチもある。上手にふくらんだ卵の厚焼きもある。きれいに切ったミカンがカンテンの中にすがすがしい新春《はる》を告げていた。そして、もっとびっくりしたことは、エビのフライまであるではないか。――これはかつて私が週刊誌に書いた〝エビガニの日曜日〟という随筆の中でくわしく書いたが、「さあ、裏の川へ蛋白の補給に行きましょう」と、家内と子供がザリガニを取りに出かけ、これをフライにして、立派なア・ラ・カルト、ザリガニ・フライをエビとして私に食わせた――あの涙ぐましいフライまであるではないか。

「明けましておめでとう」

と云ったら、雑煮も食わないのに胸がつかえてどうしようもなかった。

人《おっと》と人《つま》との生活は、こんな可憐な善事の積み重ねに、離れがたき因縁をつみ重ねてゆくのであろう。

ふたたび闇屋に……

満州産の、一粒のカラス麦みたいな私は、蒔くべき畑をもとめて、七草をまたず知己の在宅する松の内にかけずり廻った。どこかの劇団にでも首がつっこめたら、なんとかそこから芽を出してやろうと。しかし、己れを守るにさえ汲々としている時に、そのせまい畑に一隅の余地を貸す物好きはいなかった。

ついに芸術の種子はふところにしまって、青サバ、黒サバ以来二度とするまいと誓ったあの闇を、食えぬ苦しさにまたしてもおかす、おろかな私と相成った。

「繁《しげ》さん、俺の兄貴がね、ゴム会社にいるんだがね」

「ほう、耳よりな話だな」

「タイヤを二本、おろしてやるから売って来いって、もらって来たんだ」

「いい話じゃないか」

「一本チューブ付きで二千二百円でおろしてくれたが、売りようによっては四千円ぐらいまで行けるそうだ」

「ほう、やりましょう、いいじゃないの」

「いや、それでね、どこへ持って行ったら買手がいるかだが――」

「置き場所は？」

「銀座のビルの地下室だ」

あまり信用はしなかったが、二人は銀座へ出た。

ところが、赤いハトロン紙を巻いた二本のタイヤが、神々しいまでに有難い姿で、そこにあるではないか。

「まてまて。よし、何でもいいから手近なところからあたってみよう」

私はタクシーをとめた。

「へい、どうぞ。どちらへ？」

「タイヤがあるが、買わねえか？」

「ふざけるナ、バカヤロー！」

何がバカヤローなのか、私は狐につままれたように、煙を吹っかけて行くタクシーを見送った。が、こんなことでがっかりなどしておられぬので、とりあえず品物をそこに置いて、方々の車庫を廻りあるくことにした。ところがどうだろう、てんから話に乗ってくれぬばかりか、ケンもホロロの挨拶で、まったく信用ゼロである。それでもようやく、「現物を見せなきゃね」という顧客に巡り逢ったのが、早もう歩き疲れて腹も背にくっついた夕方であった。

「で、あんたたち、いくらほしいの？」

「えー、三千……五百円ぐらいのところで」

「高い高い、あんたら相場知らんね」

「そうでしょうか」

「今ね、二千三、四百円だよ」

なんだ、それじゃ、おろし値じゃないか、お前の兄貴もひどいよ、と二人は考えこんでしまった。

すると、

「二千五百円で買ってやるよ」

と切り出して来た。もうこれ以上こんなものを持ち歩くのもくたびれるし、厭気もさして来たので、

「いいでしょう」

と五千円の札束を握った。損したような得したような、それでも何となくほのあたたかさがこみあげて来て、原価の四千四百円を紙につつんで、二人はもうけの六百円を二つに分けた。

「帰るかい？」と友達は聞く。

「うむ、このまま帰ればいい亭主なんだが」

「そこが浮世の哀しさで――」

「ごもっとも、じゃ百円ずつ二百円だけ、身体をあたためよう」

忘れもしない今のピカデリー劇場の前、橋のたもとの屋台で、上カストリを飲んだ。その一杯が命とりみたいなもんで、翌日二人が眼を覚ましたところは、新丸子の温泉マークの汚ない一室であった。

ポケットのあちこちをさがしたら、まだ千二百円ほどはあったが、「もうこうなりゃ五十歩百歩だ、家には帰れぬ、迎い酒でもやろう」と云う友をうながして我が家に帰って来た。そして母屋の叔父貴

にその話をしたら、箱根登山自動車の重役をやっていた叔父が、

「馬鹿な奴らだな、俺のところへ持って来て見ろ、一本、四千五百円で買ってやったのに――」

と。あとの祭りであった。

貧すりゃ鈍する――、定石通りであったわけだ。

戯曲当選の夢も破れて

女房は、どこの誰に借りて来たのか、ミシンを一台手に入れた。

若い時から得意の早縫いと、裁断上手に物云わせ、零細な金をもうけはじめたのである。つまり夫と妻の地位はどうやらその位置をかえはじめたわけでもある。

「こんなウス汚ないものまで縫うのか？」

「近所のお百姓さんのヨ」

「くさいね」

「ここのうち豚飼ってるのヨ」

「およしよ、そんなの――何かうつったら大変だよ」

「だって、ときどきホウレン草なんかもくれるのヨ――」

「…………」

案の定、女房の顔に赤いブツブツが出来て、日ましにそれはひどくなり、痒さと痛さとうっとうしさに彼女は苦しみはじめた。

買う薬に裁縫代のほうが追っつかないくらいで、虻蜂とらずもいいとこだが、深夜ふと眼を覚ますと、暗い電燈の下で、まめまめしくミシンを踏む足が見えてやりきれなくなり、ボロ毛布をかぶって朝までマンジリともしなかった思い出も、まだ私に鮮明だ。

私はその頃から一歩も外へ出なくなった。というのは、私も何かしなければ気がすまないので仕事を始めたのである。

或る日の新聞に戯曲の募集があって、十万円の賞が貰えるという耳よりな記事が出ていたので、これなら闇屋よりは自信があると、放送局時代のヤセ腕に物を云わせて一心に書きはじめたのである。一束十円の藁半紙に――。

それはＬＳＴの引揚船の物語で、これまでに私が体験したいかなるショッキングな事実よりも強烈だったので、このテーマには自信があった。

にぶくひびくエンジンの音を聞きながら、私は或る夜、ふたたび騒がしい甲板の声にハッチの階段を上ると、中天の満月に冴えかえる前甲板に人群れが見える。大きなうねりはあるとはいえ、あたりは静かだ。東支那海か或いは玄海に近かったかも知れない。四、五人の怒声がやむと、つんざくような叫び声が聞えた。するとと行き過ぎる船の右舷からザボーンという音が起り、誰かが落ちたのだ。人を呼ぶような悲痛な声が船尾の海に消え、間もなくドヤドヤと人間が引きあげてくる足音が聞えた。

毎夜のようにリンチと民衆裁判と極刑が執行されていたのである。その夜の裁判は、父と母をその男のために失った五つと七つになる子供が証人台に立ったのである。

終戦の混乱時に、要人のかくれ家を密告すればソ連憲兵からお金が貰えたので、当時のアプレが、やぶれかぶれで同胞を売っては私腹を肥やしていたのである。祖国を失った青年たちの中には、欲に眼がくらんで非道の密告をするものがふえた。ことに、気に入らなかった会社の上司などを平然と大物だと偽って密告したので、悲惨な事件が方々に起ったのである。その夜も、父をとられたこの子供たちのために、いきりたった同胞が、同船した一人の密告青年をつるしあげ、子供たちにその男の頬をうたせ、いいんどうをわたしてから足と手をくくって、暗い海原にほうりこんだのである。何人があの大洋のどまんなかにほうりこまれて乗船名簿から消えたことか。

乗船名簿は、降りる時には決してその数があわないのを常識としていたのは、嘘のような事実である。

私はこの話を劇に作った。

何枚も何枚も、ひまにまかせて書き直してはまた書いた。だが、それはとうとう十万円にはならなかった。折角の労作もむなしい努力に終ったのだが、戯曲そのものがあまりに陰惨なせいか、或いは藁半紙の汚ない走り書きのせいだったか、それは知る由もないが、恐らく読まずにポイした眼のない奴がいたのだろう。

鏡にうつった己が姿

或る日――

この葉書を見次第、東宝本社に私を訪え――、という幸運の便りが来た。裏を返せば、菊田一夫とあるではないか。

かつて昭和十三年頃、ロッパ一座で世話になった先生である。どなられ通しだった私が、その後新京の放送局に勤めて廻転椅子に坐るようになった頃、開拓団をまわるために渡満した菊田先生の来訪をうけ、新京で師を迎えたことがある。これが思えば、君に謝す――の一役になったのかも知れぬ。

東宝の本社とはなつかしい話で、私が早稲田から東宝に入ったのが昭和十一年、その当時の飲み友達の顔が一人といわず思い出されたが、あの連中も、恐らく今は、みんないいポストについておさまり返っているだろうと思うと、急に足の重くなる思いがした。これまでにも何度か訪ねたいと考えたこともあったが、訪ねられたくもない先方の顔が先に浮んで来ると、つい日比谷界隈は素通りしてしまった私だったのである。が、今はこの吉報を無にすべからずの時だ。よれた姿にヒケメを感じている時ではない。勇を鼓して日比谷映画の角を曲り、東宝本社の玄関を入ろうとしたら、昔、有楽座の楽屋でエレベーターを運転していたオヤジにバッタリ出逢った。

「あんた繁さんだろう？」

「その通り」

「今、何をしとるの？」

「今？　何もしとらんよ……」

「そうかい、まあ、お茶でもおごろうや？」

彼は少なくとも私よりは羽振りがいいのだろう、喫茶店の片隅に、コーヒーとケーキをとってくれた。お茶とお菓子を前にして、なつかしいこのSさんから私は東宝の現況を聞いた。

「佐藤一郎はどうしている？」

「奴は今、大プロデューサーよ」

「ふうん――」

「帝劇の『真夏の夜の夢』もピンさんの製作よ」

「坪内先生や園池先生は？」

「ああ、健在だ。あんたと一緒に馬の足に入った志賀が有楽座の支配人だ」

「へえ、実は菊田先生に呼ばれたんだが――」

「そうか、そりゃ、いいぜ、今は大へんなもんだ」

階段を上りながらいくつも知った顔に逢ったが、忘れているのだろう、忙しそうに横をすりぬけて行った。

なつかしいチョビヒゲ先生は、昔と変らなかった。先生は小さい体を廻転椅子にチョコンと乗せて、昔と同じように首を曲げながら原稿用紙のマスを埋めていた。

「電車の中で太田君にあったんだって？　彼から住所を聞いて手紙を出したんだ。ビックリしたろう？」

「ハイ」

「芝居やってみる気はないか？」

「ええ……」

「自信あるかい？」

「闇屋よりは――」

「じゃ、あさって、一時に有楽座の楽屋に来てくれ」

「そうですか」

有難うございますと云おうとしたら、のどがつまって来たので、そのままピョコンとおじぎをして帰ろうとしたら、

「あ、ちょっと待って、これもってけよ」

「何ですか、コレ？」

「ブラさがりの洋服ぐらい買えるだろう」

私は鼻先がなおもツーンとしたので、急いでそこを辞した。階段の曲り角に大きな鏡があって、降りて来る情ない男が何と私である。しばらく自分を見たこともなかったので、これからのこともあると、立ちどまってジーッと見てみたが、なるほど役者になるにはチトひどすぎるご風采であった。

父の墓前に丑三つ参り

なつかしい有楽座の楽屋に行ってみると、ひとくせありげな連中がズラリと居ならんでいる。その

一人とて私は知る由もない。渡満したあとに出て来た連中ばかりである。だから先方が知らぬのは当り前であろうが——爾来こうした時の役者の眼ほどいやらしい感じのするものはない。小さい時に学校を転校した折、感じたあの眼に似ているようで、しかも、もっと分別くさいインケンさのあるものであった。その上、三十分ほども遅れて行ったのだから、そのジロリをあびた私は、そそくさと末席に小さくなって坐った。

元来、役者根性ほど小心でいまわしく、しかもひがみっぽいものはない。だから普通の神経ではとても太刀打ちはできない。よほど図太く装うか、さもなくば最後までツッパネて高飛車に出るか、或いは節を曲げて幇間よろしくペコペコと頭をさげて先生先輩と相手をたてまつるか、そのどれかに徹しないかぎり、何もせぬうちにハジき出されてしまうこと必定である。

菊田先生の紹介がすんで、いよいよ配役の発表になった。ところがどうだろう。男二人の主役で、その一人が私ではないか！　一層はげしいジロリが四方から私に集まった。

しかし内心私は——なあに、一つの屋根に何日間か芝居を一緒にするんだ、酒の一杯も一緒にのめば、彼らを懐柔するに何の難《かた》からん、それよりうまい芝居をして彼らを内心ひやりと驚かしてやろうと、闘志が逆に燃えて来る有様で、かつてのヒヨワな私とはまるであべこべな、野人の魂の沸き上るのを覚えたのである。

ああ、思えば満州七年の生活と、幾度も死線をこえて来た辛酸は無駄ではなかったワイと、自分で自分に惚れたくらいである。

舞台稽古がすんだ晩、はじめて貰ったいくらかまとまった金に気をよくし、屋台ののれんをぐって一杯ひっかけた私は、深夜タクシーを求めて日暮里は谷中にある父の墓にお参りに行った。

まったく草木もねむる丑三《うしみ》つ刻《どき》である。

無惨な戦禍をくぐったのに、墓はちゃんと私を待っていた。

「父さん、あなたから戴いたお金を全部費《つか》いはたし、あげくの果てに株でしくじり、申しわけないことをしました久彌であります。あれから十年、どうにも、ここへ来る勇気がありませんでしたので失礼しましたが、一意発心しまして満州に行き、折角いいとこまで行ったんですが、今度はお国の都合で挫折してしまいました。だから、云うなればこれはまあ僕の責任ではありませんので、大目に見て下さい。あなたが遺産として私に残して行かれたお金を、今のお金に換算しますと、参千万円くらいになるでしょうか。思えば大金でありました。しかし……こんなことをいっては何ですが、あんなものを残していって下さったばかりに、私は、ヒヨワなダラ漢になってだいぶ人生を損したようです。でも第二の久彌は、頑張りました。一切零になってから――今、胸に手をあててよく考えてみますと、この立ち直った私の根性は、実は、やはりあなたから戴いた血のせいでしょう。どうもいい血をわけて下さって有難うございました。いよいよ私にも三度目の大チャンスが訪れて来たようであります。一生懸命働きます。この次、お目にかかりに来る時は、戴いたものと同額の金をかせいだ時に参ります。どうぞ楽しみにお待ち下さい」

枯葉が舞って私の所へ散って来た。月に光る墓が笑ったように見えたのは、どうやら親父に分ったのだろう。

胸ふくらむ映画初出演

芝居など、その頃はあまりやっていなかったので、その筋の連中がいろいろと見に来ることは間違いない。どこかの映画会社のプロデューサーでも見に来ていたら、一見して惚れこむような芝居をせねば……。ハタの役者がどんな顔をしようとそんなことはかまっちゃいられねえ、がむしゃらに出るんだ。

一粒の麦は張り切った。いずれにしても、畑がないことには芽の出しようがない。

いったん蒔《ま》いた後は、瓦礫をのけて水をやり、大事に育てれば、必ず実るのだ。実ればまた蒔く、蒔けば実る、やがて俺にも見はるかす大きな麦畑が持てる日は近い。よし！　云うなれば、庇《ひさし》を借りて母屋をとるの心意気でなければ……。

はたせる哉《かな》。幸せは降って来た。

初日をあけて五日程たった頃、東宝撮影所から、面接したしの電話をワナワナと受話器に聞いた時は、わが耳を疑ったほどである。

衣笠監督は眼鏡ごしにジロリと私を見て、

「こんなとこで、まあええやろ……」

鶴の一声である。

「じゃ、こっちへどうぞ」

うすぎたない恰好の――私が並んで歩いても恥かしくないような助監督の案内で、台本をいただいた私は、衣裳しらべに行った。カスリにコクラの袴にゾウリばきと決った。

「頭（カツラのこと）はそのままでいいでしょう。真ん中から分けて、大正初期の感じを出して下さい。ではね、演技課長に会ってギャラ（出演料）を決めてもらいましょう」

何十年かこの道でメシを食って来たような、一見、これが活動屋の見本と云いたい男の前に立たされた。

「二枚目じゃないんだな」

「……？」

「ギャラに希望ある？　ええ、君」

「高いにこしたことはありませんが……」

「当り前だよ、身分相応にいこうや」

「わかりました。まだ私をご存じないんですから、そちらの云い値で結構です」

「客もご存じないんだからね」

「いかにも」

「まあ、金のことはまかしとけよ。名前は何と云うんだい？」

「モリシゲ、ヒサヤです」

「モリ……何？　ややこしい名前だな、もっと簡単にしろよ、損だよ」

「本名ですし、引き揚げて来て私が無事に生きてることも全国の知人に知らせたいもんですから、ややこしくてもこれでゆきたいんですが……」

「告知板だな、まあ、ええだろ。それじゃね、一本一万で年四本の契約でどうや？」

「結構です。しかし、もし私が上手《うま》かったら、途中で値上げして貰えましょうか」

「何を生意気なこというとるんじゃい。月割にして四千円だ」

「あの月割といいますと……」

彼は、それ以上の説明はしてくれなかった。

衣笠貞之助監督。山田五十鈴、土方与志主演『女優』。つまり大正の名女優――松井須磨子の一生を描いた映画に、私は一座員の役で出演が決ったのである。

この華やかなスタートも、それを撮り終えた数ヵ月後に起った、あの東宝の大ストライキで、あえなく頓挫し、一粒の麦がまたしてもふり出しにもどる話となるのであるが――。

用意、スタート！

「映画とは待つことで金をもらうもんだ」

私はこの言葉を聞かされて耳を疑った。

撮影所の片隅に――、あるいはスタジオの横に――、あるいはまた楽屋の一隅に昼寝しながら、あくびもしつくして、もう午後も三時をまわったというのに、まだ一度も所内のスピーカーが私を呼ばない。そんなけだるい昼下りが何日か続いて、いよいよウンザリしているとき、一緒に枕を並べていた万年仕出し（ワンサ）が私のほうを向いて、そんなことを云って慰めてくれた。

〝映画とは待つことだ〟〝出演料とは待ち時間だ〟――これはまた、なんと人を馬鹿にした言葉だろう。

映画こそ第八芸術であり、現代が生んだ最もハイカラなメカニックの芸術行動であると信じて、胸も張り昂奮もしてやってきた撮影所であるのに——。

『女優』の撮影は蜿蜒《えんえん》と続いている。が私は一度も出ない。したがって巨匠衣笠監督にも、あれ以来、親しく咫尺《しせき》にまみえたこともない。ときどき、セットをのぞいて見ると、きれいにメイキャップした山田五十鈴さんを、やに下るように眺めながら、巨匠は——、

「いいね、ベルさん、今の動き。あれで結構、——さあ、本番いってみようか！ 用意！」

一瞬、流れる、これはまた美しいほど澄んだような静寂がセットを襲う。八十人ほどの人間が一人の女の動きを最もすばらしく捕えようとするセコンドだ。

「待った！」

巨匠はカメラの横からチョコチョコと出て来て、彼女の額にかかったオクレ毛を二、三本ひねくり廻し、ためつすがめつ、この世で一番いとおしきヤツといった、なめずるような眼をして、さてふたたび——、

「用意！ ええナ、用意！ スタート！」

かすかにカメラの廻る音の中で全員はイキをのむ。

「ええ……そう」

とベルさんが云ったら、

「カット！」

と監督の声。何と……それでおしまいである。僅かに十秒——。世の中で、こんなに人を馬鹿にした

阿呆らしいものはないと……そして、この監督をはじめ八十人は何が面白くて、かほどクソ真面目に緊張するのか、見ていた私はあきれかえって物もいえなかった。ところがややしばらくすると、大先生は、この〝ええ……そう〟がどうやら気に入らなかったらしい。

「もう一ぺんいこう……ベルさん、ちょっと眼が違《ちご》たナ。もうちょっと動揺してるとこ出してもらいたいね……分ったね、もう一ぺんいってみよう、用意！　スタート！」

この〝用意！　スタート！〟がなんと十何べんくりかえされたのには、さすがの私もうんざりして、これからの自分を考えた。二時間も三時間もかかって、たった十秒の撮影。たとえ拾った命とはいえ、日がな一日こんなことで余った生命を無駄づかいしていては、先祖に対しても申しわけないような気がして、気の沈む毎日がつづいた。

私はこっそり、セットの前の陽だまりで計算してみた。二時間の映画を十秒で割ると一分で六つ、一時間には三百六十、二時間では七百二十回――おう、何と七百二十回もこんな馬鹿げたことをしている間、私はただ漠然とタバコをふかし、ワイ談をして待っている。なるほど、待時間料か――、馬鹿か気違いならいざ知らず、まともな人間の、これはやることではないと、シミジミ決心を変えざるをえん腹立たしさに明け暮れた。

弁当、効果を発揮す

みすぼらしい服を着て、みすぼらしい顔をし、毎日通う撮影所で、私に誇らしいものは何一つなかったが、――その私のコンプレックスを救ってくれるただ一つのものは、昼のサイレンが高らかに鳴ると開く弁当であった。

「あんたは弁ブルだね」

いつの間にかだんだんふえて来る友達の間で、そんなことが云いふらされた。

私は趣味と実益を兼ねて、弁当だけは最も豪華におごった。これは私の虚栄でもあったが——、晩めしはスケソーダラとイモガユでも、大勢の中で開くひるげだけは、誰にもひけをとらない山の幸海の幸を色どりも美しく塗りの重箱につめて、パラリとゴマのふりかかった銀シャリを、これ見よがしに皆の前でパクついた。

「あんたはいつも美味《うま》そうな弁当を持って来ますな」

なんぼ私より高い銭を取っても、人は食い物にはいやしい。てんやもんの支那ソバや天丼とくらべて、うらやましそうにそう云うのである。そんな時には、鬼の首でも取ったように私はうれしかったが、さりげない顔をして、

「まずいもんばかりくわせますわ。……女房が撮影所まで追いかけて来てるようで、やり切れません」

と答えるのである。すると相手は必ず、

「もったいないことをいうねえ、交換して貰いたいくらいだ」

「ええ、いいでしょう、明日は換えましょう」弁ブルはいばったもんである。

そして、その明日から何人が私の弁当を喰い、何人が欠食児童のようにこの交換を待ったか。それは大部屋だけではない、著名な俳優も何人か、この弁ブルの恩恵にあずかったのである。ところがこれが縁で、私の予期しない効果があらわれた。間もなく、この三下役者は、かつてその有名俳優と映

画の世界を何十年も送ったかのように、いばって「オイ」「ヨウ」の間柄となったわけだ。

つまり、喰った者は何となく私に頭が上らなくなることとまことに妙であった。

よし！　こうなれば監督にも喰わせてやろう。私の魔手は延びた。

「いかがです、先生、交換は？」

が、さすがに監督は、チラリとは見たが……すなおではなかった。

私は弁ブルで有名になるかたわら、せっせと満州マン談に花をさかせ、ロスケの女、満人の女、朝鮮、蒙古、はては見たこともないウクライナやアルメニア人とのソレ話に尾をつけヒレをつけて話術の妙をつくした。人はいつか私の側に集まり、人は私の話に眼を輝かし、また見て来たようなソノ話に酔って、下腹をキン張させたりもした。「話術をミガくには、ワイ談に限る」とロッパさんがむかし教えてくれたが、まことに至言といおうか——。どんな気むずかしい奴でも、ことコノ話に関しては眼尻を下げて、「それで？　それで？」と先をうながす馬鹿となりはてるのがおかしかった。口から先に生まれて来たような私だ。次から次と作り話をこしらえては、あわやというところでサッと座を立って、

「この続きはまた明日」

「おいおい、罪だよ、繁《しげ》さん——」

彼らは何となく私を毎日待った。そして、私の名前はやがて撮影所にくまなく鳴りひびくのであるが、そんなマン談が縁となって、一度逢いたいという監督まで出て来たのである。

或る日、私を呼んだ某監督は、「君の話は面白いそうだね。いや、ついては次期作品に一つ出ても

らいたいんだが」と、夢のような話を持ってきた。

　好機、到る――。

満州坊主、女色を断つ

　しかし、このベンブルとワイ談も、そのプラスの陰に、また涙ぐましいマイナスのあったこともいなめない。

　野郎どもは、私のまわりにワイザツの眼をもって群がりつどうたが、女どもは、ヒンシュクした横眼を流して私のソバから遠ざかっていった。哀しかったが野心のためには欲望の一つぐらいは断たねばならない――。酒と女で出世したためしはないんだからと、この話術をもってすれば難なく落ちる美女の群れを手の先に感じながら、満州坊主は女色を断って斎戒のみそぎをしたのである。ところが、これがかえってよかったのである。監督やプロデューサーがひそかにかわいがっている女優と出来て役をおろされるような愚がなかっただけでも――。

　初めてここに来たとき、演技課の旦那から、〝モリ……なんや難かしい名前やな、シゲクヤか？〟といわれた私であったが、今や、モリシゲ・ヒサヤはチッともおかしくない、むしろ何らかのニュアンスをもって響くよき奴の名前となっていったのである。

「モリシゲ君、ちょっと昼にでもね、スタッフ・ルームに顔を出してくれ」

「何でしょうか――」

「いい話だ、ゆっくり話そう」

どうやら新芽が出て来たのだ。

まさかの用意に自慢の弁当を持って、昼のサイレンももどかしくスタッフ・ルームを訪れた。

「やあ、こっちへ来たまえ、監督を紹介しよう」

プロデューサーは、真ん中にデンと坐っている、とっつきにくそうな色眼鏡の男に私を紹介した。

「監督さん、これです」

これです——とは、また何と無礼な紹介の仕方であるか。

後日私が、会社と喧嘩して「俳優とは商品なり、物云わざるをもって賢明と覚えたり」の名言を新聞屋に吐いたことがあるが、すでにしてこの時、ははーん、俺は人間ではなくてコレという物であるのか……と教えられたのである。

「面白いんですよ、コレ。顔は大して特徴がないんですが、その方があの役にはかえっていいんじゃないでしょうか？」

一冊の台本が私のところへ来た。

表紙をくれれば、配役の四番目か五番目のところに、「ペテン師洋平」と書いてあり——その上に赤い丸がして、お前の役はこれであると示してあった。

「ペテン師の役ですか」

「そうだよ、いやかい？」

「いえ」

「ピッタリだって皆が推薦したぜ。大きな役だよ」

なるほど、ドウをとっていい気になっていた私を、実は皆はそんな風に見ていたのか。ペテン師！　いかさま野郎——何となく脇の下に汗が出るような気がしたが、それでも私は急ぎ自慢の弁当を再びこわきにかかえて、大役有難く拝受して部屋を出た。せっせとこの弁当を作ってくれた女房を、一刻も早く喜ばせてやろうと、その日はスッ飛んでわが家に帰った。

久しぶりに陋屋《ろうおく》には活気があふれ、何となくよいことがあるのだと思ったのだろう、子供たちも、十時を過ぎてもねむらなかった。

火鉢をはさんで餅など焼きながら、あれやこれやと話す話は、いつになく誇り高く、また女房の苦労をたたえる言葉も忘れぬ気のつかいようで、不思議や美しすぎるほどの心と心が家族の間にゆきかう夜であった。

「一週間ほどで僕の出番になるらしい。連絡が来るそうだ。電話がありますか？　なんて聞きやがったが、そういえば電話も欲しいね」

「まあ、そんなにあせらなくったって……第一、そんなお金なんか、どこから出すんです」

「いや、希望だよ。それからねえ、ママ、中古でいいから自転車を一台買いたいね。自転車なら十分でいけるもの」

「買ってあげたいわね」

網の上の餅がプーとふくらんで、かそかな湯気をはきだした。

「まったく人生は、この餅を焼くのに似てるな」

「どうして？」

「だって、思わぬところから、ふくらむからさ」

二人は笑った。

うれしそうに声をあげて笑ったが……これがまた思わぬところから、音もたてずにスーとしぼむことを私は知らなかった。

風呂にくべたペテン師の台本

その輝かしき栄光の門出も、どうしたことか、何日たっても連絡が来ない。

十日ほどもたったある日、たまりかねて撮影所に行ってみた。

ところが、どうしたことだろう、正門も裏門も、その白いペンキの柵には、とげとげしく鉄条網が張りめぐらされているではないか。

守衛室の前を通って入ろうとすると、

「あんた、どこへ行くの?」

「えっ!　いや、仕事です――」

「仕事なんか無いよ。ちょっと待って!　契約してる俳優さん?」

鉢巻の兄《あん》ちゃんが私をとめるのである。

昨日から始まったストライキで所内は上を下への大騒ぎである。日頃ねぼけた顔で陽なたぼっこしていた大部屋諸氏も、わが世の春が来たようにイキイキと、用もないのに飛び廻って、今日こそは立役者の心意気である。

親しかったワイ談の常連も、おかしいほどに厳粛な顔をして私のまわりに集まり、人が違ったような声音で、闘士にならねば役者の恥といわんばかりの勧誘である。

やがてバリケードは築かれ、外には戦車が現われた。再び満州に見た終戦の惨状が、あわや今にも現出せんとするすさまじさに、事の大きさを知った。ところが私は、鉢巻を巻く気はさらに起らず、何のためにイキリたたねばならんかが、さっぱり分らなかった。この会社は、私にまだ損も得もあたえていないばかりか、どいつが敵で、どいつが味方なのかも分らない。

そのうち、隣りの丘のスタジオに反対派が陣取り、ストは半分に割れ、いよいよ複雑になって来た。そして芸術の殿堂は、いつか思想家や政治家たちの城のごとく変っていった。

私は日夜考えぬいたが、売り出しの緒についた私に何の答えも出るはずもなかった。しかし最後に、「人に嘘はついても、もう二度と自分の心に嘘はつくまい」と誓った、あのニガニガしい終戦の日の決心が私を動かし、己れに忠実なためには、ヒキョウモノ　サラバサレの罵声を背中に浴びなければならないと腹を決めた。そしてその夜、ペテン師の台本を風呂にくべ、ふたたび新しい畑を求めて、鍬をかついで街にさまようことになったのである。

イタチ、狂犬に勝つ

カストリとかバクダンという――何で出来ているのか、あの得体の知れぬ酒をあおり始めたのはその頃からである。

なけなしの銭をミシンを踏む女房からかすめて、夜ともなれば、カスバのような盛り場を野良犬のようにほっつき歩いた。この悲しい毒酒をあおっていると、だんだん深い地獄に落ちて行くのが分った。先の暗さに、なおコップを重ねた。胃や腸がしびれ、頭や眼がくらむほどに、私は哀しい亡国の唄をうたった。勿論、枯すすきも――。隣りに坐る未来なき敗戦の徒輩も、ゴミタメのような息をして涙を流した。そして、卑しいもらい酒に舌も廻らぬ身体を、小田急の終電に横たえる日が度重なっていったが――。

或る夜、ダカッのごとくきらっていたチンピラのグレン隊にインネンをつけられ、なけなしの銭でさんざ飲まれたうえ、意味もない暴力の餌食となって、鼻血の出た顔を路地の奥に横たえたことがある。プーンとにおって来るドブのにおいに、この世の涯のような敗北を味わったが、痛む顔を駅の洗面所で洗い、便所に行って放尿をしたら、どうやら気持も立ちなおった。こんなことではいかん……よし、明日から出なおしだと、いちばん、腹に力を入れたら、スーとおならが出た。はげしい毒酒のせいか、洩らしたわがガスのあまりの臭さに、われながらゲーッとなった。

よたよたとプラットホームに上り、やっと間に合った終電に乗って車内を歩いていたら、見覚えのある赤シャツがいる。よく見れば、そのうつむいて泥酔しているチンピラの手に血がついている。

「野郎だナ、さっきの奴は――」

急に口惜しさがこみあげて来たが、闘志は湧いて来なかった。

元来、人を殴ったことのない私だから、力をもってこれを制する勇気はない。しかし腹立たしさはますます止めようがなく、何とか復讐してやろうと考えているうちに、下腹がゴロゴロと鳴り出した。

「よし、キャツめに一発、このガスをお見舞いしてやろう」

と決心して、やおらそのそばに近づいた。

人を痛めて、図々しくも頭も上らぬほど酔い痴れている。この狂犬もやはりいくらかの呵責に耐えかねて酒をあおったのだろう――。ねむってはいない様子だが、頭の上らぬベロベロのドブ酔いである。

うつむいてフウフウいっている狂犬のそばに、私は静かに腰を下ろした。

ガスの出現を待った。

私が乗りこむまで、電車の中でもあばれたのであろう。この男のそばには客はよりついていなかった。やがてほどよくゆれるほどに、機は熟した。スーと洩れたわが毒ガスを、こんちくしょうの鼻先へ静かに手であおって送った。本人が顔をそむける猛臭の一発である。

やおら……、オン敵はガスを食らったか!

私の方が、そのテキメンの効果に面くらった。

獣のようなうめき声をあげて、顔を左右にふり、わけのわからぬことを口ばしりながら苦しみ始めた。顔をあげてガスの出所をつきとめようにも、酔った頭が上らない。うめけばうめくほど深呼吸をするからたまらない。「ウォーッ、臭え臭え……」あまりのはげしさに、私は座を立った。そして反対側に坐って、戦いの成果を見まもった。すると隣りの客が、

「いやな野郎でしたが、罰があたって苦しみ始めましたね」

と私の耳に口をよせてささやいた。

おかしかったのでよほど種をあかそうかと思ったが、どうにも紳士の沽券《こけん》にかかわりそうなのでや

めたが――。

「悪い酒をのむと、ああなりますかナ」

と、とぼけた返事をかえしておいた。

月の冷たい枕木の上を歩いてトボトボ帰る道すがら、ついに我れイタチと成りてセイバイせり、と小気味はよかったが、なぐられたキズあとが痛く、女房にあわす顔がなくて困った。

おかしくも屁もある、何ともつまらぬ話になったが、こんなところに端を発して、爾来グレン隊とのくだらない因果関係が生じることを、私は極度にきらうようになった。それでも、その後、名が出るに従い、ダニのように血を吸われ、不快な思いをしたことは枚挙にイトマがない。

グレン島という島でもこしらえて、情け容赦もなく島流しにしてやりたいと、心中深くうらむようになった私は、皮肉にもギャング映画の出演の話が降って来た時も、のどから手の出るほど金は欲しかったが、断乎としてこれを断わって、ギャング映画追放の先鋒となったのである。

パチンコから学んだ演技の急所

映画界は沈滞していたとはいえ、スターは飽和状態であった。二枚目、三枚目、敵役《かたきやく》、どこを見ても、破って入れる手薄な突破口は見つからなかった。

もしも私に若さと美貌があったら、まだしも打つ手はあるのだが、ひいき目に見ても、この態たらくではいかにも作戦は困難をきわめた。三十をすぎて、しかもさして美男でもなく、それじゃ唄でも上手《うま》いかといえば、明治か大正のかびの生えたような唄を、艶歌師もどきに口ずさむ程度だし、ギャングはいやだし、コッケイ、カツゲキもゾッとしないではどうしようもない。さりとて、このまま手を拱《こま》ねいていては、誰も私をワザワザ売り出してくれる奇特な旦那のいるわけはない——私は日夜頭をなやました。

そこで、作戦をたてずに戦いをいどんでも、ただやたら精力を消耗するのみと悟り、毎日二流、三流の映画館をのぞいては、画面の中の役者を考現学的に統計をとることにした。かたわら、館内の人種を分類大別し、彼らの年齢層から嗜好、そして、どこで泣き、どこで笑い、どこで手を叩くかを、ノートにくわしく書きとめた。

そうこうするうちに、研究の甲斐あってか、何となくメドが出て来た。河村黎吉さんという私の大好きな俳優さんの持ち味あたりが私に向いており、あの、二枚目でもない、また三枚目というにもどこか違っている——この人物の近所が少しばかり手薄なことを発見した。つまり、この辺に人材のとぼしいことが分って来た。しかも、この人の重宝ぶりや、喜劇によし、悲劇によしということで、私のねらうところに一致した。

しかも、歯切れのいいインテリにも向く芸風が、いよいよ私の心を引き、よし、このあたりを攻撃点として進出を企図してやろうと計画をたてた。

河村さんのこの芸風に、もう一つ館内の映画人種から発見した「今日のリズム」を加えて、「モリシゲ・ヒサヤ」売り出しの宣伝方針を確立した。

かつて私達が大学の頃は、巷にあふれる安直な娯楽は、麻雀でもなくパチンコでもなかった。緩慢な白と赤の玉が、けだるい姉ちゃんの声にのって、コツンと当る、あの玉突き《ビリヤード》であった。

あれがあの頃のリズムであり、生活のテンポであった。しかし、あんなに殷賑《いんしん》をきわめた玉突きも、戦後は影をひそめて僅かに温泉宿の片隅に残るくらいのもので、銀座はおろか、都会のどこにも、それを見つけることは困難になっている。今日のはげしい生活のリズムに生きる人間たちは、あの緩慢な玉のころがりは、もうがまんのならんものなのだろう。私はハタと膝を打った。

パチンコという愚にもつかん駄菓子屋のおもちゃみたいなものが、ボッボッ巷の店を飾り、大の大人がその前につっ立って、飽きもせずチーンジャラジャラと、いそがしく落ちてくる小さな玉に眼を血ばしらせている姿が――映画の拍手と笑いのリズムに符帳があっていることを発見したのだ。

これは、タバコをかせぐという単なる射倖心《しゃこうしん》だけじゃあないぞ……、あの玉がはげしい廻転をして、忙しげに釘の間をぬって穴に入れば数秒を待たずしてジャラジャラと結果の出て来る――ここに魔術がひそんでいるのだ。

せっかちで我慢のない、怠惰で複雑をきらう戦後の人間の弱性は、まったくうまくキャッチされ、大衆の生活のリズムは、収縮すると、このパチンコのリズムと奇《く》しくも合致するのである。

ハハーン……ここだな、よし、これを演技の中に取り入れて、リズミカルな動きと感情の推移とを、サラリとしつこくなく点描して行く手があるぞ。

――私の胸は高鳴って来た。

なるほど、すでに結果の見える演技ほどつまらないものはない。――客席のうしろで若い男がラブシーンを見ていたが、

「ホラホラ、やるぞやるぞ、見てな、ソラ、キッスした。分ってんだ、いやんなっちゃう。馬鹿馬鹿しい、出ようか！」

といってゾロゾロ出て行った。

男女の二人がよりそい、もう当然それからはそうなるであろう——そこまでの時間が彼らには退屈極まるものなのである。いささかの冒険もそこにはない。

次にどう出るか分らぬという未来を予測し得ない演技が、観客をそこにとどまらせ、アバンチュールをかきたてるのである。パチンコの玉が釘にあたって描く奇態な未知の角度に人は酔うのである。

これを、私は「生活のリズム」と呼んだ。

後年、これが私の演技の急所となるのであるが、こんな簡単な一事を発見し、考え出すのにも年をこんなにとるのである。何事も間にあわないのが人生の常のようだ。

流行《はや》らぬ店、受けない政治家、下手くそな雑誌、何を見ても大衆の支持のないものは、ほとんどが、拍手の来ない芝居のように、この「生活のリズム」すなわち「今日のリズム」を忘れているように思えた。

「ラジオを聞くなら『鐘の鳴る丘』」といわれたほど、大人も子供も吸収されたキンカンコンの丘の鐘が、私のところにも鳴って来た。

或る日、ふたたび菊田先生から、有楽座に出ないかとまたもや有難い話が来て、何と、おんたいは井上正夫さんだと聞かされた。一度は一緒に舞台に出たいとあこがれもしたこの大御所と、演《だ》し物は

『鐘の鳴る丘』という、天から降ったような話であった。

演目は当り狂言、相手に不足はなし、よし、ここで一番「今日のリズム」をもって名優をめんくらわしてやろうと、私に新しい勇気が湧いて来た。電信柱につき当るほど張り切って、楽屋のドアを開けた。

さらば早稲田の森

早稲田に五年も通い――、大して学問を身につけたとは覚えぬが、それでも月謝や本代をバーや待合やダンスホールにつかった五年間の実績は馬鹿にならぬもので、社会科があれば優等生であった。親の金なればこそ気楽に浪費のできたものの、これが自分の稼いだ金ならビタ一文、一年が半年でもご免こうむりたい……そんな不肖の学生生活を、あと一年にひかえて私は早稲田の森を去った。

思えばあと一年、早稲田大学株式会社株さえ買っておけば、ご卒業目出度く学士様になっていたのだが、さっさと稲門に小便《しょんべん》したのは、学生の無責任さといえばそれまでだが、もう大人になったのだと本人はうぬぼれていたのだ。

昭和十一年、これから学部の三年という時に、私は東宝へ裏口から入社したのである。

当時の東宝の重役サマお二人のために――、その橋渡しをする某会社の重役とその某重役の親友である私の一番上の兄とは、新橋の高級料亭に酒肴をととのえ、美妓を呼んだ。そしてこの不出来の愚弟のために下座に坐って、「何卒よろしく」と、金ボタンの私を頼んだ次第だ。

重役は、私の顔をチラッと二度ほど見ただけであった。あとは次々に現われる芸者にヤニ下り、この世にこれほどくだらん会話を大《だい》の大人《おとな》がしてもいいのかと——タダタダあきれるばかりの無智モウマイなたわむれ方をした。こんな旦那が重役じゃ、この東宝会社も大したことはないだろうと青年はいたく憤激し、グッと赤ッ鼻のハゲたちをにらみかえしていたら、その眼が邪魔になったのか、間もなく私は退座を命ぜられた。

最近——（これはいわずもがなの話だが）私が、立場をかえてこれと同じことをする身分になって——、ときどき大座敷に床の間をしょって若い連中にとりかこまれているとき、世にもくだらん会話をしてやにさがることがあるが、ふとこの昔話が私をかすめ、くりかえす歴史にシュンとすることがある。

考えてみれば、不潔な大人どもの花柳の宴席には、真面目な青年は席を同じゅうすべきではない（あの荘重な訓示をするヒゲの社長が、断末魔のアヒルのような声で絶叫する小唄や、顔まで生殖器ではないかと思われる乱痴は、有為の青年の我慢の限界を通りこしたものだ）、また私たちもこの馬鹿馬鹿しい低劣幼稚な乱痴の様を、若いサラリーマンにゆめ公開すべきではないと悟った。その悟りが、サラリーマン映画で、鼻の下の長い社長を神業に近く演ぜしめる要素になったのかも知れない——。ここに敢えてこれを力説し、映画をもって世に謝している私を諒としていただきたい——合掌。

“本給四十五円を支給す”

さて、酒と女の饗応に弱い日本の大人《たいじん》は、それから間もなく私を広すぎる重役室に呼んだ。金ボタンの襟を正しながらも、あの夜を垣間《かいま》みた私は、半分なめてかかって悠揚せまらぬ態度よろしく、厚いジュータンをふんでその部屋に入った。ところが、これはまたどうだろう、あの酒やけのえびすは、こんどはニガ虫を噛みつぶしたようなはんにゃと変貌し、謹厳と荘重限りない顔で、

「君は……真面目にやって行けるか？」

「ハイ。（マジメトハドウイウコトダロウ。アングライニハ……と口まで出かかったが）出来る限り……」

「まだ学生か？」

「ハイ」

「卒業したのか？」

「いいえ。（何モ分ッテナインダ）」

「君は……何をやりたいんだっけ」

「……（ナンダ、コイツ！　オボエテナイノカ！）」

「学校は？」

「早稲田です。あの、僕は……四日ほど前に新橋の……」

「ああ、そうか、そうか。いや失敬した。ともかくネ、わが社の仕事はむずかしいからね、しっかりやりたまえ」

「ハイ」

「おい！（秘書に）それで……どうするんだっけ――ウムウムそうか。えー、これが辞令だ」

「有難うございました。一生懸命やります。私は学校時代、築地小劇場やその他小劇場で新劇を

「ああ、いい、いい、そんな話は。いま忙しいからね。その話は担当の者によく話したまえ。さがってよろしい」

こんなウロンなことで、〝本給四十五円也を支給す〟の紙ッペラ一枚をもらった。

——」

ライトをかつぐダニー・ケイ

そして勤めた東宝である。

そして馬の足までやらされた東宝歌舞伎であり、またオイチョカブとコイコイを習ったロッパ一座であった。

すでにして御曹子であった今の勘三郎は、二十七、八歳であったろうか——。「もしほ」と呼んで大御所である。団十郎さんも高麗蔵といって若かった。簑助さんも三津五郎の御曹子、芦燕さんは仁左衛門の——、そして寿美蔵（寿海）さんは座長格で、それにつづくもろもろの弟子筋が、中村、松本、市川、阪東、片岡……と軒をかざり、女優だけがどうやら肩をならべて、夏川静江、高橋豊子と看板の字が太かったが——私の名前など、表の看板にもプロにも、捜そうにも見つからなかったのだ。

まあこの話はあとで書くとして、こんなことで私は、まず日劇の舞台裏に通う身となった。——それは昭和十一年頃の話である。

さて、私が日劇に勤めた頃は、ラインダンスというあの呼び物の日劇ダンシング・チームは、まだ存在していない。大川某の建てた日劇を東宝が買ったばかり、早稲田大隈講堂と並び称せられる大劇場で、有楽町に巍然《ぎぜん》として偉容を見せ、まだいくらか流れる水の美しかった有楽橋の水面に、あの白いタイルを映していたのである。

その頃、日本劇場の舞台は、Sさんという一人の社員が大川から居残っていて、私はたった一人の配下として、その舞台裏に勤めることになったのだ。

それ以前〝マーカス・ショー〟というのがここにかかり、アメリカ人のワキガのにおいが楽屋に充満する中に、誰知ろう、ダニー・ケイがいたとは。ライトをかついだり、ちょっと衣裳をつけて仕出しをやっていたのだ。

私が有楽座の馬の足から今日になったごとく、世界に売れた彼もまた、かつて東洋の一小屋でくすぶっていたのであった。

そういえば、丸坊主のユル・ブリンナーも、その昔ハルビンにいたというが、とくとう病のハゲ頭を垢だらけのロシア帽にかくして、或いは私の乗った馬車の馭車台に坐っていたかも知れない。もし、それが万一事実であっても、今日の彼の真価に何の関係もないのに、人はそんなことをやたらと取沙汰しすぎるようだ。私のことにしても、たびたび、シット深く「あいつの昔を知ってますがね。満州ではひどい恰好で働いてましたが、終戦まもなく引き揚げて来て、スキヤ橋でダンスの教師やっていた男ですよ」と得意そうにカゲロをたたき、貸しもせぬのに「随分、金を貸したり面倒見てやりました」と吹聴してるのを耳にした。が、最初から大した奴でありましたと毛頭云った覚えもなければ、私もそうなるとはツユ思ってもいなかったのだ。ただ、どんな時にも、いやこれからも、私が何を考え、何を夢みてるかは、他人には永遠に分らぬことである。

数年前、日劇の楽屋に私が三木のり平を訪うたとき、

「シゲさん、今ね、ダニー・ケイがオレの部屋へ挨拶に来たよ」

という。ほほう、喜劇役者は同業にも礼のあついものと感心もして、のり平の日劇出演を祝ったのだが。楽屋の出口でちょうどダニー・ケイに逢ったのを幸い、心臓を強くして、

「日本のコメディアンとしてすぐれたわが友、のり平・三木は、君の訪問にいたく感激している。サンキュー、ダニー」

てなことを云って、わが友のり平の喜びを伝えたところ、英語が下手なのか、さっぱり要領を得ぬような顔をしたダニー君は、しばしためらいながら、

「その喜劇役者を私に紹介せよ」

という――。

話がどうもおかしいので、チットばかり英語の達者な奴をつれて来てコトの次第をうかがったところ、ダニー君のいうには――

「アイ・アム・ソーリー。オレは今、たしかにこの地下室の楽屋へ行ったが、それは君のいうコメディアンを訪ねたのではない。かつてオレが下っ端の頃、さよう二十何年ほどか前に日本へ来たとき、オレが使っていた懐かしい楽屋を見に行っただけである」

と、哀しい返事をした。

つまり、のり平はその部屋で、偶然、座ブトンを敷いてドーランをぬっていたという次第だ。

しかし、私にもその部屋は懐かしいものであった。

藤山一郎全盛時代。渡辺はまちゃんが、〝忘れちゃいやよ〟で売り出して、この日劇へアトラクションにピンさんの相手役として出演した――そのドン帳を、ボタンを押して上げていたのは私である。

藤山さんに頼みこんで、「私はあなたの仇《かたき》の早稲田の書生ッポだが（藤山氏は慶応）、どうにも役者になりたくて東宝に入社しました、しかし残念なことに親たちの話合いで、役者になることは一切まかりならぬと一札入れましたので、ドーランを有楽橋から川へ捨ててここに勤めました、しかし、そんなことで夢のさめるはずのないことは貴方も分って下さるでしょう。どうかお二人のラブ・シーンに、三枚目でもやらせてください」とおがみたおしたところ、一郎《ピンさん》もさむらいで、

「いいでしょう、やんなさい。二人が公園でラブ・シーンをするところ、ちょっと邪魔する粋なお巡りさんの役で出たら……」

「ああ結構です、是非お願いします。フランス風にやりますから」

「フランス風は結構だけど……断わっておくが、舞台進行係が役者になって出てもいいんだね、その辺は自分で責任をもってくれよ」

「大丈夫です！（ちっとも大丈夫じゃないんだが――）すぐ衣裳やヒゲを借りてきますから、一度テストして下さい」

私は欣喜雀躍してS主任にお願いした。だいがわりしたばかりの劇場だから、みんな無責任であったのが幸い、「いいだろう」の一言で、いよいよ私はここ日劇に初舞台をふむことになったのである。

築地小劇場を借りて、大学時代、オニールやシュニッツラーなど幾多の名作に主演してきた学生座長は、工夫に工夫を重ねて初舞台を飾ったが、日劇の客が私に笑った記憶は、残念ながら無い。

というと、いかにも下手くそか、へり下った話に聞えるかも知れぬが、私とてソノ学生の頃、早稲田では有名であった。話は横道へ走りっぱなしだが、思い出すままにお話しておかねばあとに出てくる話が面白くないので、許していただきたい。

客席をカンパにまわる学生役者

その当時の早稲田劇研（演劇研究部）は、由緒深き演劇早稲田の流れをくんで意気や旺んなるものがあった。

テアトル・コメディーでは北沢彪や、金杉惇郎、三津田健

模型劇場（慶応）には村井、遠矢など

学生舞台を徳大寺伸（音羽屋一門も加わって）

その他、テアトラン・チームや、第七芸術や地球座など、アマチュア劇団が築地小劇場に刺激されて雨後の筍のごとくあったが、早稲田は伝統を守って、外で芝居をする劇団を作らなかった。

すぐ一年上に、いまは大監督の山本薩夫、谷口千吉などがいたが、この連中は、あの早稲田で有名な「アート・オリンピア事件」という進歩的騒動で稲門を去り、ＰＣＬ（東宝撮影所の前身）に走った。ついでにこのアート・オリンピア事件もちょっと説明しておこう。

これはまず、「スポーツを我等に」というスローガンで、学生だけで作った映画を写し、グランドの開放、早慶戦のマネキン・スポーツ化を排斥しようという。――第一部がすむと、有名俳優の挨拶（水谷八重子をはじめ、プロに書かれたスターは当日誰も来なかったと記憶する）、つづいて変な解放

劇が始まったのだが、突如、二階から左翼学生たちが「無産者新聞」とか「アカハタ」をまき、「日本青年共産党に入れ」ののぼりが下り、場内は騒然となったのである。

この劇には、いまニッポン放送の社長をしている鹿内信隆氏や短波放送にいる大友平左衛門などが、谷口千吉の脚本で下手な芝居をしていたのである。私は劇研に入ったばかりで、表で切符のモギリをやらされていたのだから、これ以上はおぼえていない。

さて、その劇研では山本、谷口のさらに一年ほど先輩に、田村泰次郎がおり、いまにして不思議や、氏は『肉体の門』とはまるで関係のない菊池寛の『入れ札』の国定忠治を白無垢の衣裳をつけていばって演《や》っていたのだ。そして、私の下に、読売新聞の映評をやっている、いまやうるさ方の谷村錦一や、文春にいる上林吾郎がいた。そして向いの部屋の映研には、私の同窓の杉江敏男が、いまと同じようにシャクレた顔をしてルネ・クレールを論じ、デュヴィヴィエを語っていたのである。

どうやら山本、谷口の両先輩の去った劇研は、私の天下になってきた。その頃、数人の女性が東京女子大から劇研に入ることになったが、その中の一人と私が結ばれる話は、昨夏銀婚式を目出度く迎えた愛妻ではあるが、あの若き日をまだ昨日のことのように思っているので、割愛させていただくことにする。

さて、女性を迎えたわれわれは、意気軒昂たるものがあった。テアトル・コメディーなどの向うをはって、学校の外に芝居を持ち出す機運がだんだんと芽ばえてきて、私も「中央舞台」なる素人劇団に出演することになる。当時この「中央舞台」には、もう今は頭に白いものがチラホラするおばさまになった一の宮敦子君が、処女の香りを放ってひとり客を呼んでいたりした。

私がこの「中央舞台」をやるようになってからは、サマセット・モームの『雨』などを脚色して一応新しがったりしながらも、幕間に立教のギター・バンドを借りてきてハワイアンを演奏させ、サーヴィスにこれつとめたものである。その頃にして、観客へのサーヴィスを忘れぬ商業演劇の下地を、私は早くも培っていたのかもしれない。

そのときそのギターをひいていたのが、あっというまに灰田勝彦として売り出すのであるが——思い出せば懐かしいことばかりだ。

やがて「中央舞台」も発展的解消（当時の流行語であった）をして、つまりイヤな奴をはじき出して「人間座」と看板を変えた。ただそれだけのことだが、初公演が昭和九年、オニールの『アンナ・クリスティー』をレパートリーにえらんで築地小劇場に幕をあげるのだが、今は東宝の重役になっている長谷川の大道具に未払いのために三幕目の幕が上らなくなった。私をはじめ座員が、ドーランをおとして帽子片手に客席をカンパにまわった大恥は、これまた、忘れようにも忘れがたい想い出である。私の相手役のヒロインがＹＷＣＡの演劇部にいた池田よしゑで、今はテレビやラジオで老役《ふけやく》を一手に引き受けているあの小母さんであった。民間放送が出来たころ、局の廊下で肩をたたかれ、懐かしい思いよりピンと来ないで閉口したことがあったが、流れるようにたった春秋とはいえ二十年もの歳月であってみれば、浦島太郎は当然であろう。

ラインダンスとデバカメ教授

さて日劇の方だが——。

私がつとめて半年もたった頃、ミーちゃんハーちゃんみたいなのが行列をして、日劇の楽屋口に並んだことがある。

表の客ならいざ知らず、楽屋の入口に並ぶとは何事ならんと思っていると、宝塚と同じような歌劇をカミナリ親父の秦豊吉がつくるというのである。やがて、その長蛇の列は、次の試験——、次の面接で——、だんだんと数をへらし、最後には、五百人ほどが十分の一となった。そして残った五十人ほどが、四階の稽古場で、ダルクローズや、ドレミファソファミレドのコールユーブンゲンをやり始めたのである。

好きな私は、映画を写せば暇になるので、四階へ上って彼や彼女らの汗くさい訓練をみていた。そして彼女らの中の、ポチャッとした可愛らしい娘に心をよせて彼女の帰りを待つようになり、そのうちナニクレと話すようになって、四谷で降りる彼女とバスを一緒にすること二度、三度となったが、これが処女の頃の三浦光子である。あの丹下のおばはんもこの中にいたのだが、処女とはいえあの長い顔はこわかったのか話した記憶はない。それに、あのNDTのナンバー・ワンといわれた銀暁美《しろがねあけみ》や、タップ・ダンスの荻野幸久、三文オペラの主役などした澄川久に、ピアニシモのきれいなテノールの内本実や、やがて私たちの洋舞の先生になる藤田繁らの顔を、私は今日もいきいきと思い浮かべるのだ。

ロスアンゼルスのオリンピックに日本中が沸いた頃、日劇の舞台にこの藤田先生がいち早く全裸に金粉をぬり、円盤投げの踊りをして日劇の客をアッといわせたことなど、語り伝えておく一つだろう。〝ああ暴虐の秦豊吉〟なる雷旦那は、別名丸木砂土の名を恥かしめず、若い娘を一堂に集め、さかさまにひっくり返し、これが洋舞のレッスンかと疑うほどのサディズムを強いて、見学した親がビックリ仰天やめさせたことなど二、三人にとどまらない。もっと股を開いて！　もっと曲げて顔とお尻をつけるんだ！　とマルキ・ド・サドさまの御訓練は、どうやら「個人の悪趣味」と見えたは青二才森繁のヒガ目であったろうか。

ところが、婦人科の台に乗ったようなオイッチニッをやらされていた三浦光子や丹下キヨ子の日劇ダンシング・チームが、やがてラインダンスを名物にするのである。益田隆も矢田茂も市村ブーチャンもこの親分の子分である。これこそ秦親分の功績と申すべきだ。五十人ほどの半裸の処女を一列に並ばせ、一、二、三、四と足をあげさせておいて、おい！　三番、おい！　十番、足が低いゾ！　と、例の声でどなりながら、しまいには写真屋を連れてきて横からパチパチうつさせ、上にあがった五十の足の中でちょっとでも下っているものや上っているものがあったら、「写真判定」の結果、その顔と照し合せて、〝誰々の足は駄目です、こんなことでは舞台に出しません〟と張り紙が出たNDTである。――そんな人並はずれた非人道的な大訓練が、名物日劇のラインダンスを生んだ所以となるのである。

しかし、四階、五階のきびしい喧騒をよそに、私はウツボツとしてうす暗い舞台のソデで、進行のボタンを押していた。

当時、工事に手を抜いた日劇と評判が立ったほどに、綱場のロープが切れたり、三貫目もあるバランスのフンドウが天井《すのこ》から落ちて来たり、スライドという引き出し舞台が動かないうちに、下のセリ上げが上って来て、自転車何十台に乗った踊り子が地下で悲鳴をあげるなど、また舞台と客席の間の何千貫の防火鉄扉が、チェーンがはずれ、家鳴り震動して落ちて来たり……あの日劇も昔は、ゆめ舞台に行くな！　と云われたほどこわい劇場であった。

いや、こわいのは舞台ばかりではなかった。

或る日、午前十時、定刻に舞台事務所に出勤して、人気のない地下二階、三階をいつものように見廻っていたら、湿気くさい地下三階の楽屋窓の向うに動かぬ人の影が見える。

おかしなこともあるものだと、楽屋の窓をあけて見たら、なんと！　そのうす暗い谷間のような地下三階の窓の底に、血だらけの男が死んでいるではないか。私は口もきけずに事務所に飛んで帰って、さっそく交番に電話した。やがて、お巡りと一緒にもう一度ふるえる足で現場に来てみると、その男は鼻やら頭から血を出しながら、おまけにオチンチンまで出してたおれているのには二度びっくりした。

検屍の結果、それは何とかいう漫画家さんで、酔っぱらった挙句、日劇のまわりのあの三尺以上もあるコンクリートの塀を、小便したさにのり越えたものらしい。塀と建物との境界に、よくジャリやガラスの明りとりがあるが、あそこへ機嫌よく放水したかったのだろう。ところが、その頃の日劇は、あの三尺の塀をまたげば地下三階までヒューどすんであることを知らなかったのだ。なんとあわれなポンチ絵的死に方だろう。私はチン出し旦那にいたく同情した。私だってやりそうなことであるから。しかし間もなくこの日劇の設計者をうらんだ甲斐があって、ガラスの明りとりの入ったコンクリートが張られた。

そんなこわい話ばかりでなく、また、こんなこともあった。

日劇の左の中二階便所が、男女混合であって、そこへ痴漢が始終入っているから、「森繁、しらべてこい」というのである。

絢爛の舞台を踏む稽古が、この上で毎日くりかえされているというのに、なんで私が便所の痴漢退治をやらねばならぬのか、この命令にはいささかムッとしたが、面白半分も手伝って、云われるままに、客の入る前に、件《くだん》の便所を点検に行って驚いた。一念巌をも通すという諺があるが――、見たい一心、男便所と女便所の境をなす厚さ三ミリの鉄板を、どうだろう！　ドリルで穴をあけ、そこに執心の額を押しつけて御利用されたアトも歴然、その小さな穴の上には、おでこの油が黒くシミになってついている。

「フーム」

この根性でやらねば「芸」も身につけられぬと感心したくらいである。

「えらいもんですねえ」

と主任に報告したら、

「馬鹿！　何を感心しているんだ。そんなことより、いいか、そこへひそむ奴は映画の終るちょっと前に入るそうだから、お前はその前に、女のほうに入っておれ」

との仰せ。

「ハイ、しかし、そこへ入っていてどうするんですか？」

と聞いたら、

「のぞいたら、釘で眼をつくんだ」

と、これまたマルキ・ド・サドみたいなことをいう。

「それは僕にはとてもできません」

とお断わりすると、

「それじゃ、あつい灰をもって行って、その眼にかけろ」

と、なおもおそろしいことをおっしゃる。どうやら羨望によって来るヒガミもあるかに見えた。四十五円の月給取りは、こんなことまでやらされるのかと口惜しかったので、

「そんな非道な仕返しをするより、コンクリートでも張ればいいでしょう」

と云いかえしたが、実《げ》にすまじきものは宮仕え、とどのつまりは鞠躬如《きっきゅうじょ》とみことのりを承って、遂にこの痴漢を見張る仕儀と相なったのである。

そして、そのクサイ初日に難なく私はその男をつかまえることができたのだが、これがなんと、某大学の教授であったのには、おそれいった。

「どうかゆるしてくれ」

と、人品いやしからぬデバカメ先生が私に拝むのが、あまりにあわれでみじめであったので、説諭の後、こっそり釈放した次第だ。

くだらぬ話がつづくが、その後、朝鮮の生んだ名舞踊家崔承喜が、この日劇に出た時、

「ちょっと！　カクヤパンサン（楽屋番さん）、おフロ見てクタさい！　オッキイ音タイヘン！」

の声に、私は風呂場に飛んで行ったことがある。というのは、その頃の日劇の楽屋風呂は、東京一大

きい瓦斯《ガス》風呂で、ガス・バーナーの空気を余計に入れようものなら、「ドカーン」と、上の舞台にいる者がオッタマゲルほどすごいファイヤー・バックの音がするシロモノであった。

その日も、この音にかけつけた私だ。

「どうしました！」

「スコイ音きこえないの」

「ハイ、聞えました。先生！　すみません。入っていいですか？」

「アタリマエじゃないか！　早くトウカしてよ――」

崔承喜さんの声はうわずっていた。

私はあけた、風呂の戸を！　そうしたら、どうだろう、彼女は大きなお尻をこちらに向け、身体を曲げて髪を洗っているのである。

見てならないものを見た青年はびっくりして再びドアをしめた。

「ナニシテルカ！」

何と云われても駄目であった。これはやはり壁に穴をあけて見るものと、その時教授の心が読めたほど――。

なるほど、朝鮮の虎もおどろく、ヒゲのない大きな一つ目小僧がタテになって私をにらんでいたからである。

私のほうがオッタマガッタのは無理もない話だろう。

野武士の死体で初舞台

藤山一郎さんの舞台に出していただいたのをきっかけに、私は「東宝新劇団」に入れてもらい、いよいよ中野実作『細君三日天下』という芝居で日劇の舞台に、ほんとの初舞台を踏むことになったのだが、本よみの日に、黙ってひかえておればよかったものを、大作家を馬鹿にしたような質問をして中野先生の機嫌をそこね、東宝歌舞伎に廻されることになってしまった——。

今年の春、中野先生の戯曲に主役として東宝劇場の舞台をつとめた私は、中野さんとの酒宴のたびにこれを思い出して、くすぐったい想いをしたことである。

東宝歌舞伎——歌舞伎なんかそのころ大きらいだった私が、芝の増上寺の稽古場にはじめて行ったのは、吉川英治作、村山知義演出『宮本武蔵』の第一回目のときである。

小林一三社長が、安くて楽しめる阪急食堂なみの東宝歌舞伎をつくろうとしたその頃のことを憶うと、いろいろ書きたいが、故人となられた老爺をいまさらこきおろす気にもならないのでひかえるが、何となく幸四郎さんたちが大挙してやって来た今日の東宝と、奇《く》しくも似ていて妙に味気ない気がする。

あの時も寿美蔵、もしほ、簑助と意欲的な歌舞伎の連中たちであった。新劇の大家村山旦那を招いて演出してもらうということからして破天荒なことである。仙台平や紋付や、シャナリシャナリとした着物を着流す歌舞伎の女形が、いきなり、

「もっと性格をつかんで下さい」

と叱咤され、とまどっていたあの風景と、今日の高麗屋一族の歌舞伎とはどう変ったろう。巨星菊田一夫重役の胸の奥にも生々しい記憶として残っている筈だが。

そんな着物の展覧会みたいな数十人が群れる稽古場の片すみに、加藤嘉や山形勲や沢村雄之助や私が背広姿でならんでいたのだ。

もっとおかしかったのは、東宝小林社長の〝家庭裕福ならざるものは、入団の資格なし〟という内規である。宝塚少女歌劇の入団資格と同じに、顔や素質より「まず家庭」といった――、安い給料でも喜んでやってゆける生活能力がこの青い背広たちであった。背広仲間は芳沢外務大臣の伜の秀や、平塚台湾総督の伜など、男女すべて名うての親をもったものばかりであったのである。そして、そんな中に三宅邦子などもいた。

三宅邦子は、小道具の提灯を忘れ、もったつもりの恰好で出たのがもとで「神経を疑う」の一言でクビになり、松竹に走って大成したが、まともにつとめた奴で孵化した卵はいなかったようだ。

そして村山知義を迎えてはみたが、因習と形式の中に生きてきた役者たちを、この親方もついに料理するあたわず、『宮本武蔵』なる新歌舞伎も不思議な女形のハンランで、さして新しい芽をふき出しそうにも見えず、客席をさみしくして行った。

私たち有為の俳優を、ただやみくもに、死んでいるさむらいとか、意味もない群衆の一人としてしか登場させないことが大きな原因だと、私はひとり大部屋のすみでボヤいていた。私など第一景、「関ヶ原の戦場」に、上手でひっくりかえって死んでいる野武士一役でおしまいである。四時に始まり四時十分にはすむのである。風呂に入って帰るより他はない。その風呂とて四階、五階の大部屋の風呂は、ガスが惜しいのか、二時間ほどたたなければ楽屋番が火をつけてくれない。それなら沸いている風呂に入ろうとするのは当然のことで、ボンボン役者は四時にはチンチンと音をたてて御入浴随意の二階の幹部さんの風呂に、ふかぶかと首までつかった。新しい湯に歌の一つも出て来ようというもの……アアアーと、いい気持でノドをふるわせていたら、誰かがヌーッと入って来た――宮本武蔵の沢庵和尚（簑助さん）である。

「おいっ、誰だ！　貴様は！」

「四階です」

「四階なら四階の風呂に入れ！」

「沸いてないんです」

「この野郎！」

以下、いうにしのびぬ問答が二、三あって、私は、湯気の出る身体で階段を飛び上りながら四階の楽屋に帰った。

――ああ、クソッ、一刻も早く幹部にならねば――。しかし、反逆のゆりかえしはテキメンで、こんな失敗がつみ重なるうち、やがて私は金子洋文の『ふるさと』で、もしほ（勘三郎）さんの飼う〝馬の足〟となり果てるのである。

汗くさい馬のぬいぐるみの中での、その幕十分間、それは私のみそぎの時でもあった。あれこれとこの道を、この生涯を、馬の首をふりながら考えた次第だ。

そしてとうとうここを辞して、正しくはやめさせられて、ロッパ一座に転座することになるのであるが。

つい三年ほど前——、かつて東宝劇団の大部屋にいたモリシゲという奴が出世したから、そいつの家の庭で、〝東宝劇団思い出の会〟をやろうということになって、賑々しく私の家で催された。団十郎のエビサマも来てくれたし、勘三郎丈、夏川さん、高橋おとよさんや、数十名の来宅はうれしかったが、当夜、金子洋文先生は、

「森繁君は、どうも思い出さない」

と、例のズーズー弁で演説をされたので、

「馬のぬいぐるみの中に入っている私の顔を、どうして先生が覚えられましょう」

と、二十何年ぶりかの忿懣《ふんまん》をぶちまけたのも、感無量の想い出である。

「器用な芝居は大成せんよ」

話はずいぶんと横道にそれたが、団十郎や勘三郎や寿海、ロッパ、夏川静江の皆さんと昇り降りした有楽座、しかも、ときどき大勢乗りすぎて、スーッと一間ほどもすべった冷汗のエレベーターが、爆撃のあとにも健在であったのが懐かしく、それに乗って井上正夫出演『鐘の鳴る丘』の稽古場に行ったのは二十四年の春であったろうか——。

どこか人の好い、お寿司屋の小父さんといったような、白いイガ栗頭が井上大先生であった。音に聞えたウル爺とは思えぬ好々爺と見えた。

この『鐘の鳴る丘』では、私は先生の扮する土地の大ボスに骨ぬきになっている小学校の校長先生

の役である。

この校長先生の見せ場は、井上先生とやりあう大詰に近い「雪のアルプス」の場である。途中一時間ほど出場《でば》がないので、簑助さんとの思い出の風呂につかって、かつては入れなかったこの風呂にまつわる青年の日のあれこれを懐かしんでいたら、突如として、

「モリシゲさーん、とちってますよ、早く！　早く！　早く――」

一瞬、血が、サッ！　と引いた。南無三。ガボッ！　と風呂から飛び上ったが、もう駄目、素ッ裸のまま楽屋に飛びこみ、そこにあったハゲづらを頭にかぶり、二重マントをまとって舞台へかけ降りた。見れば井上先生は舞台で立ち往生である。

「先生！　遅くなりました」

舞台に飛び出して思わずそう云ったら、舞台奥の雪の柵にいる、これから土地のこのボスと喧嘩を始めようという子供たちがドッと爆笑してしまった。ついで井上大先生が後向きになってプーッと吹き出して、何も云わずに退場されてしまった。

呆然、舞台の中央に残った私は――どうだろう、かぶったハゲ頭の間から自前の黒かみが額にニュッと出て、湯気を立てている顔は赤から青に変り、ハダシの足の上にポタポタと湯はしたたりおちる有様。

私はおもわず頭をかかえたら、まとった二重マントが開いて、一糸まとわぬ素ッ裸がのぞいたのだから、どうしようもない。お客嘲笑の中に幕は静かに降りて、芝居は中止となった。私は先生の部屋に伺候してひざまずいた。

「申しわけありません、先生！」

「私は長い舞台生活で吹いた（笑った）ことは一度もないが、きょうは笑った」

「ただただ申しわけありません」

「いや、君の赤裸々の芝居を見せてもらって何よりだ」

「ヘヘーッ！　恐れ入りました」

「しかし、あすこは、お客に見せるものではありません」


一ヵ月の有楽座の公演から私が受けた有形無形のプラスとマイナスは大きかった。


「君はなかなか器用だね」

と或る日、井上先生は私におっしゃった。

「ハイ」と素直にうけたまわっておけばよかったものを、

「先生は、あまり器用な俳優ではないと、お見うけしましたが——」

「うむ！……」

「……（マズカッタ）」

「いかにも、……」

「…………」

「君ね、器用な芝居は大成せんよ——」

「どういうわけでしょうか」

「第一、器用な人はカンにたよりすぎるし……努力をおこたりがちだからね」

「じゃあ、お言葉をかえすようですが、無器用でカンの悪い奴でも、努力すれば大成するということになりましょうか」

「おい——森繁君！」

「ハイ」

「(大きな声で) 私を見なさい！」

「ハイ！ よく分りました」

こんな青くさい無礼な質問にも、先生は珍しいモノを見るような顔をしながら、蟹の絵などを書いて下さり、〝毎夜横行〟とシャレた添書までいただいたが、どこかの飲み屋の借金と肩がわりしたのか……手もとにないのが残念である。やはり、役者としては立派であり、何だか大きい大きい人のような気がした。

大きいと申し上げたが、どういうものか、舞台に出てくると、うまい下手にかかわらず大きく見える役者がある。つまり、その人がヌーッと出て来ただけで舞台がしまり、客も何かしら不安定な気持が消えて、安心して見られる、そんな役者がある。この、舞台を一杯にひっさらって、しかも安心して見させるそれは——いったい何であろう。これが、井上先生と一緒に出てからの私の宿題となった。ところが哀しいかな、いまだに答えらしい答えは見いだせずにいるのだが、ただ長いあいだ稽古を重ねても、必ずしもこれが生まれるものでないことだけは分った。一見たいへん上手にチョーチョーハッシと二人の役者がやり合っても、これが大きく見えたり安心できる芝居になるとは限らんのである。

——二人の役者が、その二点の間で感情の火花をいかに華々しく散らしていても、もう一点の観客がだんだん冷たくその渦中から離れてゆく事実があるのである。

所詮、芝居は、二人のいさかいも、二人の恋も、観客を交えた三点をめぐって流れていなければならない。迎合という意味ではない。役者の観客への近づきの形や心が、あの安心感や大きさを見せる要素となるのではないかと思ったのである。なんとかいう宗教に、三相応という言葉があるそうな。つまり、時と所と人という意味で、いかなる仕事にもこの三相が応じ合っていなければ、物事がうまく行かぬというのである。いま、どこで、誰と、どういう時を過しているか——ということだが、この一見なんでもない真理が、なるほど、社会でも実行に移されていないことが多い。その時、そこで、その人と向きあいながら違うことを考えていれば、二相応どころか反相応になりかねない。

芝居もこれと同じようだ。

最近芝居をしながら、その三点の連絡をなすものやそのはたらきが、形こそ違え、一種セクシュアルなものであることを発見した——。つまり、役者が興奮して客にぶつかり、それに感応した客がやはり興奮して役者にゆりかえし、それを受けて更に昂まった役者の芝居がついには客をオルガズムにいたらせる——と、そんな気がし始めてきたのである。早い話が、これが映画だとかテレビのように、無機物の映像を相手とした、いわば一方的なものであると、形而下的な反応のない観客は一種のマスターベーションをやっていることになって、或る種の不満が累積されてゆく結果となる（ほんとうに気をやらぬからだ——）。そしてこの累積が、つまり、映画やテレビの発達が今日の観衆を、いっとはなしに何事にもイジイジした不感症的サディストにつくり上げてゆくように、少し大ゲサだが、思えてならない。人間が昔にくらべて怒りっぽくなったりヒスになったことは事実であろう。その大きな原因の一つも、実はこんなところから来ているんじゃないかと思うのである。

「錦ちゃーん」「裕ちゃん!」と大向うから声を嗄《か》らしても、如何せん!　不感症のスクリーンでは、素知らぬ顔で次々と芝居をしてゆく映画の錦之助君であり裕次郎君である。客の中にはいつか、これら映像のアイドルに対する得体のしれぬもどかしさが内潜してゆく——。こんにちの人間の正常な発育は(精神衛生の見地よりして)、かくして妨げられつつあるのではないか……!　いや、これは笑い話で、あまり気にとめてもらっては困るが。

ノリ初のどさ廻り

舞台と客席とをつなぐものの中に形をかえたセックスを見たと云いたいばかりに、話がとんだところへそれてしまったが——、あのとき井上先生たちと一緒に共演していた子供たちが、さよう、雪のアルプスで私を笑った子供たちが、いまは成人となり、東宝映画で活躍している久保明や江原達怡となったのである。

ついこの間の子供たちが、もうラブ・シーンをやっているのに驚いたものだが、後日、新東宝の化粧室で岩井半四郎という美丈夫に逢い、

「森繁という満州帰りの芸匪です。よろしく」

と挨拶したら、

「私は子供の頃、あなたにおぶさってよく遊んでもらいました」

と、不思議な御返答にびっくりしたことがある。

「へえー、どこでです？」

「昭和十一年頃でしたか、東宝劇団で」

「あの頃、あの劇団におられたんですか」

「いや、『直八子供旅』の時のあのチビです」

「いやいや、あんたがあの時の仁科の坊や！」

と、再度穴のあくほど彼を見たことがある。そういえば、あの時、六つぐらいのやんちゃ坊主に好かれて、楽屋で毎日遊んだ思い出がよみがえってきたが、あの子を大きくするとこれになるのかと、発育過程を簡略化した人間標本を見るような気がして、おかしくも懐かしかった。

さて、この井上先生との公演がすんでから、仕事のあてもなかった私は、この少年たちと一座を組んで、東海道は浜松、岡崎あたりから、名古屋の街はずれ（街なかには行けない）の小屋、そして三《い》重《せ》県《じ》——と、食べ物とてロクなものもない東海道筋を「ノリ初《しょ》」のどさ廻りをした。「ノリ初」というのは、乗り込んでいってすぐその日に初日という意味で、夜は十時半頃に終ると、道具を片付け、握り飯とたくわんをほおばって、その足で駅へ駆けつけるのである。そして夜汽車でトロトロしたと思ったら夜中の二時や三時にたたき起され、次の小屋に着く。自分もみじめだったが、ねむそうな顔をして、父さんや母さんの夢を見ている子供をたたきおこすたびに、興行師のオヤジが無性にシャクにさわって、ドロンの勇気もくじけ、よし、あすはどんなことがあってもストライキを敢行して、待遇改善並びに一日の休養をとってやろうと意気込むのだが、私がどなりこんで行くと、やにわに焼酎

を一本出して来て、

「まあまあ、一杯のんで話そうや……」

と、いつの間にか骨抜きにされ、南京虫にかまれながら楽屋にせんべいぶとんをかぶっている子供たちに、謝りもできない酔態の一夜を明したこともたびたびであった。

それでも午前中は、せめて学業のとりかえしにと、その町の城址や歴史の残る丘や川原に遊んで、一夜ヅケの昔語りを講釈師よろしく子供たちに聞かせたり、軽い懐ろから、なけなしの銭でイモやまんじゅうを買ってやったりした。夜は夜で、暗い十燭の電燈がクモの巣にからんで光る楽屋で、ありもしない芝居小屋の怪談に話術をみがくと、とうとう子供たちは便所にも起てず、楽屋の窓から小便した。それが館主の庭とは知らず、たらいで行水をつかっていた女将《おかみ》さんから、

「チョット！　芸人さん、二階から小便するような人には銭《ぜに》コ払わんからね」

とおどかされたりもした。朝日がさすその窓をあけたら、富士が桃色に輝いて見えたりした時など、

〽旅のつばくろ……　なんて歌が何の不思議もなく出てくるドサである。


しかし、その忘れられない村や町も、いまはそれがどこの何町の、何劇場であったか思い出せない。京都や大阪を素通りして、鈍行のガタ汽車が、岡山に近い駅に着いたことなどを僅かに憶えているところから見ても、『鐘の鳴る丘』は、金の成らぬ旅と衣がえして、近畿から中国に、明日を定めぬノボリをかついでいたようだ。

そして、その頃からの三年間は、何をどこで、誰とどうして銭を得ていたか、思い出もあと先するばかりで、ここに書き止めるよすがもない。多分、無我夢中で貧の底にあえいでいたのだろう。

哀しきは酔中のメルヘン

元来、私は苦しかったことや悲しかったことは、すぐ忘れるように訓練してきた男なので、うらみがましい敗残の記憶は風と共に去らしめてあるから、心にさほどのよどみはない。それでも、どうやらときどき憶い出すその頃の情景の点描には、うまい酒を呑んだ記憶が少ない。喜びのために造りたもうたはずの大好物《みき》を、哀しみのいやます酔いの底で、神にそむきながら狂いの酒に変えたことは幾たびかあったに違いない。

抽刀斬水水更流
挙杯銷愁愁更愁

刀をもって水を斬るも水はふたたびもとのようにつながる、愁いもまた酒をあおって消そうとしても、ますますつのるものだ、といった意味だろうか。こんな唐詩をどこかの壁に書いてあったのを思い出して、ああ、唐の詩聖もおれと同じだったのかと、自らをなぐさめたことがあったが——。

しかし、酒がなければとうに死んでいたろう。いよいよ酒が無いときは、骨がくさるというヒロポンも自分で腕にさした私だ。そして出来ることなら頭蓋骨からさきにくさってほしいとも思った。人間の弱さに耐えられぬやり切れなさがこみあげて来て、心も身体もくされはてれば好都合と、手あたり次第に金を借り、酒に変えて流しこんだのだ。

が、いつも朝になるとオメオメと生きながらえているのには閉口した。生の喜びどころか、砂を噛むような生の倦怠がこみあげてきて、きょう一日をどうしようと、太陽につばでもはきかけたい気持も味わった。

絶望という名の電車はあったが、それはレールの上をスムースに絶望の終点に運んでくれるものではないのがうらめしかったのだろう。

それにしても思うのは、同じ絶望をかこちながら旅を一緒に流れている相棒に、奈良漬を食っても真ッ紅になってフーフーいう甘党がいたが、なげきを私と同じにしながら、片やこいつは、ダイフクモチに哀しみを丸めてのみこんでいるのである。

爾来この甘党というのがわからなくなった。こいつらはやり切れないときに、オノレをどう始末しているのかが不思議でならない。ダイフクもちよ、ノドにつまれとでも云うのかしらと。

甘いものしか食わぬ奴は、正常な神経の持ち主ではないように思え始めたのである。酒ものまずにこの苦しみから脱却できるとすれば、偉人にあらずんば非情か気違いの一種だろう。ましてマンジュウをくらって女を口説くにいたっては、その罪の深さに身ぶるいするほどである。


ついでながら、せっかく興が乗ったので、我が〝酒讃〟をひとくさり聞いていただこう。

酒のみというやつは、ヒネた竜児と思っていただけばいいのである。

人間は瞬時にして、今の自分を別の自分に置き変えたい欲望をもっているので、これが杯を手にする動機となるのである。

故に、酒が五臓六腑に沁みわたると、メルヘンの中に自分を発見する、つまりアヘン患者と同列の人種と思って貰えば間違いない。

その変る瞬間は、どこと云われると本人は困るのだが、何せ、自由を求めて、どこか心の鎖を断ち切るのだから、その時は何とも云えぬほどいいに違いない。しかも太い鎖ほど、或いは何本も切るほど、酔いは上乗である。

だから、酒は貧しい時ほど美味《うま》く、金持になるほどまずくなる。

飲むほどに不思議や背中あたりに翼が生え始め、これがとてつもなく大きくなって魂は宙に浮き始めるのである。つまりペガサスになるのである。フト見ると己が一物はハムの如く雄渾なものとなり、馬になったことを意識する。そして、千万人と雖《いえど》も我れ往かむと奔馬となりてきらめく星の中を走っていることに気がつくのである。やがて遠征が終ると、酔いは徐々に消え始め、ハムもまた干柿のようになり、背の翼も、あひるぐらいから、やがて雀ほどにしぼみ、心身ともにエンゼルとなって、敵のふところにいだかれてねむるのである。これ、童神がマリヤの御胸におさまる時を云うのである。

ダイフクを喰って口説いた奴は大罪にあたいするが、酒神に召されてメルヘンの花園にあそんだものには罪はないのである。

「じゃ、私、だまされたんだワ」

と大方の女性は柳眉をさかだてられるかも知れぬが、酒気を失うて野に戻った者に、とやかく昨夕の責任をとわれても、「それればかりはアルコールに聞け」としかお答え出来ぬのである。

翌朝、眼が覚める時には、酔いもさめ、恋もさめるのは科学的なことである。

それでなければ今日この時、都会の隅々で、妻もあり、良識もある者が、あんな不倫をはたらく道理がないのである。実はみんな、気の弱い善良な囚人ばかりであるから、たまに鎖を断ち切れと天よりミコトノリがあるのである。

「そんなバカな。じゃ、こんなにされたワタシはバッカスに文句を云ってやるワ」

と怒髪天をぬいた女《おみな》がおられたが、酒神はおごそかに、こう云われたそうな。

「汝、昨夜のウタカタの続きを望まれるなら、昨夜の主をして、いま一度酔わしめ給え、必ずや、その時に、その続きをそこに見るであろう」と。

（以上の部分は、酒気を帯びて執筆していますので、責任は持てません。著者）

千年も前の、私の好きなペルシャの詩人のうたを一節つらねて、次に移ることにしよう。

生の秘儀をば学ばむと
わがくちづくる坏《つき》のいふ
世にあるかぎり、たゞのめよ
逝けばかへらぬ人の身ぞ

さかづき満たせ、春の日に
悔の衣をなげうてよ
小鳥の旅はみじかきに
はやも飛べるを君見ずや

さかづき満たせ、ゆく駒の
疾《はや》きうらみも甲斐なけむ
まだみぬ明日も過ぎし日も
今日だに善くば何かせむ

如何にひさしくかれこれを
あげつらひまた追ふことぞ
空しきものに泣かむより
酒に酔ふこそかしこけれ

何地《いづち》よりまた何故《なにゆゑ》と
知らでこの世に生れ来て
荒野を過ぐる風のごと
ゆくへも知らに去るわれか

（オーマー・カイヤム作　矢野峰人訳『ルバイヤット』より抜萃）

日劇五階のエロ芝居

貧乏だけならともかく、こんな泥沼からはい上るには、三倍や五倍どころの努力ではとても昇れるものではない、十倍以上の力が必要である。ところが普通の人間が十倍の力を出し得るはずがないので、皆、あきらめて、その底にとぐろをまいてしまうのである。またよくしたもので、泥沼とはいえ、そこにも、僅かながら明日を待つ楽しみが出来たりするので、なおいけない。有楽町のガード下で、ルンペンが二人、拾った吸いかけのタバコをひとかけのパンのヘタと交換していたが、それに似たような、心をゆるせば、そこなりの安住を作ってしまう癖がある。

前にもお話したように、帰国して間もなく、久松保夫や永井百合子の諸君と出た（菊田一夫作『非常警戒』の芝居）懐かしい日劇の小劇場に、こんどは「宝石座」という、名前ばかり豪奢な貧乏劇団のあとを引き受けることになった。いまの日劇の五階にあるミュージック・ホールの前身である。日劇よりは天に近いところにあるので、少しくらいはエロをやっても、地上よりはお目こぼしもあろう――と、エロ・グロ・ナンセンスの芝居をやることになった。

第一回の演《だ》し物は『ジキル博士とハイド氏』五幕で、これは『夫婦善哉』や『猫と庄造と二人のをんな』『珍品堂主人』などの豊田名画をプロデュースした佐藤一郎の脚色で、つづいてが『火あぶり』二幕である。前者は、作者のスティブンソン氏も泣こうという『ジキル博士とハイド氏』のひどい焼きなおしである。女たらしの床屋のおやじジキルが、変装をおぼえて色ざんまいのハイドとなるのだが――、次が先頃物故されたアブナ絵の大家、伊藤晴雨氏をモデルにした『火あぶり』で、これにいたっては、女をしばりつけて、タメつスガメつ両モモを露わにしたり、方々をいじくりまわすいやらしさ（いや、私がやっているのだが）、そのうちようやく画心がおこってくるという、なんとも恥かしい芝居だ。いくらかの羞恥を持ち合せていたその頃のこの座長は、それ一回で消え失せることとなった。

アンパンに酔っての夢物語

世の中の姿もだんだんとよくなって来た。食い物もいくらかましなものが店頭をにぎわすようになって来た。衣食足るべき秋が来ているのだが、宝石座で着ていた衣裳屋の洋服は上等で、芝居がすんで着がえる自分の服はつぎだらけのみすぼらしさである。秋風までが、うなぎや洋食のよい香りをこれ見よがしに私に送って来る意地悪さ。そんな都大路をほっつき歩きながら、或る日、小学校の校庭で遊ぶ子供たちの声にひきよせられ、その無邪気さがあまりに美しく、こんな子供にもう一度返りたい気がして、見惚れてしまった。すると、つかつかと先生が私のところにやって来た。

「あんた、繁さんと違う？」

「ええ、森繁だけど――」

「僕、邑井《むらい》だよ、新京で学校放送担当してた」

「ああ、邑井君か、よく分ったね」

「いや、こんなことといっちゃ悪いけど、戦後、変質者や痴漢が多いんでね、あんたが、柵から顔出してるのが、さっきから気になってたんだよ。それがよく見りゃ知ってる顔じゃないか――まあ、元気で何より」

「おそれいったな」

それから二人は学校の前のミルク・ホールみたいなところで、甘いダイフクならぬアンパンをかじりながら、お互いの今日までの苦労話に花を咲かせた。

どうした拍子か、アンパンに酔って私は饒舌になり、だんだんその話は夢物語に拡がって、いますぐにもそんなことをやるような口吻になっている自分に気がついた。さっきは甘党を侮辱したが、結構アンパンでも酔えるものと知ったのはその時だが。

その話は——、

「僕はね、そういうわけで、大人相手の芝居なんかやめようと思うんだ。何のために、こんなうすぎたない大人たちのために、この大事な命をすり減らす必要がある。次代を生きる子供たちのためにこそ、大いに夢のある仕事をしたいと思うのだ。こんにちを毒したものは、すべてリアリズム一点ばりの教育をうけた大人たちだ。目先ばかりの政治家にしてそうだろう。また模倣と改造だけで何一つ発明できない科学者にして、はたまた生活の繰返しをなぞってるみたいな芸術家だって、みんなリアリズム教育がわざわいした結果のせいだろう。だから、軍人リアリストに蹂躙されてしまったんだ。今こそ子供はもっとメルヘンの中で育てなけりゃ大人物は生まれっこない。母ちゃんと父ちゃんが喧嘩してた作文をいくらうまく書いても、哀しいかな、そんなものは子供の心にして子供の心ではないのだ。子供の夢ははかり知れぬ空想の世界に生き生きとあそばせなくちゃ、これからの日本はよくならんのだ。くそリアリズムで育てるから、人類は人類を忘れて、破壊の売国奴と化すのだ」

「いや、それは、どうやら分るが、それで垣根から見てた君は何をしようというんだ」

「僕はね、進駐軍にコネクションのある奴を捜して、あのでっかいトレーラーバスを払い下げてもらって、あれにネ、紙芝居や、マリオネットやギニョールを積んでね、いやその他に、発電機を備えつけて、ニュースや漫画や文化映画や、——それから、移動図書館に、世界の珍しい写真集、移動舞台装置、まあ考えれば切りがないが、そういったものを一杯つんでね、同志をつのり、この中に寝泊りしながら、村から村へ、町から町へ、一生をハメリンの笛吹きになって廻るというわけだ。バスの周りはピノキオや白雪姫や動物たちが、バスの走るにつれて踊るように仕掛け、屋根のラッパからは、すばらしい音楽が山や谷にこだまして、ああ、おとぎの国の自動車が来たってんで、山の山のそのまた山の子供たちが首を長くして私たちを待つ。文化が都会に独占されるなんてナンセンスだよ。ええ、君」

「なるほど、いかにも繁さんらしいけど、金がいるぜ」

「金は、文部大臣に頼んで出してもらおうじゃないか」

「知ってるのか、大臣を」

「いや、知らんが、君が教師をやっとるんなら近道もあるだろう、どうだい！　一つ頼むよ」

「まあ、話は結構だけど。そう簡単にはいかんぜ」

「何でもいいから校長を紹介しろよ、おれがしゃべれば大丈夫だから」

「いや、そう急に云ったたってだね」

「君も煮え切らん奴だな。何のために教師をやっとるんだ」

「そう怒ることはないだろう。もう少し具体的な案をねってだね、書き物にして持って来いよ」

「そんな面倒くさいことというなら、もう頼まん。こんな良い話をして、ドンと来ない奴じゃ話し甲斐もない。別に心当りがあるから、そっちへ行って話してくる」

「だって、話しながらいま考えついたことなんだろう」

まったく話しながらの考えつき、話に酔ってしゃべりまくっていたんだから、聞いている方はいい迷惑である。

舌先三寸が生んだ「青い鋪座」

さて、そのあとは、もう道を歩いていても、先刻の話が次から次へとすばらしいアイディアとなって頭の中を独占し、とうとう二、三日、家へも帰らず、友という友を訪ねて、さも、それのみにこの二、三年を生きて来たような雪だるまの大風呂敷をひろげたのである。ところが面白いもので、この話にひっかかる奴も出て来て、だんだんとひょうたんから駒の出る形勢に本人はどぎまぎした。

昭和二十四年も末の頃、京橋の際にある友達の二階に、私の催眠術にかかった同志は集まって来た。親父の土地を売ったその裕福な友は、人の好すぎる男で、毎夜遅くまで闇の酒を買って来ては、飲めば止らぬ夢男に大尽の振舞いを惜しまなかった。

劇団名は「青い鋪座」とついた。トレーラーバスはひとまずあとまわしにし、京橋の公会堂に、二つの童話劇を上演するのである。

「フランスではね、有名な俳優が日曜日になると子供たちのために良いお芝居をして見せるんです。子供たちに見せる芝居は、下手くそな俳優がやっていては何にもなりません。あなた方こそ必要なんです。どうか、現代の子供を美しく育てる意味でお願いします。僕はね、子供が芝居をやるのはきらいなんです。あれはあくまで学校内の学芸会です。子供を使ってやる児童ギャクタイ劇はさけましょう。大人が演じるのです」

この舌先三寸は、いよいよ威力を発揮して、新劇の名だたる連中も集まってき、この劇団は赤字を背負いこみながらも、成城学園の講堂や水戸あたりの学校まで足をのばしたが、金のない劇団の続こうはずもない。めしの食えない奴が、めしの食えない仕事にそういつまでもくっついてはいなかった。人の好い旦那が一切の赤字を背負いこみ、ついに夢は消えて幕となったが、四散した同志の中には、いまはTBSのテレビ・プロデューサーの宮本裕や、民芸にいる芦田伸介のように後年売り出した男もいた。懐かしい「青い錨座」の一幕ではある。

ムーラン・ルージュ復興

その頃。

新宿のムーラン・ルージュはふたたび往年の気概を見せて、中江良夫作『生活の河』や『太陽を喰ったねずみの話』などが大当りをとっていた。また帝都座五階の小劇場には秦豊吉の額ぶちヌードショウのあとをうけて、田村泰次郎の『肉体の門』が田崎潤を主演に大入りを見せていた。

どういう風の吹き廻しか、この金づるが、台湾華僑代表の林以文氏で、

「ワタシ、損スルモ良イカラ、イイノ芝居ヤルノガムーランノシメイノコトトカンガエル」

という東大出の中国文化人に一切をおんぶしていた。

あの当時、あれだけの損を覚悟して、よくもサジをなげずに続けさせたのは、さすが中国人の大きさといおうか。この人は後に地球座を作り、映画のほうもやり出したが、われわれには命の恩人であった。

かつて満州で終戦を味わい、悲惨の中にも親しい満人の友が命を救ってくれたが、いままた生まれた国に帰ってまで、中国の人から命をひろってもらうとは——あまりに心すべきことすぎる。

新京放送局の副局長をしていて、いまはTBSの上役にいる武本正義氏が、この頃、林以文氏のつてでムーランの企画部長をしていた。そんな関係で、私も、ついにここにころがりこむことになったが、昔の森野鍛冶哉時代の連中ならロッパ一座で友達だったが、誰一人知らぬ私は、うさんくさそうに楽屋の一隅に追いやられた。いまは民芸に行った宮阪将嘉氏と、奥さんの三崎千恵子氏が太夫元である。

「ともかく、月給七千円は、うちじゃ最高ですから」

と宮阪氏は云ったが、計算すれば、一日二百円ちょっとで、三本立ての三回廻しは重労働である。百円のものを二度食うと、それでおしまいである。日曜もなければ祭日もない、十日がわりで演《だ》し物は芝居二本とヴァラエティー。踊り子もふくめて五十人の大世帯が、あの便所くさいバラックの楽屋にすしづめになっていたのである。

由利徹や若水ヤエ子が青年幹部で張り切っていた。市村ブーちゃんがねぼけ顔でピアノを弾きに来たり、進駐軍慰問に出稼ぎする女の子のところへトニーという司会屋が来て、変な言葉で楽屋を引っかき廻して行ったりした。これが後のトニー谷である。静岡にいたという可憐な少女が、不思議な節でバナナの唄を歌ったが、やがて売れ出し、楠トシエが育つのである。安いギャラは承知で矢田茂が創作した『太陽を射る者』は、芸術祭参加公演であったが、私が舞台ではじめて歌を唄ったのはこの時である。その乞食の唄があまりよかったので、うぬぼれて後年レコードにまで出るようなことになった。それでも、客席には青山杉作や黒沢明や辰巳柳太郎の諸氏が観に来たりして、楽屋の前にあるのみ屋「五十鈴」は、いちおう新宿一の文化のメッカであった。

「俺は一年ここにいたら、自動車買うよ」

と豪語したのがもとで、生意気な野郎と評判を悪くし、敵に廻った座員をもとに戻すのに何回も振舞い酒をしなければならぬハメに落ちたが、ために月給は焼酎に化けて赤字は重なるばかりであった。

ところが、どうしようと思案に余った時には、いつもタイミングよく満州時代の誰かが訪ねて来て、

「どうやら金の入る身分になったので、昔のお礼に何かお手伝いでも」

と、有難い顔を見せてくれた。世話ずきの余徳が妙なところで救いの神となったわけだが、そんなことで借金も積らず、何となく食ってゆけていたような気がする。

うれしい悪友たち

そんな奇特な施主のなかでも嬉しかったのは、ロッパ一座時代に化粧前を並べていた山茶花究が、映画で儲けた金をごっそりポケットに入れて、

「行こうか」

と誘いに来てくれることであった。ついでながら、ここで親しき悪友山茶花究のことについて少し触れておきたい。

すでに傍役《わきやく》として押しも押されもせぬ手がたい役者として映画に活躍し、また私の芝居には欠かせぬ女房役をつとめてくれている彼は、私の友達のなかでも風変りに属する最たる奴で、友達づき合い

全著作
森繁久彌コレクション

月報 1
第 1 巻
（第 1 回配本）
2019 年 10 月

目　次

藤原書店
東京都新宿区
早稲田鶴巻町 523

〝ダディ〟と呼んだ森繁さん

草笛光子

誰かを責める訳にはいかないけれど、まずは「遅すぎる！」と言いたい。

あれだけの人が他にいるかしら？　達者な演技で数多くの笑いと感動をもたらした名優。歌も唄えば、詩も書く。書も達筆で、文章も上手。そんな人の著作集が、亡くなられてから十年も経って、ようやくできるというのは、どういうこと？　なぜ、ここに至るまでそういう企画が持ち上がらなかったんでしょう、おかしい、と思う。

それはともかく、私は森繁さんを〝ダディ〟と呼んでいました。私が〝ダディ〟といえば、森繁さん。

松竹の『花嫁募集中』（昭和三十一（一九五六）年、野村芳太郎監督作品）が初めてダディと共演した映画。最初、ラジオでやった連続ものでした。それを松竹がミュージカル仕立ての映画にしてくれた。森繁さんと私が親娘の役で、ハワイから日本に帰ってくるという話。佐田啓二さんや有馬稲子さんも出ていて、とても面白い話でした。その中で唄ったのが「ダディ〜〜♪」で唄い始める曲。今でも覚えている。

♪ダディ／恋人は一人で／見つけるものよ♪

唄い出しが、「ダディ」で始まるのが私は好きで、それ以来、何があっても、森繁さんは私のダディになった。仕事を離れてご自宅に遊びに行ったこともあったし、奥様の杏子さんにもお世話になった。

最初にダディに会ったのは、NHKのラジオ番組でのこと。森繁さんは越路吹雪さんと二人で、歌とお芝居を披露するラジオドラマをやられていた。『花嫁募集中』もそうだけど、そういうものを当時は「唄入りドラマ」と呼んでいた。

当時、私はSKD（松竹歌劇団）のメンバー（五期生）で、ある日団員みんなで、NHKに森繁さんのラジオ番組収録を見学に行きました。その翌日、SKDの人に呼び出されて言われました。

「昨日、観に行った番組から越路さんが抜けられることになった。君がその代役だ。明日からNHKに行きなさい」

と。それで、森繁さんと初めて共演させて頂くことになるのだけれど、当時の私はまだSKDの研究生で、右も左もわからないお嬢様。そんなウブな状態でお目にかかっちゃったから、ダディも最初から娘だと思ってたんじゃないかしら。

それからは、舞台でも映画でも随分ご一緒させて頂いた。森繁劇団の紅一点みたいなポジションで、随分甘えさせて頂くとともに、精神的には、いいようにもいじられた。

三木のり平さん、山茶花究《さざんかきゅう》さんといった一癖も二癖もある強者どもの中で、舞台や映画を数多くこなしてきたものだから、次第に私の神経も図太く鍛えられた。森繁劇団の面々が揃うと、台本通りなんていうのはそうそうなかった。ほとんどアドリブ。

例えば、舞台袖にいて、次がダディの出番で、私が後ろから背中をポンと押すと、一旦は舞台に出て行くのだけれど、すぐに引っ込んでくる。なんで戻って来るのかわからないけど、客席からはダディの顔が一寸見えては引っ込んでいくことになる。仕方がないから、私はもう一度背中を押す。

とにかく舞台では、次に上手から顔を出すのか、下手から顔を出すのか分からない、なんてことが茶飯事でした。

そういう意味では私は幸せだった。若いうちから、常に本物の芸人たちの中でもまれてきたのだから。社長シリーズの映画のクランクアップの打ち上げなんて毎回とんでもなくて、映画どころではない。ダディやのり平さんたちの本気の宴会芸が、延々と繰り広げられるのだから。

ダディは、どこまでが本当で、どこからが嘘かが判らないような人でした。だから、こちらも、つい意地悪を仕掛けたくなる。でも、あんなに面白く、愛された人はいない。ああいう人をどう表現すればいいのか、言葉が見つからない。

（談）

（くさぶえ・みつこ／俳優）

男の心を掴まえた森繁の俗と知

山藤章二

ムンズと心をつかまえられた。

この「ムンズ」という擬態語はなかなかのもので、私の中では上位に入る。ただしこの原稿では擬態語について述べる場ではないので、離れよう。

そう、森繁久彌論だった。論と言うほどのものではないが、鮮明に憶えているシーンがある。

中学一年か二年の頃だから、いまみたいにヒネクレてはいないはずなのに、私の感性は早くもネジ曲がっていたようで、はじめて観た森繁演技にムンズとつかまえられた。

源氏鶏太原作の『三等重役』である。戦後も間もない頃で、日本の社会ぜんたいに〝いかがわしさ〟が漂っていた時代である。

GHQマッカーサー元帥の思惑で、疲弊しきっていた日本に、とにかく〝自由〟を与えた。〈思想の自由〉、〈言論の自由〉、〈信仰の自由〉などなど、少し前までが軍国主義で不自由にどっぷり浸っていた日本人には、どうしたらいいのかわからずに混乱していた。

その中に〈結社の自由〉があった。俺たちでも会社を起こせるんだ、社長になれるんだという、夢のような時代になったのである。

いまのように法的に喧しいことはない。仲のいいのが勝手に〈会社〉を起こせるのである。雨後のタケノコのように、みんなが自称の会社をつくった。人材なんて居ないから、方々に「三等重役」も誕生した。その中のひとつにこの映画の舞台となった会社がある。河村黎吉を社長に、森繁久彌を人事部長に据えた、見るからに〝いかがわしい〟会社である。営業種目は憶えていないが、全部の社員が数名という〝俄会社〟である。

昼飯のシーンである。蕎麦好きの社長がざるをたぐる。切れ目がなくて社長が困る。と、傍に居る部長に声をかける。「こら、ウラシマよ‼」。森繁部長は心得ているから内ポケットから小さな鋏をとり出して、チョキンとそばを切る。別にどうということのないシーンである。なのにこの場面の森繁部長が妙に私の心をつかんだのである。

常にそば用の小鋏を持ち歩いている部長、鼻下にチョビ髭を貯えた怪しい部長、小賢しく立ち回って次期社長を狙っている部長の、こまかくてテンポのいい森繁の演技に、新しい時代の俳優を感じて、いっぺんにファンになってしまった。それまでの喜劇役者にはないリアリティ、ずるさと賢さを併せ持った役者の出現を感じた。のちになって名作『夫婦善哉』などの名演で大俳優の名をほしいままにするが、私にとっての出発点はこのウラシマ人事部長なのである。何の役をやっても面白くて哀しい、通俗で知的な森繁調は、私の心の中心に棲みついた。

女優の尻を撫でることで有名になってしまったが、その前に、森繁は男の心をムンズと摑んでいたのである。もう一度観たい。

（やまふじ・しょうじ／イラストレーター）

地の涯に生きるもの

加藤登紀子

何度読んでも抱腹絶倒、森繁さんの語りがありありと聞こえてくる『森繁自伝』は、「日本の文化遺産」と呼んでもいいんじゃないでしょうか。

終戦前後の満州での言葉に尽くせない艱難辛苦、引き揚げ後の七転八倒。名優森繁さんが、どれほどのドラマを演じてこられたとしても、これほどのシーンはなかったであろう、絶句する出来事の数々を、見事に描ききった筆の力に脱帽しながら、この本を私の宝物にして来ました。

今回、この『森繁自伝』を含むすべての文字作品が全集という形で網羅されると聞いて、本当に楽しみにしています。

日本人なら誰もが知っている森繁さんの、あんまり知られていない人生像が、きっと大きな感動として伝わってくることと思います。

森繁さんとのご縁といえば、もちろん「知床旅情」を歌わせていただいたことですが、この歌の誕生のきっかけとなった映画「地の涯に生きるもの」については、あんまり知られていないようで、それが残念です。

全てのきっかけは、一九五九年四月六日に約五十隻もの羅臼《らうす》のスケトウダラの漁船が嵐に巻き込まれ沈没した事件でした。

この年は、四月十日が、今年退位された平成の天皇ご夫妻の、ご成婚の日だったことも影響したのか、この事故は新聞でもあまり取り上げられず、ほとんど全国的には知られずにいたようです。

動物作家の戸川幸夫さんが、この年の秋に取材に行った時、羅臼の食堂に貼ってあった凄まじい海難事故の写真を見て、この事実を知り、すぐに雑誌に書き、この事件を盛り込んだ「オホーツク老人」と言う作品を発表されました。

これを読んだ森繁さんは、すぐに映画化を思い立ちます。残念ながら、どの映画会社ものり出さず、森繁さんの自主映画として、翌年の初めからロケに入り、一九六〇年の映画作品として世に出ました。

この映画の知床での撮影が終わった時、森繁さんが地元の人たちへの感謝を込めて歌ったのがこの「知床旅情」だったのです。

それにしても森繁さんの決断と行動の、あまりの速さに驚きます。

知床羅臼の漁師、彦市老人の生涯を描いたこの映画、長男が子供のうちに流氷に流され、次男が戦死、三男が紆余曲折の末、羅臼へ帰って漁師になる決断をし、初めて出た漁でこの事故に遭遇。すべてを失った孤独な老人は、冬の番屋で猫と暮らして、最後は子猫を助けようとして流氷の海に転落。森繁さんはまだ五十代の男ざかりに、この悲しい老人の一生を演じきりました。

国に振り回される漁民の悲しさ、鉄のカーテンと言う国境で引き裂かれた運命への悲痛な告発が聞こえて来ます。

「もし風が吹いたら、国後《くなしり》に逃げろ」

この鉄則を守ることができず犠牲になった漁師は、九十人を超えたのです。

それから十年後の一九七〇年、私はこの「知床旅情」をレコーディング、翌年レコード大賞歌唱賞をいただき、歌手加藤登紀子はこの歌とともにその後の半世紀を生きて来ました。

「君は赤ん坊だったから覚えていないだろうが、君の声はあのツンドラの冷たさを知っているね」

そうおっしゃった森繁さんの言葉は、今も胸に響いています。

同じ満州からの引き揚げ、私の家族と森繁一家の運命は驚くほど似ていて、何か不思議な縁を感じずにはいられません。

戦後の日本人の心の中に、ワクワクとした生きる力を注ぎつづけた森繁節。ユーモアたっぷりの芝居は、戦前、戦中、戦後のとてつもない時の中を、全力で生き抜いた森繁さんの、深い慟哭に支えられていたと思います。

もう一度、その体温の中で笑ったり泣いたり出来る！　森繁さんの言葉に出会えるのを楽しみにしています。

（かとう・ときこ／歌手）

オヤジとの共演の思い出

西郷輝彦

私がオヤジ（森繁久彌さん）を親しみを込めて「オヤジ」と呼んでいた）と初めて会ったのは、大阪の梅田コマ劇場。『どてらい男《やつ》・戦後編』の舞台に立った、昭和五十一（一九七六）年の師走のこと。その舞台をオヤジがソデで観ていて、夜の食事に招待してくれた。何故オヤジが舞台を観ていたかというと、翌月、同劇場でオヤジが主演するので、その舞台稽古に来ていたからだ。

実をいうと、それまでオヤジの舞台を観たことはなかった。だから、食事に招待されたことの意味も実感できていなかった。その時、

「今度、芝居を観にこい」

といわれて、名古屋の舞台「浪速の花道　曽我廼家《そがのや》五郎十郎物語」を初めて観に行った。

オヤジが演じたのは五郎八。舞台の終盤、オヤジが、相方の十郎の模写をしながら一人で延々と喋って踊った。客席は大爆笑であった。終盤の緞帳が下りるや否や、

「なんで死んだんや！」

というオヤジの悲痛なセリフが響きわたり、ストンと幕が下り、あとには観客のすすり泣きが聴こえる。

衝撃だった。俺は今まで何を偉そうに役者だなんて言っていたんだ、と思った。そのまますぐ楽屋に行き、「弟子にしてください！」と頼み込んだ。

「オレは弟子はとらない。でも、来たければ遊びにおいで。うちは森繁商店だから、その軒先にキミの店を出したらいい。うちの店にはお得意さんがいっぱいいるから、お客をみんな持っていってもいいよ」と。

オヤジとの舞台共演の始まりは、それから二年ほど

経って、帝劇で上演した『暖簾』という舞台。オヤジの若い頃の役で出させてもらった。

以後十五年間に、十四本の舞台で共演させて頂いた。ほぼ年一本のペース。その半分は、杉本苑子さん原作の『孤愁の岸』だった。

『孤愁の岸』は、オヤジがNHKの日曜名作座というラジオドラマでナレーションをやっていた作品。江戸の宝暦年間に、木曽川、長良川、揖斐《いび》川のいわゆる木曽（濃尾）三川《さんせん》の治水工事を命じられた薩摩藩の苦難を描いた話である。私自身、鹿児島出身ということもあって、この話には愛着がある。

江戸の大規模な土木工事は、大名の財力を削ぐ目的もあり、この工事で普請を命じられたのが、濃尾平野からは三百里も離れた日本最南端の薩摩藩だった。薩摩藩は、切腹者五十名、病死者二〇二名を出しながら、この難工事をやり遂げた。だが、工事責任者の家老、平田靱負《ゆきえ》は、工事が終わって皆が帰国する朝、割腹自殺を図った。

あれは何回目の上演だったろう。『孤愁の岸』の上演を前に、宣伝もかねてスタッフ一同で、バスを一台借り切ってこの工事の舞台となった岐阜にある神社を訪ねた。

バスから、最初にオヤジが、次に竹脇無我さんが、そして三人目に私が降りたが、前の二人を素通りした宮司が、いきなり両手で私に握手を求めてきた。私は慌てた。

「ご先祖様にはたいへんお世話になりました」と。

すでに何百年も前の話である。地元の人は、今も薩摩への感謝の念を忘れていない。それを見ていたオヤジは、

「素晴らしい話じゃないか、この芝居を鹿児島の人たちにも観せてあげたいな」と。

その願いは叶えられなかったが、オヤジとの共演の思い出は、他に替えられない私の宝物である。（談）

（さいごう・てるひこ／俳優、歌手）

は悪くないが、限界以上に親しくなろうとせぬ男である。わずかに私と三木のり平くらいが一番親しくしているぐらい。彼は友達ほど〈面倒くさい〉ものはないという。そんな孤独のせいか、熱帯魚にこったり、模型飛行機にこったり、一人で楽しむことに妙にこる男で、それも自分のピークまでくると、さッと全部人にくれてやって、また新しい道楽をさがすのである。ただ驚くのは、むさぼるように本を読むことである。

「大学に行かんもんは、こんな齢になっても人一倍勉強せんならんので損や。しようもないコンプレックスやけど、まあ知らんより知ってるほうがましやからなあ。お前の知らんことで何ぞあったら何でもおしえたるで」

と、にくたらしいことを云う。あんな男があんな物識りとは、知る人も少ない話であろう。

そんなせいか、ロッパおやじは山茶花と私を、どうやら死ぬまで可愛がっていたようである。後年、三木のり平がこれに加わったが、目下、私が大ボンで山茶花が中《なか》ボン、のり平が小ボンという妙なトリオで、こっそり酒をたしなむ腐れ縁をつくっている。

のり平といえば、最初の出会いが二十三年頃か、三木鶏郎がおかしな本を書いて来て、飛行館にインテリアチャラカをやったのが初めてである。

千葉信男や小野田勇らのＮＨＫの声優二期生が、一期生に押されてくさっていた頃、山（ＮＨＫ）を離れて集まった面々である。

「満州から帰ってきたおかしな男」と云われた私もこれに加わって、鶏郎の弾く、これまたおかしなピアノで、何をやったか覚えもないことをした。ところが、さほど客席には反応のなかったと記憶するそのピアノが、後に冗談音楽発創のもとになったのである。

そして、すぐにバラバラになったのであるが、それから四、五年後に懐かしくてのり平の家に集まった時、「アブハチ座」を作ることになるのである。

ベンブル、新聞種となる

さて、ムーランもめしが食えない月給なので、女房は、昼夜の別なく内職に拍車をかけ、相変らず私に弁当を持たせた。

ムーランのベンブルさんは、ために有名ではあったが、アルミニュームの箱弁は、いかんせん、めしの味を半減するので、いささか値も張ったが、幕の内のあの塗りの弁当箱を買わせた。

このヌリの箱弁というやつは、いかにも嵩《かさ》高く、腰弁にはその往き帰りになかなか手数のいるものであった。往きにはうっかり横にすると、開いた時いずれかに片よって見るかげもない飯とお菜のカクテルとなっていたり——また帰りのカラ弁の運搬に当っては、どうにも邪魔になって、酔うほどに捨てたくなるものであった。置き忘れなくとも、その上に坐ってメリッ！ とこわれることもしばしばであった。

「あァあ、私を泣かす旦那さんネ」

と女房は嘆息しながらも、そのベンブルの名がようやく新聞に出た時はうれしくて、ベンブルの妻は駅の新聞を買い占め、いそいそと赤飯をつくり、それにその新聞をそえて親戚にまいて歩いた。

「長い間ご心配をかけた主人ですが、どうやら心を入れかえましたようで、いえ、所を得たのでしょうか、新聞にも名前が出はじめました。一部置いてまいりますのでご覧下さいませ。ハイ、さようなら」

置いてしゃべると、先方の挨拶も待たずにサッサと出て行ったそうである。うっかりお茶でもよばれると、

「それで、いくら貰えるようになったの」

と根掘り葉掘り聞かれるのが嫌だし、とどのつまりは、

「あの人がねえ、よかったわねえ。あなたも長い間よく我慢して……」

なぞといわれる、そんな本当を他人の口から聞くのがシャクにさわるから……となかなかのうい奴である。

「でかした女房！」とほめてやりたかったが、実際のところは「そんなら、ボツボツあのお金返していただけるわね」が恐かったからだとは、後で聞いた真相であるが――。〈借りられる所は借りつくせ！　借金も身のうちだ〉

演劇評論家にもの申す

そんな新聞であるが――、ムーランでも月に二回、新聞、雑誌の記者を招いて、「観劇・感謝の会」があり、尾崎宏次さんたちが現われた。今はちっとも私のことを褒めない意地の悪い批評家になったが、若き日の尾崎氏が、実は一番私を認めて世に出すために讃辞を惜しまなかった人だ。感謝感激して、この人が神さまのように見えたものだが、私を世に送り出してしまったら、今度はいじめたくな

るのが批評家稼業の性《さが》か。その叱咤の声には、最近愛情がなくなったとひがんでいる。でもどうかした拍子に、二人きりで向い合って酒をかわすことがあるが、そんな時には、雌鹿のような、えもいわれぬ懐かしい眼をして私を見、

「いい喧嘩友達だ。末永く行こうやね」

てなことを云われると、なんだかツーンとしてきて、日ごろの欝憤も晴らせなくなる――そんな憎い旦那であるが、好き嫌いのはげしい一言居士の劇評家のなかで、この人だけは大事にしなければならないと私もひそかに思っている。

私は主義として、人のやっている仕事をあれこれあげつらう人種がきらいである。大体、日本の批評家には、自分に小さな枠があって、そこからだけしか眺められないクセと云うか低さがあるようだ。その上おのれの趣味嗜好から来る好き嫌いが強く、真の批評の精神にかけたような人が多い。金を払って入ったお客はきびしいが、それなりにぬくもりもあり真剣さもありひねくれてもいない。それにかえて無料でご観劇願った旦那方は、くったくないアクビも人前をはばからずなさるし、根性曲りで、小心で、もしも自分があんなことを云われようものなら、柳眉をさかだてて言葉尻をとらえてくる、つまらぬ人が目立つ。しかし私たちは、その無礼極まる人身攻撃に、ただ黙々と耐えて来たのである。もっと云うなら、この人たちがいたからよほど芝居がよくなったかというと、大いに疑問であり、書かなくてもさして変りのない存在である。しかしこの人たちの発言が、入り不入りにひびいた影響は大きかった――と、会社の代弁もしたい。舌がすべっているのに気がつきながら、もうちょっと云わせてもらえば、ただでさえ芽の出ることの少ない演劇界で、やっとその素質にみがきをかけようと意気

ごんで出て来た奴を、一応は必要以上の讃辞でもちあげ、やがては「これしきのやつであったか」と打っちゃるのである。二年や三年では羽根も生えそろうはずもない卵たちを、少しは長い目で見て、そっとしておいてやりたいものを、大勢が寄ってたかって己が食いぶちのために、いわずもがなの批評を公紙にチビッと書きつらねる。もしも私にこんな仕事がまわって来たら、もう一度出なおしたいくらいのものである。

まして若い批評家群の中には、一文を草するにはいまだその資格尚早の諸君が、昨日学校を出て来てもう一ぱしの通人ぶりでキヨホーヘンをほしいままにするに到っては、片腹の痛む思いである。演劇にせよ、また映画にせよ、脚本一つ読みもせずにインタビューにくるには愛想がつきる。さっぱり勉強してくれぬのは学校の延長とあきらめても、こう物を知らんで、よくぞ入社できたといぶかしくなるくらいの仁が多い。これはその笑えぬ笑い話だが、芸術座で越路吹雪さんと木村功君たちがウィリアム・インジ作、菅原卓演出の『バス・ストップ』という芝居をしていたとき、木村君の部屋に某紙の記者がインタビューに来た。その若き批評家氏にあれこれ自分の役の抱負を語っていた木村君へ、

「ちょっとお話中ですが、その〈ボー〉というのは、ソレガシ（某）という字のボーですか？」

という質問をしたのには、彼もくさって二の句がつげなかったと述懐していた。

「僕の役の名前が、ボー・デッカーというんです。一度芝居を見てください。それからお話させてもらいましょう」

と、くるりと背を向けてメーキャップをしたそうだが、ボーが某とは、シャレにもならぬ困った話である。

これを読んだらきっと先生たちは大いに立腹するに違いない。そして、私をつかまえてきっとこういうだろう。

「おい繁さん、君は云いにくいことをわりと機嫌よく書くじゃないか」と。

でも私は、そのときに返す言葉をちゃんと用意している。

「あんたほどじゃないでしょう……」って。

俺たちは自転車で富士山を登っとるのだ、こぐのを止めれば倒れておっこちるのだ。それを、登りもしない連中がバスで来て、何合目何合目かに待ち構え、ペダルを踏む私の姿を見て、「きたねえガニマタだ」とか、「こぎ方がヘタクソだ」とか、「大向うばかりねらっている走り方だ」とか、いろいろ云っているようなものだ。が、登山家でない人々には、この道の苦労は永遠に分ってはもらえまい。へらず口をたたきすぎたが、無口で真面目な若い芸徒のために、あえて不埒な代弁をしたかったのである。

殿方は結構なご身分

ムーランの私は、中江、吉田、菜川の諸作家たちによって私のいろんな面を引っぱり出され、当り狂言も一つや二つでなく、ひいいきもできて、初日の芝居にはたのもしい弥次も飛んでくるようになった。

ムーランの初日、これは忘れえぬ思い出だ。十日三本替り、書く方もやる方も超人的であったのだ。うっかりトチって〈出〉を忘れ、あわてて飛び出すと、

「シゲちゃーん、楽屋でワイ談してたの！」

と図星だったり、またプロンプターが、支離滅裂になった役者に思わず声を大にすると、

「もういいよ、うしろの声でわかったよ！」

なんてイキなことを云って、役者もお客と一緒に笑い出してしまう初日である。

それでも私のお給金は一万円になった。が、それで我が家の生活がどうかなったということはなかった。つまり、ムーランでもらった金はムーランのグルリのグリルで消えた。女房にしてみればたいへんな努力であったろうが、そんな苦労を尻目に、藤十郎の恋か、たわむれか、女優にうつつをぬかして、しずかな殺気を帯びた女房の詰問に云いわけの余地なき無様《ぶざま》をさらしたこともあった。

「どういう心算《つもり》なんでしょうね。そういうお仕事をなさっていれば、妻はそんなことにも我慢しなければならないのでしょうか……」

「…………」

「でも、殿方は結構なご身分ですね。外で好きなことができて、まったく女は分が悪いことです」

「そんなことはないでしょう」

「どうしてでしょう。そうじゃありませんか」

「…………」

消えてしまった火鉢の火が、よけい差向いの間をヒエビエとさせ、しゃべればしゃべるほどこじれ、だまっていればいるほど家の中が凍って行くような夜もあった。

しかし、何としても〈ごう〉の深いのは男である。後悔のホゾを噛みながらも、喧噪の巷に出ると

人間が浮わついて、その小さな傷口にまた塩をぬる馬鹿をくりかえす。どうにも手に負えぬものとも知ったのであるが、こんな女の問題も、いまここにこれを告白して大方の顰蹙《ひんしゅく》ばかりでなく、わが家の顰蹙まで買う必要もないから割愛するが、この感傷の機微に触れたすまじき悪徳の数々も、これも結構こやしになって、男性の背徳を演ずるに迫真の芸を見せる映画演技の〝味の素〟ぐらいになったことは嘘ではない。日を改め紙を改めて、いつか文筆の業《わざ》を多少なりとも会得した暁に、泣かせた罪ほろぼしの実録をもとに、長篇一作をものして芥川賞でももらおうと、虫のいいうぬぼれもいだいている。

「あんたの自叙伝――、面白いけど、色気が足りないね」

「そうでしょうか」

「ホオカムリしているところを、もっとズバリと告白したら……」

とひやかす人のためのいいわけである。

贈賄の真諦に接す

佐世保の港でもらった千円が、ようやく万台に上る日が近づいてきた。

暮も近いある日、ムーランの楽屋に、「ＮＨＫの方がご面会です」という声が聞えた。

隣りの「こまどり」なる喫茶店で二人の紳士と対坐した。出された名刺には堀江史朗とあった。当時、ＮＨＫの堀江氏といえば『えり子と共に』とか、数多くの名プロを持っている人ですと、フランク馬場と横文字で書いた名刺が説明した。つづいてその堀江氏がやわらかな笑いを見せて、私にお茶

をすすめながら、

「満州の新京の放送局におられたんですって？」

「ええ」

「あなたの面白い話を、いろんなところからうかがいました」

「へえ、誰からですか」

「『女優』の時に出た俳優さんたちからも」

なるほど、撮影所で蒔いた種が、こんなところに実って来るのかとびっくりしたが、あのなかの女優さんの一人が氏の奥さんであったことを後で聞いて、世間はせまく演劇界はなおせまいことを身に沁みて感じた次第だ。

「それで、ご用の向きは？」

「そうでした。実はね、新しいミュージカルものを一つやりたいんですが、相手は藤山さんです。ピンちゃんの唄にあなたのおしゃべりをうまくいろどって……」

「ははあ」

「どうですか？」

「ちょっと……しばらく考えさせてください。私は、放送は自分で戦犯だと思っているんです。終戦の満州で、もうラジオでめしを食うのだけは止めようと決心したものですから」

「なるほど。ムーラン面白いですか」

「私には向いてるようです。たとえ、ここが場末の劇場《こや》でも、結構生き甲斐も感じています。実はこのままでいいと思う気持のほうが今は強いようです。それに、あなたが考えておられるほど、私は有能な奴じゃないですよ」

「そう、じゃ、今日はこれで——でもなるべく早く、あなたの本当の答えを報せてください。実は少し急いでいますので……。もう一人、今から会ってきます」

ちょっと気を残してお二人さんは去った。

見送って楽屋に帰り、鏡に向ったら、何か淋しかった。こんな顔であの人たちと話していたのかと、眼尻の下った三枚目のあわれな顔《メーキャップ》を大急ぎで拭いとった。

引揚者と呼ばれる故か、NHKに行って放送をするのに、何となく田舎者のようなコンプレックスもあったようだ。堀江さんはまことに温厚な紳士だが、もし若いキザな奴が出てきて、血の出るような満州八年の放送の結晶を、ニベもなくその官僚的な態度で踏みにじられるとしたら、口惜しくもあったのだろう。

しかし、旬日をまたずして氏は、また一人で私をたずねて来た。ちょっとした料亭に案内されて杯を交わすうちに、私はだんだんと弱くなって来た。まして、私が断わったあとを誰かが取るのかと思うと残念にもなって来た。床の間を背負って良い酒とさしみを食わされると、なにゆえにこうまで弱くなるのかと、はじめて贈賄の真諦に接した思いも味わったのである。私は座ブトンから下って、両手をつき、ついに、

「お願いします。よろしく」

と、わが節操のもろさを見せてムーランを去る決心を内に秘めた。

ムーランを去り、ＮＨＫへ

雨の降っているＮＨＫに、オーディッションの録音を取るというので、三度目の足を運んだ私は、下駄バキであった。

「チョイトチョイト、あんた！　あんた！」

「ハイ」

「どこへ行くの」

と、元憲兵の上等兵だったような守衛が追っかけてきた。

「ＮＨＫに来たんだ」

「そりゃあ分ってるが、見学かい」

小学校の生徒じゃあるまいし、何を見学するのかとグッと来たので、

「エバラキ県から来たんだけんど、見せとくれよ」

「下駄で入られちゃ困るよ、しようがないなあ田舎もんは」

「靴がねえんだもん」

「第一、紹介がなくちゃ駄目だよ。帰って帰って」

クソ、この野郎、こんなことがあるかも知れんとひそかに思っていたことだ……よし、二度とここには出入りせんぞと、

「風体好ましからざる者は出演者に非ず、という命令でもあるのか。この大馬鹿のとんま野郎」

捨てぜりふを残して、きびすを返すや、大きな扉を押して外に出ようとしたら、堀江さんがちょうど玄関に迎えに出て来た。

「やあ、どうしました。ささ、どうぞ――」

私は、施療病院のような竹の皮の草履をはかされて、スタジオへの廊下をいそがされたが、とうとうたまりかねて、NHKは思ってたとおりの厭なところですと話したら、

「気にしないでください。つい二、三日前、会長の古垣さんさえ守衛にとがめられたんです」

私を知らんでよく守衛がつとまるな、と、全守衛を会議室に呼んで大怒りだったという話をしてくれた。

当時のNHKは、米軍の管理下にあったので、守衛も二手に分れていたが、特に英語の腕章をつけた英語もロクスッポ分らぬ守衛には、私一人でなく、喧嘩した話は何人もから聞かされたもんである。どこへ行ってもそうだが、守衛で感じのいい会社はメッタに無いようだ。門を守っとるんだから威張っとるんだろうが、善玉悪玉を区別するカンもなく、まして人の顔を覚える能もなく、ただやみくもに咎《とが》めていて月給が貰えるなら、とんまのとんかちでもできることだ。昔、百人一首で私のオハコは、「衛士《えじ》の焚く火の夜は燃えて昼はきえつつ……」だったが、爾来、衛士はどうにも好きになれぬものになってしまった。

しかし、スタッフはよかった。

ピンさんがまた苦労人だった。懐かしい昔語りをしては私をテレさせないように気をくばり、いろいろと取りもってくれた。ために私の放送は、思う存分以上に図々しくやれたもんである。その図々

しさがこうじて、庇《ひさし》を借りて母家を取ってしまう無礼を致すことになるのだが——。

『愉快な仲間』の放送に油がのりだし、ようやく業者の間にも私の名が出はじめると、そこはそれ、よくしたもので、いろいろと「あなた買います」が、スタジオに私をたずねてくるようになった。しかし、なんとなく気勢のあがらぬ私だった。というのは、一本の放送に三日も局に通い、頂戴する謝礼袋には真新しいとはいえ百円札がたった八枚入っているだけである。ムーランとかけもちの私は、その日の代役さん（舞台で私の役をかわりにやってくれる俳優さん）に一杯呑ますと、差引き赤字の『愉快な仲間』であったからだ。

そのうち、これは他の放送にも使えるというので、いろいろとプログラムにも出演の依頼がふえてくる。そうなると、いよいよムーランの仕事を考えねばならなくなってきた。

「林《リン》社長。私、いろいろお世話になりましたが、どうにもこれ以上ムーランが続けられなくなりましたので、残念ですが、退団させていただきたいと思います」

「ソレハ、オシイコトダナ、アンタ、イチバンニンキノデルヒトトオモウガ。マア、アンタ〈シュッセ〉ノコトナラ、メイファーズ。ワタシハ、アナタヲトメタイノキモチハジュウブンモッテルガ、ストリップヲミルノ〈モクテキ〉デハイルキャクハオオイカラナ。アナタガ〈セイコウ〉スルキモチアルナラ、トメルハマチガイノコトトカンガエル、シッカリヤリナサイ」

実に話の分ったいい人である。人望あって、今も華僑会長の要職に推されているのも、この人の人徳のしからしむるところであろう。

ムーランを去った私はＮＨＫの専属となった。やがて、『話の泉』や『二十の扉』と同じようにアメリカ放送の模倣で、ディスク・ジョッキーという番組（『ラジオ喫煙室』）を作るから、これを君にやってもらいたいと、一週間二回のレギュラー番組をもらうようになり、そして一年後に八百円のほうも一躍千円となり、モリシゲ株は上昇の一途をたどり始めたのである。

コーちゃんとのキス事件

そうこうするうち、菊田さんの再度の招きが来た。帝劇でミュージカルを演《や》るというのである。若き日、日劇の雷親爺として畏敬していた秦豊吉さんのプロデュースによる菊田一夫作『モルガンお雪』がそれで、なんと私はその二枚目をやらせていただくという話である。

相手役は宝塚からプリマドンナの越路吹雪さんという麗人が来るとのこと、しかもはじめて女護の里よりお出ましになって、男達《やろうども》と一緒に演るというので大騒ぎである。モルガンにロッパさん、そしてお雪の恋人に私がえらばれたのである。これぞ破天荒なものだとマスコミの大宣伝、ほっといても新聞雑誌が売ってくれたのである。

帝劇の幕は、ケンランのうちに開いた。そして思わぬ大当りである。毎日の舞台も楽しい。すべて申しぶんないんだが、劇中、私は、宝塚出身の越《コー》ちゃんにキッスするシーンがあり、ただでさえテレてのぼせあがっているおりもおり、ムーランから私について来た一人のマナ弟子が、

「僕、お手伝い……やめたくなりました」

と、妙なことを訴えてきた。

「どうしたんだ。君にやめられちゃ大困りだよ」

「でも、毎日いじめられ通しなんです」

「誰に?」

「越路さんに付いている女どもにです」

「それはまたどういうわけだい?」

「こんなこと云いたくないんですけど、向うは五人ほど女の人が付いてるでしょう」

「うむ」

「こっちは一人ですし……」

「何をいっとる。女五人が何がこわい!」

「いえ、先生が舞台で越路さんとキッスするところがありますね——、あのシーンがすむと、五人が僕をとりかこんでですね、あんたんとこの先生に云っといてよ、唇くっつけそうにしないでって! フケッ! 男の人と一緒に出るなんて、これだから嫌いさ……てんで、毎日つるし上げ食ってるんです」

「そうか、そりゃ知らなかった、ごめんよ。じゃ、君のために明日からあすこんとこは、そっけなくしよう」

とは云ったものの、越路ちゃんのほうは無頓着そのもので、毎日色ッポイ眼をして、ひどく能動的にギューとせまっておいでになる。これはいかんともしがたい。まったく弱り果てたが、宝塚歌劇でキャーッと叫声を発する、一見、無邪気とも見える少女たちが、信仰の的の色事に対しては、それがたとえ舞台であれ、豹変キバをむいてつめよる恐ろしい山猫に変ることなど誰知ろう。しかもこの山猫の中に、今は日劇のクイーン重山規子がいたのだから世の中は面白い。

〝主役さん〟はオダイジン

帝劇の舞台が終った頃、新東宝のプロデューサーに走った佐藤一郎氏から、「至急面接したし」の言伝てが来た。いよいよ身辺好運が急を告げて来るの感である。あせるなあせるな、と云いきかせながらも、足の地につかない思い……。ここで皆しくじるんだな、と気がついていながらも、人間とはときに理性のはたらかぬ、さもしい俗物に落ちるものである。

「君がいつか頼んできたとき云ったが、映画はワキ役では出るなと云ったの、覚えてる？」

「うむ、覚えてる」

「こんどは主役だ――」

「えッ！」

私は耳を疑った。

「相手役は轟夕起子さん。シャレた喜劇で、三村伸太郎さんと稲垣巨匠の共同シナリオで、インチキ武蔵のミュージカル映画だ！　どう、やってみないか」

「へえ！　できるかな」

「とにかく、本を渡すから読んどいてくれよ」

私が手にした台本には、『腰抜け二刀流』とあり、監督・並木鏡太郎と大書してあった。

私ははじめて新東宝の撮影所に、うやうやしく自動車で迎えられた。さっと宣伝部が走って来てワッとジャーナリ屋がかこんだ。あまり風采をかまわぬ性《たち》の私も、これでは……とちょっとひけ目を感じるヒザの出た服とすり減った靴が、なんとも、この時ほど気になったことはない。

撮影は伊豆のロケーションから始まった。一行はすでに出発し、私は一足おくれてＮＨＫの放送をすませて夜行に乗って現地へ行くことになったが、マナ弟子の孝《こう》さんを伴った私は、横浜で買った駅弁を食ってまずは腹ごしらえをした。しかし、えらばれた恍惚と不安で胃袋がキューンとつまり、いっこう飯がのどを通らない。

「先生、よかったですね」

「ありがとう、でもなんだか自信がねえナ」

「大丈夫ですよ」

私より男っぷりのいい若いお弟子は、私をはげましていつか寝てしまった。私も少しねようと眼をつむるのだが、いつのまにか眼が勝手に開いてしようがなかった。

「やがては、ここに集っているお客が、全部俺の顔を覚えてしまう日が来るんだ」

前のおっさんにも横のおねえちゃんにもそれがわからない。ワクワクするのである。

汽車は深夜の一時に沼津に着いて、ひっそりした改札口を私たちは出た。キョトキョトしていると、走って来た男が、

「ああ、森さんですね」

と聞いた。

「森シゲですが」

「ああ、失礼しました、森繁さんですね」

「ええ」

「どうぞ、こちらへ」

上等の自動車が待っている。

しぶきをあげる駿河湾が、沼津の燈火と漁火《いさりび》をうつして美しかったが、暗い闇路をどこへ走るのか、この自動車と同じように、私も未知の不安に刻々といざなわれるようで、そこはかとなく尻の落ちつかない車中であった。

闇からぬけた車は、ニュウと明るい宿の玄関に着いた。見れば女中が十人ほど左右に分れて坐っている。誰かえらい奴が一緒に着くんだなと、もじもじしているうちに、弟子殿がさきに玄関に入っていった。すると一斉に、

「いらっしゃいませ、おつかれさまでございます」

と、大歓迎のご挨拶をうけている。男っぷりの一段とおとる若くはない私は、この間違いのあとにどうしても足が進まなかった。

「私、受持のサヨでございます。富士の見える一番よいお部屋でございますよ。明日、晴れておりましたらよろしゅうございますのにネ……。あの、それから、お食事を用意してございますが、主役さんのお好きなものをうかがって差し上げてくれとのお話がございましたが、今晩は板前が寝ましたので、明日、何でもご注文くださいませ。では食事の用意を致します間に、どうぞお風呂にお入りになって……」

こんなことを今まで云われたことがない。しかも、今、汽車弁を食って来たからとは、さすがのべ

ンブル君も云えなかったので、

「いや、もう遅いから……、お酒を二本ほど貰えば……」

と情けない要求をした。

満ちたりた酒の酔いに、ようやく床についたが、天井をみつめて、まんじりともしないうちに夜があけて来た。雨戸をくれば、真白き富士の気高さ……が窓外にひらけて、私をまたも戸惑わせてくれた。

映画の「主役さん」とは大変なものであった。今は変ったが、その頃は昔の気風がまだ流れていて、主役はまったくオダイジンである。

「ちょっと、太陽が雲に入りましたから、天気待ちします。どうぞ、こっちの木蔭へ来て休んでください。おーい！　書生さん！　ボヤッとしてないで、先生の肩のふり分け持ってあげなきゃ疲れるじゃないか」

弟子君もめんくらって、何が何だか分らない。毎日毎日どなられ通しで、師の出世も弟子には気の毒で、見ていられたもんじゃない。

おのが墓をつくる

初仕事の映画が完成したのは、それから四十日目であった。出来はまずまずというので、私もほっとしたことはしたが、己が姿の贔屓《ひいき》目に見てもさむざむしいのにギョッとしていたので、ついに試写には行かなかった。忙しいのを口実に、かわりに女房を様子見かたがたさし向けた。

「ねえママ、映画ってものはね、ザンギャクなもんだね」

「どうして」

「人間なんてイボ蛙みたいなもんだよ。おのが姿を見なきゃ済んだものを……」

「それは、見えない自分に対する人間のうぬぼれで、写す人は勿論、私もずっと、そのあなたを見て来てたのよ。今さら、写ったあなたを、さほどひどいものとは思いませんでしたよ……」

と、女房は諦めなさいみたいな慰めをかえして来た。
一、金弐拾万円也——が私の出演料である。しかし半分がどこにどう失せたか、私の手には十万円が握らされただけであった。それにしてもあこがれの万が十もまとめて一ぺんに入って来るんだから、恐縮するほどの満足であった。
映画で売るにはね、三万もらったら、借金して、倍の六万を費いなさい。すると六万の役者にちゃんとなりますよ。そしたらこんどは六万の倍の十二万円をパッパッと器用に使うんです。そうしてね、五本も撮りゃ、押しも押されもせぬスターにのし上れます……と、古い役者が私に教えてくれたことがあったが、第一回目は、その濫費説には耳をかさなかった。

私は、十万の金を握って、青山の「石勝」に、社長である懐かしい早稲田の友を訪うた。ところが、石屋の社長は、気でも少々狂ったんじゃあないかというような、あきれた顔をして、

「俺は商売だから、頼まれれば君の墓も作るが、まだ生きとるのに、しかも第一回のめでたい収入で作らなくてもいいじゃないの」

「それはね、君の見解だ。俺は、拾った後半生に開運のきざしが見えて来たから、その鹿島立ちにあ

たってまず終着駅だけをちゃんとしておきたいんだ。そうしてからフルに働いて、華々しく生きてやろうと思うんだ。入るところが決ってりゃ、ふんぎりもついて悠々とやれると思うからだ」

「分らんでもないが、変ってるな、君は――」

「何も変ってやせんよ。君は、いながらにして親父の坐ってた社長の椅子に納まったから、分らんのだ。俺は俺で一世一代だ。何でもいいから、適当な石があるだろう、見せてくれよ」

なかば喧嘩ごしなので、彼もしぶしぶ倉庫のあちこちを案内して、無造作に転がった石を見せた。そのうち、隅っこのほうに薄空色の花崗岩の手ごろな奴があったので、これでいいと決めた。

「あんまりでっかいのは高いだろうし、入ってからも重いからな」

と笑いに飛ばして、墨痕リンリ「森繁家」と墓碑銘を草した。

そしてそれから数ヵ月。

晴れた初秋の一日、東京は日暮里、谷中の父の墓のそばに一家はうちつどうた。四角にくぎったツゲの木にかこまれた一隅に、わが墓は、真新しく陽光を浴びていた。

しかも彼の好意で、その隣りにもう一つ――、いずれの地にいつの日戦歿したか、いまだ定かでない一番好きな上の兄の弘の墓も、並んで竣工していた。

坊主の読経を不思議なものを見るような顔をし、三人の子供は聞いていた。

「父さんは、やがてここに入るのだ。そしてお前たちも、やがてはここに来るのだ。いいか、だから、しっかりやれ」

と、自分でもおかしいと思うほどわからぬことを云ったのを覚えている。

「ヘエー、こんなせまいところに入るんだって……」

と子供たちは無邪気に笑って墓のまわりをはしゃいでいたが、私はおもむろに線香をつけ、瞑目して兄の墓にひざまずいた。

「僕の一番好きだった兄貴よ！　天にあるならば来りて僕の声を聞かれたい。長い間、さまよわせてご不自由をかけました。ごめんなさい。でもやっとあなたの住宅もできました。そして隣りに僕の眠る場所もできました。今、僕は、何も持って入れない、せまいこの一尺四方の穴を見て、初めて気持が落ち着いたようです。いずれゆっくりお話のできる日が来るでしょうが、それまでにはもう少し時間がありそうです。思いきりやって、やって、やりまくって、いっさいの悔いもなく、手ぶらでここへ来るつもりです。楽しみに僕を見ていてください」

香煙は縷々《るる》として、悠久の蒼天に小鳥の声とともに消えて行った。ポタリと墓石の上にひとしずくが落ちたが、それはみがかれた墓石に、音もなくすわれて行った。

ネキスト・ワンが傑作

墓も出来た私は、自分で云うのもおこがましいが、まるで指導霊にでも踊らされているような、人間能力を超越した労働に明け暮れた。

昭和二十五年から今日までの十年余。——私の撮った映画は二百本を越した。印象に残るものといわれても枚挙にいとまがない。『夫婦善哉』『三等重役』『警察日記』『神阪四郎の犯罪』『猫と庄造と二人の女』『珍品堂主人』『雨情』『地の涯に生きるもの』と数えあげれば、一つ一つに悔いのない努力をして来たと自負している。が、一つを撮り終ればもうそれには正直愛着はなかった。あなたの最大の傑作はと聞かれたチャップリンが、next one《ネキスト ワン》と答えたえらさを私も真似てみたのだ。ラジオに至っては、NHKの『ラジオ喫煙室』が一番古い番組となった。たった一人で十一年間、一日の休みもなく六百回に近い連続放送である。その他、『日曜名作座』も七年続き、その間に採りあげた小説の数や、ラジオ、テレビで演じたものは、一切をふくめて万にも近い。

しかも、そればかりにあきたらず、下手《へた》クソなリバイバルソングをレコードに入れて、それがベストセラーとなっては、売った方も売った方だが買った方も買った方である。しかし、唄うぐらいならまだ許されようが、ものを書く方にまで手を廻して、これが出版されれば、恥を五冊も積み上げることになる。

やりたいことを遠慮も羞恥もなく公けの前にさらけ出して、己れの道を迷路にしたようなものだ。

そして、その長い間、一日でもゆっくり昼寝をした日があったかと云えば、文字通りナイト・アンド・デイで、平均して睡眠を五時間もとったか——、しかも、それは、今日から明日へとまだ続いているのである。

われも人の子

私はここまで書いて、どうしても筆が進まなくなった。つまり、現代史のところでニッチもサッチも行かなくなった。人間を喪失しているのだから、これも当然と云わざるを得ぬ。

ところで、いよいよここで擱筆するに当って、千円から一千万円までにノシ上ったこの果報者の実は本音を少しばかりつけ加えて筆をおきたいと思うのである。

一応、これが私の終点だとすれば、俗に云う功成り名遂げた《マスコミメイキング》最後にあるものは、何とはかない人間失墜の姿かと考えざるを得ない。

この顔や声や姿には、〈モリシゲ・ヒサヤ〉という烙印が押され、今や再びあの楽しかった平凡な過去に一切還ることは許されない、がんじがらめの鎖が巻かれたのである。

私はこのことを、一番分りやすくお話するために、先頃、ロケの一日を割《さ》いて網走の監獄を訪れたときに終身刑の囚徒を前に話した演説を要約してみよう。

「皆さん、これが、あなたがたが一度逢いたいと所長に云っておられた、本モノの森繁久彌です。実は私は、諸君より、もっと陰険な方法で罪をおかしていたかも知れない男ですが、幸い、それが精神の中の問題だったので人目につかず、こちらのご厄介にならなかった果報者であったかも知れません。しかし因果応報で、とうとう私も刑を云いわたされる日が来ました。

実は私も、皆さんと同じ終身刑を十数年前に云いわたされたのです。しかし、この受刑者は、一部あなたがたより幸せなところがあります。が、ほんとうは、あなたがたより、もっときびしい苛酷な刑を終身にわたって云いわたされているのです。

あなたの顔は世間では誰も知らないと云ってもいいでしょう。しかし私の顔は、日本全国津々浦々にまで指名手配が行き届いていて、もう立小便も出来ぬまでにされております。そしてもっと悲惨なことには、この自分の肉体、つねれば痛いこの自分の身体も、また喜びも楽しさも感じとるこの心、魂をも自分で自由にすることが出来なくされてしまいました。

私は今、厳重な管理のもとに、終始、お白洲の上で生きております。しかも私に課せられた労働は何時間何分までを争う時間に割られ、牛馬をしのぐ重労働となっています。水もあれば、ご馳走も眼の前にありながら、食ったり飲んだり出来ません。いっそ無いなら諦めもつきますが——、つまり刑罰を与えられているのです。

私は静かに草原にねそべって、このさいはての流れる雲を見て夢想する時間も力もなくなりました。しかも、どうでしょう——私は、私のこの生命や肉体を、悲しいかな誰からも保証も保護もされてはおりません。つまり、たった一人で、国はおろか誰との相談も出来ず護らねばならないのです。

私は、ここまで来て、長い私のあこがれの実りがこんな苛酷な恐ろしいものであることを悟った次第です。何万の相手の陰には何万の嘲笑も用意されており、すぐにも逆手で来る北海道の海のようなところに一人で漕ぎ出しているのです。

どうか皆さん、こんな移動型終身刑もあることを知って下さい。

そして、それが人気者の森繁久彌であることも——。

しかし私は、天命にさからう気持はありません。敢然と今日を、また明日を生きぬくでしょう。ですから、どうか皆さんも今日のあなたの場に失意をしないで下さい。少しでも幸いを見わける勇気をもって下さい。

この話は、或いはキザに聞えたかも知れません。もしそうだったら私の説明不足であり、私が罰当り者に思えたら、それは、こうなった人が少ないから分らないのだと自分で諦めます。ただ私は、皆さんに、〝何が幸せなのか〟を話したかったし、また聞きたい気持もあったのです。

皆さん、元気で今日を生きましょう」

囚人たちは狐につままれたような顔をしていたが、つづいて所望されるままに、私は〝枯すすき〟を唄った。

死ぬも生きるも、ねえお前、水の流れに何かわろ……そこまで唄ったらノドがつまって唄が出なくなってしまった。私の頬を大ツブの涙がわけもなく流れて前がかすんだ。

ひとつも哀しいことはないのだが、人間くさいにおいが私たちのまわりに立ちのぼって、それが、いままで閉めていた涙腺を開いているようであった。ところが、うるんだ視界の向うに並ぶ青い服の顔からも、老人は勿論、私の半分ぐらいの若い受刑者の眼からも、ボロボロ流れているのを見た。

私と彼等の間の垣根がすっととりはらわれて、だきしめあいたいような衝動が起り、キラキラと人間の美しさが光った。

無形の財産

私の刑期の最後も或いは来ているのかも知れない。しかし、その時には、「私」なるものは分解するだろう。

こんな分解の気配は再三あったが、不思議としぶとく生きぬいて来た。が、もうどうやらオーバーホールしても間に合わない気がする。

しかし、このしぶとい健康を保てたことに二つの秘密があるので、これもついでに書いておこう。

いずれにせよ、二十四時間の中の二十時間を、めしを食う間ももどかしく労働がつづくのである。いかなタフガイでも、これが十年つづけば、くたばるか気違いになるかの二つしかない。しかし、その嵐を不思議に乗り切れた時に、いつもあとで、どうも自分の力でないようなものが作用していたような気がしてならない。（少し神がかって来るが、別にこれという宗教やミコに帰依してはおりませんから為念《ねんのため》。）

スタジオの片隅で、ドタリとひっくり返り、精も根もつきはてて頭をあげることさえも出来ない時が多かったが、次の瞬間には起きて仕事をしていた。こんな時にいつも私は、何か他の力によって支えられているような気がするのである。疲労のはげしい時ばかりでなく、難かしい問題に逢着して進退谷《きわ》まった時にも、いよいよとなると、スラスラと道が拓《ひら》けて行くことが再三あった。これは、自信というものとはまったく違ったもので、何とも表現しにくい。しかし私には有難いことなので、これを私は勝手にこう解釈して感謝しているのである。

日本の津々浦々から私に贈られる純粋の愛情がテレパシイのように私に伝わり、私の生命力をかき立ててくれているのだ……と。

大勢の呪いが恐ろしい奇蹟を生んだ話はあるが、幾万の祈りが或いは私の身体に奇蹟を生むことがあっても不思議はなかろうではないか――そう思えば解決もつくので、笑われてもそれ以外には考えないことにしている。だから、先ず働く前にその仕事の向うにいる人に、誠実をもって感謝することをおこたらない。それが一つである。

そしてもう一つは――、実は私は、少年期を裕福に育てられたが、そのかわりに、まったく意志薄弱な、メソメソした、はきすてたいような子供であった。それが一切の「物」を失ってから、大陸に渡り、そのド根性を自分でたたきなおしたのである。常に自分をたった一人にして、最悪のところに立たせて試す訓練を身につけた。物欲の皮もひんむき、エゴイズムのシミも洗ってくれる——大きな試煉の時期が再び巡って来た。それは終戦時の泥沼であったようだ。

その頃、人間の生活で一番大事なものは、エキゾーストだと考え始め——、つまり、完全に発火燃焼したガスが正しくはき出される、そのハケロを健康のポイントと考えたのである。肺に吸った空気が正しくはき出される——飲んだものが、よどまずに小便に——、食べたものが健康な便となるのと同じように、精神的な面でも、心の欝積、つまり慙愧や悔恨や怒りやうらみやが、カスやよどみとなって心に残らぬようにはき出すことに努力した。不健康の大半は欲望のアンバランスから来るといってもいいだろう。早い話が金銀財宝への欲望だ。土地家屋もその一つである。

金をこっそり貯めこんで、健康な社会人とはチト無理である。役者の堕落はテキメンに貯蓄から始まると考えている。健全に金が体内を流れて役者はフトるのである。縁の下にかくしたり、料理屋をやって大きな役者が生まれるものとは思えない。云いわけみたいに聞えるかも知れぬが、私の所有する財物は、今日私が払う大税金にくらべて少なすぎる。無いとは云わぬが、有るとも云えぬくらいである。また、それに些《いささ》かもこだわっていないことは事実である。しかし、これは私の生きている限りわからないことで、死んだ時に家族や友人があっと驚くことで分るのだから、今ここで口をすっぱくしても意味のないことだ。

女房やセガレがどんなにボヤこうが、私はあくまで一世一代で、すべては私と共にあり、私と共に無くなるのである。

私の息子は、私ではない。故に彼等は、彼等の新しい一歩からやりなおしてもらわねば困るのである。

それじゃ、何も残してはいかないかというと、どっこいそうではない。彼等の心や血肉の中には、いつの間にかにじみこませた私の生活力や人生観や、ヨットに乗って共に得た勇気や冒険心や、そんな後天的なものが、私と妻の混合した先天的な血液の中にちゃんと育成して来てあるのである。

これこそ、無形の大財産で、しかも相続税など一銭もかからぬ最上の贈りものと考えている。クソと金とはたまるほど汚ないと云うが、下手にチビった小金や土地を彼等に残そうものなら、心はヨコシマに走り勝ちで、「生きる喜び」を渋滞させ、五官にただれる怠惰な阿呆になり下ること必定な弱い奴らばかりである。私はちゃんと知っているのだ。私の血の中にもかつてそんなものがあったのだから、その血を半分持っていれば遺伝していることは確実であろう。

私が便所を掃除すれば、セガレもするのである。私が台所でサンマを焼けば、セガレも一緒になって焼くのである。もし私が寝てばかりいれば、彼等も恐らく寝てばかりいるだろう。

つまり、「物」なるものが、しつこく私につきまとい、しかもそれを他人にまで波及さすことを不健康の第一と覚えた次第である。

私は、私のフトコロに入った一切の物心を、正常にハキ出して、静かに一物もまとわず、うらみがましくない顔をして墓石のもとに迎えられることを望んでいるのだ。

新郎と腕を組んで、私の第二の歴史と同じ運命を歩いた最愛の娘は、私の前から遠ざかって行った。この後姿を見て、私の二十年の結晶が、今、実りおさめ、私の枝から落ちて行くような気がしたが、私の新しい人生が始まるとするなら、この離影を以て振出しとせねばならない。

これからの私は、〝いずくんぞ人生を発展せざらむ〟だ。今日のはかなき憂愁を捨てて新しく鹿島立つことが分解から己れを救うもとであるとするならば、目下開店中の八百屋《やおや》のような万《よろず》うけたまわりの芸術屋《アルチザン》を整理して、新しい冒険に船を漕ぎ出さねばなるまい。

このまま立ち枯れるには、まだチットばかり血の高鳴りが邪魔になる人生五十年である。

新装版　あとがき

つたない「自伝」（昭和三十七年十二月刊）が、名にし負う中公文庫の一冊になる――このお報せにはことのほか、私は驚きました。

こんな本が文庫に入っていいのかな――と幾度も考えたほどです。しかも、それが目下五万も売れているとの報に、もう一度、びっくりし、これでいいのかな――と又も考えこみました。（「おわりに」〔本書では序〕は文庫版の「あとがき」として書いたものです）

売れたのは、何をおいても、コーヒーより安いというのが、その理由の大半と承知していますが、中には奇特な方もあり、立派な四六判で読みたい——とか、もう少し大きな活字でないと読みにくいとか、そんなお便りが頻繁に舞いこみ、私をめんくらわせております。

そんなこんなで、装を新たにして再刊の運びとなりました。

私がとっくの昔に吹きこんだレコードが、再三、入れ物を新しくし、手を変え品を変えて売り出されておりますが、あれと同じようで、気まりの悪い思いもします。レコードの方は若い時の声ですから、まあまあ辛抱も出来ますが、昔、どこかで書き散らした色紙が出て来た時と同じように、降参するばかりです。

「昨日の朝顔は今日は咲かない」と末尾に書きましたように、出来るだけ過去の一切は忘却したいタチですので、本というものは、何とも業の深いものと感じます。しかも一度書きましたものが何時までも印税が入るという仕掛けも、改めて驚く以上のことです。

ただ、手前勝手なことをお許し願えるなら、この再刊はともかく、あの生ぐさい終戦時の、いつわりない姿を、暗い道、黒い時間が、少しでも書きとどめ得たらと、それが願いでありました。ようやく、時の流れに靄《もや》がかかり、一切が記憶の外に消えてゆこうとしています。消えていいとは思うのですが、血のりがついた軍服が乾ききって、まだ陳列棚の中に残っている風情を求めました。

あれから三十余年。

この歳月も何故か駆け足のように思えてなりません。これも又、さだかに記憶に残っていない感じです。又、この三十余年は、とくに書きとどめるほどのモノがあったとも思えません。にもかかわらず、あれから今日までのお前の姿を書いてみよと、おすすめにあいますが、人さまにお話出来るほど、イキでもなく、ぞっともしない、いわば、働き蜂の表と、無頼、怠惰の裏がくりかえす私日記で、みだりに出版ブームに乗ずる気持がありません。以上。

今はなき、思い出の人々に謹んでこれを捧げます。

昭和五十二年師走

森繁久彌

Ⅲ　満州

柳絮《りゅうじょ》舞う新京――満州変貌

実は久し振りに頼まれた原稿なので、つい十日ほど前、旧満州の私の家を、戦後初めて訪ねた話を書きたかった。

すでに満州という言葉もなくなった。〝なんとか東北部〟というらしい。

飛行機は北京に到着、そこで六、七時間待って、やや小さい機に乗り換えて新京（じゃない）、長春、に向かった。

長春――それは誠に懐かしい所だが、着いた飛行場は真っ暗で何も見えない。その上、小雨が降っている。私にはかつて特攻隊を見送った、思い出深い飛行場だが、こう見えなくては、何の感慨もない。いきなり車に乗せられたが、それが何と、ベンツのリムジーンだ。

「よくベンツがありましたね」

「ここはベンツの工場もあります」

変われば変わるものだ。擦れ違う車も日本車はほとんどない。

どこへ行くのか？　貴賓館という噂《うわさ》もあったが、ようやく街に入った。そこにはただ驚くばかりの高層建築が林立している。旧ヤマト・ホテルへ行くのだという。

ヤマト・ホテル、昔、山田耕筰大先生を連れて行った懐かしのホテルだ。

「まだ、あるのかい?」

「旧ホテルの前に十階の新しいのが建ちました」

そこに移ったのだという。

やがて、新京駅前。ここにも昔の面影はない。馬糞《ばふん》と馬の臭いにびっくりしたところだが、今や一台の馬車、人力車も見えない。

やがてホテルの大玄関に着いた。あまり愛想がよいとはいえないが、割合にゴージャスな一階のロビーで、ひとまずコーヒーを飲んだ。

さて、ここで、なぜ、私が満州くだりまで行ったのか話しておこう。

実は、NHKの関係する制作会社に頼まれ、有名な大山勝美プロデューサーの指揮で、〝あゝ懐かしの満州〟を撮るという話が私のところへ来たのだ。

満州には実は何の未練もなく、あたふたと過ぎた五十年だった。でも、とうとう引き受けて老骨に鞭《むち》打って再来した満州である。

しかし、このヤマト・ホテルも、まるで外国《とつくに》の感じだ。

やがて案内された部屋は見事なもので何となく安堵《あんど》した。が、廊下のエレベーター前には兵隊らしき者が立ってこちらを見ている。あとで分かったのだが、ただの警備員だった。

私はその横に付いている係の女性の足の美しさに目を見張った。昔、こんな足の綺麗《きれい》な女性がいただろうか？

驚いたことに、その女性が三田佳子にそっくりであった。

新しく建ったばかりだから部屋は綺麗で、満州の匂いがない。大きなダブルベッドに身体を横たえて暫《しば》し昔の思い出を述懐していると、足美人の、部屋の当番さんが入ってきた。

「お風呂に入られますか？」

「あなたとなら……」

と、口まで出かかったが、堪能だった中国語も、今は咄嗟《とっさ》に口をついて出てこない。

「あなたのおみ足は、何と美しいことでしょう」

精一杯のお世辞のつもりだったが、彼女は笑いもせずに行ってしまった。やはり昔の恨みが残っているのだろうかと思ったが、無駄口一つたたかない態度は、ホテルの格式だとあとで聞いて感心した。

どうしても、昔の満州が帰って来ない。もっとも夜で、辺りが見えない故もあったが、ともかく疲れてもいたせいかすぐに寝た。

翌朝の八時半、私はけたたましい自動車の警笛で目が覚めた。

何と、旧ヤマト・ホテルも（昔は三階建て）、その前に十階建ての大ホテルを聳《そび》えさせて、昔と変わり果てた旧新京、長春であった。

いよいよ行動開始である。

先ず私を育てた旧放送局。全満二十三局の放送がここに集約され、新京放送総局と言ったが、変わり果てた市内には何の感興も起こらない。

やがて、当時、周囲が一キロあったという大同広場のロータリーに来たが、電電（満州電信電話）の建物は昔と変わりなく、いささか肩をすぼめて建っていた。

放送局の北玄関も昔と同じでこれには驚き懐かしかった。普通は入れない所だそうだが、すでにアポイントメントが取ってあったのか、一行は玄関を廻り、昔の事務室に入った。が、不思議なことに五十年の歳月はここを変えてはいなかった。椅子《いす》も、すべてが昔のままの風だ。

小綺麗な女性がお茶を持ってきてくれた。

「私が包《ホウ》です。いままで大学の講師をしていましたが、あなたのことはよく覚えています」

私は思い出せない。包《ホウ》さん、韓《カン》さんや馬《マー》さんがいたが——。

氏の案内で、懐かしいスタジオを見て廻った。毎朝、体操の時に弾いてくれたピアノは鍵がほとんど剝《は》がれていたが、そのままの姿でスタジオの隅にあった。

ちょっと弾いてみると、音はうらぶれていたが、ちゃんと鳴った。妙に込み上げるものがあった。

私たちはスタジオを見て廻ったあと、お土産に持参した時計を包さんに差し上げ、何だか逃げるように出て来た。

「昔の人はどこへ行ったのか、私には分からない」という包さんの言葉に嘘《うそ》はなさそうだ。

外は夏の強い太陽の日差しだが、ちょっと木陰に入ると昔と同じように涼しい。

昼飯や夜食を注文した小さな料理屋があったが跡形もなく、代わって立派な通りになっている。

さあ、それからが大変だ。

大同大街にあった寺はなくなり、中央銀行はそのままだが、ずっと我が家の方へ行くと、

「この辺りが義和胡道です」

と通訳が言う。

私がロシアの兵隊に捕まって放り込まれた電電の義和寮は独身寮であったが、道を広くしたので、すでにない。本来なら、その辺りから坂道になるのだが坂はなく、平坦な道になっている。その右にあったのが順天公園だが、スケートで遊んだ池もない。この辺り一帯を埋めて住宅を建てたのだという。

さて、私の社宅があった所へ来たが、社宅は全部壊されていて、代わりに大きな建物が建ち並び、わずかに私の家らしき跡にコンクリートの塀がちょっと残っているだけで跡形もない。局長の家もない。部長たちの家もない。

当時、満州国軍と八路軍との間に激しい市街戦があり、私の家など銃弾が何発も通り抜けていったが、その辺りは、まるで変わっている。戦後、二百万人が長春に入り込んだというから、家がなくて大変だったことだろう。

ただ、野菊やタンポポが昔と変わらず咲いていていて懐かしい。

大きな樹木の切り株を見ていたら、通訳が、

「あまり木が大きくなって薄暗いのでほとんど切り倒しました」

と、切り株を指した。五十年はさすがに長い。切り根っ子は直径六、七十センチもあろうか。

溥儀《ふぎ》帝の四番目の奥さんに逢いに行くことになり、街中の旧御殿を訪うた。今は放送局の技師の奥さんになっている第四夫人李玉琴さんは気さくに逢ってくれ、お子さんらしい人の介添えであれこれ昔話をしていただいた。時々漂う蒜《にんにく》の臭いが、妙に痛ましく感じられた。美しく綿のような柳絮《りゅうじょ》が舞って興を添えたが、不思議なことに誰もこの婦人を見たり、集まったりしない。

ここでちょっとお断りしておくが、共産党のお偉方が牛耳っておられるのだが、どうも人民はあまり関心がないというか、兵隊の力も少し勢いを弱めたか――、あるいは落ち着いたか。

新京銀座といわれた懐かしい吉野町も影を潜め、どこが吉野町か見当もつかない。

よく通った一杯飲み屋、〝当八〟という店も探したが見当もつかない。そう言えば中央大街にあった〝ニッケ〟という洒落《しやれ》たコーヒー店も、あるにはあったが、雑貨屋になっていた。

道往く人の服装も変わったし、タンポーラという紅い山査子《さんざし》の実の砂糖漬けを売っていた駄菓子屋も出ていない。すべては、まるで変わってしまった。人の心も恐らく変わったに違いない。

ただ一つ、嬉《うれ》しかったのは食べ物の美味《おい》しいことだ。夜は十人ほどでホテルの食堂での晩飯だが、この旨《うま》さは忘れられない。満州当時にもなかった上等の味が付いている。

まずメニューを開けると、北京、四川、上海、広東の料理が別々にいっぱい書いてある。私は昔、食い馴れた木須肉《ムシール》をとったが、これも驚くほど旨く、ほんとに顎《あご》が落ちそうだ。老酒の上等を一本とって、けっこう半分は飲んだ。レッテルを見ると本場ものであった。

〝ツーボーラ〟――御馳走様ということだが、並んだ娘さんたちはあまり嬉しそうでもない。

女郎屋のことを狭斜というが、私は昔、みんなでよく行った××楼の跡を訪ねた。が、そんなものは影をひそめ、別の店に変わっていた。

哀々と柳絮が舞っていた。

五馬路《ウーマロ》や狭斜のあとに舞う柳絮

一行は満映という撮影所を訪ねた。

ここの入り口は昔と変わらず、土地が広いせいか、せせこましくない、いい入り口だ。

ここへ昔、李香蘭（山口淑子）も通ったのだが、その玄関の側にある応接間はどうやら昔のままのようだ。

ここでお茶を戴き、ついでに、今撮っている作品の撮影を見ることになった。

この薄暗い廊下は昔のままだ。この点は東宝も東映も同じだ。ここに木村荘十二《そとじ》氏も内田吐夢《とむ》氏もいたのだ。そして、かく言う私も、その録音室でニュースや文化映画の解説をしていたのだ。が、もう誰も知っている者はいない。五十年はあまりに永過ぎた。

監督は若い男で、チョコマカしながらあれこれ指導していた。

そのうち、誰かが囁《ささや》いたのだろう、〝あれは日本の役者だ！〟と。

俳優諸君の目が私を見るので、私たちは退散することにした。

ここの親方が甘粕《あまかす》正彦さんで、歴史上でも有名な人だ。

ここを出ると、すぐに南湖だ。実に綺麗な湖で、その畔《ほとり》に甘粕さん自慢の会館があったが、それも影をひそめ、もっと立派な貴賓館が建っていた。

私はその頃、模型飛行機に凝っていたので、この辺の野原で飛ばそうと、プロペラを廻したがどうしてもエンジンがかからない。諦めて子供たちの手を引いて帰ったことを思い出したが、今から六十年も前の話だが、結構ハイカラな道楽もしていたのだ。

南湖の貴賓館でコーヒーを飲み、ここは外国だと認識して帰ったが、妙にさっきの女優の厚化粧や頰紅《ほおべに》が気になった。

その夜の食事は街へ行き、ここが旨いと評判の飯店に入って食べることになった。どうも、口に入れた肉が余りにも固いので、入れ歯を気にしながら、これは牛肉か、と尋ねたら、ロートだと言う。ロート……なんだか聞いたような気がしたが、そういえば、昔、杉村春子さんと東野英治郎さんら三人で、老舎の作った『ロート・シャンツ』という長編を読んだことがあるが、〝ロート〟、これは駱《らく》駝《だ》のことだと思い出した。

〝なんだ、ラクダなど食うのかァ〟と思っていたら、今度は蛙《かえる》の足が十本ほど出てきた。

「ハオ・ツー？（旨いか）」

と尋ねる。義理にも美味しいとは言えずにいると、今度は紫色の肉だ。

「これはなに？」

「雷鳥だ。はなはだ珍しい料理だ」

と自慢する。

続いて鹿が出たが、これはまあまあであった。そう言えば、満州の大人の三大銘品が、キャビアと鰉魚《パイユイ》と興安嶺の雷鳥と聞いたが、まごまごすると犬や猫も出てくるぞ、と気をもんだ。そう言えば、この都会で犬に逢ったことも猫に逢ったこともない。

ホテルの食堂も、余りの美味しさにびっくりしたが、大鍋に牛の頭が浮いていたという昔話を思い出して、そうでもしなければこの味は出ないか、と恐る恐るスープを吸った次第だ。

満州の空は綺麗だ。

透き徹るような空に、ふと私は昔を想い出した。

満州人のお爺さんたちが集まって、各々鳥籠《とりかご》を下げている。つまり、各々が自慢の鳥を飼っていて、暮れになるとそれを飛ばして啼《な》き声を競うのだ。いかにも風流なことが彼らの生活にあるもんだ、と目を見張ったことがあるが、雲雀《ひばり》も馴れたもので、思うだけ啼いて自分の飼い主のところへ帰ってくる。

あれやこれやを考えながら、私たちはある日、自動車で吉林の近くまで走った。

道は立派なもんだ。ただ両側の畑は、なんと、気が遠くなるような、だだっ広い、霞んで見えなくなるほどの大平原である。

吉林の近くの駅で車を降り、しばらく待って、今度は汽車に乗って今の道を帰った。

満州では自動車のことを汽車《チーチョ》と言う。鉄道の汽車は火車《ホアチョ》である。

やがて火車は、さも勇ましそうに駅に入って来た。さて、その客席で録音だ。

五十年の昔は、あまりに遠い。

ほとんど忘れかけているると言ってよい。

ただ、駅長さんが親切で、外のほうがいいと言う私のために椅子を持って来てくれた。ついでにお茶もご馳走になった。

駅長さんが尋ねた。

「あなたは、今の満州を見て、どう思われますか?」

「忘却とは忘れ去ることだ――と、菊田一夫さんが言われましたが……」

「しかし、それだけではないでしょう、せっかく来られたのですから……」

「あえて言えば、古い故郷だと思ってましたが、その思いは消えたと言うのが正しいでしょうね」

「それだけですか?」

「あえて言えば、惜しいところを失ったと思います」

「どこが惜しいですか?」

「この広い大陸《りく》です。私は――あの頃、この大陸に骨を埋めよう――と心の底で、正直、そう思いました」

「住めば都、ですか?」

と言うと、駅長も笑った。二人ともいささか虚ろな笑いを残して、火車の長い汽笛を聞いた。

火車は野中をただ走っている。

まもなく火車は長春の都に入った。

日本人が教えた火車は、今、満州の人たちの手で、ちゃんと走っているのだ。火車の中では、盛んだった博打《ばくち》をやる者もすでにいない。

思えば、我が家に三年もいたスーチンというお手伝いさんも消息が知れない。

奉天を少し過ぎると、開原《かいげん》という駅がある。そこから、連れて来たお父さんに三十円渡して、三年間の約束で、十四歳の農村の可愛い娘さんを預かったのだ。水道も知らない、ガスも水洗便所も知らぬ、いかにも素朴な、いい娘だったが――今、逢えば恐らく六十をちょっと出ているだろう。

家内と玄関で裸にして風呂に入れ、頭にお酢をいっぱい塗って洗ったが……。子供たちも一緒に育ったので、どんなにか逢いたかったことだろう。

この、五十何年振りかのスーチンとの会見をしたかったが、それは夢物語となった。

白地赤く、日の丸染《マー》めて、

ああ美しの日本の旗は……

スーチンが歌うように子供たちも訛《なま》って歌った。

安心したのは両親で、二年目頃、もう一人、スーチンの妹が来た。これもいい娘《こ》だった。

太平洋戦争が激しくなり、彼女らは帰郷したが、子供たちは涙をいっぱい溜めて彼女らを見送った。

その一年ほど前、家内に、「オクサン、ホンスイ（紅水）デタ」と報告したが、メンスのことは知っていたのだろう。家内は、早速手当てをしてやった。

三人の子供と二人の満州人の女性。日本風にいえば、幼い者同士の筒井筒《つついづつ》の子供たちの別れだ。忘れえぬ友なのだろう、倅《せがれ》は開原まで探しに行ったが、ラジオで放送までしてくれた甲斐もなく消息は摑《つか》めなかった。

私たちは昭和二十一年、満州を去る最後の日、南新京から無蓋貨車に乗ることになった。私の一家は私も入れて七、八人いたが、みんなで我が家から南新京駅（駅といっても、ただ線路があるだけだが）へと向かった。

次の日。その思い出の南新京駅を訪ねて、私は立派になった駅から線路へと飛び降りて、延々と続く長い長いレールを見ていた。

〝ここから、帰ったのだ。満州に別れを告げて〟

思い出したのは、家内にナイフを渡したことだ。

「これで駅の看板の海に近いほうの柱に、何か思い出と、ここを通ったという印を書いておいてくれ」

最初は私一人新京に残ったのである。

うちで飼っていたコロという犬がどこまでも追って来て、火車に吠《ほ》えた。

「坊ちゃん、行くのか。お嬢さん、私も連れてってくれ……」

と必死で言っているようだった。子供たちは泣いた。私の母も家内も貰い泣きした。

この新京では、私の家の、すぐ前の家で、ロシア兵にいささか逆らったか、ご主人が三発ばかりピストルで撃たれて亡くなられた。その遺骸を運んだのが南新京だ。そこで屯《たむろ》している満鉄の釜焚《かまた》きに、お酒の肴《さかな》とお金をあげて焼いてもらったことがある。その広場も今はもうない。店や家がぎっしりと建っていて、どこがどこやら分からない。

私はこの駅で一人の日本婦人に逢った。

「主人は中国人ですが、もう大学を出た大きな子供もいます、男の子と、娘もいます」

たどたどしい日本語だが、懐かしさもこめて涙を拭きながら話してくれる。戦後、辛い目に遭われたのだろう。今は着ておられるものもシャキッとして七十歳を越えておられるような年老いた日本婦人である。

長い話になった。

「私は金沢の田舎ですが、去年、日本へ帰りました。他の国みたいでした。宮城《きゅうじょう》（皇居）へも行きました」

「日本へ帰りたいと、ずっと思われていましたか？」

「……思いませんでございました」

朴訥《ぼくとつ》なお婆さんの顔に深い皺《しわ》が往時を語るように刻まれていた。不平も不満も押し殺して生きてきた五十年の勲章でもあろうか。

私は多くを語る気もなく、ごつごつした手を握りしめて、〝再見《ツアイチエン》、再見〟を残して別れたが、この人の名は角屋ヒデさんという。お嬢さんは交通銀行に勤めている。劉静杰という名の名刺を頂戴した。

誰がこの婦人を救うのか、長い話の中で、このお婆さんの、

「わたし、桜見て死にたい」

が、いつまでも心に引っかかった。

香蘭開拓団に勤労奉仕で来ていて終戦に遭ったのだそうだ。長春まで逃げたがソ連兵が怖くて、コックの劉さんと偽装結婚し、夫は死んだので娘と暮らしたという。父の墓参りに日本に帰ったが、実の

兄が許さず、再び第二の祖国、満州へ帰って来たと話した。
私は、さくらが見たいというヒデさんの思いに打たれて、がらんとした南新京の駅で、

　さくら　さくら　弥生の空は……

と歌った。
あの時、ヒデさんの目に溜まった涙を見て、私も思わず泣いた。
〝ヒデさんよ、どうぞお倖《しあわ》せに――〟
私たちは変わり果てた南新京をあとにした。
黙々と雲はゆき、雲は流れる。

大陸に沈む夕陽

長春の夜の物語り

南湖に来た帰り道、近くの中華料理屋で夕食をとった。

長春の露路を入った
小さなのみ屋のテーブルで
鹿に駱駝に蛙に雷鳥
不思議なものばかり喰って
出れば、皆が酔った顔に
冷たく時雨がかかる
腹でごろごろ音がする
蛙さむかろ　駱駝と寝ろよ

鹿は馬と一緒になるナ
雷鳥さんよ
鳴くのはやめろ
露路をぬけたら
カラリと晴れた
長春の夜の物語り

久彌

引き揚げの長春南駅

私たちが引き揚げたのは南新京駅、今の長春南駅からだった。当時は今見るような巨大な工場などはなく、広場もゴミ捨て場のような原っぱであった。そこには満鉄の元釜焚きをしていた男が二、三人いて、ロシア人に撃たれて死んだ人をここに運び込み、

「すいません、焼いて下さい」

と頼むと、一升ビンの酒一本で焼いてくれるのだった。

私の住んでいた社宅からここまでは結構な道のりだったが、家族を連れてどのように来たのかよく思い出せない。とにかく一所懸命歩いたのだろう。乳母車を二台買い、それをつないで上に板をのせ、そこに荷物を積んだことは覚えている。とは言え多くの家財道具を家に残して、両脇にかかえられる

だけの荷物を持ってここまで何とか逃げて来たのだ。ただただ悲惨で、殺伐としていた。非常に仲のよかった隣り近所の奥さんたちが相食むような状態だった。

満州はあまり雨が降らないが、そのときに限ってやたらと降っていた。私たち家族は、今とちがってプラットホームもない粗末な駅の線路から直接、屋根もない無蓋貨車に乗り込み、その上で合羽のようなものをかぶって寝た。降り続く雨の中、子どもは溜まった水の中でオシッコもウンコもした。初めは子どもたちが水につからないように抱いていたのだが、やがて力がなくなり、みんな雨と溜まり水の中でびしゃびしゃになりながら寝たのだ。

奉天（現在の瀋陽）の手前あたりで突然、

「止まれ！」

と言う声がした。十五分の休憩だと言うのである。実は賊が来たのだが、賊といってもそのあたりの人が物盗りになっただけのものだ。私たちはもう何も持っていなかったのに。

結局、一日ほど汽車は止まっていたようだ。止まったところでわれわれは何もすることがない。すると家内が、

「皆さん、掃除しましょうよ」

と言って、荷物をどけ、水を流してきれいに洗って掃除をする。

その家内の背中に変なものがついているのに気がついた。それは紙芝居の道具であった。大人たちはみんな、疲労と憔悴《しようすい》で何ものを言わない。子どもたちがかわいそうだと思った家内が、無蓋貨車の中で紙芝居を行なう。それは非常に印象的だった。

長春南駅――ここに来ると、いろいろな悲しいことを思い出す。

無蓋貨車は木の枠をつけて、人が落ちないように紐を張っただけのものだ。そのような汽車にあふれんばかりの人びとが乗っている。汽車が止まると、「二十分停車」という声がかかる。すると皆小便、大便が溜まっているから早くしたいので、パーッと下りてかけてゆく。しかし、あまり遠くへ行けば汽車が動き出したら間に合わないので、近くでするしかない。男はそこらあたりですればよいが、女の人たちはさりとて汽車のそばでは丸見えになってしまう。そのせいもあるのだろうが、まるで測ったようにみんな十メートルほど先のところまで行って、尻をまくって並んでしていたのが印象的だった。なかには、恥ずかしがって列車の下に入ってしていた女性が、動き出した列車に轢かれて死んだこともあった。

やがて、動き出した列車から後ろを振り返ると、当時私たちが飼っていた犬がついて来ていた。私たちが乗った汽車を追っていっしょに走っているのだ。汽車のスピードがあがって追いつけなくなったときの、彼の何とも言えない表情が今も切なく思い出される。

大陸に沈む夕陽

長春の夜は、いたって淋しかった。

薄目で時計を見ると、三時だか、四時だった。窓を開けると真っ暗な街に灯は少なかった。何だか死霊の、いや生き霊もいたか、私を呼ぶような気がする。

窓には大きな太白星が、今ふうにいえば金星が光っていた。


倅と通訳の女性に聞くと、延吉《えんきつ》はロシアと朝鮮の国境のそばだ。しかし地図で見るとそう遠くもない。それでも長春の中国人に聞くと、火車《ホアチョ》（汽車）で十二時間はかかると言う。

私はなかなか寝つけなかった。私を父のように育ててくれた長兄である。そうか、いよいよ行くか――私は一杯の老酒を飲んだ。

この窓の向こうに、石川甫《はじめ》の教会があったが、あの尖《とが》った塔は見えなかった。彼はTBSで大働きをし、今は小田急の郊外で養生している。あの当時、彼の美人の妹、昭子さんが、芦田伸介の嫁になった。惚《ほ》れに惚れた伸介だ。式を挙げて一緒になり、子供二人がいる。

新京にはもう一つ教会があった。

そこには、高橋ユリ子という、絵に描いたような美人の娘がいた。彼女も放送局に勤めていたが、近くスポーツ選手と結婚式を挙げると聞いて、何だか惜しい気がしたのを想い出す。

朝早くに目が覚めてしまったが、仕事は昼からだという。

ぼんやりと、新しい長春の街を見ていると古い新京が蘇ってきた。

それは悲しくも遠い思い出である。

朝早く可哀相な子供の死体を満載して無造作に縛りつけた大車が、ごとごと馬に引かれて西の方へ行く。聞けば、中にはまだ温かい子もいたという。悲惨の極みだ。

今はそんな面影を求めても何もない。変貌《へんぼう》とは、変わり果てるもの……と、いやというほど思い知らされた。

私は通訳に、延吉までの飛行機の便を尋ねた。汽車で十二時間のところをわずか一時間で行くという。

私も、三十年ほど前に乗ったことがある。フレンドシップという機だ。全日空が買ったヨーロッパ製の飛行機だが、窓の大きな、視野の広い飛行機で、私は宣伝のつもりで、機内でタバコを立ててこんなに安定がいい、と提灯《ちょうちん》もちをしたことを覚えている。

五十人ほど乗れる小型機だが、三十年も経った今、それに倅は乗って行くという。

私は老人だから、倅の泉が代わりに行くことになる。

「大事なお前の伯父さんだ、頼む」

私は前夜、どこにお骨があるかも知れぬ、延吉の墓に眠る兄に手紙を書いた。

弘《ひろし》兄さん

何と言ったらいいか、ただ己れの不明を詫びるばかりです。

あれから烏兎《うと》匆々《そうそう》として日は過ぎ、五十年も月日が流れました。不精な弟、久彌は八十三歳になり、体の自由がままなりません。

一行をただ見送ります。俊哉の兄も逝きましたが、どんなに弘兄のことを心の中に抱いていたことでしょう。

ただ弘兄さんに見せたいのは孫がたくさん生まれ、目下賑《にぎ》やかなことです。きっとみんな弘おじ様と懐かしむと思います。

あの時(日本の敗戦が分かった時)、どうしても脱走してほしく、同じ満州にいるのだと何度も考えましたが残念です。

たくさんしたかったことが何一つ出来ず申し訳ありません。

泉が私の代参をしますが、弘兄さん、この倅はあなたにそっくりです。

一行の大山氏を初め皆様、ありがとうございます。大山さんも後から延吉に行かれるそうですね。

弘兄さん

寒かったでしょうね。

冷たかったでしょうね。

さびしかったでしょうね。

弘兄さんのこれからの倖《しあわ》せをひたすら祈って、これで終わります。

一九九六年六月八日

長春にて　久彌

水とウイスキーと、日本で買った最高の線香と、手紙を持たせて泉を見送った。

満州語も朝鮮語も堪能な可愛い通訳と倅は長春を離れて程なく、無事に延吉に着いたとの知らせがあった。

実は、この延吉にもわれわれの電電放送局の支局があり、同級生の高橋君が赴任した。いちいちアルコールで手を消毒する潔癖な慶応ボーイだったが、一年ほども勤めたろうか――。

聞けば、この延吉の大病院の一角、といっても一万坪もあろうか、そこには何千人かの遺体が埋まっているという。

街は札幌に似た瀟洒《しょうしゃ》な造りで、どうも満州国ではない感じだという。

先日、数百人の墓参があったと聞くが、遺骨の埋まる場所など分かるはずもない一面の芝生だ。

ぼつぼつ長い撮影も終わりに近づいてきた。

だけど、奇態なことに、中国料理は飽きない。毎日、楽しく食べた。だんだん馴れてくると、料理も何種類かあったが、アルコールが重なり、すっかり満州人になってきた風だ。

女性については、この国の掟《おきて》もあって一切関係がない。中には言い寄ったのもいたと聞くが、両方に迷惑がかかるのも厭《いや》で、これは慎むことにする。

今日は快晴だ。

長春を三キロばかり離れた田畑の中に来た。その横に大きな高い土手があって、その上を火車（汽車）が瀋陽に向かって走っている。

私たちは見はるかす畑の中で、あれこれと話していると、線路の上にいたスタッフの連中が私を呼んだ。

「素晴らしい、早く見せたい！」

足の不自由な私は遠慮したが、来い、来いとあまりに言うので、行ってみるかと土手に上ることにした。五人ほどが尻《しり》を押したり手を引っ張って、どうやら線路まで辿り着いた私は、何と！　しばし、その光景に固唾《かたず》を飲んだ。

あの有名な歌の通り、赤い夕陽が今、沈もうとしているではないか。

「ほう、素晴らしい！　これが満州だ！」

私は思わず大きな声で、
ここはお国を何百里
離れて遠き満州の
赤い夕陽が、今、沈み行く。

「大山さん、ここに立った私を撮る……それが目的だったんでしょう！」

男二人が抱き合った。

なぜか私はポロポロ泣いた。いつも見る太陽なのに——不思議なこともあるものだ。万感、胸に突き上げるものがあって、しばし私は沈みゆく夕陽に見惚《みと》れた。

〝天地の色は老いずして

人間の世は移ろふを……〟
土井晩翠《どいばんすい》の詩を口遊《くちずさ》む。

さて、私は五十年も経った今、なぜ満州を訪れたのか？　という問題と、今の満州をどう思うか？　について書かねばならないのだが、私の心の中に錯綜《さくそう》している遅疑逡巡《ちぎしゅんじゅん》は、この地点を去る日まで釈然としなかった。

どうも総じて、今の中国東北部というか、旧満州には好意を持ちかねる、というのがほんとうだろう。

〝金を失い、友も失うのか――〟

というハムレットの名台詞のように、すべて友はいずくにあるのか……懐かしさもさることながら、もはや、あの親しかった満州人、朝鮮人、蒙古人やロシア人たちのアナウンサーにも逢えない。五十年を、どうしていたのだろうか――。

追憶とは芝居そっくりだ。

瞬間に消えていったあの時の夕陽みたいなものだ。あの名場面は再びないのだ。その刹那《せつな》に消えてしまったのだ。

これが人生のいさぎよさであり、また美しさなのかもしれん。

いよいよ一行は十二日ほどお世話になったこのヤマト・ホテルとお別れの日が来た。

今から飛行場に行き、北京まで行き、そこで二、三日見学して全日空で日本へ帰ることになる。

一行が全員、ホテルの大玄関に揃うと、何と、当ヤマト・ホテル（現在の春誼賓飯）の社長をはじめ、お世話になった皆さんが並んでいて、ひとりひとりに〝再見《ツアイチエン》〟と挨拶をしてくれる。

車に乗ろうとしたら、最後に握手したのが、何と、来た時に会った〝三田佳子〟にそっくりの娘さんだった。

なぜか、いささか心引かれるものがあったが、車は無情にも出発した。

「再見《ツアイチエン》！　我愛你《ウオアイニー》」

と叫んだが、再び逢うことがあろうか――。

さて、北京までは長春から万里の長城を越えるのだが、下を見ても、まだ何の風情もない。ただ、だだっ広いだけだ。

飛行場にはＮＨＫ北京支局の方が待っておられた。

まず全日空のホテルへ入り一服した。コーヒーが旨かった。

何とここの全日空の支店長は、かねてよく知っている人だった。懐かしさに甘えて、どこが旨いか、美食飯店を案内してくれと申し出た。

北京はさすがに世界的な都市だ。

その夜、食べた料理は、長春とは違う旨さだった。

この店は有名です。一番美味しい。

昔、私が北京に来た時にあったかどうかは忘れたが堂々たる構えだった。北京に行けば、あのジンギスカン鍋に行きたいと思っていたが、とうとうその暇はなく、翌日、万里の長城へと車は走った。

長い道を長城を目指して――。

沿道に喫茶店もパチンコ屋もない、そこはただの道だ。しかも、見事に舗装された近代道路だ。行き交うのは、牛でも馬でもなく自動車ばかりだ。

上りになったが、それからも暫《しばら》く走って、やっと私たちは長城の下に着いた。

私たちが行く所は、まさに観光の名所なのか、各国の人々で長城も祭りのようだった。これが延々二千四百キロだ。気の遠くなるほど続くのだ。よくもこんなものを、人が造ったものだと呆《あき》れるばかりだが、これを造らせた始皇帝もただ愚かしく、皇帝ならではと驚くばかりである。

日本の北海道から九州まで千八百キロというが、まだまだ遠いというわけだ。人間が造ったもので、月から見えるのはこの万里の長城だけだというから、話もすべて茫漠としてしまう。

茫漠とは、海の形容詞だが、まるで、この山また山を越えて北から異種族を防ごうと造ったのだから、開いた口も塞がらない。

ここに土井晩翠の〝萬里長城の歌〟という詩があるので書いておこう。

萬里長城の歌

土井晩翠

一

○生ける歴史か数ふれば齢は高し二千年
影は萬里の空遠き名も長城の壁《へき》の上
落日低く雲淡く關山看す〳〵暮れんとす、
征驂《せいさん》悵《うら》み留りて俯仰《ふぎよう》の遊子身はひとり。
（土井先生は、明治にひとりで訪ねられたのか）

○絶域《ぜついき》花は稀ながら平蕪《へいぶ》の緑今深し、
春乾坤《けんこん》に回りては霞まぬ空も無かりけり、
天地の色は老いずして人間の世は移ろふを
歌ふか高く大空《おほぞら》に姿は見えぬ夕雲雀《ひばり》。
（中国の人は、今も雲雀を飼ってその声を競い合う）

○嗚呼《ああ》跡ふりぬ人去りぬ歳は流れぬ千載の
昔に返り何の地かかれ秦皇の覇図を見む、
残塁破壁声も無し恨みも暗し夕まぐれ
春朦朧《もうろう》のたゞなかに俯仰の遊子身はひとり。

（秦の始皇帝はただ北からの異民族の侵入を恐れて造ったという）

二

○三皇五帝あと遠く「六王終りて四海一」
四海の黔首《けんしゅ》ひれふして雷霆《らいてい》の威に声もなし、
「わが宮殿を高うせよ」一たび呼べば阿房宮
「わが辺境を固うせよ」二たび呼べば萬里城、
春は驪山の花深く秋は上郡の雲暗く。

○管絃響き音雲に入る舞殿の春の夕まぐれ
袂《たもと》を挙げて軽く起つ三千の宮女花のごと
花を散して玉觥に浮かす歌扇の風もよし
彫龍の欄奥深く薫ほる蘭麝の香を高み
珠簾を洩るゝ銀燭の光消えなで夜や明けむ。
（三千人も后がいたのか——）

○西《にし》臨洮の嶺高しこゝ遼東の谿《たに》深し、
流を埋め山を截り塁を連ぬる幾千里

かゞりの焔天を焼きつるぎの光霜凝ほり
殺気夏猶《なお》ものすごく守るは猛士二十萬
漠のこなたに胡笳絶えて匈奴の跡ぞ遠ざかる。
（二十万では足りなかったと思う。食べものはどうしたのか？）

秦の始皇帝に呆れて、その夜はまた、美味これに過ぐるものなし——の有名な料理店に行った。駱駝は出なかったが、松花江《スンガリ》の蝶鮫《ちようざめ》らしいものが、すっかり工夫されて出てきた。

さて、いよいよ明日は北京名物の紫禁城へ行くのだが、これは明《みん》と清《しん》時代の宮城で、明の永楽帝が築いたものだ。

何とだだっ広い、野球場が五つや十くらいはいる体のものだ。人も霞んで見える大きな宮殿を何の必要から造ったのかは想像もつかない。

今、この中に中国の宝物がたくさんある故宮博物館があるが、大半は蔣介石が逃げる時、台湾へ持っていたのだ。それでもまだ残っているのだから、その持っていった量たるや不可解である。

蔣介石軍は軍艦に積んであちこち彷徨《さまよ》いながら台湾へ行ったのだ——という。

この故宮の宝物はテレビで紹介するために長い間、台湾に滞在して、一つ一つていねいに撮影されたものだが、毎日毎日陳列の宝物を取り替えても半年はかかるというから恐れ入った次第だ。

しかし、その残り物でも北京の博物館は、びっくりするようなものがワンサとある。

すべてがこの規模だからいちいち驚いていてはどうしようもない。

こんな人ばかりが中国から出たのだ。

清朝の西太后にしたってバカバカしくて話にもならないようなことばかりだ。

〝この北京の山に登り、ここが気に入りました。この山頂に湖を作っておくれ――〟

と、人を驚かせたが、当時、東洋艦隊に使う金を、みんなこの湖水を造るために遣い果たしたというから、これも女傑であろう。

しかも、何をするのかといえば、大きな孔雀《くじゃく》の首みたいなのが付いた舟に管弦の連中を乗せて、毎夜、酒を飲んで戯れたというから恐れ入る。挙げ句は、大きな鯉《こい》何十匹か何百尾か、尻尾《しっぽ》に金箔《きんぱく》をつけて泳がせ、篝火《かがりび》を翳《かざ》して、キャッキャと喜んだというから恐るべしだ。

戦前、ここを訪うた時、古いピストンのついた蒸気船を三菱が寄贈したのか、飾ってあったが、今はどうか――。

世界中で一番、人生を謳歌したのは中国人ではなかろうか。全部が全部とは言わぬが、あるいは一部の人たちだけにしても、あれほど滅茶苦茶をやらねば、あんな馬鹿ばかしいものも出来ないし、また国を滅ぼすことはあるまい。

ユダヤ人の格言の中に、

〝人は笑ってばかりいて生きてはおれぬ。

人は泣いてばかりでも生きてもゆけぬ〟

というのがあるが、この喜びの歓声の中でどれだけの人が泣いたことだろう。

私たちはただ呆れて見学を終えたが、メンバーの重要な一人、山内氏がいない。聞けば、紫禁城でウンコに行っていたという。
これもまた、ケッブッであろうか。
明くる日、北京を去ったが、不思議や空も大地も晴れていた。

〈連作詩〉満洲の空は碧かった

満洲の空は碧かった

あれから流れた春秋は
あっという間に日を数えて
三十年の今日を迎えた

この三十年の間
一度も逢わずに　或は又、
どうして居るかも聞かずに
私たちは過したようだ。

玄海灘を意気高くこえて　大地を踏み

その玄海灘をボロにつつまれて帰ってきた。
とうとう帰らぬ仲間もいた。

今も　あの凍土に
白骨と化し、東を向いてねむっている
あの友、この友を想うと、
胸のうずく思いだ。

黒河

黒河の冬は長く
白樺の煙りは街を流れて
冬の短い日を　なおも暗くした
風に乗って
アムールの氷原の彼方から
ロ兵《ロヘー》のコーラスが聞える。
黒河電々の局長は緑林の王者だった、
そしてその妻は唐ゆきさんだった。

遠く漠河《バツカ》にさかのぼって、或る日逢った――
あの国境警備の
巡査《オマワリさん》はどうしたことだろう

斉々哈爾《チチハル》

斉々哈爾の姑娘は、水色のクーズをはいて
やさしく　素朴だった
馬占山が善政をしいた　街の心は
くずれながらも　旅人をなぐさめる。
嫩江《ノンジヤン》のあそび舟は
のどかに河を下り
青空の下
日満のいぎたない交りにふける男女に
船頭はそっぽをむいて
船をあやつっていた

海拉爾《ハイラル》　満洲里《マンチュリ》

アゴーニカ、炎の花は雪を割って
紅く咲き春を告げる
ハルハ河の氷が音をたてて流れると
人は長い冬眠を
アタマン、セミヨノフナーミの祭りに醒《さ》ます
酒に酔いしれた国境の村人《むらびと》たちは、
夜明けとともに
再び吹雪の横なぐりをうけるのだ。
春は遠く
春は短い　国境の街

佳木斯《チャムス》

佳木斯への道は遠く
その又、

佳木斯からの遠い道を馬車にゆられて
広野《こうや》の中の日本人を訪ねる
開拓団の白い飯《めし》と、バタで煮たあのキジのスキヤキが
私たちを歓迎した。
ああ
あの地から
夫を失い、ひたすら逃げ
背《せな》の子供の死も知らず
疲れた母は、満人百姓の妻となった
今に　高粱の葉かげで
小学唱歌を口ずさみ
忘郷の涙にひざをぬらしているときく。

牡丹江

東満は　ニジネアムールスク
謎の興ガイ湖だ。
〽今朝　山峡《やまがい》の朝ぼらけ

細くかそけく立つ煙り
賊馬が草をはむが見ゆ
討匪行の歌にうたわれた
綏芬河《スイブン》の国境を越えて
八月十七日
ソ連の戦争はやってきた
キビ畑も、とうもろこしも
牡丹江の街も　じゅうりんした。
友だちの妻は
獣くさい　大鼻子《ターピーズ》の　どん欲な
いいいいししむらの下で血を流した
あんなのどかな牡丹江であったのに
火車站《ホワチヨザン》は　東満の乾いた風の中で
松葉牡丹の紅《あか》や
黄色に色どられていた
あの駅が目に浮ぶ

ハルピン

あー哈爾浜
ブリスタンペカルナヤ
石だたみは青い街燈にあらくれて
二頭立ての馬車は
好色の旅行者を
トロイカやファンタジヤに運んだ
十八というナターシャは
どこかフランスの女優に似ていた
パリにあるかと、だいて踊る
胸ときめかす
旅の男の耳に　よせて
〝一パツやるか、早くしろ〟と
乙女にあらざる日本語をつかった。
これは不逞な兵隊の置土産だ
スンガリーの氷の十字　クリスチャニヤ。

エミグラントは零下二十度の河にとびこんで
救いなき神に祈った。
夏は太陽の草いきれの中で
放送局長の眼を盗んで、河なかの島にあがり
日露のあえない親善に
ぬれてからまる仲間もいた
秋林《チウリン》デパートの扉に立っていたひげの貴族は、
どこでどうして死んでいったか

奉天

奉天の空は
いつもにごって見えた
うらぶれた奉天の放送局のスタジオが懐しい
深夜、あのスタジオで若いアナウンサーの情事があったことも
今や伝説となったか――
内地からのお客は　飯店の宴会もそこそこに
遊廓へつれてゆけという

レンシャン班
班《バン》、院、楼、班《バン》は一等館《やかた》だ。
カイパンズ、モーリホアがにおうお茶に
客は　いらいらし、前門《チエンメン》を吸って
せきたてるばかりだ。
三日も通《かよ》えば、
あの別ピンはものになろう——と教えれば
バカめ、そんなのんきなことが出来るかと
いどんだはてに
満娼からビンタをくった

営口

ここには、潮の香りがする
海の魚も市場を賑わす
引き揚げの長い無蓋貨車は
ここに長く止った
思えば終戦の三月前

江戸から来た、志ん生、円生、の名人や
斎田愛子をつれて電々の地方慰問をした。
「落語も分らねえ客にいや気がさした」と、
志ん生師匠はおこって
毎晩、私に酒を買わせた。
娘々廟の祭りの
紅いすっぱいタンポーラが懐しい。

営口を西に去れば
駅に冷凍の甘柿を売る声が聞える。
間もなく承徳だ。
赴任した　肥っちょのアナウンサーは、
蚊帳もつらずに裸で寝た
その夜
天井からサソリの訪問をうけた
彼は腹の上のサソリと三十分もにらみっこをした。
口を通り眼の上を踏み、
サソリが退散するまで一升程も汗をかいた

サソリの足の裏の感触を知っているのは
俺だけだと威張っていたが
その彼もそれを自慢に間もなく局をやめた。
承徳の街は美しい。
乾隆　康熙の離宮《りきゅう》は北京の別荘であり
要塞であった。
ここから万里の長城まで
天津栗の林がつづく
その林の中を、毛沢東のゲリラがゆく
私は、そこに野坂参三の伝タンを見た。

延《えん》吉《きつ》

延吉の話は哀しい
市長は馬車のあとにロープで引きずられ
全身を真紅《まっか》にむいて惨死《ざんし》した
私の兄も
ここで消息を絶った

安東の局長も悲しい死をとげた。
鴨緑江を渡れば　朝鮮だ
ここまで来て再び引返した同胞は力《ちから》なき庶民《しょみん》で
上手《うま》く逃げのびたのは
関東軍の親方やその家族だった

大連

ダルニーは　自由港だ
ドイツ製の写真機は安く
パリの香水も　ポケットマネーで買えた。
食い物も美味く
星ヶ浦はシャレた避暑地で逃避行の最適地。
大連の芸者は新橋、赤坂の直送ものだった。
ただ気に入らぬといえば
俺たちは満洲国の人間とは些か違う　と
日本産、古手の官吏が威張っていた
旅順に足をのばせば、二百三高地に

山ばとや　うずらが鳴いていた。
遼陽　撫順　四平街をこえて、
都、新京に着くと
中央大街の柳に柳絮が舞い
新京放送総局は
大きな電々会社の裏口のような所にあった。
二階にあがれば
金沢さんがドイツ語の本をよみ、
夜はカフェの女の訪問もかいま見た。
その金沢さんも、もういない。
地下に降りると
アナウンサープールだ。
日、満、蒙、露
懐しい顔、顔が浮ぶ
海外放送のアメリカ二世たちは
深夜、
私たちにダイスを教えセブン・イレブン——
月給の大半をまきあげた。

その一人は戦後占領軍の中に顔を見せ
アメリカのＣＩＡにいると
恐しいことをいった。

思い出せば　きりもない
あれも　これも
あの人も　あの顔も
いまは三十年の歳月に
皆、老人と呼ばれる仲間に入った
今日、
ここに集うた百何十名
語る話が多すぎて、
話す言葉が見つからない
黙って、眼と眼を見合すだけで
満感がこみあげる
再び相まみえることがあろうか
「やあ　しばらく
元気で何より

頑張ってくれ
それじゃ　さよなら」
これ以上　何が言えよう
友よ、
握りあった君の手のぬくもりだけは忘れまい。
満洲のあの青い空といっしょに――。

（満洲アナウンサーの会にて、昭和五十年十月）

戦中　戦後

トラ・トラ・トラ

十二月八日の話ではない。

今年は虎の年である。あるいは寅が正しいか。

満洲では、バイコフというロシアの文人が書いた王虎の話が有名である。朝鮮から長白山、そして興安嶺など、満洲は虎の産地である。額のところに黒い王という縞模様があるのを、虎の王として珍重がったのである。私は満洲の動物園でしか見たことはないが、あまりの大きさにびっくりした。身長は四メートルもあろうか、顔は風呂敷をひろげたほどである。加藤清正がよくも腰を抜かさなかったと思うほど恐ろしい。

私たち満洲の放送局は電信電話会社の経営であった。だからどんな田舎でも、電電会社があり、その点は有難かったが、地方の出張は電信工夫君の出張並みで、この定款の変更を何度も上申したくらいのものだった。

大連には古い二階建ての電信電話局があり、昭和の初めころ、ここで一大虎事件が持ち上がった。電報を打つところは二階である。腰高のテーブルがあり、向こうは電信機やトランスレーション・マシン――つまりトンツーを日本文にかえる機械、通称これを〝トラ〟と呼んでいたが、ある深夜の出来事である。

たった二人の宿直がいたが、一人はテーブルで大かたコクリコクリでもやっていたのだろう。片方の社員は奥の方で何かごそごそ仕事でもしていたか。すると突如、その細長い電報を打つ机の上に大きな虎が音もなくぬっと現れた。驚いたのはそのそばの男でなく奥の男だ。気がついて腰を抜かした。立つに立てなくて

「トラ、トラ、トラ」

と暗号みたいなことを言うと、片方はねむそうに

「打って来てないじゃないか」

と返事をしたが、何となく獣くさい息が鼻の先でするのでふと横を見ると、目の前に大きな風呂敷ほどもある顔が彼をにらんでいるではないか。まるでディズニーの漫画みたいなもんだ。彼は血の気の失せた顔で虎の方に向かって「今晩は」とおじぎをしたそうな。そしてやおら気を失って足元にくず折れた。

奥の男は、抜けた腰をひきずりながら電話のところまで行き、最寄りの警察に電話をした。ところが「虎がいます。殺されます。至急来て下さい！」では酔っぱらいと間違えて、いっかな信用してくれない。

「ここは大連だよ、何を言ってるんだ！」

「大連でも何でも、虎がいるんです。今にもくいつきます」

長い問答の末、「クソ」の一言を残して警官がやって来たが、階段の下で上に大きな虎の尻尾がチラリ見えたので、事は軍隊が出る大騒ぎとなった。大連駐屯の一個小隊が機関銃まで持ち出して電話局を遠巻きにして構えた。

ようやく、虎が階段を下りるところを「撃て！」の一斉銃撃で射殺したそうだが、間もなく大連の木下かキグレか、サーカス団から虎使いが来て、その屍《しかばね》を抱いてさめざめと泣き、

「ひと言いってくれたら、つれて帰りましたのに。花子（虎の名）はおとなしい、いい子でした」と。

これは嘘のような本当の話である。

蒙古残照

名古屋で公演中、劇場近くのデパートで催されていた「北方騎馬民族文物展」をのぞいて見た。

展示品は内蒙古の博物館から来たもので、匈奴《キヨウド》、烏桓《ウガン》、鮮卑《センピ》、突厥《トツケツ》、契丹《キツタン》（キタイ）、党項《タングート》の時代から、元《げん》時代、そして近代につながる草深き文化芸術の縮図であった。かつてジンギス汗《カン》が疾駆した草原と砂漠の文物というか、果てしなく拡がる騎馬民族の歴史に触れるのが楽しかった。

二十年程前、ヨーロッパを旅した折、ポーランドに立ち寄ったが、「お前達は蒙古人か」と聞かれ、何とも返答に困ったことがある。顔が似ているのをいいことに、黙って聞いていたら、「蒙古人なら、

間もなくこのポーランドで有名な蒙古の祭りがある。それを見てゆけ」とすすめられた。どことなく彼らが蒙古人を信奉している気配さえ見え、驚いたものである。

一二〇六年、テムジン、即ち〝蒼き狼〟はジンギス汗となり、蒙古帝国を樹立するのだが、「馬」という当時世界一速い乗物が幸いし、南下西征、ヨーロッパまでその力を及ぼす。考えてみると、やはり当時から速いものが文明や戦さの先走りをするのだろうか。

私も新京の放送局時代、録音機をかついで、見はるかす海のような大地に蒙古の人文地理を求めて旅した経験がある。その旅は内モンゴルのほんの一部分に過ぎなかったが、ホロンバイル旗（ここはノモンハン事件でご存知だろう）、興安旗、シリンゴル旗など、時には一ケ月もさまよい、遊牧の人たちに触れることができた。

昭和十四年、東京から満洲新京市に到着して三、四ケ月たった頃のことである。会社から突如夜中に非常呼集があった。私と六名の人間が電電総裁室に呼ばれ、「密命の任務をおびて出発せよ」との命を受けた。早速その夜、新京の駅に集合させられ、北へ向う列車に抛り込まれた。車窓からプラットフォームを見れば、電電の上層部社員がずらりと並んで、何事ならんと肝《きも》の冷える思いであった。

このまま斉々哈爾《チチハル》に行くという。既に北方草原に砲火はしきり、実は帰京してのち聞いた話だが、ノモンハンの戦火がシベリヤに及べば、私たちはソ領チタの放送局を開局する使命をおびていたとか。幸か不幸かノモンハンは惨憺たる敗北が続き、軍は進めず、従って私たちも命びろいすることができた。

最初の録音行《ルポルタージュ》は国境の街、満洲里《マンチュリ》だった。小さな日本人墓地があり、シベリヤ出兵の時戦死した大隊長の見上げるような碑《いしぶみ》があった。その周り、雪の中から頭だけ出している石塊《いしくれ》を掘り出すと、兵士にまじって死んだ娘子軍《ろうしぐん》（お女郎さん）の悲憤の墓であった。トメ――十八歳。マツ――十九歳。ともに出生不明とかかれたその碑名の下で、今も乙女たちは泣きながら北の風にさらされているのだ。私たちは胸さかれる思いで香を薫《た》いた。ところが二本くらいの線香の火では、雪にさすと、またたく間に消えてしまう。零下四十度では線香の火も消えるのか。これは身も心も凍りついたホロンバイルでの記憶である。

さて、蒙古人というのは、草原の民の故か、実に視力がいい。日本人の及ぶところではない。私は動物的だとさえ思ったくらいだ。行けども行けども尽きるところのない草原に、私は大海原を感じながら、ゆく雲が海の上を流れているような空の気配に見とれていたものだ。

或る時、突然トラックに同乗している蒙古人が、「ああ雨だナ」といった。雨の気配など全くない。晴天である。何をいうかと彼の顔を見ると、遠く一片の流れ雲を指し、あれは雨雲だという。それから数十分後、文字通り篠《しの》つく雨が私たちのトラックから三十メートル程離れたところを走っていた。こちらは土けむりをあげて走っているのに、三十メートルの向うは泥沼のようである。雲の下にはっきりと雨足が見える。これが有名な蒙古の通り雨だと聞かされたが、まるでジョウロでそこだけ撒《ま》いているようなものだ。

彼らの目のよさに驚かされて間もなく、今度は「遠く地平線に馬が何頭か見える」という。私たちは双眼鏡で見たが、どうしても見つからない。それから二十分程走ってようやく双眼鏡に馬が確認出来た。つまり、普通の人間の何倍か遠くまで見とおせる力があるのだ。これは草原民族の特質で、戦時中には蒙古人を軍艦に乗せてウォッチをやらせた記録もあるそうである。事実、私たちが訪れた国境の日本兵の近眼が殆んどなおったという話さえ聞かされた。

先程も書いたが、草原は海のように果てしない大地である。夜になって天上を仰ぐと、こんなに星が多かったのかとびっくりする。何とひっきりなしに流れ星が落ちてくる。不思議な国に来た思いがした。この大地に横になると、何とも人間の卑小さがつきあげてきて、このまま大地に埋もれ果てたいような衝動にかられるのだ。

草原に犬の声がしきりにする。やがて小さな集落に着く。まず「犬をはらえ」と同行の蒙古人が叫ぶ。これが「今日は」と同じである。

文物展に展示されていた蒙古の食器を見ながら、草原の夕食の奇異な習慣を想い出した。粟粥《あわがゆ》が出ると、すぐには口へもってゆかない。まず箸《はし》をもってドンブリの粟粥を一定方向に廻すのだ。これを何と二十分ぐらいやる。つまり、脱穀が下手なために砂や泥が混っているので、遠心力でゴミを椀の真中に沈めようというのである。それからやおら上ズミのところをすすって食べる。ここは病院から何百里も離れたところで、ヘタをして盲腸炎にでもかかれば、それでおしまいということにもなりかねない土地なのだ。

私たちは或る日、患者の群れに囲まれた。傷のあるのはともかく、腹が痛いとか胸が痛いと、よく分らない色々な注文が多く、医者ならぬ私どもは参った。結局ライオン粉歯みがきを飲ませたところ、不思議なことに喜ばれた。何とも今思っても心のうずく気持だ。そのうち村長が現れ、これもどこか悪いようなことをいう。今度は粉歯みがきともゆかぬので、私は銀粒仁丹を十粒程丁重に渡した。

その夜から私どもの寝起きする包《パオ》は変った。絨毯《じゅうたん》は倍程厚い上等である。その夜は馬乳酒で宴会だ。馬乳酒は戦後日本で飲んだカルバドスみたいな味と似ていたが、何しろ大地のド真中ではこのアルコールもご馳走である。ただ、生まれてから風呂に入ったことのない連中が、テカテカ光る袖口で椀をふいて差し出すのには辟易《へきえき》した。それも大方は鼻のかけた梅毒の持ち主だ。

それから次に行ったのは、草原に臨時に出来た町である。幾万頭の羊の群れの中に包があり、目敏《めざと》い満洲人の商いの店がたち並ぶ。一年一回の廟会《びょうえ》、つまり祭りだ。

一頭の羊は、チャチな満商のガラス玉の首飾りと交換されたり、何百枚の皮が怪しげな反物と交換される。そしてその町の隅に狭斜《きょうしゃ》の里が出来ている。ドス黒い女たちが白粉を塗ったくり、蒙古人に春をひさいでいる。その殆んどはこれも梅毒である。

時の満洲国の政府は、蒙古人の梅毒を治そうと(勿論その考えは立派なのだが)、何とその町はずれに有田ドラッグ衛生展覧会を開いている。因みに、有田ドラッグといっても知らない人が多いと思うので、ちょっと触れておくが、私どもの少年の頃、祭りといえば有田ドラッグが来ていた。桐の箱に白い綿をしいて、その中に病魔に冒された男と女のシンボルが飾ってあり、見る者を戦慄させた。もっとも成人以外お断りだったが。それを見せれば蒙古人も恐れをなして、隣接の白衣の赤十字に行くと短絡した、お粗末な政府の愚考である。見物はヤンヤの喝采だ、どれもこれも同じようにデキモノの出来た連中だもの。何を恐れることやあらん、お祭りのエロ見世物と間違え、タダなら見てやろうで押すな押すなの大盛況になってしまった。赤十字で診てもらった奴が、痛い注射を打たれるとでも宣伝したのだろう、この臨時病院は閑散としていた。

蒙古の梅毒は、もとは羊から伝染したといわれる。獣姦も盛んであったのだろう。あの大きな空の下ではむべなる哉《かな》、好きなことをして何の差し支えもない程おおらかな大地の果てだ。別に蒙古の梅毒を揶揄《やゆ》する気はない。徳川、明治の時代に梅《かさ》っ気のない奴はいないとまでいわれた日本だ。遠く先進国のドイツでも、ベートーベンすらそうとされている。

ホロンバイルの草原に、びっくりするようなでっかい太陽が沈む。つい今しがたまで二人で向き合って羊を中に交渉していたらしい蒙古女も、二つの小便を残してどこかへ去っていった。蒙古の衣裳は文物展の会場では美しかったが、この裾はシャガめば即ち臨時トイレにもなる便利な衣裳でもあった。

赤陽を浴びながら、私たちは車座になって大鍋で煮た羊を食って酒を飲んだ。二人で生きている羊の前足と後足を二本ずつ持ってコロリとひっくり返し、腹のところを蒙古刀でさっと切る。手をつっこんで心臓を握ると、羊はあえなく死ぬ。死ぬやいなや、目にもとまらぬ早さで皮をむき、肝臓を切り出す。その肝臓をヨーカンのように切り、私たちにすすめる。ビタミンBもCも充分に含まれていて、血のしたたるレバーを私たちもしぶしぶ食った。

残りの部分はナタでブッた切る。そして岩塩を入れた煮える鍋に放り込み、煮えれば骨をもって肉を噛み、その間に蒙古刀を入れ、切り離しながら食う。一つ間違えば鼻の頭でも切り落としそうだ。

そんな蒙古と日本とのつながりは「元寇《げんこう》の役」ぐらいだろうか。私たちは小学唱歌で学んだものだが、今やその歌も雲散してしまったようだ。

四百余州を挙《こぞ》る　十万余騎の敵

国難ここに見る　弘安四年夏の頃
……
多多良《たたら》浜辺の戎夷《えみし》　そは何蒙古勢
傲慢無礼もの　倶《とも》に天を戴《いただ》かず

その十万余を呑んだ九州の海も、今はおさまりかえっている。そして蒙古も新装なって中国に属すという。

テレビでシルク・ロードを見ながら蒙古の残照を見つけ、私にも私なりのうたた感慨が画面をこえて流れるのを禁じ得なかった。

行軍

春まだ浅い熱河を訪うたのは終戦の年だった。朝日、毎日、国通（満洲国通信社）の記者と放送局の私の四人だった。

満洲の承徳から万里の長城へかけての行軍だったが、当時の満洲国軍についての取材旅行である。シラミとノミと南京虫にいじめられながら、それでも毎日農家に泊めてもらったりしながら栗林をぬけ、また栗林に入って、割合に激しい行軍の連続だった。

この延々とつづく栗林が天津栗の産地である。

康熙帝から乾隆帝が北京を手中に収めて後、この承徳の一帯を副廓とした。北京破れなば、この副廓へ退け——と命じたごとく、実はこの山紫水明の地を避暑山荘として、陣地の要でもあったのだ。たくさんの優美な建築をさせながら、宗教の統一もない大らかさも施政の特徴だ。長い紅い土壁は豚の血を塗ったといわれているが、風雪の中でくち果て、その紅い色もわずかに残っているのみで、離宮もくすんで見えた。実は避暑山荘は表向きの言い分で、この小さな山峡がつづく一帯の栗林はゲリラ戦に最も適したところで、土地の利という深い思慮のもとに築かれたそうだ。

故にこそ、このあたり、現政権の共産軍がかつてそのころ八路軍といわれ暗躍するところでもあった。

それを追っての私たちの行軍だ。途中に十五、六の小輩（子供）が捕虜になり、私たちの先導をつとめた。つまりその子が地雷を探しながら先を行くのである。自分たちが埋めた地雷だから間違いなく発見するし、大層協力的であったので、ある日みんなで彼を囲んでインタビューした。

「どうだい、満洲国軍の方が何かにつけて良いだろう？」

「ボクは、決してそう思わない。必ずボクらの軍隊の勝利の日を信じている」

私たちは、この少年の魂に焼きつけられた八路軍の底知れぬ軍規の強さに舌をまいたのである。彼は最後にこうも言った。

「ボクら、首を切られても、この心を変えない。再び生まれて闘うのだ」

朝の出発前が大変である。朝日新聞のM氏など豚が大嫌いで自分が脱糞する時には必ず私を豚よけに連れて行った。別に便所があるわけでなく相当大きな農家でも柵に囲まれたところが便所といわれる場所だ。そのちょっとした広場で尻をまくると、すでに豚は承知で尻のところへ寄ってくる。それを私が棒で追っ払う役目だ。食い物がちっとはいいせいか、よもやのことでは離れない。そんな中でクソをしながら前へ前へとずって行くのもなかなかの難行である。そういえば当時の豚肉やハムも今のと違って、少しばかり下品な匂いがしたような記憶がある。しかもこの豚どもは黒豚で身体に剛毛が生えている。これが当時素晴らしい歯ブラシの原料としてわが国に輸入されたと聞いた。

ある時、強烈な豚の悲鳴で全員起こされた。何事やあらんと出て見ると、生きた豚が逆さに吊られ、農家の主人が包丁を持って、ブタの睾丸を切り取っているのである。別に注射を打つわけでもないから豚も痛さに耐えかねて鳴く。

こうして去勢されると、太って肉がいいとは何とも可哀想な話だった。

＊

承徳の放送局にはHという男がアナウンサーで配属されていた。

彼は承徳に着任の日、会社でも下宿でも口をすっぱく注意された。

「承徳はいいとこですが、これだけが厄介でね、Hさん、くれぐれも気をつけて下さいよ。承徳のサソリは刺されたら十日ほど泣かねばなりませんからね」と。

にもかかわらず、太って豪胆ぶったH氏はさるまた一枚で蚊帳も吊らずに大の字になって寝た。夜中にピチャッ！ という音で目がさめた。見ると小山のような腹の上に毒で黒くなった二つに割れた尻尾を曲げて、奴は彼をにらんでいるではないか。天井から落ちますから蚊帳だけは吊って下さいよ

――とくれぐれも言われた言葉がよみがえってきたが、しょせんはあとの祭りである。ただ動きさえしなければ刺すこともあるまいと、息をひそめて奴の退散を待つだけだ。

彼は何時間――というが、本当は三十分くらいだろう。しかしこの三十分は死ぬ辛さだ。そのうち少し首の方へ動いたので、そのまま肩から降りてくれと願ったが、何を思い返したのか、再び胸の方に戻り、やがて首を通り顎を這い、唇の上を踏んで鼻の横から眼の上、そして頭からやっと降りて行ったという。

「サソリの足の裏の感触を知っているのはオレだけだ」と後年威張っていたが、靴も履く前にトントンとたたいて履く。机の引き出しも帽子もあわてて手をつけぬこと。そのほかサソリ防止の十戒を守らねば、泣いて転がる一週間を覚悟せねばならない。七節のは死なないが十一節は命とりだと私も聞いた記憶がある。

承徳の街は山で囲まれたようなところだが、離宮の大きな池にははるか向こうの山の直立した大岩が映るところを康熙、乾隆帝が賞《め》でたという。

いずれにしても、私たちの行軍は、川に出会うと素っ裸になってシャツの縫目を石でたたいてシラミ殺しだ。夜はノミ取り粉をまくが、懐中電灯をつけると何十匹が電灯の光の中で飛びはねて踊っている。こっちも踊りながら毛布をまくると南京虫が身の毛が立つほど行列している。土地の人は慣れであろうか平気だが、私たち新人は大歓迎をうけるのだ。

このあたり、パイカル酒の産地で六十度という舌も焼けつくほどのものがある。もっとも満洲国軍はこれをアルコールの代わりに消毒に使っている。

そんなあたりで伝単《ビラ》を見た。

この宣伝に使う八路軍の伝単は、毛沢東の言葉を日本語で、また野坂参三のも三、四枚見た。そのころ、野坂参三氏のことは日本の共産党の人だ——ぐらいしか知らなかったが、満軍の行く道にばらまかれていたのだ。

ようやく私たちは万里の長城の近くで本隊と別れ、汽車で白河を越えて北京に入った。シラミだらけの衣服を捨て、ノミや南京虫にかまれた身体を浴地《ユーチ》（風呂屋）の暖かいお湯で洗ったのだが、もうあの時の北京は今はどうなったか。

引き揚げ

雨の降る中を無蓋《むがい》の汽車は走っていた。

日本と違って見はるかす満洲（現・中国東北地区）の大地の真ん中をである。

その蓋もない貨車の上に私どもは、ギュウ詰めにされて、それでも祖国の方へ帰っているのだ。長い無蓋の貨車が大草原の真只中で停車する。前方から「二十分停車の見込み……」と声が伝わってくる。すると真っ先に女が飛び降りる。男は女を助けて次々に花も恥じらう十七、八から婆さんまで、千五百人くらい乗っている約半数の女性が降りるのだ。

そして数メートルのところで白いお尻をまくって向こう向きで用を足すのである。その尻の列は壮観というか、何か悲しみをさえそそる風情である。不思議なことに、誰もそれ以上は遠くへ行かず、またそれ以上列車に近寄らない。誰がきめたか、一線に並ぶ女性のこれがマキシマムであり、ミニマムなのであろう。その白いお尻の中にコウモリ傘で隠しているのが一つ二つ見えたのが、なぜか不潔に見えた。

その時に、私の近所の可愛い十七歳の娘さんが死んだのである。人前ですることを何とも恥ずかしく思ったのだろう、彼女は列車の下にもぐって、そこで用を足した。その時、列車が動きはじめてあえなく一命を落としたのである。

ギュウ詰めの人々はいつとはなしに人間の美徳を忘れて、殺伐な隣同士のイガミ合いが始まっていた。持ってきた砂糖もビスケットも雨にぬれてドロドロになり、身動きも容易でない無蓋車の上で毎日がにらみ合いで明け暮れる。美しいものは西の地平線に沈む大きな紅い太陽だけだが、それすら哀しく無宿の人々には魂のちぎれるような思いにうつるのだ。

そんな時、家内がリュックの上に下げてきた箱をとり出し、子供たちを集めて紙芝居をやり始めたのである。親たちはソッポを向いているものもいるし、眠っているものもいるが、子供たちはこの逆境の中でも、喜んで可愛い黒い瞳を輝かせた。

列車は奉天（現・瀋陽）の近くの工場のようなところで止まった。工場の中で粥《かゆ》をいただけるというので我れ先にと降りていった。家内と友達の奥さんと二人は、その貨車の汚なさに驚いて掃除をしましょうということになり、一応車の上を掃いたり拭いたりしたが、なにしろ板の上にじかでは気の毒だということになり、付近の草むらに行って、私の渡した自害用のナイフで草の束を切ってきては車の中に敷いたりした。私は全員と一緒にお粥の方に行ったのでこの間のことはよく分からない。

ただ出発の合図で再び帰ってきた連中は、誰一人一言の礼を言うでもなく動物のようにゴソゴソとおのが陣地をひろげた。汽車が去って間もなく「賊が来た！」とふれが回って再び列車が止まったが、本部の役員がいくらかを握らせたのであろう、ゴトンとまた動いた。

暗い草原の彼方には、無数の星が流れ落ちているのが、なぜかこの上もなく哀しかった。

＊

思えば〝今死ぬナ〟と直感が閃光のように走る瞬間が四、五度ほどあった。これは求めて出来る経験ではない。

私のこめかみに、薄青い煙の出ているピストルをゴチンと突きつけ、ソ連兵は分からぬロシア語でわめき散らした。家内も子供もフスマの向こうに押しのけ、一発ぶっ放したあとだ。

これはわざとそらせて撃ったが、満洲の家だからレンガ造りだ。壁と壁の間をカンカンと弾が往復して私の耳がキーンと耳鳴りした。

何のことはない「時計を出せ――」というのだが、すでに取られて腕時計などあるわけはない。私は落ち着かせようとタバコを出して一本すすめた。そしてやおらポケットからライターを出して火をつけたら、パーンと撃ったのだ。

「これはマッチだ」カタコトのロシア語で説明したが、何か手榴弾とでも間違えたか、私のこめかみのピストルはいつ引き金がひかれるか、相手は無智なソ連の雑兵である。ただいかにもこんな奴の弾丸で死ぬのが情けなかった。

脂汗の流れる三十分ほどの間に、まこと必死のジェスチャーはようやく相手をなだめることが出来て、何と兵隊はライターをめったやたらとつけては消しながら、びっくりするほどの札束を私のふところに入れて出て行った。

間もなく向かいの家で銃声が聞こえた。私たちは家を出ることが出来ない。私はすぐ向かいに電話をかけた。だれも出ない。そのうち通りで女の金切り声が聞こえた。向かいの奥さんは半狂乱だ。

「主人が一寸刃向かったんです。そしたらいきなり撃ちました。早くカーペー(K・P=ソ連の憲兵)を!」

「医者は?」

「頭です。額に穴があいて!」

当時、手の甲に番号を入墨した性《たち》の悪い兵隊が多かった。シベリヤの囚人部隊という噂だった。私たちはK・Pと一緒に向かいの家に入ったが、それはあまりにも悲惨な死だった。

翌日私と母は二人でお経をあげにいった。母について習いおぼえたお経だったが、それでも何となく仏が成仏するような思いだった。

私たちは小学校の横に穴を掘ったが、凍土は固くなかなか進まない。いささか浅いとは思ったが遺体を埋めたのだ。ところが二、三日たって、土から手が出ていますと親切に教えてくれる人がいた。行ってみたが、これではどうしようもないと分かったので、南新京の駅前で満鉄の釜炊きの人たちが茶毘《だび》にふしてくれると聞いてリヤカーで運んだが、何と酒を一升下さりゃ焼いてあげますという。

私は灰になるまで、草原でその機関士の壮絶な話を聞いた。

無蓋貨車の上で、ソ連兵たちは引揚者をけ散らし目ぼしい女と思ったのを暴行する。それが毎日のように繰り返されるので、この人は機関車に水を飲みにきた兵隊をうしろから一撃し、汽車の釜の中へ放り込んで、一瞬のうちに灰にしてしまったという。

*

私たちは終日、ソ連兵たちのラヴォート（使役）にかり出された。そのためにどのくらい逃げ回ったことか。大型トラックが家の近所に来る。そしてパラパラとソ連兵が二、三人降り、その辺を歩いている人間を、いやおうなしにトラックに乗せるのだ。家の中へも入ってきて男を探す。男がいなければ、時には女房や娘が強姦されるのである。

でも有難いことに知能指数（IQ）が低いのが多く、どこかヌケているようなのが、トラックの運転をしている。運転台では猥談でもしているのだろう、下卑た笑い声が聞こえる。

「カーブへ来たら、スピードを落とすからな、その時、二、三人ずつ飛び降りるんだ。いいか。上手にやってくれよ」

兵隊あがりのズルそうな日本人は、よほど彼らよりIQが高い。真っ先にカーブで飛び降りズラかった経験が私たちにもある。着けばトラックのうしろはもぬけのカラだ。

ある日、私は目の前に悲しみのカタマリとでもいうものを見せられた。

それは、全満の各地から新京へ新京へと歩いて来た連中の収容所で、命絶えた子供たちを山のように積みあげているではないか。

「これを馬車へ積め!」

というのだ。

いたいけな子らは餓えの果てに、あるいは伝染病で衰弱しきって死亡したのである。私どもは一体ずつ、ナムアミダブツを唱えながら、馬車の上に乗せた。

「この上にも乗せろ!」

とソ連兵はどなる。この声には抗しようもなく、次々と屍《しかばね》の上に屍を乗せて山のようにすると、ロープで落ちぬようにしばりあげるのだ。いまだに思い出すが、小さな子供の身体がまだいくらか暖かみがあったのさえ積んだ。そして、その上に「お前らも乗れ!」という。そんな哀しいことがあっていいのか――私たちは馬車からこぼれ落ちそうになりながら、南新京の草っ原に運び大きな穴を掘って、これを埋めるのである。

人のいい私の友人は、ソ連兵が足や手を引っさげて拋り込むのを凝視出来ず、兵隊につっかかった。何といきなりピストルを抜かれ、瞬時に一命を断たれた。

先日、〝懐かしい満洲への旅〟ですが参加しませんかと誘われたが、私はどうしても行く気になれなかった。

あなたが行けば皆が喜びます、と何度も言われたが、一体何を喜ぶのか、その満洲の地に、皆は何をするために行くのだ――と心の中で反芻して、ひたすら同行を拒否したことがある。

あの墓穴の上に風雪の三十五年が流れたが、あの小さな魂をやすめるものは、ひばりの声と、名もない小さな花々だけではないだろうか。

もしも旅する人があるなら、せめて地蔵さまでも持って行ってやってほしい。

＊

「奥さん、こんなことをお願いして、何とも言葉もありません」

「心に決していますのでご心配なく」

「あの……ご主人は、やはりソ連へ」

「ずっと前、ノモンハンの時、戦死しました。今は一階級上がりまして大尉になりました。ここに位牌を持っております」

私はその人にカラダを提供して下さい――とお願いする立場にある。この女《ひと》は団長の推薦で来られたのだ。

話は葫蘆《ころ》島に近い満洲・錦県（錦州）の収容所である。毎日五千人、一万人と難民列車が入り、満洲全土から引揚者たちのこれが最後の地。大連と並ぶ二つの集結地の一つである。

実は私は家族と一緒にここまで来て一行と離れた。骨を埋める気持ちで来た満洲だ。せめて全満の人たちを送りつくして最後の船で帰ろう。年老いた病弱の母が何と言うか一番気がかりだったが「あなたの思う通りやりなさい」この一言で元気を出して、母、妻と子供を入れて五人、それに若い連中も加わって錦県収容所の職員になったのである。

ここには難問が山積していた。

錦県まで満鉄は満洲国軍の支配下にあり、錦県からわずか三十分ほどの葫蘆島までは蔣介石軍の管轄、そして港から乗る船は米軍のLST船（上陸用舟艇）であった。いずれの一つにでもツムジを曲げられると、この錦県の収容所はパンクしてしまう。多い時には一万五千人ぐらいが一週間も滞留させられる。それを円滑にするために苦肉の策をとらざるを得ん。臨時編成の慰問団を鉄道司令所や蔣介石軍に回してご機嫌をとり結ぶ。すると汽車が動き、人ははけるのだ。益田隆舞踊団も来た。アルトの歌手斎田愛子さんも来た。色モノや流行歌手や役者たちをその時その時に組んで連れて行くのだが、慰問先の将校から「あの踊り子を今夜頼む」とこともなげに命令されると、私は全くうろたえるのだ。引揚団から特別無料で出てもらっている人たちによもやのことがあってはならない。

どの列車にもまさかの時の用意に極秘に集めた数人の挺身隊がいた。彼女らが全体の秩序と命を守るために慰安婦となって無残な要求の犠牲となるのであるが、おおむねお女郎さん上がりとか芸者、カフェの女たちで、時に特殊な素人や家庭の婦人がいたのである。

ノモンハンで夫を亡くしたこの軍人の妻は、私の心の底深く血をにじませて感情が胸をふさいだ。

「心おきなく私をお使い下さい。主人も祖国のために命を捧げました。私も何かこの身で尽くせることがあればお役に立ちたいと願っておりました。さして命も惜しくはございません」

あの我利我慾の鬼と化した引揚団の中にこんな美しい一輪の花もあるのかと、私は喉をつまらせて彼女を演芸隊とは別な馬車に乗せた。彼女はわが家で風呂に入り、小ざっぱりした着物をあてがわれ、にぶい汽笛の音のする駅へ、私たちと行ったのである。

＊

茫洋《ぼうよう》たる東シナ海をLST船はきしみながら走っていた。

突如、船内が騒然とした。

私も家族を置いてデッキに出てみた。二、三十人が舳《へさき》の方でガヤガヤ言っている。私は何か不吉なものを感じたので、そっと見ていたら二、三人が戻って来る。

「どうしたんですか？」

「今、一人投げ込んだんだ」

恐ろしいリンチであった。

たった二人残された子供を前に「あんたのお父さんをソ連に売ったのは、この男だよ。さあ何でも好きなように復讐しなさい」。

子供に分かろうはずもない。

その男は両手両足をしばられて「行け地獄へ」「サメの餌食になれ！」と口々に叫ぶ男たちによって、東シナ海に抛り投げられた。その断末魔の人間の叫びこそ、みんなの耳は永遠に忘れることはないだろう。

当時、各地で悲惨な事件が起こった。日本人が日本人を売るのである。ソ連は相当な金を用意して、隠れている元警察官や軍人や役人たちを探し求めたのだ。

母親が死んだ不幸な家庭などでは、その父は泣くにも泣けぬ思いで子供を残し、シベリヤへ連行されて行った。金がもうかるとなれば、何の罪科もない者でも彼らは売った用のだ。

国破れて山河あり

人、己れを失いて惨を極む

とでもいうか、こんな事件はいつの間にか表には出ずに埋没されてしまったと思う。船員に聞くと、毎回引揚船には二、三こうした不幸な話がありますという。でも私どもは見て見ぬふりするしか他に手を出すわけにもゆきません。船長も船員もどうすることも出来ないのだ。敗戦とは言語に絶する恐ろしいものであった。

今日この幸せに満ちた日本国では想像も出来ないことである。

おそらくこれは今もかくされた事件だと思うが、戦後四十年、私はあえてここに書きとどめたのだ。さてこんな悲しい思い出はこのくらいにして、私はそのＬＳＴ船の上でボロボロになった満洲引き揚げの人たちの座談会を催した。これは私の記憶の中にそっとしまった座談会で、目の前にマイクがあって録音したわけではない。私はその時にこんな話をしたおぼえがある。

ここに一人の美しい無国籍の乙女がいるとしよう。さて男は十人以上も並んだ。それはプロポーズのためである。イギリスの紳士はいかにもジョンブルに恥ずかしくないマナーで彼女に言い寄った。次にはフランス人がエスプリをきかして、そして中国人は生涯美味の中にあなたを埋めつくすと魅力十分だ。イタリーもドイツもそれぞれのお国自慢や民族の誇りを言葉にのせてプロポーズをした。そんな人たちの群れの最後に、カーキ色の服を着てゲートルを巻いた日本人がいた。それが私たちだ。

さて、私たちは何を旗印にして彼女の愛を求めるか、これが私たちのこれからの課題ではないでしょうか、と。

＊

いずれにしても、敗戦の民は卑屈になっていた。この船が祖国に着いても、そこは焦土と化した故郷で灰の街だ。親戚は――友は――生きているやら死に絶えたやら、国造りという大きな野望に燃えた満洲から、血ヘドを吐く思いで引き揚げては来たものの、ここお国も王道楽土ではないのだ。

生まれし国はありながら
家なき人となりにけり
人は知らじな故郷を
外国《とつくに》と見る我が憂い

どなたの歌か失念したが、全くその通りであった。

船上に集まった連中も、中には巨億の富を満洲に捨ててきた人もあれば、ビタ一銭のゼニもない連中もあり、それらが一様に日本の港で百円札を十枚もらうのである。

形あるものはこわれもするが、富も砂上の楼閣に等しい。ただ日本人がこれからの世の中をどう生きてゆくか。祖父の残した大きな文化遺産をすべて打ち捨てるわけにもゆかない。ただその中で捨てるべきものは捨て、残すべきものは残すこと――これが必須条件だ。果たしてそれがその通りにいったかは、ご承知の通りだ。

この紅い残照の中に映える東シナ海に向かって、ごっそり持って来た満洲紙幣をつかんでは投げ捨てる老人の姿も痛ましかった。紙幣は文字通り黄金色と散って大海に消えた。

ああ、財産とはこんなものかと、私も人間の業を見るように見惚れていたが、その夜か次の夜か、老人もこの海に身を投げたことが分かった。残された一片の紙片で分かったのだが、

〝我が国も終わりぬ、我が命もここに終わる　満洲素浪人〟

これも痛ましい書置きであった。

「あれが日本です」

と船員の指さすところに、祖国は薄墨色にくすんで、細長く山々が連なっていた。ゆく秋の空はあまりにも澄みきっていて、それは昔見た瑞穂の国の美しさである。しかし、船は佐世保の沖合で投錨し、三日間いじ悪く踏み止まって、コレラの検疫で上陸は延びた。そして痛ましくもこの三日の間にバタバタと船内で人が死んだ。

「おばあちゃん、日本へ帰ってきたよ、さ元気を出して、日本に足をつけるまで頑張ってちょうだい」

泣き叫ぶ隣の引揚者の声が止んで間もなく、その向こうでいよいよ赤ん坊が生まれるという。何とも悲喜いりまじる饐《す》えた匂いのたちこめる船室は糞尿の中にうごめく蛆《うじ》にも似ていた。しかし、そんな中でも要領のいいのもいた。私など――。船員と親しくなって毎晩飲んでいた記憶がある。しかも赤いラベルのジョニー・ウォーカーだったのが不思議だ。

爾来、四十年近く生きながらえ、蛆の一匹も蠅になって飛びはしたが、それもこれも七年間の満洲

の大地と放送の中で習いおぼえ、身に沁みこませたわずかな経験が花開いたというべきか。

始皇帝の垣根

三皇五帝あと遠く
『六王《りくおう》終りて四海一』
四海の黔首《けんしゅ》ひれふして
雷霆《らいてい》の威に声もなし、
『わが宮殿を高うせよ』
一《ひと》たび呼べば阿房宮
『わが辺境を固うせよ』
二《ふた》たび呼べば万里城
春は驪山《りざん》の花深く
秋は上郡の雲暗く。

私の愛唱する詩の一つで、これは有名な土井晩翠の「万里長城の歌」の一節である。
終戦の年の春、ふと思いたって、承徳、熱河から長城を越えて北京へのコースを一ヵ月かかって歩いたことがある。変な話だが、今の中共の諸君が八路軍と呼ばれて、熱河山間にゲリラ戦を展開していた頃で、相当危険だといわれたのであるが、拉致されても殺される何の理由もないと、フラッと出かけたのである。

ちょうど出かける頃、新しい四間の社宅に移り住んだときで、女房は、何かと不便や不安から家にいてほしかったらしいが、そう思い立つと矢もたてもたまらず、金五千円也（いまの金では大したこともないようだが、当時としてはちょっとした財産）を会社からせしめて、シャツとハブラシとをぶら下げていよいよ出発という日。数日前からやかましく会社の営繕課に頼んでおいた垣根が、垣根といっても白ペンキ塗りの、またげば自由に入れる飾り程度のものであるが――まだ十日ほどたたなければできないという返事があった。ひどくそれが気にかかるのは女房で、それが泥棒よけには全く無意味なものであると説明するのも聞かず、

「あなたが出かけるのなら、今日大工を頼んで自前で作らして下さい」

と、せがむのである。しかたなしに大枚五千円の中から百円ナリを割愛して、

「これにて早速こしらえよ」

と、なだめすかして新京を後にした。

○

承徳の――この付近では、ちいさな蟹《かに》をこまかく摺りつぶして塩辛にしたものが名物で、なんともいえず美味い。熱い飯にそえて食べる風味も格別であるが、混って砕かれたのであろう、貝ガラが時に現われて海を想わせたり、可愛い蟹のツメがチカッと光って現われたり……。いや、食べ物より、

承徳という所はラマ廟で有名な所であるが、見て驚いたことには、その規模の雄大さである。

想えば、歴史の昔、満州人が北京に定鼎《てい》して中国に君臨し始めた当時、彼らが何よりも怖れたのは北方に勢力を張る蒙古人であった。そこで雍正帝《ようせい》は、ここ熱河に一大ラマ廟を建てて数千のラマ僧を養い、満州八旗の中でも選り抜きの精鋭部隊を駐屯させて、蒙古へ睨みをきかせたのである。

この大ラマ廟の規模もさることながら、グッと思わず固唾をのんだのは、先人の得体のしれない図太さ——まず東西のあらゆる建築様式がとり入れられている。それらはまるで混交不統一の建て方であるが、にもかかわらず、どう仰ぎ眺めてみても〝シナ〟以外の何ものでもないおおまかさ。いや、たとえば、これが日本であったならば、塗り立ての白い壁にちょっとスミでもつけようものなら、たちまち眼に角たてて早速左官を呼びつけるところだが、この国の人々は少しくらい汚れていても、

「なアに、大体白いじゃないか、好々《ハオハオ》」

天下の景観大勢にかかわりはないわい、没関係《メイカンシイ》(かまわん)なのである。宗教が異民族のものであろうが、様式が木に竹をつごうが、とにかく崩れぬ千古不易のものが出来上がればそれでよいという考え方なのである。

数百万頭の豚の血を塗って仕上げられたと伝えられるその壁は、永い歳月に表面は風化し、触れると指先に色腿《あ》せた壁土の粉がハラハラとくずれこぼれる。見はるかす辺塞の空のあちこちに大自然を圧してそびえ立つ、そのまたどれもが東京の丸ビルよりも巨大なラマ寺で、——清濁あわせ呑むというか、これをなん大陸的、シナの大きさ、というのであろうか。

顧みてわが祖国日本の、ことごとにコセコセと小さきを嘆きつつ、ラマ廟を後にした次第であるの

だが——。

……春乾坤に回《めぐ》りては
空ことごとく霞み行く
天地の色は老いずして
人間の世は移《うつ》ろふを……

口誦《くちずさ》みつつ峻嶮を辿《たど》り継ぎ、行き交うものは薪《まき》を積んだロバと、その尻に後ろ向きに腰をかけて至極のんびりと揺られてゆく老婆……ちょっとしたアラビアン・ナイトの気分である。

……歌ふか高く大空に
姿は見えぬ夕雲雀《ゆふひばり》

いや、夕雲雀の歌ならぬ、ヒラヒラと頭上に舞い落ちてきたものがあった。みると、これが八路軍の伝単で、

「日本の兵士諸君、無益な戦いのドレイとなるなかれ!」等々。

このときはじめて私は、野坂参三さんの名を伝単から知ったのであったが——。

○

いよいよ万里長城に達したときの、私の感激。

紀元前二百二十余年、秦の始皇帝によって完成したという大長城は蜿蜒二千四百キロ。

……群雄の覇図《はと》いたづらに

残すは独り史上の名
独り辺土に影絶えず
齢《よはひ》重ねて二千歳
残塁苔《こけ》に今青む
長城の影尊しや

長城の壁――それは、長さ二尺くらいの煉瓦を人の手が一つ一つ丹念に血と汗で積み重ねていった、否、いま、わがたなごころにふれて朔北の春冷たく千古の歴史を伝えささやく〝残塁破壁〟は――蜿蜒と峻嶮の背を這って、重塁果てるともなく起伏を続けている……。

〝中華幾たび烽《ほう》挙がり長城の壁越え来り、また越え去りし蛮族の数さへいかに……〟

時に騎馬を駆って襲う北方民族と、刀と楯《たて》をかざしてこれを迎え討つ中国民族と、この長城をめぐって繰り返し繰り返されて来た幾千の血なまぐさい戦いの跡――人生の悲喜を越え歴史の流れを超えた断腸万感の想いから、私は思わずヒタと破壁に頰を押し当て、青春多感の抑えきれぬ熱い涙を暮色の中に流したのである。おそらく若き日の詩人、晩翠も同じ思いに涙したのであったろう。

〝俯仰古今の物思ひ遊子の恨みいつ尽きむ……〟

と、ここにうたっているのである。

それにしても、王城北京敗れなば〝西臨洮《りんちょう》の嶺高し、ここ遼東の谿《たに》深し、流れを埋《うづ》め山を截《き》り塁を連ねる幾千里〟（これも晩翠の表現であるが）なる大長城によって軍を支え、さらに利あらず長城を失わば、その副廓に承徳、熱河の大廟塞あり、という東西古今に絶した豪壮雄大な構想は……いや、考えてみれば、長城といって、これ始皇帝の、一人の人間のための、要するに垣根ではなかったか（突拍子もない言い方であるかもしれないが）。ここにおいてツラツラ遊子おもんみるに――、

「わが辺境を固うせよ」

などと、大いに女房にイバって言い残し、出かけてきたものの、百円ナリの垣根でアル。同じ垣根にしても始皇帝の長城とは……いやはや、百円ナリでコソ泥よけの垣根をつくろうなンて、しかもこの大陸で！　われながらミミッチイ根性、まことにもう興ざめなハナシである。

しかし――かの承徳の大ラマ廟といい、この万里長城といい、これらを築き上げた隣国先人の思慮構想の雄大さに思いを致すとき、私は、やはり言いたいのである。

「日本人よ、もっと大きな気持を持とうじゃないか。周辺のことに余りにもコダワリすぎ、コセコセと自らを小さくしていてはダメである。大きくなろう、もっともっと大きくなろう！」

と――。

〝蒙古人の眼〟のように

承徳のラマ廟などが出たついでに、ちょっと蒙古の話にもふれてみたい。私には、たいへん懐かしいところなので――。

蒙古へ入る前に、これは国境近い海拉爾《ハイラル》の町で見かけた風景であるが――ロシア人の一家の引越し

にゆきあった。

ラクダの背に家財ガラクタの一切合財を、カマドの灰まで積みこんでゆく。生きるということを彼らがどんなに重大に考えているかが、引越しの様子にもまざまざとおもわれるのである。見ると、ガラクタの中に混っていかにも大切なもののように小鳥の籠が一つ……どんな境涯におかれても、生活を楽しむ心のゆとりだけは失うまいとするエミグラント（祖国を失った人たち）の心根《こころね》が、幾たびも私をふり返らせるのであった。

満人の葬列も印象的である。

家族のだれかが死ぬと、やがて土饅頭《どまんじゅう》にするために寝棺をかついで四十九日の野辺送りをするのであるが、ちょうど野は花ざかり。丈より高く咲き乱れる野花の波を、人の姿は見えず、柩《ひつぎ》だけが静かに揺れてゆく。……ここに、わが友・高屋窓秋（いまＫＲテレビにいる高屋氏である）に、句あり。

花を縫ひ柩は遠く遠くゆく

蒙古――モンゴル、などというと、古い地図の、あの一面馬フン色の索莫たる連想から、青い草一本生きていない、ひどい荒野だと思われそうだが、いざ行ってみると、西北部の山岳地帯、ゴビ砂漠地帯のほかは草原が続き、実にきれいなところである。
録音の道具一式をトラックに積みこんで、ステップ（草原）をゆくと――数十里の間、三日も一週間も、部落はもちろん遊牧の人影ひとつ見えないことなど、あたり前の広大な地形ではあるが、――

いたるところに美しいお花畑がひらけ、名も知らぬ草花が色とりどりに咲き乱れて、寂しさをなぐさめてくれる。

このお花畑に、沛然として来る通り雨の壮快さ。太い雨軸がはっきりと眼に見えるほどで、その雨のすぐ向うに、これはまた太陽の明るい緑の草原がカッと展けていて、包《パオ》でシャシリークを焼いているのであろう、二筋三筋、白い煙が静かに立ちのぼっている……いかにも大陸的である。

その行く手に、遠く果てしなくひろがる空が、また実に青く高く澄んでいるのである。大興安嶺、アルタイ山脈、といった国境の山々を想うより、ふとそこに海がひらけているのではないかと錯覚する明るさ。この碧落の下を、いまわがゆくこの美しいお花畑の明るさの中を、かの成吉思汗《ジンギスカン》も五色の旗をなびかせながら騎馬を駆っていったのであろう。お花畑に寝そべって耳をすませると、はるかオノン河谷のモンゴル部落から起ち上がった一代の梟雄《きょうゆう》が、戛々《カツカツ》と若き熱血の駒を進める響きが、いまになお残って聞えてくるような気がするのである。

——成吉思汗が現われたのは十三世紀の初めのころで、朔北一帯を征覇し、さらに長城以北にまで威武が轟き及ぶに至ったため、あちこちの他の種族までがモンゴル族の名をつかいだした。いつかこれらの種族が住む地方をもひっくるめて、モンゴル（蒙古）と呼ぶようになったのであるが——おそらく辺境の地をも尋ねれば、蒙古には数十種の種族が数えられるであろう。

そして、およそ三三四万平方キロといわれるこの大高原地帯に住むモンゴル族の大部分が、まだ原始的な遊牧の生活を送っているのであるが——けわしく眼をさえぎる峻岳、断崖といったものがなく、なだらかな緑草の丘、眼もあやなお花畑などやさしい自然に抱かれた生活に、知らず知らずのんびりとした気分が培われ、悪くいえば無気力、といった性格になってしまったのであろう。
天を仰ぎ、その無限の広さに悠久を感じていると、まったく人間同士のコセコセしたいがみ合い、茶飯事にあくせくすることがいかにも愚かしくなってくるのである。

大地!!

どこまでも大きく、あたたかく、じっと抱かれていると、しみじみと胸に去来する人生哀愁の想い……。いやしかし、録音行のトラックに雇った蒙古人たちは、みんないかにも〝モンゴル族〟らしく人が善かった。

ただ蒙古人たちの眼のいいのには驚いた——いや、アキレ返った。

草原を截って走らせてゆくトラックの上で、

「あ、馬がいる！」

などと突然叫ぶ。五日も牧草ばかり眺め暮らしていると、やっぱり生きものはなつかしいもので、われわれ日本人の録音班は、総立ちになって、蒙古人の指さす彼方を眺め探すのであるが、見えない。

「どこだ、どこに馬がいるんだ？」

「ほら、あすこです」

いや、見えないのである。あわてて双眼鏡をとり出して眼にあてると、やっと、レンズの威力で、居る居る蒙古馬が、地平の遠い遠い彼方に一頭、二頭……しかも彼らはそれがだれの持馬だということまでピタリといい当てる。双眼鏡よりも蒙古人の眼のほうがいいのであるから恐れ入ったハナシである。

だから、ある時など、
「自動車が来た！」
という、それが、それから昼飯をひろげてのんびりと食べ終ったころになって、やっとわれわれの眼に入ってきたという——私の体験もウソではなくほんとうの話なのである。日本の軍隊が、蒙古人の眼のいいことを利用して、夜間や船などの作戦に大いに重宝したのも当然であろう。

日本軍の記録によると、蒙古に行った兵隊で近眼がなおったという実例がたくさん残っている。考えてみても、眼前さえぎるものとてない大草原で朝に夕に空を仰ぎ、地平の彼方ばかりを眺め暮らしていれば、近眼など、どこかへいってしまうであろう。近眼と一緒に、近視眼的な人間のコセコセしさも、しぜんと消えてなくなるのであろう。

まったくの話が、日本に帰って来て、街や都会に住んでみると、——いたるところに家、標識、壁、乗物、広告、踏切、人間、煙突、税務署、これは近眼に関係はないが——眼をさえぎるどころか、一歩ゆけば鼻っ先をナニカにぶつけんばかりの有様。年がら年中、目先一尺のことにばかり気を、いや眼をくばっていなければ危くて生きてゆけないのであるから、近視眼的にならないほうが不思議というものである。

ああ、——と、私は（いまや都会に住むことになってしまった私は）、ときにタメ息とともに、昔、蒙古の大草原を歩いたときのことを、ひそかに懐かしく思いだすことがあるのである。〝近視眼的〟には決してなりたくない想いから……わが生活のすべてにおいて。

——蒙古人のようにいい眼で、しっかりと遠い明日の夢をとらえて、これからも私の道を歩んでゆきたいと思うのである。といって、はるかなる彼方の夢にばかり気をとられて足もとを忘れ、古井戸に落っこちる、なんていう不覚はユメ取るまいと自戒している次第ではあるのだが――。

蒙古草原の饗宴

新京にいたころ、一時、中国やアジアの歴史に興味をもって、あれこれとずいぶん本も読み漁ったものである。読むほどに知るほどに、興亡幾千年にわたる中国の歴史の面白さ、民族の偉大さ、基盤の広大さといったものに驚異を感じ、深く心惹かれていったのである。

蒙古も魅力があった。ジンギスカンも痛快だが、十八世紀末のカルマーク（西部蒙古人）の話も好きである。ものの本によると、

「清の乾隆帝が、ヴォルガ地方にいたカルマークに、ジュンガル（清領で西部蒙古の西辺に当る）へ来れば相当の土地を与えて優遇するがどうだ？　という使いを送って帰来を勧誘した。そこで彼らは数万の車馬を仕立てて大挙ヴォルガ脱出を企てた。驚いたのはロシア政府で、コザック騎兵の大群を差し向けて脱出を妨げようとしたが、カルマークはコザックを蹴散らし数ヵ月かかって遂に大移動をやってのけた――これが新都爾扈図《トルゴート》である」

等々、血を沸かせるような話ばかりが、峻嶮、緑の大草原、大砂漠を舞台に続くのである。

ロビンソン・クルーソーではないが、ついに蒙古探検の志やみがたく――といっても、録音の商売かたがたであるが、一度、蒙古の大草原を放浪してみようと決心、ある夏、数名の録音班をともなっ

てハイラルから奥地へ向けて出発したのであった。

○

トラックを駆って、三日、五日、ゆけどもゆけども緑一色の牧草地帯である。泊めてくれる包《パオ》もなく、野宿続きにいささかうんざりしかけていると……暮れなずむ大草原の、はるか地平の彼方に一筋二筋、黄色っぽい煙が影のように立ちのぼって見える。

「部落だ！」

飛び上がって喜ぶのも無理はない。幾日ぶりかに触れる人間の匂い……といったぐあいで、大陸の広大さにつくづくと思い入ったのであった。

ところが——こんな地図にもない部落に入っていって、まず驚かされるのは、包《パオ》から飛び出してきた子供たちが、

「コンニチハ」

「イラッシャイ」

などと、たどたどしいがニッポン語で、私たちに呼びかけることだった。

(こんなところに、かつて日本人など現われたはずもあるまいに)

と想えるのであるが——いろいろ聞いてみると、既に、高野山の、学校を出たての若い僧などがやって来ていて、奥地のあちこちの部落に踏み留《とど》まり、日本語の先生などをやっているという。

されればこそ、子供たちの、

「コンニチハ、オハヨウゴザイマス」

「アリガトゴザイマス」

であったのか。一夜、こういった不思議な僧侶と、これからの蒙古について包《パオ》で語り明かしたことがあったが、その話はまたにして——ニッポン語はおろか、日本人にお目にかかるのも初めてだというような部落が多いから、

「ホーソーキョクのものデスが——」

などと、いくら通訳をわずらわして説明しても、放送局が一体ナンであるのか、これからナニをやらかそうとするのか、解るはずもない。録音機を遠巻きにして気味悪そうにタメッスガメッ……マイクロフォンを向けるとギョッと顔色を変えて逃げ腰になり、いよいよ警戒の色を増す始末。そこで、さて、私が乗り出す番になるのである。

ニコニコ笑顔をつくって、

「貴家ノ家畜ハ如何?」

と蒙古語でやる。オヤッ? とびっくりしたような彼らの眼が一斉に私に向けられる。

「貴家ノ家畜ハ如何?」というのが蒙古人の間では古来日常の挨拶語になっているのである。

「吃飯了麼《チーファンラマ》(飯を食ッタカ)」も中国らしい挨拶だが、「貴家ノ家畜ハ如何?」も、古来家畜を生活のすべてとしている蒙古人らしい挨拶である——いや、実は、出発前に、放送局で働いている蒙古人から、これに類する蒙古語を二十ばかり(親愛の意を通じるのにまず必要な日常語だけを特に選んで)と、蒙古語の歌を一つ、ひそかに教わってきた次第なのだが。

続けて二言、三言、ペラペラ（とも言えないが）当ってみると、効果テキメン。（コレハコレハ、オ見ソレイタシマシタ）

友あり遠方より来る、とばかりたちまち彼らは眼に親しみの色をあふれさせて——そうなると、もともと蒙古人は太古の気質そのままにまことに純朴である。

純朴さに劣らず親切な民族である。いくらでも進んで協力してくれるのである。

そして、夜は——鄭重に張幕《ユルタ》（蒙古包）に招じ入れて、いろいろと手料理をつくって歓待してくれるのであるが。

蒙古人の食べ物は、単調だが、なかなか珍味が多い。ウルモ（しぼりたての生牛乳を煮立てると表面に浮いて固まる脂肪分）の美味さも忘れられないが、粟ガユも野趣があって楽しみだった。粟の中に少しぐらいドロや砂粒が混っていても、いいかげんにして炊くのであるから、せっかくのカユも砂だらけである。こんな砂利ガユを鵜呑みに食べて盲腸炎でも起したら……医者など思いもよらず、仁丹が最貴重薬で、あとはラマ坊主の祈禱だけが頼りとあっては、一コロ疑いなしである。

ところがそこはよくしたもので、大茶碗に盛られた砂利ガユを箸《はし》で十分間ほど掻きまわし、やがて遠心力によって砂利が下に沈んだところを見はからって、上澄みだけを急いで頂戴するというしきたりがちゃんとあるのである。

美味いと言えば、やはり何といっても馬乳酒を汲み交わしながら味わうシャシリークであろう。その羊のあぶり肉の煙が大陸の空に立ちのぼると、日本では見たこともないような大きな、真赤な夕陽が草原を炎のように染めながら沈んでゆく……哀愁をたたえた大陸の夜が訪れてくるのである。

肉を口にくわえ蒙古刀で切って食べる。食べては馬乳酒の大盃を空け……そのうちに興に乗ってひとりが馬頭琴を弾き始める。あの低いうら悲しいメロディーが流れはじめるころ、私も、覚えてきた、たった一つの歌を唄うのである。彼らは自国の民謡を唄う私に限りない尊敬と友愛を感じ始めるのである。そして、いろいろの歌がとびだしてくる。Yがかった（といっても蒙古では昔から性に関しては超自由？　だから、しぜん歌もわれわれにはそう聞えるのであろう）歌から、奔放勇壮なジンギスカンの歌……どれも、それは流浪の色濃い牧歌なのである。

「客人、遠慮なく飲むがいい」

「客人よ、ここに永くとどまるがいい」

次々にさされる大盃。言葉こそ相通じないが、同じ東洋民族交歓の楽しさが酔いとともにいよいよ増して溶けあい——義経は蒙古人であった、などという不思議な言い伝えも〝或いは〟と思い始めたりするのである。

私の覚えてきた蒙古語の歌には彼らも驚いたらしく、蒙古の歌をよく知っていてくれたというので、とたんに明日からは国賓なみの待遇となり、豪華なジュータンを敷きつめた包《パオ》の一番上座に私を据えて、主婦みずから酒をついでくれるという上首尾とも相成るのである。

大盃の饗応に、すっかり酩酊して包《パオ》を出ると、満天に青く澄んできらめく星々の美しさ。あの大きな星がきらめき降る大陸の大自然の夜の美しさを想うと、都会の、つい繁雑な感情にならざるをえない毎日の生活に何かやりきれない想いをするのである……。

王爺廟のお祭

時間の観念に乏しいという点では、日本人もいい例になるが、蒙古人も――これは、もう、何といったらよいのか。

蒙古奥地の録音をいろいろ済ませて、いよいよ明日は新京へ引きあげようという夜。荷造りやら何やら準備もあるので、

「解ったナ？――われわれは、この貴重な録音をまとめて×日にアジア各地へ一斉に放送することになっておるのでアル。〇日までに新京の放送局へ帰り着かなければ、それが間に合わないことになって大変だから、明朝出発するんでアル。夜が明けたらすぐ集合するように」

くれぐれも、このくらい念を押しておけば、いくらノンキな蒙古人でも、われわれの仕事や立場をのみこんでくれるだろう――と、そう思って、早朝から待っているのであるが、八時になっても十時になっても一向にやってくる様子がない。太陽が昼ごろになっても、まだ現われないのである。

ジリジリしているところへ、やがてしばらくしてブラリブラリやってきて、言うことが、

「お祭があるから、これから一緒に行ってみないか」

出発のことなど、ケロリと忘れている――どう見てもそんな顔である。

「時間がないことくらい知っておるだろう」

きめつけても、

「お祭はすぐそこだよ」

と、ニコニコ。締切を考えるとお祭どころじゃないのであるが、聞いてみれば面白そうだし、すぐ近くのことなら、ついでに録音したり見物して帰っても、ギリギリ間に合わないこともあるまいと、色気をだし、

「せっかくのチャンスだから、では案内してもらおうか。どこだ？」

「王爺廟……」

馬を駆ってゆけば、ここから四日くらいで行ける、という。空いた口がふさがらないが、大真面目なのである。すぐそこだというから、せいぜい二、三時間もあればなどと考えるほうが――いや、遊牧のほかはなすこともなく暮す蒙古人には、時間などまったく価値のないものであろう。〝のんびり〟と言おうか〝悠長〟と言おうか、大自然の環境のままに民族の宿命に徹して生きている彼らに接していると、都会人的神経では考えも及ばぬ一種の崇高さ、といったものを、あのトラホームの目と、くずれた鼻と、凍傷でもげた耳の平べったい顔に覚えてくるのであった。

○

悠長・素朴・愛すべきこの彼らが、子供のように熱狂するのが年に一度の廟会《おまつり》である。

近辺の部落からはもとより、百里、二百里、五百里のさきから羊を追い、馬に乗り、ラクダを引いて、晴れ着姿の老若・善男善女が続々参詣と、お祭見物に集まってくる。彼らのお祭こそ一年の決算である羊を物に変える草原の大セリ市であるのである。そして、彼らの包《パオ》とお祭を当てこんだ物売り

や見世物芸人などでバルガは突如、文字通り、〝一夜にして〟殷賑《いんしん》を極める〝大街〟と化す、そのさまはまったく見ものである。

たまたま王爺廟のお祭を見物したときのことであるが――雑踏で煮えくり返るような騒ぎを呈している〝大街〟のメイン・ストリート（？）をゆくと、露店の前は黒山のような人だかり。抜け目のない満人の大道商人が、こんなところにまでやって来ていて、山東雑貨（要するに十銭均一的なガラク夕日用品や、子供だましのオモチャの類にすぎないのだが）を並べたて――蒙古人にはセルロイドの赤いシャボン入れや瀬戸引きの皿がそんなに珍しいのか、また、ガラス玉・南京玉の首飾りも彼らにはヨダレの出るような宝石に見えて、欲しいのであろう、長いあいだ丹精してきた羊を惜し気もなく投げだしてガラクタと交換してゆくのである。

そういえば――よく〝蒙古でラマ寺にゆくときは、安物でも金糸銀糸のピカピカする帯地をもってゆけ〟といわれたものである。ラマ僧たちが、袈裟の襟など装束の飾りに非常に欲しがって、金ピカ地を出すと、羊ならまず十頭、馬ならば三頭くらいと大喜びで交換してくれるのである。馬ならその辺の草っ原に幾らでも落ちているようなモンだが……しかし、いや、今はまさかそんなこともあるまいが。

○

ところで、この王爺廟のお祭のときに見た光景で、印象に残っていることが二つある――。

にぎやかな包《パオ》の街の人通りの中で、着飾った蒙古人の婦人が二人、道ばたにしゃがみこんでペチャクチャやっている姿を見かけた。やがて長話にシビレでもきれてきたとみえて、腰を伸ばし、廟の方へ肩を並べて立ち去って行ったが……その立ち去ったあとに、ふと見るともなく眼をやると、砂が、そこだけ濡れている……なんじゃい、オシッコをしてたのか。裾をふわりとおろしてしゃがみこむと、蒙古婦人の服は大地に包《パオ》を張ったごとく、まことに便利至極な移動トイレットでもあるのである。……にしても、人馬往来する只中で傍目《はため》をはばかるでもなく天衣無縫。おかしいより、心境、むしろ羨望を覚えた次第であった。

歩いているうちに、こんどは〝衛生博覧会〟という看板にぶつかった。天幕張りの――中身は諸賢すでにご存知の（と想いますが）性病のオソロシサをマザマザと見せつけて、教えようというアレ、である。

大体、蒙古人は大半がひどい梅毒にかかっていると言われていたくらいである。無知と衛生観念の欠如から、このロシア渡来の病毒は永いあいだ蔓延するままに放置され、このためについに絶滅してしまった未開種族さえあるのである。

一日も早く撲滅して蒙古民族を病魔から救わねばならん、というのが満州国政府の意向で、巡回治療などを始めていた、これもその一環で――博覧会の天幕の隣には、赤十字のマークをつけた包《パオ》をたて、医者、看護婦が控えていて無料で治療に応じる、つまり梅毒退治の見世物である。

博覧会は、さいわい物見高い蒙古人で押すな押すなの大盛況であった。なにしろ、そこには、珍しい極彩色の絵がふんだんに飾りたてられている（統計のグラフや説明文のところは目に一丁字もないから素通り）。蠟細工の実物そっくりの局部が、ガラス箱に入れられてレイレイしくチンレツされているのである。

チンレッツされているのは、病毒にただれた、われわれなら思わず眼をそむける態のモノであるが、梅毒など当り前で蚊に食われたほどにも考えていないかも知れない彼らとすれば、病気の恐ろしさも不快もない、こんなオモシロイ変った見世物は生れてはじめてだといった御満悦の表情で、ワイワイ言いあってはゲラゲラ、また指さし眺めてはキャーキャー。

赤十字マークのほうはどうかと見ると、誰かが好奇心にかられて飛びこみ、注射でもされたらしい。

「あそこへ行くと痛い目に合わされるだけだぞ」

と、ふれてあるいたとみえて、さっぱり。一人として寄りつこうとしないアリサマである……。

衛生博覧会の天幕につめかける蒙古人たちの下卑たお祭騒ぎを眺めながら、私は——蒙古民族から梅毒をクチクしようという考えは如何にも高く立派であるが、さてその実践となると何トカ・ドラッグの陳列くらいに終ってしまう……まったくおろかしくも知恵のない行為であると、蒙古人のあわれを笑うより〝インテリ〟の実行力の程度を笑いたいほどであった。

——どうも政治家というものは、概して演説をする時だけまことにインテリゲンチャであるが、実行の段となると、撲《なぐ》り合いという最も原始的な方法しか知らんように思えるのは、果して私が政治にうとい故かしら……。

青い海の底で

梅雨《つゆ》どきになると、つい私は、大陸の太陽も空も風も、樹も花も、底抜けに明るいいま頃の季節が恋しくなってくるのである。

今日も、放射能何カウントかの雨雲のうっとうしさにやりきれない思いをしながら、新京時代（アナウンサーをやっていた頃）のことごとを、悲喜いろいろと想い出していたのであるが、これもその一つ。

○

青い風に乗って、いたるところに柳絮《りゅうじょ》が夢のように舞い飛んでいる、季節は一年のうちでも一番気持のよい今時分であったが――戦争はいよいよ日本に不利になっていた頃である。

ある日、関東軍司令部の参謀から、極秘の命令で、

「録音機を携えて即刻出頭せよ」

と、呼び出しを受けたのである。

何事ならんと恐る恐る出かけてゆくと――。

実は――近いうちに、関東軍の飛行隊からも特攻隊が沖縄の空へ飛び立つことになった。決死の隊員は六十名ばかりであるが、彼らの遺言を内地の父母兄弟に残しておくために、ひとりひとりが話す

言葉を録音しておいてもらいたい、というのであった。

レコードの表の面に隊員の遺言を吹き込み、その裏には部隊長のあいさつや訓辞、いろいろ前後の状況を録音しておく、という計画である。遺言は、上官などがその場に立ち会うと、つい固くなったり、気を使いすぎたりしてよくないから、という心遣いから、将校は一切立ち会わず、隊員と私だけでやることになった。

極秘の仕事であるから、その日から、私と録音機を扱う二人の技術者は関東軍のお城に当分カンヅメの状態になって――さて、いよいよこの、悲痛といおうか、辛い仕事に取りかかったのであるが……。

気の毒で可哀そうで見ていられないのである。

緊張した顔で録音機の前に直立し、しばらくのあいだ、キッとマイクロフォンを睨みつけている若武者もあれば、深く眼《まなこ》を閉じて何を語らんか、最後に両親にあてて残そうとする言葉を選びあぐねている風の若者もあり……嚙みしめていた唇がやっと開くと、大意はたいてい、

「祖国の難を救うために喜んで死地におもむきます――」

「父上、元気で頑張って下さい――」

「東洋平和のために笑って死にます――」

「大日本帝国、万歳――」

「天皇陛下、万歳――」

「お母さま、いって参ります――」

といった（妻に呼びかけたものは一人もない）――いかにも紅顔殉国の熱血に燃えるもののふらしく、勇壮な気持を端的に述べて出てゆくのであったが……一日に十人くらいずつの若者たちの言葉を録音しながら、そのあいだというもの私は、毎日、録音室の片隅でひとりポロポロ涙をおとしていた。もっともその涙の中には、こんなことがあっていいのかと、いきどおりもまじえて……。

このときの特攻隊員たちの中に、ひとり、おそらく永久に忘れることができないほど強い印象を私に与えた若者があった。

彼は――いかにもインテリらしい白晳《はくせき》の面《おもて》をした、他のたくましい隊員たちに比べていくらか脆弱《ひよわ》な感じであったが――差し出されたマイクロフォンを前に、じっと座ったまま、いつまでも何事かを心に決しかねている様子で口をきろうとしないのであった。私は、

「あまり気負って考えたりしないように――これは、終生残るあなた自身の心からの言葉なのだから、他を顧みることなく現在の気持のままに何でも思い浮かぶことを喋ってみてはどうですか。私がいないほうがよければ……」

そう言って気分を向けるように誘うと、

「いや、いてもよくあります、どうぞ」

と声があったので、録音機のほうへ合図した。

「――お父さん」

と、彼は、ようやく口をきった。

「お父さん……いま僕は、なぜだか、お父さんと一緒にドジョウをとりにいったときの思い出だけで

頭がいっぱいなんです。……何年生だったかな……小学校六年のときだったと思うけど……。休みの日でした……おぼえてますか、……弟と三人でした。鉢山の裏の川でした。……弟が、病気になるちょっと前でしたネ」

ポツンと言葉がとぎれた。

死を目の前に、若きもののふが言い遺す決意の言葉としては、他の気負いたった若い特攻隊員たちとはまったく別の——あまりに意外な話がはじまったので、さすがに私も驚いて彼の横顔をみつめていたのであったが、

「——あのときの、弟の白い帽子と、お父さんがかぶっていたカンカン帽の古いのが、いま目にちらついています……。弟がすべって、川へおちたでしょう。それからのことが、どうもよく思い出せないんですけど、でも楽しかったということだけは覚えてるんです……。二十年も生きてきて、いま最後にお父さんにお話をするんだというのに、こんな、ドジョウのことしか頭に浮かんでこないなんて……」

ポツリ、ポツリと話していた言葉が、またとぎれて、しばらくのあいだ、心苦し気にうつむいていたが、

「いま、自分は——何だかもの凄く怖いんです」

ハッと胸を刺されるような響きがその声にはこもっていた。

「お父さん!……ほんというと、出発するのが嫌なんです。でも、そういっても、もう日がせまっていて、征かなければならない。正直いって僕は怖い。僕は卑怯かも知れません……ね……お父さんだ

けに僕の気持を解ってもらいたいん……だ……」

私は、ポロポロ涙をおとしながら彼の録音をとっていた。しかし彼の眼には何のうるみも見えなかった。

だれもかれもが、意地にも気負いこんで勇壮な言葉を言っている中で、ただひとり彼は——いや、理屈もなにもなしに私は、何の虚飾もない彼の言葉に一番人間らしい真実さを感じて心をうたれ、このときほど泣かされたことはなかったのである。

どうやら前後二十日ほどもかかって、この遺言録音の仕事をすませ、久しぶりに私は解放されてわが家へ帰ってきたのであるが——そして、人間の命がいたるところであまりにも安っぽくとり扱われていることを、改めて考えさせられたのである。

一銭五厘の葉書で来る命（陸軍はそう言った）——だから、〃死は鴻毛《こうもう》よりも軽い〃というのか。否、生と同じくらいに死は尊いものではないだろうか。

「お父さん、いま僕はもの凄く怖いんです」

切々と訴えていたあの若者のように、死の恐ろしさを知っているものでなければ死の重大さが解らないのではないだろうか。日本人は大体にして命を粗末にするクセがあるように思うのだが、人間の命を粗末にするようなところに平和などあるはずもなく、ユートピアが生れてくるわけもあるまい——などと、そんなことを思い思い、涙でくしゃくしゃに汚れた顔を洗い、一風呂浴びてカンヅメ生活のアカを落したのである。湯上がりのホッとした気分で、はしゃぎまわる子供たちの元気な姿に眼をほそくし、

「おい」

というと、まず女房が冷たいビールを抜いてくれる……昨日まで眼にしていた生活に変る、何というこれは自由さ。家に帰れば私にはこんなに恵まれた団欒と自由があるのであるが、あの若者たちにあるものは――命じられた〝死〟の確実さだけである。と思うと、またまた実にやりきれない思いに迫られてくるのであった。


――その後、まもなくして、沖縄の米軍を攻撃したという特攻隊の記事のなかに、この隊の名前があるのを読んだ記憶がある。戦果のほどは知らないが、おそらくひとりも存命のものはなかったに違いないと想うのである。

○

梅雨模様のせいか、つい、うっとうしい思い出話などになってしまったが、しかし――私は、あのひとりの特攻隊員がどこかの青い海の底で、いまでも死の恐怖に若い魂をおののかせながら、

「僕は、もの凄く怖いんです」

何者かに向って、そう訴え続けているような気がしてならないのである……。

国境の日本人墓地

日ソ交渉も、なかなか大変なことのようである。

いままでの様子では、クナシリ、エトロフの返還まではむずかしいらしい。どういうことにおちつくのであろうか。

だいたい、ソ連などという国は――いや、もう、十数年も前の話であるが、ホロンバイル草原を通って、満州里《マンチユリー》へゆき、そのとき、国境なるものを見たさに、ソ連との国境線まで行ったことがあるのである。

○

満州里といえば、満州も最北端。いわゆる国境の町である。

ここはまた、北に向って門戸をひらいている唯一の街でもあった。それだけに、いろいろめずらしく、変った風物に接し、思い出も尽きないのであるが――街の教会を訪れ、ロシア旧教の古いしきたりにしたがいながら、満人や白系露人たちと一緒におごそかなるミサをうけていると、ふと、ステンド・グラスの向うに、筋向いのソ連領事館の建物が灰色に見える。屋上に変にナマナマしくひるがえっている赤い旗……それが、何とも異様に、奇妙な印象を与えるのであった。

と思うと、そのすぐ近くには日本人だけの小学校などがあるのである。この日本人小学校を訪ねたときのことも、私には忘れられない思い出の一つである。

そこで、小学生たちが書いた作文を先生に見せてもらって、読んだのであるが、戦争のこと、日満親善のことなど、子供ごころにいろいろ健気な気持を綴っている中に、こんな作文が一枚、私の心をとらえたのであった。

――ボクは、みんなと国境へ行った。
鉄条網が張ってあった。
先生が、鉄条網を指さして、
〝これから向うは、ソ連だ〟
と言われた。
ボクは、なんだか、不思議な気持がした。
石をひろって、投げてみた。
石は鉄条網の向うのほうへ、飛んでいって、落ちた。
ああ、もう、あれはソ連の石なのだ……。

子供の、実に素朴な感じ――心を惹かれずにいられない、何か鋭い感覚が光って私には感じられたのである。

またぐことを許されぬ国境線だという鉄条網を、フシギなものと眺めながら、石ころをにぎりしめて立っている少年の姿が、鮮やかに眼に浮かんでくる。

国境の神秘――などといえば、すこし大袈裟にすぎるかもしれないが、しかし、なにかそんな〝神秘的〟なものに心惹かれて、私は、その足で〝国境〟のほうへ歩いてみたのであった。

鉄道も、満州里まではハルビンからふつうに国際線が通っているが、満州里から先は特別の線になっていて、軽便鉄道が国境線を越えてアトポールの町まで通っている。このソ領の国境の町・アトポールからモロトフ鉄道がシベリアを走っているのである。

この軽便鉄道の線路にそって、北へ歩いて行ったのである。

寒い季節だった。

シベリア特有の冷たい風が、粉雪を混えて吹きつのってくる。雪に滑り滑り、どのくらいあるいたであろうか――はるかに、国境を画す鉄条網が見えてきた。

鉄条網の向うに、小さな町が、粉雪に降りこめられているのが見える。ソ連の町――アトポールの町である。かげろうのように映るのが凱旋門であろう。

ああ、ここが国境……と雪を踏んでさらに進むうち、思いがけぬものを発見した。墓地である。日本人の墓地が、こんなところにまであったのである。

しかし、墓地とはいっても、ちゃんと形のあるようなものではなかった。線路わきの小高い丘の上にポツンと立っている石の碑……こんなところにまた何の碑が、と、ちょっといぶかしく思いながら雪の丘に登ってゆくと、墓石なのであった。

××聯隊長の墓――と、刻みつけられた文字が読める。あたりを見まわすと、この聯隊長の墓碑を円形にとりまくようにして、点々と小さな石のようなものが雪の上に頭を出している。

(墓碑を飾るくさりにしては……?)

と、二尺もある雪を搔きのけてみると、小さな墓標が(どれも、路傍の石くれといってよいようなものばかりであったが)幾つも現われてきた。――そして、それぞれの石の表に、

陸軍一等兵　何某
陸軍二等兵　何某

また、

陸軍二等兵　何某

と、刻みつけられた文字が読みとれるのである。おそらく、シベリア出兵で、ここに空しく全滅した将兵たちのものであろう。

が、ひとしおあわれであったのは、聯隊長の墓碑をとりかこむ将兵の墓石のなかに混って、これはまた、

〇〇トメ　十八歳
〇〇ウメ　十八歳
〇〇ハナ　十九歳
〇〇チヨ　年齢不詳

こんな文字が、かすかに残って読める一段小さな石くれの碑が、たくさん出てきたことである。からゆきさん――こんな、北辺の果ての果てまでも兵隊たちについて行軍し、ついに雄々しくも部隊と運命をともにした、うら若い娘たちなのであろう。涙を誘わずにいられない末路の姿であった。

墓地といえば、ここだけのことではない。

黒河の対岸をはじめ、愛琿の向う岸にも、たくさんの日本の兵隊の霊が、とむらうものもなく冷たい地下に眠っているそうである。暦をくれば、三月十日、田中大隊はユフタの郊外に全滅す、などと

記してあるのを見ても、花も線香もなく、ソ連領に眠る兵士の数は相当なものであろう。

さて、この満州里の丘の墓地であるが――。

誰とて、こんな野末までも杖を引き、一輪の花を手向けるものすらあるまい――。

線香を上げても、たちまちその火が消えてしまうようなソ満国境の寒さである……。この零下四十―五十度という寒い、冷たい大地の下に、軍帽のあごひもをかけたまま無念を眉宇に東を向いて眠る幾多同胞の魂ありと想えば、その土の上を足で踏んで立っていることさえ、何か申しわけないような気がして、居たたまれぬ思いに胸を嚙まれるのであった。

○

ところで、新聞にでているところをみると、北ボルネオまで日本の兵隊の遺骨を収容に行った派遣団の手で、すでに、九十七体の遺骨が収容され、ダビに付されて、現地で追悼式がおこなわれたという。そして、派遣団はさらにラブアン島に向ったということであるが――。

ボルネオばかりでなく、思えば、全アジアの各地いたるところの地下に、私たちの同胞である将兵が、数知れず祖国のほうを向いてどんな気持で眠っていることであろうか。

はからずも、満州の果てまで行き、ソ満国境を歩いて、同胞のあわれな墓石に涙したことなどを思い出した次第であるが――冷たい雪の下に、熱帯のジャングルに、孤島の岩かげに、あるいは、千尋の暗い海の底に……おそらく祖国の方に眠れぬ眼を向けて横たわっているであろう同胞の心情を思うと、戦争など、二度としてはならないとつくづく考えさせられるのである。

論語読みの論語知らず

「作戦計画ヲタテル場合ハ、天候、気象、敵状、地形ノ明暗ノ度ヲ考慮シ、ソレラヲ総合シテタテナケレバナラナイ、云々——」

〝作戦要務令〟であります。第何ヵ条であったかは、忘れました。

新京の放送局にいたとき、関東軍の仕事を手伝わされていた関係から、私も、作戦要務令(用兵・戦闘の虎の巻みたいなもの)くらい一応読んで大事なところを覚えておかないと(命令でもあったし)、少々ぐあいがわるかったのである。

しかし、もうそのころは、ドイツも降伏してしまうし、旗色いよいよ悪く、負け戦《いくさ》に終りそうなことは最早や明瞭であった。そして、ヨーロッパや、あちこちの国々から引揚げてくる大使、公使、領事館のナントカいった外交官の連中を始め、会社員、商人の十年、二十年のあちゃらそだちが、(これから、日本に帰っても、いつドカンとやられるかも知れんし、第一、内地には食べ物もロクスッポあるまい)

と——そればかりの理由からでもあるまいが、ヨーロッパからの引揚げの途中、新京に足をとめて息を抜いていたのである。

いずれ劣らぬサムライぶりで、宿におとなしくしているような連中ではない。

「戦況はどうかネ」

「情報が入ったから、一つ」

「新京の裏町をちょっと、おしのびで視察したい。キミ、〝顔〟だそうじゃないか」

なんとか口実を見つけては、入れ替り立ち替りヒマつぶしに放送局へやってくるのである。放送局が、まあ〝文化のメッカ〟みたいになっていた関係もあったからであろうが――いつの間にか応接室は彼らの共有サロンと化し、そこへまた新聞社の諸君などが白乾児《パイカル》酒の類を携えて乗りこんでくるものだから、談論風発、連日、夜の明けるのも知らぬといった騒ぎであった。

おかげで世界各国の、それもめずらしいY談の数々に至るまで拝聴でき、大いに私も学を広げた次第であったのだが――一夜、談たまたま日本の対外宣伝の拙劣さ、という風なことに及んだことがあった。

「まったくの話、冷汗が出るですナ」

言いだしたのは、イランから引揚げてきていた外交官A氏であった。槍玉にあがったのは、当時、日本の国威、国力を世界に誇示するために英文で発行され、各国にバラまかれていた〝JAPAN〟(ジャパン)という雑誌である。記憶されている方もあろう、紙・印刷等に当時としてはおそろしく金をかけた体裁のもので、内容も日本近代工業の素晴らしいグラフ写真、一流画家の絵、都会のビル、満州国の全貌、等々、一見実に堂々たる出来栄えの雑誌であったのだが――。

「――この〝JAPAN〟に、いつか、伊豆大島のアンコが載っておってネ。バックには御神火の三原山と紅い椿が点々……東洋的エキゾティズムというやつかネ、日本的情緒を誇るなかなかヨキ風景であると見えるのだが、イラン人の曰く、〝ニッポンの女は、この写真でみるとハダシで暮らしとるじゃないか。ニッポンちゅう国は靴もないような野蛮国じゃ〟――二、三ページめくると、みごとに咲き揃った菖蒲園の池のほとり。ゲイシャ・ガールかなんか美人がポーズよろしく菖蒲の花を剪《き》っている。この美人の足もとを指さしてまたイランの連中が笑うんだ。〝これがニッポンの橋か？〟――八ッ橋なんて風流を知る由もないから、水の上に渡した二、三尺の板を見て橋だと思いこみ、〝ニッポン人に一度イラン国の立派な橋を見せてやりたい。エラそうなことを言っていても、これはナンじゃい〟――と、まるでケイベツしおってね」

といった始末で、イラン、イラクではせっかくの宣伝雑誌をあわてて物置の奥に隠してしまった、というのである。

○

汽車にしても、大陸特急〝亜細亜〟号であるとか〝ツバメ〟号のクラスは最新最大御自慢のものであったが、

「どうだ、日本の機関車はこんなに優秀なんだゾ」

といくら力んで見せても、イランの連中は一向に驚かない……というのは、イランの田舎を走っている機関車のほうが〝亜細亜〟や〝ツバメ〟よりも数倍立派なのである。

「――いや、別にイラン人がそいつをこしらえているわけじゃないんだ。アメリカ、イギリス、フランス、ドイツといった国々が競争で優秀な機関車を製作してイランへもってくる。それをイラン国が入札して買う仕掛けなんだ。だから、イランの田舎を、アメリカやドイツへ行ってもお目にかかれな

いような豪華版列車が走っているという結果になる。日本の亜細亜号ごときを見せびらかして、イランの連中をたまげさせようなどとは、お古いねエ……」

が——そこはまたそこで、世界の最先端をゆく超豪華・超特急の機関車は走っていても、イランには鉄道は一本しかないのである。せっかく日本の鉄道事業を紹介しようとするのなら、そういう実情をよく呑みこんだ上でやったらどうだろう。機関車を製作している現場のダイナミックな様子であるとか、出ては品川あたりの、あの無数に平行して走るレールの壮観——こういう光景でも写真に撮って見せてやれば、イランの連中も驚くにちがいないのだが……というのである。

——当時、アメリカやイギリスなどもそれぞれ〝JAPAN〟式の雑誌やパンフレットを各国にバラ撒いていた。A氏の話によると、イランにも来ていたが、それを見ると、実によくイランの国情に合わせてつくられているのである。イランにはイラン向け、ヴェトナムにはヴェトナム向けと、ひとつひとつ相手国の歴史・風俗、生活・文化の程度、民情などをよく研究調査して作るというやり方で、それぞれ的確に効果を挙げているのである。宣伝とは、もともとそういうものなんである。

ところが、わが日本は、宣伝雑誌ひとつにしても、貴重な資料と、有り余るでもない金をぜいたくにつかった折角のものが、ロクロク陽の目も見ずに世界各地の物置の奥に葬り去られてしまう——西も東も南も北も、みそもくそも、十把ひとからげに考え、ゲイシャ・ガールと富士ヤマ一点ばりで事足れりとする神経が万事かくの如き結果を生ずる所以、と考えては大げさかな——。

さよう、戦争も——あらかじめ諸状況をよく考慮し、総合研究した上で判断が下されていたならば、おそらく、ガムシャラに事を起すような愚はできなかったであろうのに——A氏の話にいろいろ共感を覚えながら、そのとき、ふと、冒頭の作戦要務令を思い出して、つぶやいたのであった。

(虎の巻ではなかなかうまいことを言うとるのに、何ちゅう始末や……)

○

論語読みの論語知らず――いや、軍人ばかりを笑えん、と思うのである。税金ひとつにしても、「徴税計画ヲタテル場合ハ、庶民ノフトコロ具合、貧乏生活ノ明暗ノ度ヲ考慮シ、ソレラヲ総合シテタテナケレバナラナイ――」のではないかいな。

住めば都

桃の花を活ける季節になると、想い出す――これもまた、昔、私が満州の放送局にいたころのことであるが。

アムール河をさかのぼって、ソ満国境線を黒河から漠河《バクカ》に向っていたことがあった。

人煙遠く、道なき道を往く、といった難コースで、シベリアから吹き荒れてくる風が骨を刺すように冷たい。骨を刺すくらいであるから、その上の肉など凍りついてしまうのは簡単である。だから、一番最初にやられるのが鼻である。ために、この近辺に来ると鼻のない男が実に多いのに驚く。

この辺一帯は昔から砂金の出るところで、金《きん》に憑《つ》かれた人々が放浪したところである。人間がふだん往ったり来たりするようなところではないのであるが、ふと想うに――この吹雪のなかを蹌踉《そうろう》と見るかげもなくうらぶれ果てた人影がゆく。砂金の夢にすがって野末をさまよい、あげく、ツンドラに長い影をひいて独り空しく死んでゆくのであろう。いたましくも憐れな人生旅路の果ての姿。しかもあの大きな鼻が凍傷で無くなった不思議な顔（満人たちは彼ら紅毛人のことを大鼻子《ターピーズ》と呼んだ）……そんなロシアの短篇（があったかナ？）小説めいた幻想にとらわれる道で――また、このツンドラの中でロシアの幸福を追求したチエホフ、プーシュキン、ドストイェフスキー、トルストイといった作家たちの小説を想い、温暖の国で幸福を追求している日本の小説との相違を思い、もう一度ここでロシアの小説を読んでみたい、という激しい欲望にかられながら……。

――もうこれから先は、満人とて住むものもあるまい、などと思って歩いていると、道ばたにポッンと落ちている古い下駄、しかも女のチビた下駄が片一方、ふっと眼に入って、

「オヤッ、これは？」

匪賊にでもヤラレたのかな……いや、こんなところにまで日本人が、しかも女の身で、やって来て住んでいるのか。……そういえば、満州の山の中や蒙古の原っぱを歩いていると、仁丹の袋のあせたのや、さびついた肥後守のナイフなどをみつけて、思わず四辺《あたり》を見回すというようなことがしばしばである。

黒竜江にのぞむ満人部落・ホーベラで日本人のお巡りさん（国境警備員であるが）に出会ったときは、さすがにびっくりした。

〝ここはお国を何百里、離れて遠き満州の……〟などと歌はあるが、まったく北辺の果て、である。三十二、三と見えるこの若いお巡りさんは、

「北も最北端にいる男――がこの私でしょう。この先にまだ日本人がいるとすれば、まア、かつて馬賊であった頭目の女房くらいか、シベリアお雪――唐《から》ゆきさんというのですか、そういう婦人たちの流れ流れた成れの果てならいるかもしれませんが……」

事実、かつての緑林の王者はその頭目に限って、日本人を妻としていたことが多かったのである。現に黒河の電報電話局長の名誉職にある張さんは、おくさんが日本人で、彼はまたかつて朱房をたらして、馬を駆った馬賊の親分であったそうである。ためにその夫人のおよしさんも、五十になるのにヒラリと馬にまたがって、私たちの用事をたすけてくれたのには驚いたくらいだ。話が横道へそれたが。

お巡りさんは、家族と一緒だった。東北なまりのおとなしい奥さんと、数えて四つになる可愛い女の子がひとりだけ。偶然その日が三月三日で、

「この子のお節句ですから」

と笑いながら、これな見て下さい、という。シナ行李の上に赤い布を敷いて、三、四年も前のものであろうか、表紙も千切れてボロボロになった古雑誌から切り取ったとおぼしき紙の雛人形が、一組飾ってあった。これもボール紙でお手製の屏風に桃の花をクレオンで描いて、それだけの〝お雛さま〟。しかも不思議なとり合わせは、その前に焼ギョーザがヒシ餅に代って並べてあることであった。それがまた、いかにもこの一家のつつましい、しかしあたたかく愛情の通いあっている家族の生活にふさ

わしく、ほほえましいのである。

桃の節句は、ギョーザとともにこの辺境に春のさきがけを告げているのである。そして、くびをかしげて、このお雛さまをあかず眺めている女の子の表情の、なんと楽しそうなこと……。

そこに部落の満人の子供たちが四、五人ほど雪をかぶってガヤガヤとやって来た。お節句のお招ばれで――お雛さまの前に一かたまりに押し合いガヤガヤ・キャアキャア大変な日満親善である。ギョーザをごちそうになっている間はモノも言わずおとなしいが、皿がカラになるとまたお巡りさん夫婦も一緒になって一騒ぎ。それが実に楽しい雰囲気なのである（「警察日記」という映画で私は東北の田舎のお巡りさんの役を演じたが、この満人部落で会った若いお巡りさんの事が、大分私の演技の創造を扶けてくれているのである）。

みんなで満語の唱歌の合唱がはじまった。

春よ、早く来て、寒さや雪を
シベリアの向うに
追い返してくれないか

というような歌だったが、幾度も幾度もくり返して歌い続けるのである。

○

雪、吹雪、また雪……ながいながい北満の冬。

三月は雪、四月……黒竜江の氷が解け始めて――氷といえば、どうかした拍子に川上の氷が先に解けることがあるのだそうだ。これを武解と呼んで、満人の古老の話によると、二十年に一度くらいの割合で武解の現象が起るのであるが、百雷の一時に落ちるような大音響が轟き、バリバリバリッと百尺もある氷の柱が天に逆立って実に凄まじい光景であるという。そういえば、松花江で一度武解が起ったときは、余波で吉林のはずれの町の人家が相当たおれたといわれている。

武解の話は別として――部屋に閉じこもって一日千秋の思いで冬の過ぎ去るのを待っている人々の耳に、やがて黒竜江の結氷が解け始めたことを知らせる氷の割れる音がかすかに聞えてくる。と、いつか粉雪が晴れて窓ガラスが明るくなっている。いよいよ春がやってくるのであろう。戸外に飛び出してみると、固い雪を割って真紅《まつか》な花が……。

「アゴーニカの花が咲いた！」

まっ先に子供たちがみつけて叫ぶ。一輪二輪、アゴーニカの紅い花が、春の来たことを人々や家畜に告げているのである。

どの家も、冬の貯蔵の残り少ないのを忘れてごちそうを作り、炉辺の団らんの明りも急ににぎやかに、白乾児《パイカル》の盃もつい重ねずにはいられないであろう。今年の春を、今年の夏を、ああもしよう、こうもしようと希望を語り明かして、ふと、しらじらと明けそめる窓外に耳を立てれば、ああ、またしてもひょうひょうと天を鳴らして朔北の風が粉雪をまいて吹いて来るのである。一夜にしてすべてがもとの憂鬱な冬に戻り、人々は春をまた恋いこがれるのである。

粉雪が晴れる。こんどこそほんとうに春が訪れてくれたのであろうか。木々の芽にも小さなふくらみが感じられる。しかし、また明日にもひょうひょうと粉雪が降り戻ってくるかもしれないのである。

そして、やがて暦が五月になりパスハ（復活祭）の頃になって、やっと三日ばかりの春らしい春が訪れてくるのであるが、それは夏と一緒にやって来る春なのである。

夏——午前一時ごろにならなければ陽の落ちない寝苦しい白夜がつづき、あれこれと仕事の手順が決まり、やり始めていざこれからという時に、「何となく寒いのう」と感じた瞬間、また突如として恐ろしい寒波が襲って来て、昨日の夏は一夜にして去り、ながいながい暗い冬がはや始まってしまうのである。それがこの北緯五十二度の生活なのである。

しかし、それなのに人々は誰ひとりこの酷しい土地を見捨てて他郷へ行こうとはしない。

あのお巡りさんの一家も、住みよい内地を想って辛さをコボすでもなく、雪が降れば暖炉を燃やし、日本の雛祭りの日がめぐってくれば、わが子のために紙の雛人形を飾り、甘酒ならぬギョーザとともに祝い楽しんでいる。

一日も早く春の来ることを祈りながらホーベラを後にしたとき、ふと、

「住めば都——」

という言葉が私の口をついて出た。

見給え。こんな野末の木の枝にも黄色い蝶がとまっている、いや、枝につかまったまま凍っている。

トンボが一匹、これも細い枝をかかえるようにして凍ったままミイラになっている。白夜のあとに突如として襲い来った寒波のために、身を逃れるいとまもなく凍ってしまったのであろうが、この蝶やトンボたちも、きっと、ここも住めば都と思って暮らしていたのにちがいない（ト、私ハ想ウノデアルガ）。

いや、――凍てついた道ばたに落ちていた、女のチビた下駄。お巡りさん一家のくったくのない笑顔……日本人の順応性というより、これが日本民族の強い生き方を示す姿なのであろう。

桃の花を活ける季節になると、私は、よくこのアムールをさかのぼった時のことを、春を待ちこがれている北満の人々のことを想い出すのである――わが生活の、ややぜいたくにすぎることを省みながら。

信州の斧

昭和十四年、私は満州（現中国東北部）の新京（現長春）の放送局に赴任した。二年間ほどアナウンサーをやったが、そのころドイツからテレフンケン会社のディスク式録音器が入った。これは今のようなテープ式の小さなものではない。冷蔵庫の半分ほどもある馬鹿重いヤツで、移動には不向きなものだったが、ノモンハン事件にもこれを戦場まで持参した。

のち〝満州人文地理〟という企画をたて、全満各地のレポートをするために七名の編成でこの機械を持ち歩いたのだが、持ち歩くといえば格好はいいが天秤《てんびん》棒で二人がかつぎ、ついでに、これも馬鹿重い十キロの発電機を持ってゆくのである。

そのレポートの一つに〝満蒙開拓青少年義勇隊の記録〟というのがある。

日本の内原訓練所で養成をうけた、十四、五歳の少年たちがソ満国境のほとりで、農耕をやりながら兵隊をやる。昔流でいうなら屯田兵であるが、酷寒の地に文化のブもない毎日を、血の出るような明け暮れについやす現状を、レポートするために新京をあとにした。

東満国境に近い一寒村に一行は降りたった。二、三の中国人たちと私らを残して汽車は茜《あかね》の涯《はて》に消えていったが、何と線路わきに呆然と一人の老人が信玄袋を肩に立っているではないか。私たちは驚くというより、いぶかった。ここは中国人たちばかりの小村が、駅前に土造の家を並べるだけの、まったくの僻地《へきち》である。

私は爺さんのそばに走りよってどこから、何をしにきたかを聞いた。

「わしは信州の山ン中の百姓だが、実は孫が青少年義勇隊に入りましてナ。二年になるが度々手紙をよこしまして、死ぬまでに一度見に来い、一畝耕せば、朝が昼になるほど広い畑だ。寒波が突然にきますと、ジャガイモなど半分、収穫出来ずにくさらせてしまうと書いてきました。テテ親が戦地へ行ってますので、見物がてら元気づけてやろうと思うて、有金ハタいてやってきました。道を間違うて一週間の余もかかってナ。奉天から右へ行くのを左へ乗りかえたんです。大連へ着いてしもうて、それからまた二昼夜広うて遠うておったまげました」と。

そのいきさつが分かった。その夜、私たちは駅前の土造の弁事処（義勇隊事務所）に仮泊することになった。

ところが、この爺さんが、ここにはわしは泊まらんとゴテ出した。宿屋などない田舎だと説明したが、わしは百姓家へ泊まるという。

聞けば、ここから一里半ほど南へゆくと、張さんという百姓家が一軒あるが、泊めるかどうか変わりモンだから受けあいかねるという。ままよ、これも取材だと大車《ターチョ》をやとい、私たちも録音器をのせて一里半の夜道をゆられた。満天の星の下、馭者は「張はもう寝てる。寝てりゃ起きない」とそればかり口にした。私たちは、言葉も全然通じないこの爺さんはどうする気だと思ったがやっと到着。

おぼつかない中国語で、私は来訪の意を話した。

「この人は日本から来た年とった百姓だが、同じ百姓どうしのあんたの所に泊まりたい。気心が分かるから」

ヤニ目をこすりながら張さんは家に入ったが、しばらくして出てきて「好《ハオ》」という。私たちはホッとするやら驚くやらしているうちに、爺さんはサッサと家に入り、いきなり帽子をとって深々と張さんの前に頭をさげて、

「孫メが、お国にご厄介になっとります。有難うございます。お世話さんでございます」

と土間に座っていく度もおじぎをした。

こんな挨拶があったのだ。一瞬私はショックをうけたが通訳をした。二人は十年の知己のように、カマやクワや、ランプや――お互いの言葉で話し合った。

満州に入ってきた何百万の日本人のうち、日本の礼節を心得て入ってきたのは恐らくこのお爺さん一人だったろう。

私たちは爺さんを置いて帰路についたが、胸の中であついものが、心のシンをゆさぶりつづけた。

昨今の新聞に中国人遺児が日本の両親を探す記事が出ているが、これを見る度、あの辺境の青少年を思い出して胸を痛めるのは私一人ではあるまい。

月下のオロチョン部落

そのころ、私は放送局員だったが、満州の各地を歩き回ったことでは、人にひけをとらない。ある意味で、満州は私の故郷であり、忘れがたい思い出がいっぱいある。その一つが、オロチョン族の取材で、大興安嶺深くはいったときのことである。

テレフンケンの録音機をかついでゆくのだが、なにしろ昔のこと、発電機まで持っていかなければならない。たしか七人がかりで、黒河から西へ西へと向かった。

人間は、はいらぬほうがいい、といわれた土地である。途中まで軍のトラックで行ったのだが、オオカミがヘッドライトめがけて飛びかかってくる。また、トラックを捨てて騎馬になると、人馬もろとも大きなカヤをすっぽりかぶった。三センチ以上もある大きなアブがいて、これに刺されると、馬も死んでしまうからだ。そんなところへ行ったのも、若かったからだろう。

オロチョンのベラ（村落）は原野の中にあった。顔かたちが日本人そっくりで、おっ、同級生のあいつじゃないか、と思うくらい、よく似ているのには驚いた。

ここでは衣食住のすべてを、ノロでまかなっているといってもいい。オロチョンは、この、鹿に似た動物の肉を食い、皮を着て、その皮で張った天幕に寝るのだ。だから、ノロ狩りは大切な仕事である。

ノロをとりにゆくというので、一人のオロチョンについていった。山の中の湖のほとりで、ノロが水を飲みに出てくるのを待つのだ。オロチョンはキノコを燃やして煙を流し、人間のにおいを消す。

そのうち、ノロが一頭姿を見せ、数メートルの所まで近づいた。ところが、隣りのオロチョン氏は、いっこう知らん顔である。ひじでつっついて、撃て撃てという身ぶりをしても、すましている。とうとうノロは、どこかへ行ってしまった。

なぜ撃たない？ というと、弾丸が届かないのだという。そこへ来たら撃つという、その〝そこ〟は、なんと二メートルくらいの目と鼻の先である。オロチョンの鉄砲は、鉛玉を銃口から突っ込む、長い先込め銃だった。

いつまで待ったら〝そこ〟へ来るかと聞くと、さあ、あしたは来るかな、と泰然自若たるもので、私が何をいっても、何時間たっても微動だにしない。いい加減いらいらしたが、しだいに、このオロチョンが偉い人に思えてきた。この悠揚迫らぬ様はどうだ。トラコーマみたいな目はしてても、哲人かもしれん。それに比べて、オレなんか、何がインテリだ……。

幸い、夕方になってノロが現われ、鼻っ先の〝そこ〟へ来た。とたんにオロチョンの銃が火を吐いたのだが、それは隣りにいた私が、いつ撃ったかわからなかったほどの素早さだった。それまでは、小揺るぎもしなかったのにと、その神わざには舌を巻いたものである。

月の夜、オロチョンがかなでる「ホラガホン」という楽器（口琴）の、低い単調な音色が、山にこだまする様子は、言いようもない寂しいものだった――。

一面お花畑といった、満蒙国境の果てなき草原も目に浮かぶが、思い出の人を一人あげれば、満州で知り合った中国人の友である。この人は、日本の旧制四高（金沢）を出たのだが、満州では日本人からバカにされ、ツバを吐きかけられたこともあった。

「でも私は、じっと目をつぶって、我慢しています」

と言って、学生時代の話をしてくれた。

金沢から名古屋まで、友だちと自転車旅行をしたとき、飛騨の山村で日が暮れた。宿屋が一軒あったが、ちょうどその家の結婚式の日で泊まれない。しかし、そこのおばあさんが気の毒がって、村の民家へ分宿できるよう、忙しい中を世話を焼いてくれた。

そして、その中国人の友を引き止めた。友は〝チャンコロ〟といった言葉を、ここでも聞かされるのかと思った。だが、おばあさんは、こう言った。

「あんた、他国《よそぐに》の人じゃないですか」

敢て支那人だと答えると、

「それじゃ、お困りじゃなあ。あんた一人は、ウチに泊まれるようにするから、夜になったらおいでなさい」

という。

夜、行ってみると、部屋の床には漢詩の軸がかかっている。おばあさんが、わざわざ掛け替えてくれたのだ。

「森繁さん、私は日本の礼節の極致を、奥山でみたよ」

友のこの一言が、いまも耳に焼き付いている。

満州で、私は中国、朝鮮、ロシヤなど、多くの国のたくさんの人と契りをかわした。いま、私がこう書いているとき、そうした友人のだれかが、どこかで私の話をしているかもしれない。互いの胸に交流するものは、いまも消えていない。

私は、満州にいたおかげで、自分という人間が大きくなったと思うのである。

「新天地・満州国」

これが大陸の玄関とやら――朝鮮、釜山である。

何と、ニンニクくさい空気であるコトよ。

聞きなれぬ言葉は妙にひとり旅の寂寥感となって、パイオニアの自信は、ここにおいてようやくくずれ去るかの感である。

あの人恋し
あの街恋し

引き返す勇気さらになし。トランクを下げて朝鮮のプラットフォームを歩いている自分が、まるで他人のように見えて――歩いている自分は役者で――見ている自分がまるでシナリオ・ライター兼監督のような間柄となり、芸術家的二重人格の習性は、この辺が発展しはじめなのではあるまいか。

車窓に映《うつ》る暗い朝鮮の山や原……その間に点々とともる、灯《あか》りの下には、はや違う民族が住んでいるのかと思うと、ふと冗談にいったことが本当になってしまった時みたいな、落着かない汽車の中ではあった。

京城に一泊した一行九人は、プラットフォームに私を出迎えてくれていた。

汽車は再び動いた。

昨夜《ゆうべ》この京城で買った淫売の話に友らは余念がなかった。が、私は、虚《うつ》ろに窓外の景色を眺めながら、娘のような女房の側で、オギャアと泣いてオッパイを飲んでいる新分裂細胞のことを考えていた。流す筏はありゃ鴨緑江、の鉄橋を渡れば安東である。一つの国を通過して、新しいまた一つの国が来た。ここからは満州である。

またしても、違った言葉が乗り込んで来た。至ってそうぞうしく、至って傍若無人である。ニンニクの匂い、プラスX《エックス》といった香りが、車内にただよいはじめる。ロシア人もいた。蒙古人もいた。

やがて奉天である――。

灰色のプラットフォームに鐘を鳴らして入って来る大陸列車……恥かしながら、満州の知識は、小学校で習った〝旅順開城約成りて〟と、〝二百三高地と乃木さん〟と、〝奉天に入城する大山元帥〟の写真くらいなもので、あとは、いまもなお馬賊が出るだろう、くらいの貧弱な知識しかなかった。

汚い街であった。

さて、奉天から新京まで――。

初めてオッタマゲタのは大地の広さであった。どうして、こうも広いところにこうも人がいないのであろう、と不思議でならなかったし……ああ、日本テイコクが欲しがるのも無理はない、ともうなずけた。

新京駅頭、馬糞と馬ションの臭気にたちこめられた中を、変なカーキ色の服を着た人に案内されて……この服は、満州帰りの人には懐かしいあの協和服である。民族協和をするために着る服である。

私も着ることになるのであるが、この服に協和帽をかぶるとハイカラともバンカラともつかない、全く土臭い満州族になりきること妙である。誰が考案したのか敬服に値する。

満州電信電話株式会社——とはいうものの、半官半民の会社で、いわば日本の逓信省である。このデッカイ建物が放送施設も持っているのである。

「一列縦隊、前へ進め、歩調を止め！」

軍曹上がりの係長は、この号令でまず私たちの度胆をぬいた。兵隊がきらいで逃げてきた満州なのに、アイヤー、ここでもまたか、と。

大理石の階段を上り、長い廊下を越え、粛々と行列は総裁室へ進んだ。

「入れっ！」

入った。

「気を付け！」

気をつけもした。彼奴《きやっ》は一段と声を張り上げて、

「総裁閣下に対して敬礼！」

誰もの胸中をかすめたものは、（これは、とんでもない間違ったところへ来たぞ！）

ということであった。

二ヵ月のアナウンサー養成期間は終った。その間に、ほぼこの国の習慣もわかった。この国にきている日本人の根性もわかった。満人街の奥にある安くてうまいチャン料理の店も覚えた。

一毛銭《イーモウチエン》、両毛銭《リヤンモウチエン》、馬車《マーチヨ》にも、人力車《ヤンチヨ》にも乗れるようになった。ロシア人の菓子屋のきれいな娘ナ

ターシャに惚れる奴もできた。レンシャン班（妓楼）にあがって、カイパンズ（妓娼と茶を飲み、猥笑し、そのまま帰ること——俗にいえばヒヤカシである）も覚えた。

昭和十四年七月、一行十名がそれぞれ任地に赴く日である。悪運の強い私と、渡辺清とは新京に残った。女学校の先生をしていた浅野万象《まんぞう》は斉々哈爾《チチハル》へ、芦田正蔵と小さくて精悍な大友平左衛門は大連《ダルニー》へ、金子三雄と森田正典は奉天へ、平川は牡丹江へ、大久保は営口《エイコウ》へ、高橋は哈爾浜《ハルビン》へ——。

その夜は飲んだ。

ホーチクコウ舎という鶏小屋のような寮で十人は固まって飲んだ。

なんとなく心淋《うら》しくて……。

誰にも不平がいえなくて……。

親しくてどことなく他人他人していて……。

二ヵ月の独身生活のもろもろの追想は、やがて遠い祖国につながるのか、誰もの酔眼にオフクロを恋うるような翳《かげ》が見えた。

そして、朝が来てもまだ飲んでいた。

実務について半月も経った頃、突如深夜に会社から召集命令がきた。午前二時集まった全社員の中から七名の名前が呼び上げられ、その中に私の名前も入っていた。かつて見覚えのある総裁室にまたもや引率された。秘密命令である。

「今から一時間後、指定の列車に乗って、指定の場所に行け！」

という。

「それは、どこですか！」

「バカなことを訊くな！」

ただそれだけで、夜の新京駅頭にあたふたと軽装で集まった。

綺羅星のごとく、会社幹部が列をなしている。まさか、私たちを送りに来たとは思えないので、逃げるようにコソコソと指定の列車に乗り込もうとすると、例の係長の声が後《うし》ろから一喝した。

「何をしとるかっ！　そこへ並ぶのだ」

訓示をきいているうちに、これは容易ならぬ事態であると察せられた。後一ヵ月すれば愛妻が愛児を抱いてくるというのに、私はノモンハンの露と消えるのか――さよう、すでにホロンバイルの草原には、火砲《ほづつ》の響きが鮮血を誘っていた。

斉々哈爾《チチハル》の防衛司令部に滞留すること二十日、いっかな前線へ出発の命令下らず、出張旅費は必要以上に溜り、何事か、何物か、この欝積を吐き出さずんば止まずの日々が流れて行った。

ある夜、同志七名は、欝憤を晴らさんと、燈火管制の闇夜に乗じ、ロシア人経営のキャバレーにうつつを抜かした。甘い異国情緒にパリもかくやと、紅毛碧眼の十八歳と踊り狂っている時、憲兵が現われ「御用」と相成った。

「日本臣民が、何故スパイの根拠と覚しきキャバレーに出入するや！」

不覚なり、森繁久彌、これで会社はクビ、続いて内地送還、ああ、事始まって、早や事ここに終るか、とメンコ臭い憲兵隊のサクバクたる部屋にめいめいだまりこくっていた。その時、酒ヤケした赫ら顔の親爺が現われて、とつぜん許される身とはなった。この親爺こそ、電々斉々哈爾地区管理局長である。

「日本が、ロシャと闘うとるに、ロシャ人のところへ行くバカモンがあるか？　従《つ》いて来い」

どこへ連れて行かれるのか、もうこれ以上は、カンベンしてくれと思っていたら、いきなり料亭の門をくぐり、チチハル芸者を総揚げしてドンチャン騒ぎをしてくれた。

「俺も助平だから、お前らの気持はヨウ判る。が、遊びたい時はこうして遊ぶんじゃ。時世を視《み》る眼が無うて出世ができるか、ヨウ覚えとけ！　ワッハッハ」

七月も半ば頃、ヨレヨレの協和服にゲートルを巻いて、髭だらけの私は、四平街のプラットフォームに赤切符を持って立っていた。斉々哈爾の司令部からこっそり抜け出したのである。大連から滑り込んで来る特急アジアで渡満する妻子に、百日振りの対面である。奉天にいた上の兄が代って連れに行ってくれたのだ。全車冷房のアジア号、パシナ（特急アジアの汽罐車名）は、物凄い勢いで私の前を通り過ぎて止まった。どの車輛を見渡しても妻の顔は見当らない。垢じみたヨレヨレの私は、勇を鼓して最後の展望車を覗いた。大きな子供がその膝で知っているかのように笑ってくれた。

テレフンケン会社の録音機が二台、ドイツから送られて来た。素晴らしい性能である。当時の課長は、これを持って早速ノモンハンの実戦の模様を収録に行った。やがて彼らは帰って来た。が、悲しいかな、歴戦の勇士、部隊長の演説が、雑音の中に蚊の鳴くような声でしか入っていなかった。これではＮＨＫへは送られぬ。幹部は鳩首、刻まれ行く放送時間の切迫に狼狽した。新米の私がシャシャリ出て、

「この部隊長の声色なら何とかやれます！」

放送は無事に済んだ。ＡＫからは録音は上々有難うと感謝の電報まで来た。が、みな何故か後《うし》ろメタかった。その夜、課長はだまって私だけを飲ましてくれた。

私の内地送りのプランは、編輯会議を通過した。初の金星である。題して曰く、「満州人文地理――〝民族興亡の跡を尋ねて〟」である。

その一・三河のコザック

革命に追われたザバイカルのコザックたちが、興安嶺下の三つの河が織りなす沃野に、バターとチーズと小麦粉を作るユートピアを作っている。それは海拉爾《ハイラル》から草原を二日も走ったところである。

その二・ブリアート蒙古を追うて

茜《あかね》さすホロンバイル……雲かとまがう羊群と、包《パオ》と、馬頭琴と、馬乳酒と、ジンギスカン後裔の遊牧の民が奏でる旋律は、草原にホームライト（発電機）をまわして、テレフンケンに首尾よく収められた。

その三・興安嶺にオロチョン族を訪ねて

その四・漁撈の民ゴルチ族

その五・ロマノフカ王朝は蜜蜂を飼う

その六・満州旗人

その七・秘境・熱河

その八・ハイラルの土耳古人

その九・エミグラントの夢
その十・東満ポグラニーチァの街
その十一・謎のコーガイ湖
その十二・ウスリイの興亡
その十三・満州に住むウクライナ人
その十四・アルメニア人の菓子屋
その十五・蒙古のチャム
その十六・王爺廟にて
その十七・マンチュリーの教会にて
その？・東洋一　七〇万キロワットの豊満ダム完成す
その？・国境に立ちて
超大作・三部作・黒竜氷原を行く

私の作品は貴重な資料となって、二千枚近くの録音盤は棚の中に堆《うず》高く積まれた。思えば満州全土をよくも歩いたものだ。私の身体にはまだ盲腸がある。あの時、あの場所で、もしも盲腸にかかっていたら、おそらく私は腹をかかえうなりながらかの草原の露と消えていただろう。

昭和十七年、三部作〝黒竜氷原〟の私のルポルタージュが国定教科書に採用された。日本の文部省からの通達に、総裁は殊のほか喜んでくれた。

その年、渡辺は五円昇給した。が、私は八円昇給した。三円増しの真価である。

一・国境の街
二・守備隊
小学校で習った方は、もう一度あの文章を思い出していただきたい。

私の椅子は回転椅子になり、大きな机の上には、部厚い硝子の板が置かれた。今や私は、放送のエキスパートであり、新京の名士であり、満州の寵児となった。関東軍の参謀部は、私を珍重がった。甘粕親分の宴会にも、無くてはならないインテリ幇間であった。久保田万太郎さんも来た。北条秀司さんも来た。菊田一夫さんも来た。山田耕筰さんも来た。有楽座の楽屋風呂で私を怒鳴った簑助さんも、もしほ（現勘三郎）さんも、薄田研二さんも、菊五郎さんも……続々と来た。内地の食い物が悪くなるにつれて、名士の渡満の数は殖えて来た。しかし、運の悪かったのは、志ん生師と円生師、それに斎田愛子さん、益田隆さん、上野耐之さん、文化座の面々であった。こんな良いところは無いと思っているうちに、終戦が来てしまったからである。

腰抜け関東軍の壊滅は、新京を一日にして無政府の都にしてしまった。唯一に市民を安堵させるものは、家庭に流れて来る新京放送局の日本人アナウンサーの声だけとなった。八月十五日からソ連兵が進駐して来る日までの短い間こそ、私たち放送局員が、最も誇り高く、輝かしい数日を過したといえるだろう。不安におののく全満、数百万の人たちは、ただこのラジオに唯一の命をたよって生きていたといっても決して過言ではないからである。

さてこの長い話の間に、大事なことを言い忘れた。

それは、昭和十六年一月七日と昭和十七年十二月十日とに、泉と建の二人の男の子が生れたことである。長男が生れた時、さて命名と相成ったが、仕事が忙しくて考える余裕もないので、森が繁っている所に、コンコンと湧き出づる泉のように、また泉は河となり、海に出るという発展的意味をふくめて——出海《いずみ》と名づけようと女房にはかったところ、そんな坊さんみたいなのは可哀想だというので、単に〝泉〟とつけた。次男の時、死んだ兄が、これも簡単に、森が繁っている所に家でも建てるか——といって建《たつる》と命名した。

「気に入らなきゃ、本人がまた大きくなったら変えるだろう」

「ああそうだ、そうだ」

と、その夜は、おぎゃあおぎゃあを聞きながら、目を細くして喜ぶ兄と夜っぴいて飲んだ。

あの兄だけがこの満州の何処かで命果てようとは、露考えられぬことである。

親ゆづりの財産の方は一切を失くした私であったが、満州は私に新たな無形の財産を与えてくれた。それは、かぼそくも生きるということの「自信」であった。

しかし、いざこれからこの新天地で思う存分に羽をのばし働いてやろうと思った満州も、ここで昨日のように消え失せてしまうのである。が、この終戦後の一年間に起った悲喜おりまぜての思い出と、戦後十年の春秋にやがて役者の森繁が出来上って行く模様は、また稿をあらためてつづるとして、一先ずこの辺で筆を擱きたいと思うのであります。

青春の地はるか

はじめに

私の旧満州（現・中国東北部）行きが決まったときには、私の気持ちはすっきりしなかった。事実、日本人の中にももう旧満州へは行きたくない――と言う人と、是非行って見たいと言う人の、大体二組に分かれた。行きたいのは、懐かしかった旧満州での追憶の連続のようなものだったが、私のような人間は、その見てきた連中の夢が破れた話が強く心に残り、あの昔の思い出を胸にしまって、もう二度と見まいと、どこか心の底にもっていたのだと思う。

今、遂に意を決して旧満州の現状を見て来た私の胸中には、もっと複雑なものがある。ああ、あれも無くなった、あの人も居ない、あの店も、飲み屋もあの建物もすでに無い、言うなればないないづくしの旧満州に何の未練があろうぞと、一応は納得するのだが、いかにも初恋の女のように、もう一度逢いたい――が、どこかにうづくまっているのだ。あるいは墓場の入口で一種の悟りをひらくのか、永遠に旧満州の一種の荷物を背負って歩くのか、それも分からない。

悲しきものは人の性なり
満州は初恋の人にも似たり
かにかくに胸深く我を呼ぶなり
されど
逢いたき胸のたぎりを
心のほとりにおさまえば
そは又、永遠のあこがれとなる
面白けれ
命はかぎりありて
かぎりなきなればなり

久彌

国境を見よう

当時の日本では樺太に国境があったが、ヨーロッパのように国境に囲まれているという実感はあまりなかった。そこで私たちは、国境とはどのようなところか見に行こうということになり、録音機をかついで出かけて行った。

国境は長かった。鉄条網が張ってあるだけの国境がずっと、はるかかなたまで続いていた。これと平行して、約一町ほどの間隔をあけてもう一本、鉄条網が続いている。この間が満州とソビエトとの中間地帯である。子供たちが石を投げて、

「あの石はもうソビエトの石になった」

などと言っている。国境でオシッコをしたヤツが、

「ああ、おれのションベンは半分ソビエトになった」

などということを言って笑わせた。

「黒龍氷原を往く」

私が作った作品に「黒龍氷原を往く」というルポルタージュがある。のちに当時の小学校の教科書にその一部がのったなつかしい作品だ。その第一部が「人黒き水と呼ぶ」である。満州では黒い水が美しい神聖なものを意味し、逆に白い水は白濁したようなものを意味する。つまり黒龍江とは水がきれいなことを表わしていたのである。

以下、その文章のいくつかをここにあげる。


満州とシベリヤがなす国ざかい、北酷寒の国ざかいに、白き鱗もて掩《おお》われたる巨大なる龍が横た

わり、静かなる冬眠をむさぼっている。

此の白き鱗の下には黒く碧きその龍の血が、満州幾千年の歴史を脈打せ今も尚西より東へ渦をまいて流れている。

人之を呼んで黒龍江と云う。又アムールと呼び、又アラ・ムリと呼ばれた。アラ・ムリとは黒き水の意味を伝え、古くこの江を神聖なる流れとしてつたえる由。

今、此の東アジアに、北氷洋を枕にどっかりと横たわるこの黒龍を地図に見れば四ツの大河が支流をなし、それはあたかも四本の大きな前足と後ろ足をつくる。

先ずその足の一つはウスリー江であり、又一つは松花江である。

共にこの両足はその爪の中に、一つはウラジオストックを握り、一つは新京を握っている。

さて後足はシルク河となり、その足首はジンギス汗出生の名だたるオノン河となってシベリヤにつき出し、あと一足はアルダン河となり、はてはハルハ河となって、満州西の国ざかいをなす。

……（中略）

初めて見る黒龍江は氷に閉ざされ不気味な姿を横たえて、今静かに眠って居る。暮易い国境の街は、既に夜の幕《とばり》は降ろされ、ただ黒龍江の河面だけが皎々たる月光に青白く輝いて居る。

静かに横たわる、静かに眠る、黒龍江の息吹が私の耳にはっきりと聞こえる様だ。〇〇《ママ》河口と思われる辺りに淋しく灯が一つ二つ。対岸に目を移せばブラゴエの上空にかかる北斗七星は美しい瞳をまたたき向こう側ソ連兵舎の屋根がくっきり連なって見える。突きさす様な寒気は河面を伝わる朔風を乗せて、河中二百米に前進して立つ私をひきしめる様に、吐く息は防寒帽のふちに真白に氷ついて居る。私は聞く。アムール州は我等同族の安住の地であり、更に北辺防衛に殉じたオロチョンの赤血がにじんで居る。誠、黒龍江のながれは幾千年の歴史を秘めて、私の立つ一米或は二米下を静かに流れて居るのだ。若し、この流れ有情のものならば、斯くして何を語るのであろう。私の耳にはその囁きがはっきりと聞こえる様でもある。あの対岸に向かい、大きな声で呼び掛けて見たい。今眼前に見る黒龍江は折柄の月光に青白く照らされ、静かに夢を結んでいるのだ。一歩も越ゆる事を許されない国境は、余りにも静かである。淋しく薄闇にてらされて居る対岸を眺め、振り返って我が満州国領の明るい街燈を見て、私は逞しい力強さを感じ乍ら更けて行く黒龍江上にじっと立って居る。

雪晴れの朝、気温は零下三十五度を示している。

昨日の暗い、深い蔭は何処やら。之は又明るくすがすがしい国境の朝である。が気の故か、太陽は高いところ遠いところで輝いている様だ。私たちはまず、江岸に瑷琿条約の記念碑を訪ねるべく、トラックの人となった。北の国境は何かうす暗く、陰気な所と想像して来た。予想は見事裏切られ、明るい白さと、空のすき通る青さは、何かその山の下に、波打ち際がある様に思わせ、雪のシベリアと云う感じとはまるであべこべである。南満のあの涯しない単調さに比べて、ここは又雅趣に富んだ、どこか日本の田舎道にもそっくりである。一時間も走ると、寒さの為に眠気が出て来る。うっかり眠るとそのまま冷たくなってしまうそうだ。

横をむく事も許されない。五分間も横を向いていると零下三十度とトラックの走る早さで、忽ち鼻が凍傷になり悪くするとその後数日でポロリと鼻が落ちるそうだ。その為に私達は唯々後へ後へ行く景色だけに見惚れていた。やがて、東海道を思わせる瀟洒な松並木道へ出た。その松の木の下には土饅頭があり、それらは総て満人の古いお墓であった。松並木の向こうに、色鮮やかな家が見える。このあたり一帯、満州旗人（旗人—清代の軍事組織八旗に所属した者の総称）が住んで有名であり、昔年の文化と繁栄が偲ばれる。（原文のママ）

国境のおまわりさん

長春はずいぶんと変わった。しかし、やはり変わらないものもある。中国人の人に対する応対、親切などだ。時が移り変わっても変わらない中国の人びとの心を思い、立派なことだと感じ入った。

昔、敗戦のため丸腰となった日本人の兵隊たちがフィリピンの港からぞろぞろと連れて行かれるとき、手を振ってくれたのは中国人だけだったという話がある。細かな感情によって云々するのではなく、もっと大きなものがこの国の人たちの心にはあるのではないだろうか。この国の人に対する、人の変わらぬ心を見て、この国を好きだった一つの理由を思った。

おもしろい話がある。この大地に来ると不思議と夫婦の仲が良くなるというのである。そのいちばん顕著な例を、国境近くの町でかつて私は取材したことがあった。国境の黒龍から漠河に向けて重い録音機をかついで取材旅行していたときのことだ。漠河近くの小さな町でおまわりさんをしている日本人がいて、その方の家へ行きご馳走になりながら話をうかがっていた。家のなかには大正天皇の写

真が飾ってある。大正天皇は亡くなられて、今は昭和の天皇ですよと伝えると、

「ああ、そうですか」

と言う。誰も来なければ、便りもない町でのくらしである。思わず、

「さみしいでしょう」

と訊ねると、

「いやあ、家内がおりますから、さみしくはないです」

と答える。ずい分な年の方ではあったが、奥さんと二人のくらし、その中で奥さんといっしょにいるのが一番と言うのである。


満州で生活している日本人を見ていると、確かに夫婦の仲の良い者が多かった。子供の教育など女房まかせな者も多かったし、この地でよくない遊びなどをする者もいたけれど、それでもみな女房を愛し、夫婦仲は良かった。内地では喧嘩ばかりしていた夫婦が、この満州では喧嘩しなくなったのだ。不思議なことだが、目で見たこの広さが人間の気持ちをいくらか大きくしたのではないだろうか。この広い大地に来たのだから重箱の隅をほじくるようなことはよそう、そんな細かいことはどうでもいいじゃないかということがわれわれのなかにあったのだ。

四か月の兵役訓練

私は昔から兵隊というものが嫌いだった。当時の映画のどのフィルムを見ても、みんなが兵隊ごっ

こをしている。そのような兵隊ごっこは大嫌いだ。与謝野晶子の有名な詩「君死にたまふこと勿《なか》れ」に、「人を殺せとをしへしや、人を殺して死ねよとて、二十四までを育てしや」というくだりがある。親は人を殺せと教えたか、と。

そのような私が新京の南嶺《なんれい》の通信部隊に召集された。南嶺は日露戦争のときに死んだ人たちの墓があったところだ。その南嶺の兵舎に入って、無線を担がされて訓練させられた。その内容はロシア語の無線を傍受するものである。ロシア語を聞かされながら、それを書きとめていくのだが、書けないとカシの棒でなぐられる。浅野セメントの支店長が、

「ばかばかしい。こんなこと大嫌いだ」

と怒ると、軍靴のスリッパがバーンとくる。歯は折れるわ、耳は聞こえなくなるわ、のそれはひどいところだった。

私も無線を始終担がされていたとき、世の中にこんな重いものがあるのかと思い、どこかで落としてやろうと考えてステンと落っことした。すると、

「貴様、非国民だ」

と怒られ、これは天皇陛下からいただいた機械だ、こいつには担がせるな、と言われて少し助かった。

この兵舎には四か月いたが、その間、私は関東軍に文句を言いに行ったことがあった。なんで私を召集したんだ、私をここに呼んだら放送局が動かなくなるよ、と。そのようなことはまったくないのだが。すると私の仕事に関係の深かった関東軍第四課の斎藤少佐が南嶺までやって来た。南嶺の兵舎で一番偉いのが大尉ぐらいで、私たちについていたのは少尉だから格が違う。のちに斎藤さんは中佐

1989年11月創立　1990年4月創刊

一九九五年二月二七日第三種郵便物認可　二〇一九年一〇月一五日発行（毎月一回一五日発行）

月刊
機
2019
10
No. 331

発行所　株式会社 藤原書店©
〒一六二-〇〇四一　東京都新宿区早稲田鶴巻町五二三
電話　〇三・五二七二・〇三〇一（代）
FAX　〇三・五二七二・〇四五〇
◎本冊子表示の価格は消費税抜きの価格です。

編集兼発行人　藤原良雄
頒価　100円

昭和の名優としてだけでなく、名随筆をものした〝最後の文人〟。

全著作〈森繁久彌コレクション〉遂に発刊！

――没十年記念出版――

森繁久彌さんが亡くなって十年。「夫婦善哉」「社長シリーズ」「屋根の上のヴァイオリン弾き」など映画や舞台の活躍のみならず、心にしみる著作を、二十三冊も遺した森繁久彌。ユーモアとウィットに富んだ達意の名文を集大成した全五巻のコレクションを発刊する。この十月十八日には有楽町マリオンで、発刊を記念した盛大なシンポジウムを、生前縁のあった方を交えて開く。本号では、発刊を記念し、様々な方の心に遺る森繁久彌さんをご紹介します。

編集部

●一〇月号目次●

推薦のことば

石原慎太郎（作家）

――ヨットの思い出

天下の名優、天下の才人、森繁久彌を海に誘い百フィートの大型ヨットまでを作り、果ては三浦半島の佐島にヨットハーバーまで作らせたのはかく言う私で、後々にも彼の絶妙な色談義を交えたヨット談義を堪能させられた。森繁さんの海に関する物語は絶品の本にもなるだろうに。

加藤登紀子（歌手）

――森繁さんと再会できる

私にとって運命の人、森繁さん。満州から佐世保に引き揚げた日がわが家と森繁家は数日しか違わない！　そう解ったのは「森繁自伝」でした。森繁さんの声が聞こえて来そうな名調子に魅せられて、何度も読みました。

「知床旅情」が生まれた映画「地の涯に生きるもの」と「屋根の上のヴァイオリン弾き」という貴重な足跡からも、他の誰にもない熱情を受け止めてきました。

没後十年で「森繁久彌の全仕事」が実現。もう一度じっくりと、森繁さんと再会できる！　本当に嬉しいです。

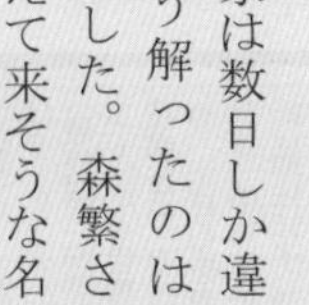

山藤章二・画

黒柳徹子（女優・ユニセフ親善大使）

――森繁久彌さんのこと

森繁久彌さんは、面白い人だった。この本を読むかぎり、相当のインテリだけど、私に会うたびに「ねえ！　一回どう？」と最後までささやいて下さった。何歳になっても、ウィットのある方だった。セリフのうまさは抜群で、私は長ゼリフなど森繁さんから習ったと思ってる。カンニングしながらでも、その人物になりきっている森繁さんに、ちっとも嘘はなくセリフは真実だった。そして何より、森繁さんは詩人だった。もっと長く生きてほしかった。

松本白鸚（歌舞伎俳優）

——〝森繁節〟が聞こえる

「この人は、いまに天下とるよ」。ラジオから流れる森繁さんの朗読を聞きながら、播磨屋の祖父（初代中村吉右衛門）がポツンと言いました。子どもだった私が、森繁さんを知った瞬間です。祖父の予言どおり、森繁さんはその後、大活躍をされ、日本を代表する俳優の一人となられました。『勧進帳』をこよなく愛し、七代目幸四郎の祖父、父、私と、三代の弁慶をご覧になり、私の楽屋で、勧進帳の読み上げを朗々と披露してくださいました。それはまさに祖父の弁慶の科白廻しそのままでした。

本書には、多才で教養に充ち、魅力溢れる森繁さんの「人となり」が詰まっていて、読んでいると、在りし日の「森繁節」が聞こえてくるような気さえします。

山田洋次（映画監督）

——天才

演じても歌っても描いても語っても、何をしても一流だった。こういう人を天才というのだろうが、そんな言い方をされるのを死ぬほど嫌がる人でもあった。

◎森繁久彌　略年譜（1913-2009）

大正2(1913)［0歳］大阪府枚方市に生まれる。

大正4(1915)［2歳］父・菅沼達吉が死去。

大正9(1920)［7歳］母方祖父の姓を継ぎ、森繁久彌と改名。

昭和10(1935)［22歳］早稲田大学商学部に入学。演劇研究部で活躍するが、脱退して人間座を結成。東宝に入社。

昭和11(1936)［23歳］東宝新劇団に入団するが、解散し東宝劇団歌舞伎、ロッパ一座に移る。

昭和14(1939)［26歳］ＮＨＫアナウンサー試験を経て、満洲の新京中央放送局に勤務。

昭和20(1945)［32歳］新京で八月の敗戦を迎える。

昭和21(1946)［33歳］新京で劇団コッコ座を結成。十一月、家族とともに帰国。

昭和22(1947)［34歳］帝都座ショウ、空気座などを転々とする。「女優」で映画初出演。

昭和24(1949)［36歳］新宿ムーラン・ルージュに参加。

昭和25(1950)［37歳］「腰抜け二刀流」で映画初主演。

昭和26(1951)［38歳］日本初のミュージカル劇「モルガンお雪」に出演。

昭和27(1952)［39歳］映画「三等重役」「続三等重役」公開。

昭和28(1953)［40歳］「半七捕物帳　十五夜御用心」でテレビ初出演。

昭和30(1955)［42歳］映画「警察日記」「夫婦善哉」が大ヒット。

昭和31(1956)［43歳］ブルーリボン賞、毎日映画コンクール主演男優賞を受賞。「社長シリーズ」始まる(〜昭和45年)。

昭和33(1958)［45歳］「駅前シリーズ」始まる(〜昭和44年、24作)。

昭和35(1960)［47歳］初プロデュースの主演映画「地の涯に生きるもの」。撮影の際に「知床旅情」を作詞・作曲。

昭和37(1962)［49歳］森繁劇団旗揚げ公演「南の島に雪が降る」。

昭和42(1967)［54歳］ミュージカル「屋根の上のヴァイオリン弾き」初演。(昭和61年に九百回)

昭和48(1973)［60歳］映画「恍惚の人」がヒット。

昭和50(1975)［62歳］紫綬褒章を受章。

昭和51(1976)［63歳］ゴールデンアロー賞を受賞。

昭和59(1984)［71歳］文化功労者に顕彰される。

平成3(1991)［78歳］俳優としての初の文化勲章を受章。

平成16(2004)［91歳］映画「死に花」に最後の映画出演。テレビドラマ「向田邦子の恋文」で俳優として最後の演技。

平成21(2009)［96歳］十一月十日、老衰のため東京都内の病院で死去。12月、国民栄誉賞が追贈。

全著作〈森繁久彌コレクション〉

全5巻

内容見本呈

推薦 石原慎太郎／稲盛和夫／老川祥一／岡田裕介／加藤登紀子／黒柳徹子／堺 正章／玉井義臣／野村正朗／橋田壽賀子／橋本五郎／松本白鸚／萬代 晃／山田洋次／由井常彦／吉永小百合

2019年10月発刊（隔月刊） 各2800円
四六上製カバー装 各600頁平均
各巻に**解説、口絵、月報**を収録

I 道——自伝　　解説＝鹿島 茂

文人の家系に生まれその流れを十二分に受け継ぎ、演劇の世界へ。新天地・満洲での活躍と苦難の戦後、帰国。そして新しい日本で、俳優として活躍された森繁さん。人生五十年の“一応の区切り”として書いた『森繁自伝』、『私の履歴書』他。

〈付〉「森繁久彌前史」（楠木賢道）／年譜／人名索引
月報＝草笛光子／山藤章二／加藤登紀子／西郷輝彦

640頁 ISBN978-4-86578-244-8 ［第1回配本／2019年10月］2800円

II 人——芸談　　解説＝松岡正剛

「芸」とは何か、「演じる」とは何か。俳優としての森繁さんは、自らの“仕事”をどう見ていたのか。また俳優仲間、舞台をともにした仲間との思い出を綴る珠玉の随筆を集めた『品格と色気と哀愁と』『もう一度逢いたい』他。 ［次回配本］

III 情——世相　　解説＝小川榮太郎

めまぐるしい戦後の社会の変化の中で、古き良き日本を知る者として、あたたかく、時にはちくりと現代の世相を見抜く名言を残された森繁さん。『ふと目の前に』『左見右見』他。

IV 愛——人生訓　　解説＝佐々木 愛

俳優として芸能界の後輩に語るだけでなく、人生のさまざまな場面で、だれの心にもしみる一言を残してくれた森繁さん。『わたしの自由席』『ブツクサ談義』他。

V 海——ロマン　　解説＝片山杜秀

人と文化をつなぐ“海”を愛し、「ふじやま丸」「メイキッス号」などの船を所有し、78歳で日本一周をなしとげた森繁さん。『海よ友よ』を中心としたエッセイなどを収録。 ［附］著作一覧

昨日の朝顔は、今日は咲かない

森繁久彌

「真中《まんなか》は誰でも出来る」

十五年も前に書いた本(『森繁自伝』)だが、今読みかえして何とも稚拙な文章で恐れ入る。がそれにも増して自分を小気味のいい、小ぎれいな男に仕立てあげているのが鼻もちならぬ感じがする。

この本の原題は〝奈落から花道まで〟であったが、それはまあいいとして、〝花道から舞台へ〟の第三の人生は、芸能界への愛憎の中で、業に煮えてのたうちまわる何十年、これこそ克明に書いてみたいと、あれからしばしば思ったのだが、さてといって筆がすすまない。

ああ書こう——が、こう書きたい——になり、また、こう書くとアレがアレだから、それはとばして——と逡巡するうちに、筆欲は消え、危きを避けようとする老いの心根が、ぐっと私を制圧してしまうのだ。

誰をも傷つけることなく、自らもほおかむりをして静かにこの身と一緒に焼いてしまおうという気になる。

思えば、この三十年は、私を嘘つきにしてふくらませたようだ。でもその嘘つきの己れに奸知をはたらかせ、たくみに仕事(役者)の上に投影して、観客の笑いを買い、役者稼業の糧としたことはいなめぬ。

しかし——結論めいた話になるが、今日、六十数歳になって、役者は技巧だけではどうにもならぬものと悟らされた。役者はその人物の持つ魅力が第一で、それを役者の華とでもいうのだろう。つまりは役の人物と本人とをまぜ合わせておき客の心に生きるようにならねば、人は銭を払って見に来てくれぬことと知った。

私が世に出て映画俳優なるものに籍を置いて、さて役者のコツはどこにあろうかと、役が大きくなるごとにその悩みを深くしたが、昔からファンであった大先輩に一度、恥をしのんで聞いてみようと決心したことがある。

折よく、その人と伊豆のロケーションが一緒だったのを幸い、或る夜、お部屋に伺ってお話を聞かせていただきたいと願い出たが、相手は浮かぬ顔で、持参の

ウイスキーをただ黙々と飲むばかり、でもこの好機を逸してはと、恐る恐る、

「役者のコツは……」

と切り出した。

しばらくあって、その口から、

「役者はピンとキリを知っておれば、真中《まんなか》は誰でも出来ます」

と、ただこの一言洩れた。

今日まで実はこの一言が私の役者道にも人生にも、それを左右するほど影響したことは言をまたない。

成程、貧苦も死線も越えて来た私は、十分キリの方を身につけて来たが、さてピンを知ることは誠にむずかしいことであった。金を不必要に持ったところで、ピン性が身につくわけでもない。

が、真中は誰にも出来る――の一言は、考えれば考えるほど、含蓄のある言葉であった。役者に限らず、文士も絵画きも、或いは実業家も、組合の幹部ですら、真中のなまぬるいところで天職ここに尽きる――くらいな気ぐらいをもって生きているのだろうが、その仕事の中に人生の哀歓の深みも何もないことが多いのではあるまいか。（中略）

役者の舞台は、「燃焼芸術」

下手の横好きというか、私はこうして作文し、めちゃくちゃの絵も書き、書も我流の大家だ。よせばいいのに詩を作り、曲までつけて恥を巷間にさらしているが、実は本業の役者もそれに準ずる万年素人であるようだ。

が、ひと言ここでタンカを切るなら、文も絵も書も後世に残るものだが、**役者の舞台は瞬間を生きるもので、それらは網膜に残影を残して終りである。**

私はこれを燃焼芸術と呼んでいる。

そのはかなさと、その〝時〟の流れに芸術する精神と肉体を芸術体とするなら、これらに一切の過去はないと見ていい。もちろん、積み重ねて来た過去の体験は必要だが、今日《きょう》の新聞のように、今日の民衆の中で生きるその華々しさが演劇の華であろう。

昨日の新聞はもう、畳の下に敷かれ、襖の中張りになり、焼芋の袋となる。**この世界の過去は生きるべくして当人の中に生きられぬ。その絶対が役者の生命であろう。**

この本が私より長い時代を生きるかも知れぬが、それは今日を生きる私には、関知する必要のないことであり、或いは邪魔なことであるかも知れぬ。

目覚めて今日を燃やし、幕が下りて今日を終る。それが役者のなりわいだ。

昨日の朝顔は　今日は咲かない

明治以来、日本はなぜフランスに恋い焦がれてきたか?

社会科学者の眼でみる〝フランスかぶれ〟ニッポン

橘木俊詔

憧れのフランス

近代日本の作家はフランスに大変憧れを抱き、〝フランスかぶれ〟と称してよいほど、フランス文学を愛して、フランスの放つあらゆる文化、文芸作品を吸収しようとした。もとより、英文学、独文学、露文学に魅せられた文人も多くいたが、フランスへの思い入れは異常と言ってよいものであった。萩原朔太郎の有名な言葉として、「ふらんすへ行きたしと思へども、ふらんすはあまりにも遠し……」というのがあり、死ぬほどの思いでフランスへの憧憬を詩に託した。

日本の画家も作家に負けていない。日本画家はともかく、洋画を志す大半の画家は、できればフランスに行って、かの印象派のフランス画家の描くフランスの風景、人物、静物を自分の目で確かめて、しかも画風や描き方を学びたいと熱望した。現に日本人の画家が大挙してフランスに渡ったのである。中には成功して有名になった画家（代表例は藤田嗣治）もいたが、そのかなりの人は夢破れて画業を諦めたのである。筆者の在仏中に、画家崩れがパリのラーメン屋で働いているという声を耳にしたことがある。

ここまでは文人、画家といったやや特殊なプロフェッショナルな職に就く人を考えてみたが、ごく普通の人にとってもフランスは憧れの対象であった。それは本屋さんに行けば、数多くのフランス人作家の文芸作品（小説、詩歌、戯曲など）が書棚一杯に陳列されていることでわかるし、時折開催されるモネ、ルノワール、セザンヌ、ミレーなどフランス画家の展覧会はいつも満員の鑑賞者で埋め尽くされている。一般の人も〝フランスかぶれ〟の中にいるのである。

何を隠そう、この筆者もその〝フランスかぶれ〟の一人である。文学、美術の世界からとても遠い場所、すなわちなんと経済学という、夢も希望もない、俗世間の真中にいる学問を専攻しておきながら、フランスには格別の思いを抱いていた。

経済学者としてのフランスへの関心

フランスはケネー、サン＝シモン、セイ、シスモンディ、ワルラス、クールノーなど傑出した経済学者を生んだ。これらの経済学者の書物や論文は全てフランス語で書かれていて、外国の人はフランス語で読むか翻訳書に頼ったのである。当時はフランス語が国際語であったし、経済学においてもがフランスは世界のリーダーだったからである。

▲橘木俊詔（1943- ）

私は結局フランスに四年間研究職として滞在した。大学院生活のような貧困すれすれの生活ではないし、時間もふんだんにあったので、フランス文化の吸収に全身全霊を傾けた。フランス語は当然として、パリにおれば容易に読める日本語の文献も多数あるので、吸収には何も問題はなかった。それに何よりも現地で見聞を広め、生活体験できることが大きかった。日本にいた頃、そこそこの知識しかなく、格別にフランスモノに接していなかったハンディはあったが、小説、美術、音楽、その他あらゆることを積極的に学ぼうと取り組んだ。在仏中に本格的に〝フランスかぶれ〟になってしまったのである。帰国後は経済学者として大学に在籍したが、同時にフランスへの関心は持ち続け、自分なりに研鑽に励んだし、何度も渡仏したので、それらの成果が本書である。

（後略　構成・編集部）

（たちばなき・としあき／京都大学名誉教授）

〝フランスかぶれ〟ニッポン

橘木俊詔

四六上製　三三六頁・口絵八頁　二六〇〇円

■好評既刊

「フランスかぶれ」の誕生

「明星」の時代 1900–1927

山田登世子

明治から大正、昭和へと日本の文学が移りゆくなか、フランスから脈々と注ぎこまれた都市的詩情とは何だったのか。その媒体となった雑誌「明星」と、〝編集者〟与謝野鉄幹、そして上田敏、石川啄木、北原白秋、永井荷風ら、「明星」をとりまく綺羅星のごとき群像を通じて描く、「フランス憧憬」が生んだ日本近代文学の系譜。

＊カラー口絵八頁　二四〇〇円

言語都市・パリ 1862–1945

和田博文　真銅正宏　竹松良明
宮内淳子　和田桂子

日本人はなぜパリに惹かれるのか？「自由／平等／博愛」、「芸術の都」などの日本人のパリへの憧憬と、永井荷風、大杉栄、藤田嗣治、金子光晴ら実際にパリを訪れた三一人のテキストとを対照し、パリという都市の底知れぬ吸引力の真実に迫る。

＊写真資料多数　三八〇〇円

「中村桂子コレクション・いのち愛づる生命誌」（全8巻）第3回配本

とらえにくくなった「生きもの」としての子ども

高村　薫

「生きもの」としての全存在から

一人の多感な少女が長じて生物学者中村桂子になる。彼女はさらに結婚して母になり、老いてなお生命科学のあるべき姿を追い求め続けながら、いま新たに「子どもとは何か」と問いを立てる。女性として人並みに子育てを経験し、さらには自身が館長を務めるJT生命誌研究館（大阪府高槻市）を中心に長年多くの子どもたちと接してきたにもかかわらず、抽象的な概念としての「子ども」を語るのは苦手と告白し、なぜ苦手なのだろう、概念化された「子ども」のとらえにくさはどこから来るのだろうと自問しながら、である。

こうして**日々の暮しから研究まで、おおむねすべてのことが「なぜ」という自問から始まるのが、中村桂子という人間の存在の原理である。**生命科学研究の最先端にありながら、彼女の場合、人間あるいは「生きもの」としての素朴な感覚が、ときどきになにがしかの違和感を察知して「なぜ」という自問になると同時に、その視線は自身の研究分野を超えて異なる分野へ、生物全体へ、科学全般へ、地球の歴史へ、宇宙の成り立ちへと広がってゆくらしい。そうして遠くへ達した視線は再び自身の研究に反射して響き合い、重層的な厚みと複雑さを備えてゆくのだが、それでもその軸足はけっして「生きもの」である自分自身や、自らの「内なる自然」を離れることはない。「子ども」をめぐる問いが「生きもの」としての中村桂子の全存在から発せられた問いとなり、同時に本書を手にする私たちの「生きもの性」を問うものとなっている所以である。

とらえにくくなった「生きもの」としての子ども

彼女の研究者としての業績の一つは、あらゆる生命現象を分子レベルに還元する最先端のゲノム研究の世界を、「生きもの」という壮大なくくりへと広げて、「生命誌」という考え方を確立させたことである。分類学・形態学・発生学・遺伝学・生化学などの個別の研究分野を生命という視座で俯瞰する生命誌は、生命科学の地平を三八億年前の生命誕生へと遡らせるだけでなく、人間という生命が生みだす社会的文化的活動にまで押し広げるものとなっている。

　またそれだけではなく、彼女が目指す生命誌は、すみずみまで言葉で「物語る」ことを目指す世界であり、それゆえ大人から子どもまで一般の人間が広く共有できる「知識」となる。しかも、本書でも世界じゅうの子どもに親しまれているA・リンドグレーンの童話『やかまし村の子どもたち』とそのシリーズが随所で引用されているように、**彼女が語る言葉はどこまでも平易でやわらかい。**これまで化学式や数値で表されてきた世界が、「ひらく」「つなぐ」「ことなる」「はぐくむ」といった日常のやさしい言葉に変換されることで、私たちは初めて広大無辺な生命の地平を覗き込み、その地平と自分自身の心身をなにがしかの回路で結ぶことができる。そこここで「なぜ」が生まれ、不可思議やとらえがたさや違和感が、心身と直結したかたちになるのである。

　そのような「生きもの」という地平に立って、彼女は私たちに問いかける。**この現代社会は人間が「生きもの」であることを忘れてつくられているのではないだろうか。私たち大人の「内なる自然」が危機にさらされているために、「生きもの」としての子どもをとらえにくくなっているのではないだろうか、と。**

（後略　第Ⅳ巻解説より／構成・編集部）

（たかむら・かおる／作家）

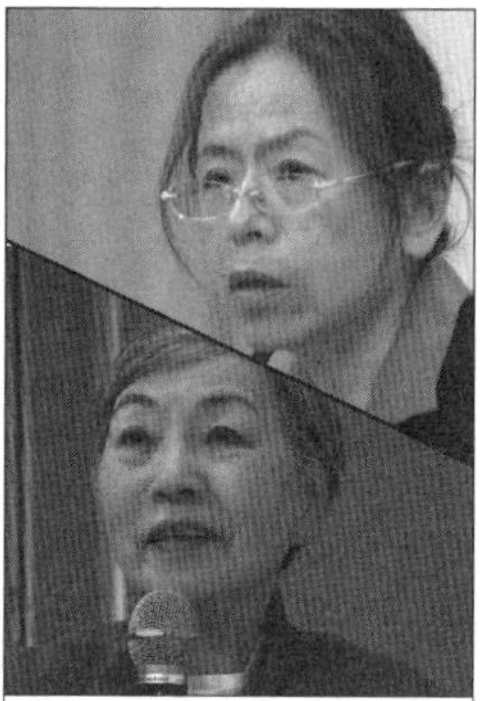
中村桂子氏（下）と高村薫氏（上）

ピエール・ブルデューが遺した最大の問題作、ついに完訳刊行迫る！

名著『世界の悲惨』を語る（続）

——ブルデュー『世界の悲惨』（全三分冊）、発刊迫る——

ピエール・ブルデュー

前号に続き、世界を代表する社会学者ピエール・ブルデューが、畢生の大作『世界の悲惨』の狙いを語った、加藤晴久氏によるインタビューを抄録する。（編集部）

「社会分析」という方法

加藤晴久（以下同）　一部には、あなたやチームのメンバーによる社会学的コメントを付さずに、生のままのインタビュー記録を出せばよかったのに、という声がありましたが。

それは非常に重要な問題です。私たちはこの方法を「社会分析」socio-analyse と呼んでいるわけですが、私がこの方法を去年、日本で説明したときに、いったいどこが新しいのか、そんなことは皆やっている、というようなことを言った人たちがいました。

面談は、それだけで、孤立して機能することはできません。語り手の存在条件の厳密に構築された記述を付さなければなりません。この記述は面談と一体をなすものです。これらの記述なしでは多くのテクストは公刊できません。たとえば人種差別的な信念が吐露されている場合があります。個人攻撃がおこなわれている場合があります。こうしたテクストをそのまま読者に提供することはできません。なぜ語り手がそのようなことを言うのかを読者が理解しうるように、語り手の社会的特性を記述した分析を添える必要があります。語り手に対してその聞き手が示すであろう態度を読者に代って取る、ということです。これは成功したと思います。**私たちが意図したのは、まさに、社会学的まなざしの所産を、社会学的問いかけの成果を示すことでした。**

同時に、社会的まなざしの原理、つまりこう話しかければ、こう問えば、語り手はこう話す、ということを示すこと、**人を理解するためにはどのようなまなざしを注ぐ必要があるかを示すことでした。**

反省性による調査方法

——でも、こう言う人がいませんか。そのように前もって面接調査を準備するというようなやり方は、被調査者、つまりインタビューされる人々に調査者が自分を投影していることにならないか、と。つまり、そうした方法は科学的客観性を保証しうるのか、と。

それは実に素朴な考えです。それでいながら学問的だと信じ込まれている考え方です。**最悪なのは素朴実証主義です。**素朴実証主義の立場からそういう異論が出てくるのです。**前提なき科学という幻想です。ニーチェはそれを処女懐胎の幻想と呼んでいます。**私たちが批判した「審問」的な調査というのは、まさに典型的な実証主義なのです。その調査の特徴は何かといいますと、問いを発する人が、みずからの問いそのものに関しては問いかけないという点です。このような調査をする人は、例えば今何をしているのですか、どこで働いているのですかといった質問が中立的で客観的だと考えています。しかし、もしこれが失業者に対する質問であった場合、それは相手の罪責感をかき立てるようなものとなってしまいます。

▲P・ブルデュー
(1930–2002)

それに対して、**私たちの調査方法の特徴は私が反省性《レフレクシヴィテ》と呼んでいるものです。つまり、調査者は被調査者との関係を把握する努力をするということ**です。面接記録に付したコメントでは、例えば、両者はどのようにして知り合ったのか、つき合いは長いのか、社会的格差はあるのか、同じような社会環境に属しているのか、あるいはインタビューがおこなわれたときの社会関係の性質はどのようなものであったか、これらすべてが明らかにされるということです。

調査者の問いかけ自体を批判するために、大きな努力がなされているということです。実証主義的調査はこの努力を一切しません。客観性と言いますが、客観性とは主観のゆがみを批判することを前提としています。質問を受けている人の立場に立つために、質問する者の主観のゆがみを批判しなければならないのです。質問する者が受ける者の社会的立場に立ったら、どのように言うだろうかを自省しなければならないわけです。

（加藤編『ピエール・ブルデュー 1930-2002』より抄録）

〈世界システム〉概念で社会科学の全領域を包括した社会学者、死去

〈特別寄稿〉ウォーラーステインを悼む

山下範久

アメリカの「外」における声望

去る八月三一日に、イマニュエル・ウォーラーステインが亡くなった。週末のことで、公式の告知がないなか、彼と親交のあったイギリスの社会学者クレイグ・カルフーンのツイートが起点になって訃報が急速に広まり、それを受けて、私のところにも新聞社などからの照会が相次いだ。私はビンガムトン大学の旧知の先生方を通じ、ご家族からの話として訃報を直接知らされていたものの、その間、アメリカのメディアの反応が皆無だったのに対して、ヨーロッパやラテンアメリカ、さらにはトルコやイランといった国々で独立系のメディアや個人のSNSが続々とウォーラーステインへの追悼コメントを発している様は印象深かった。

思えば、一九九五年の秋、ビンガムトンで私が初めて彼のセミナーに出たときにも、日本から来た私だけではなく、ヨーロッパ、ラテンアメリカ、あるいは中東などから世界システム論に志して集まった国際学生と、たまたまいる有名教員の授業にとりあえず登録してみたという感じのアメリカ人学生とに、教室の空気は二分されていた。

もちろん（「左翼」としてはかなり異例なことに）アメリカン・アカデミーのフェローにまでなったウォーラーステインが、自国で冷遇されていたとはいいがたい。しかし彼の声望がむしろ本国の外で世界的に高かったことは、世界システム論の歴史的意味の一部として小さくない事実であろう。多くの人々にとって、それはまずアメリカのヘゲモニーに対する批判の理論であり、そしてその背後にある資本主義に対する批判の理論であったということだ。

資本主義の「知」そのものへの批判

世界システム論を学知として評価しようとすれば、マクロな歴史社会学理論として、マルクス主義の国際関係理論とし

て、あるいはグローバル・ヒストリーの先駆的業績として、さまざまなディシプリンにおけるさまざまな切り口がありえるだろう。どの切り口をとっても、それぞれのディシプリンのなかで確実に教科書の一ページを占める意義を有することはまちがいない。

だが、そうした個別のディシプリンの文脈に押し込めた評価は、部分的なものにならざるを得ないだろう。世界システム論は、そうしたディシプリン化された知のあり方の批判を目指すものでもあったからだ。

▲I・ウォーラーステイン（1930–2019）

後期の著書のひとつ『新しい学』の原題であるThe End of the World as We Know Itにおいて、"know"の意味の二重性（経験として／認識として「知っている」）にかけて要約されたように、**資本主義の歴史的ダイナミズムに対する批判**と、**その資本主義のダイナミズムを正当化する知的枠組みに対する批判**というウォーラーステインの二つの批判の前線は、世界システム論者としての彼のキャリア全体のなかで、**前者から後者へとシフトしながら、たえず両面的に展開してきた。**

システムの変化に参加し続けること

二つの批判の前線はさらに、そのそれぞれが知的な批判と政治的な批判を横断するものでもあった。いいかえればそれは、既存のディシプリンの枠組みを超えた問題領域・研究領域を切り開くものであると同時に、権力に対抗する新しい言語やオルタナティブな視点を提供しようとするものでもあったということである。

ビンガムトンの教壇を去った直後から、彼が二〇年以上にわたって毎月二回欠かさず書き続けてきた時事問題へのコメンタリーは、そうした横断的な批判の営みの場でもあった。今年二月に入院したのちも中断することなく、死の前月に五〇〇号を迎えて自ら筆を折るまで続けられた。

絶筆は、彼が一貫して主張してきた史的システムの移行期において、変化に参加することのクリティカルな重要性を強調するものであった。彼のもとに学んだひとりとして、あらためてその意味を嚙みしめる思いである。合掌。

（やました・のりひさ／立命館大学教授）

リレー連載　今、中国は　3

「闘争」の復活

王柯

建国七十周年の日を前に、習近平は九月三日に中共中央党学校で講演し、中共の一党独裁と中国の社会主義制度、「中華民族の偉大な復興」などに危害を加える「リスクと挑戦」に、「闘争」をしなければならないと訓示した。習が最高指導者になってから、「闘争」は政治用語として復活した。二〇一七年十月に習は、三万字以上の中共十九回大会政治報告の中で「闘争」を二三回使ったが、わずか二千三百字の今回の講話では五八回も使われた。実は習以前の胡錦濤時代には、胡は調和のとれた「和諧社会」の構築、「不折騰」（政治運動をしない）を約束し、「闘争」という表現を避け、中共政権樹立六十周年記念式典の講話では全く使わず、「平和」と「和諧」を十回以上繰り返した。

習の「闘争」謳歌は、中国人の歴史的記憶を蘇らせた。かつて「闘争」を最も愛用したのは毛沢東で、その目的は「敵」をでっち上げて緊張が高まった民衆の関心を政治闘争に誘導することだった。

一九六二年九月に毛は「階級闘争を忘れてはならぬ」と言い出したが、背景にあったのは中ソ関係の悪化、大躍進運動と人民公社制度による数千万人の餓死であった。その失政に対する批判に直面し、毛は最も重要なのは社会主義路線と資本主義路線の間の「闘争」だと言い張り、敵の再設定を通じて批判の矛先をそらした。その後、毛は「闘争」路線を続け、文革を発動して政敵を追放し、最高権力を完全に掌握した。一連の「闘争」で最大の被害者は、実は民衆だった。

習近平は「毛沢東語録」も持ち出して「闘争」を唱え、一九六〇年代の中国政治を彷彿とさせた。経済の悪化、香港市民の離反、中米貿易摩擦の激化、国家主席の任期制の撤廃に対する社会の反発などを、習は自分の失政によるものではなく、すべて中共の一党独裁体制にとっての「リスクと挑戦」だとして問題の本質を隠した。「闘争」の復活は中国にとって福音ではないが、政治的危機を乗り切る手段として「闘争」の思想が復活したことは興味深い。（おう・か／神戸大学教授）

リレー連載　近代日本を作った100人　67

桂太郎——軍から政党へ政治家を経て政党へ

千葉　功

陸軍官僚として

桂太郎を近代日本を作った代表的人物と言ってよいかは議論がわかれるであろうが、陸軍官僚から政治家へ、そして最後は政党を結成するなど、その歩みを近代日本に重ね合わせたとき、興味深いものがあるのは確かである。

桂は、討幕において原動力となる長州藩の萩に、長州藩士の長男として出生した。世代としてぎりぎりではあるが、戊辰戦争で従軍経験のあることが、のち元老に加えられる要因となった。

戊辰戦争での従軍後の明治初年にドイツへ留学し、ドイツ軍制を研究したが、そのとき「ミリタリー（軍事）」の周辺に広がる「アドミニストラシヲン（行政）」を学ぶ必要性に気づく。帰国後は、陸軍の実力者山県有朋の信認をえて、軍務官僚として順調に出世していく。一八九八～一九〇〇年には四代の内閣で陸軍大臣をつとめ、軍政面で辣腕を発揮した。

政治家として

一九〇一年には伊藤博文・山県有朋ら元勲の次の世代として、内閣を組織する。この第一次桂内閣は、国内では、元老の伊藤が率いる衆議院第一党の立憲政友会と租税問題で対立をかかえていた。他方、国外では、満州・朝鮮における両国の勢力範囲をめぐってロシアと対立、結局、日露交渉は決裂して日露戦争へと突入する。このように、国内外の難関を切り抜けた桂は、第一次内閣を終えるころには大きな自信を抱くことになる。

さらに、桂は第一次内閣の末期に、政友会との妥協体制（桂園体制）を構築することに成功する。その桂園体制を背景に、第二次内閣は、戦前には珍しい長期で安定的な政権となった。すなわち、国内では衆議院が二期連続で満了となるとともに、外交では各国との間で構築した多角的な同盟・協商網をバックに韓国併合を「達成」したのである。

ただし、桂園体制には、桂や陸軍・山県閥側と政友会側が体制維持のために自己主張を抑制するという相互補完的な側面とともに、両者ともあきたらないがために体制を破壊しようという衝動をいだく対立の契機も内包していた。

政党指導者として

一九一一年、内閣を政友会総裁の西園寺公望に譲った直後に起こった辛亥革命に対して、西園寺内閣は無策であると桂には思われた。再々登板をする機会をみすえつつ、桂は一九一二年、ひさしぶりの訪欧に旅立つが、その目的の一つにはイギリスでの政党調査があったという。政友会との妥協体制に拘束されないためには、非政友会勢力を糾合した政党を組織して、みずからそのトップに立つことが必要であると考えたのだろう。

帰国後の桂は内大臣に任じられ、内閣再組織から遠ざかったと思われた。それが、西園寺内閣が二個師団増設問題で倒壊したあと、紆余曲折の末、桂は第三次内閣を組織することができた。

しかし、西園寺内閣倒壊の背後には陸軍や桂がいるとして、桂内閣へは強い非難がおこった。そこで桂は政党組織計画を前倒しして、一九一三年一月、新党構想を発表する。これは、伊藤亡き後の元老筆頭は自分であるとの自信を背景として、衆議院のみならず、貴族院や官僚をも網羅した政党である「立憲統一党」を結成するというものであった。ただし、最終的には衆議院の、それも反政友勢力である立憲国民党脱党組が中心となってしまったために、「立憲同志会」へと落ち着いてしまった。

桂はこの後一年もせずに死去してしまったために、政党指導者としては十分な活動はしなかった。ただし、桂のつくった政党は「立憲同志会」として、立憲政友会との「擬似的二大政党制」を形作ることになるのである。

（ちば・いさお／学習院大学教授）

▲桂太郎（1847-1913）
長州藩士の長男として萩に出生。戊辰戦争に従軍後、1回目は私費留学生として、2回目は公使館付武官として、ドイツへ留学、ドイツ軍政を調査・研究した。帰国後は参謀本部や陸軍省の要職を歴任して、軍制改革を実施した。日清戦争時には第3師団長として出征した。日清戦争後には台湾総督に就任するが、数ヵ月で辞任した。その後、1898-1900年、4代の内閣で陸軍大臣をつとめた。1901年には第一次内閣を組閣、途中、日露戦争の開戦と終戦・講和を経て、1906年初頭までつとめた。さらに、1908-11年という長期にわたって、第二次内閣を組織した。しかし、大正政変という政治混乱を前に、第三次内閣は2ヵ月弱という短命に終わった。

連載　今、日本は　6

加害者の無知

鎌田　慧

八月下旬、「カトリック正義と平和協議会」という団体が主催する、日韓合同の脱原発ツアーのひとたちを、青森県六ヶ所村の核再処理工場や大間原発現地に案内した。

マスコミがお先棒を担いで「嫌韓」や「断韓」と煽り、挙げ句の果てに「無礼」などとわめく大臣まであらわれたこの時代に、韓国のひとたちと小型バスで下北半島をまわることに、わたしは意義を感じていた。広大な陸奥湾を抱えた下北半島には、海軍の要港大湊があった。そこに大量の朝鮮人「徴用工」が集められ、軍港と鉄道工事を押し付けられていた。まだ十代だったわたしの長兄も「徴用」だったが、待遇は天国と地獄のちがいだったようだ。

まだ幼稚園生だったわたしは、母親に連れられて面会に行った記憶がある。その兄が、後年、「朝鮮人が可哀想だった」と漏らしたことがあった。

韓国の大法院が戦時中の「徴用工」への賠償責任を認めた、として安倍政権は対抗措置、「輸出規制」に踏み切った。一九六五年の「日韓国交正常化」のときに、経済協力金を支払ったからといって、個人の請求権までは消滅していない。それを隠して言い募る安倍政権が、日本で支持されている。

津軽海峡にそって、下北半島の北辺を大間崎にむかって西北へ、細い道が走っている。その途中、ところどころ、崖の中腹にコンクリート構造物の残骸がある。未完のまま放り出された軍用鉄道の跡だ。それを説明して、わたしは謝った。

使役されていた朝鮮人が、戦争が終わった四五年八月、大湊港から釜山にむかった。「浮島丸」（四七三〇総トン）だが、舞鶴港で機雷に触れて沈没、五〇〇人余が死亡した。故郷を前にして遭難した人びとの悲痛を思えば、声もない。

炭鉱、港湾、道路建設に使役された、死者もふくめた朝鮮の人びとに補償も謝罪もせず、報復などと騒ぎ立てる政府とその支持者を、わたしは恥ずかしく思う。七四年が経っても遺跡は残っている。

（かまた・さとし／ルポライター）

■〈連載〉沖縄からの声［第VI期］3（最終回）

沖縄移民青年の意義

比屋根照夫

〝戦争と革命の時代〟と言われる二〇世紀の初頭、北米西海岸一帯（ロサンゼルス、サンフランシスコ）に渡った沖縄移民青年群像の希望と挫折を、在米時代の宮城與徳《よとく》とその周辺から見てみよう。これらの先進的な青年群像は、この激動の時代に三つの国家体制に抵抗し、それに翻弄され、それぞれ非業・非命の最期を遂げた。

與徳は、ファシズム体制下の日本で、ゾルゲ機関の中心人物の一人として逮捕され、一九四三年、拷問のすえに東京で獄死。一方、與徳の同志たち、照屋忠盛・宮城與三郎・島正栄・又吉淳・山城次郎らは、一九三二年、ロングビーチ事件で米官憲に逮捕された。亡命地として彼等自身が選択した「労働者の祖国」ソ連で、照屋以外は無残にも、スパイ容疑で銃殺刑に処せられた。

二〇世紀初頭、自由と解放の夢を描いた沖縄人移民青年群像が、三つの国家体制に包囲され、無残な運命を辿った。

その三つとは、米国の冷徹な資本主義体制、日本の軍国主義＝ファシズム体制、ソ連の粛清国家体制であった。

これら沖縄青年の運命は、単に運動史的な位置づけだけではすまされない大きな問題をはらんでいた。米国人にもなれず、日本人としても扱われなかった沖縄人移民、沖縄移民青年――。彼らは一九二〇年代から三〇年代にかけて、沖縄移民青年を中心にロサンゼルスで「黎明会」を結成、それを母体にして被抑圧者、弱者の解放を目指す運動を展開した。そこに、差別と疎外の「受苦」を背負い、この時代を駆け抜けた沖縄人青年の生き様を見ることができよう。

黎明会の活動は、ロサンゼルスにおける社会運動の先駆的な形態であり、日本人青年団体にも大きな影響を及ぼした。

とりわけ、沖縄にとってゾルゲ事件と宮城與徳の問題は、決して単なる歴史上の問題ではない。「日米同盟」神話を至上命題とし、一切の軍事機能が沖縄に集中される現在、「反戦平和」・「反植民地主義」の旗印を高々と掲げた宮城與徳らの運動は、まさに今日に継承されるべき思想的遺産である。

（ひやね・てるお／近代沖縄精神史）

Le Monde

■連載・『ル・モンド』から世界を読む［第Ⅱ期］38

メッカ詣で

加藤晴久

イスラム教徒には五つの義務が課せられている。①**信仰告白**（「神の他に神はなし。ムハンマドは神の使徒なり」と宣明する）。②**礼拝**（毎日決まった時刻に）。③**喜捨**（弱者救済）。④**断食**（ラマダン）。⑤**メッカ詣で**（少なくとも生涯に一度）。

メッカへの旅はイスラム教徒にとっては「夢であると同時に一生の目標」である。

メッカを管理するサウジアラビアは、イスラム諸国それぞれに一定数のビザを割り当てている。非イスラム国の場合は、いくつかの認定旅行社に一定数のビザ（無償）を割り当てている。フランスの場合は、毎年、二万二千から二万五千件のビザが、約六〇社に配分されるが、その大半は大手五、六社に優先的に配分されている。

メッカ詣での費用は、旅費プラス滞在費（宿舎・食事）のセットで、二週間で約四四〇〇ユーロ（約五三万円）、三週間で五五〇〇ユーロ（約六六万円）が標準。

今年、三千から五千人のフランス在住信徒が、費用を支払ったのに、八月九日に始まった巡礼に参加できなかった。サウジアラビアがビザ数を減らしたせいもあるが、実は、以前から蔓延《はびこ》っている詐欺の犠牲になったからである。

敬虔かつ善良なアラブ人信徒の大半は、大手の認定旅行社に申し込まず、モスクの幹部とか説教師、身近な「信頼できる」知り合いに相談する。ここで旅行社と結託したブローカーが介入することになる。ブローカーはパスポートを預かり、前払い金を受け取り、旅行社に獲得した客を売り込んで手数料を貰う。客はある段階でセット代金の総額を、しばしば現金で、領収書もなしに支払ってしまう。いざ出発という時点になって「ビザが取れなかった」でお終い。支払ったお金は行方不明、という次第。

フランス政府、イスラム教徒団体も規制装置を確立しようとしているが、足踏みしている。アラブ人識者に言わせると、「フランスの現行の消費者保護法を適用すれば済む話」。

「メッカへの旅　騙《だま》される巡礼者たち」と題する八月二七日付記事を紹介した。

（かとう・はるひさ／東京大学名誉教授）

■連載・花満径 43

春服の儒者

中西 進

『論語』に、何遍も講演などで問題にしてきた個所がある。

巻六先進篇、孔子が弟子たちに将来の夢を聞く件りである。

子路たちが国家経営について語るなかで曽晳《そうせき》一人が「暮春《ぼしゅん》のころ春服をきて、冠者童子たちと雨乞いの岡で、風に吹かれながら歌いたい」と言った。ところが孔子は他の言をすべて否定して、晳のことばをよしとした。

論語らしくないといわれることもあるが、逆に儒者本来の自在な到達点を示すのではないかと、わたしは思う。その一端は「春服」からも知られまいか。

暮春とことわるのは、折おりに定められた祭服があり、暮春の祭天の中で風にひるがえる呪服を指すのだろう。

衣服が魂を包むものであったことは、日中をとわず古代の精神であった。

しかも曽晳の表現は、沂水《ぎすい》に祓をし舞《ぶ》雩《う》の風に吹かれてと、きわめて具体的な祭天の呪《いの》りを述べており、単なる愉悦の気分を述べるのではない。

その上春服は女が織る。そのこともふくめて、中国古代の『詩経』の詩は、よく衣服を恋の比喩に使われる。

そして、このような春の衣服を口にしながら、女たちが恋心を訴えるのも、日本中国を問わない古代の習慣だった。

『万葉集』にも、こんな一首がある。

君がため 手力《たぢから》疲れ 織りたる衣《きぬ》ぞ
春さらば いかなる色に 摺《す》りてば
好《よ》けむ (巻七 一二八一)

(あなたのために苦労して織った布なの。春の野山を彩るどんな色で、摺り染めにしたらいい)

『論語』の周辺に生きていた男女も、同じような恋歌をとり交していたに違いない。

少くとも先進篇に登場する春服の儒者は、こんな思いをまといつかせた春服を着ていたはずだ。

曽晳が思い描いていた理想の儒者は、爽やかな大義に生きる理想の儒者であって、もちろん無為自然の徒ではなかったのである。

(なかにし・すすむ/国際日本文化研究センター名誉教授)

〈連載〉生きているを見つめ、生きるを考える 55

新しい言葉を覚えたくさせる発見

中村桂子

N・チョムスキーが主張する「生成文法」という考え方を御存知の方は多いだろう。言葉をもつのは人間の特徴であり、これを司るのが脳とはわかっているが、その能力はどのようにして身につくのだろう。

さまざまな言語の発音や単語は、周囲の人々が話すのを聞いて覚えるに違いない。しかし、言葉を操る能力は生れつき備わっており、言葉の秩序も身につけているというのがチョムスキーの考え方である。チョムスキーの考え方を支持する事実として、「プラトン問題」がある。子どもは、周囲の人々が話すのを聞いて言葉を覚えていくが、実際に耳にする言葉は限られており、間違った文を聞くこともある。それなのに聞いたこともないような文も話せるようになるのはなぜか。教育を受けたことがないのに高い知性を持つ人がいることにプラトンが驚いたところから、この問いを「プラトン問題」と呼ぶ。

生得的に文法を知っていると考えればよいというのがチョムスキーの答だ。そこで、脳の中に実際に文法を司る場所を見つけようと考え、挑戦したのが酒井邦嘉東大教授である。「失語症」の研究から、発語（出力）と理解（入力）の障害については、前者は「ブローカ野」、後者は「ウェルニッケ野」のそれぞれが関わることがわかっている。酒井教授は、明らかに「文法」の機能を失ったと考えられる症例で、入力された言葉を分析して理解することと、言葉を合成して出力することの両方に関わる場を見出し、そこを「文法中枢」とした。具体的には、「太郎は　三郎が　彼を　ほめると　思う」というような文の理解について調べたのである。文法中枢は左脳の下前頭回にあり、短期記憶の場と近いがそれとは異なることも確かめた。

この興味深い発見から、第二言語を学ぶ時も、母語と同じようにすることが脳にとっては自然だとわかる。確かに多言語地域に暮らす人は、複数の言語を自然に身につけている。新しい言葉を覚えてみようか。ちょっとそんな気になる。

（なかむら・けいこ／JT生命誌研究館館長）

連載　国宝『医心方』からみる　31

柿の効能

槇　佐知子

中国では柿の実を柿子といい、別名を錦葉・蜜丸・朱実といった。子は実の意で、日本では女性に子ができるようにと名前に子をつけるようになった。温帯植物で日本でも古くから栽培するが、原産地は中国の長江沿岸とされている。

果実だけでなく、果皮・葉・花・根・蔕《へた》・渋・干柿に吹いた白い粉も、柿霜といって薬用にする。

私が昨年、脳梗塞で入院したとき、福島県立医科大学のK教授が、名産のアンポ柿やチョコレートを送って下さった。「食物繊維や葉酸が多い食品です。葉酸は細胞分裂を促す作用があるので、回復に役立つと思います」と、お心のこもるお手紙が添えられていた。

古代中国の医学者たちも、

○干柿は脾《ひ》胃を温めて消化吸収力を正常にし、瘀《たまり》血《ち》を散らす

○鼻や耳の気を通じ、虚損・労傷を回復する　（孟詵）

○鼻や耳の気のめぐりを良くし、下痢疾患による体力の消耗や気血の不足を主治する　『本草』

○下痢を主治し、からだの内外の腫れものや口腔内のやけど、舌の爛れを治す　（崔禹錫）

としている。

但し、下痢治療説には異論があり、

○腹痛をおこしたり、下痢するから、多食してはならない

と『膳夫経』ではいう。過ぎたるは及ばず、である。

○火を通した柿は毒を消し、金属による傷、やけどなどを主治する

○生《なま》の果肉は痛みを止める　（蘇敬注）

○日に当てて乾燥したものは出血や吐血を治す

○たくさん食べればシミ・ソバカスを除く　『拾遺』

一口に柿といっても、生柿は冷が最も強く、日に干したものは冷、火でいぶしたものは熱を断つ性である、と本草学者陶弘景は説く。

（まき・さちこ／古典医学研究家）

九月新刊

宮脇昭はいかにして「森の匠」となったか

いのちの森づくり　宮脇昭自伝

宮脇 昭

世界中での〝森づくり〟に奔走する人生を貫く、〝いのち〟への想い。日本全国の植生調査に基づく浩瀚の書『日本植生誌』全一〇巻に至る歩みと、〝鎮守の森〟の発見、熱帯雨林はじめ世界各国での、土地に根ざした森づくりを成功させた〝宮脇方式での森づくり〟の軌跡。九一歳の今こそ、〝森〟が育む全ての〝いのち〟への想いを伝える。

四六変上製　四二四頁　口絵八頁　二六〇〇円

「私が何をしているのか知りたくて、私は本を書いた」

書くことと生きること　ベルナール・マニエとの対話

D・ラフェリエール
小倉和子訳

『ニグロと疲れないでセックスする方法』で「黒人作家」という〝レッテル〟を鮮やかに転倒してみせたラフェリエール。ハイチでの幼年期、亡命を強いられた父、九歳でチェリーのカクテルを飲みつつアンドレ・モーロワを読んだこと、「アメリカ的自伝」と題した自伝的小説群。

四六上製　四〇〇頁　二八〇〇円

女性の力を見出した知られざる歴史家

メアリ・ビーアドと女性史

日本女性の真力《まぢから》を発掘した米歴史家

上村千賀子

男性に従属した存在としてではなく、歴史を主体的に創り出す「女性の力」を軸とする歴史観を樹立し、日本におけるGHQの女性政策にも大きな影響を与えた女性史研究のパイオニア、決定版評伝。

四六上製　四一六頁　口絵八頁　三六〇〇円

生誕百年！　俳壇を超えた総合誌、第三号

兜太 *Tota* vol.3

［特集］キーンと兜太――俳句の国際性

〈編集主幹〉黒田杏子　〈編集長〉筑紫磐井

〈編集顧問〉ドナルド・キーン／瀬戸内寂聴／芳賀徹／藤原作弥

〈寄稿〉金子兜太／嵐山光三郎／井口時男／いせひでこ／河邑厚徳／キーン誠己／D・キーン／木内徹／木村聡雄／黒田杏子／酒井弘司／坂本宮尾／下重暁子／関悦史／筑紫磐井／董振華／J・バイチマン／橋本榮治／福島泰樹／藤原作弥／古川日出男／細谷亮太／堀田季何／横澤放川／吉田眞理ほか　〈画〉中原道夫

A5判　二〇〇頁　カラー口絵八頁　一八〇〇円

東アジアの市民社会の思想史的意味を考える

社会思想史研究43号

〈特集〉東アジアの市民社会　理論、統治性、抵抗

社会思想史学会編

梶谷懐／森宣雄／石井知章／上田悠久／髙木裕貴／山尾忠弘／藤木達也ほか

A5判　二三二頁　二五〇〇円

読者の声

転生する文明■

▼一気呵成に拝読いたしました。凄い、とにかく凄い御本と驚嘆するばかり、でした。たとえば十数階のデパートの屋上から、地上を歩くひとの何と小さいこと。そのひとが伝え、学び、想像し、普遍化する文明の偉大な創造力と開花。そのひとびとの英知を追体験され、覆われていた文明を明らかにされていかれた、この御本の稀有なる偉大さ。ご出版を感謝いたしました。

（東京　**荒木稔恵**　70代）

中国が世界を動かした「1968」■

▼特に第四章を読みたいと思って購入したが、他の章も非常におもしろかった。

当時私は十八歳。毎日の新聞記事の重みが、今とは全くちがう記憶がある。

先日、暮しの手帖社『戦中・戦後の暮しの記録』三七頁「内モンゴルの天国と地獄」を読んで、内モンゴルの知識が皆無なのに気づいたので、関連図書を読んでゆきたい。

（埼玉　農業　**山本孝志**　68歳）

長崎の痕《きずあと》■

▼息子（六十二歳）が買ってくれました。わたしは天眼鏡で読みました。難しい本でしたが、何日もかかってがんばって読みました。

（福岡　**江藤良子**　82歳）

象徴でなかった天皇■

▼天皇を神聖化し、元首かつ大元帥という権威を利用して国民を忠君愛国の臣民に教導し、他国への侵攻と勝利を「御稜威《みいつ》」のおかげとし、天皇を親、国民をその「赤子《せきし》」とする「神聖家族国家」という幻想に陶酔させる、狡智の極みの支配層。

明治天皇は戦争を好まなかったことを、この本で知りました。山県有朋は極悪人だったと言えますね。これも発見でした。岩井忠熊先生と広岩近広さんの二重唱はすばらしいです。

（京都　**須田稔**　87歳）

▼大日本帝国憲法の成り立ちがわかりやすく、五箇条の誓文や、日清戦争の開戦に天皇陛下は反対だったようで……。

反核、平和を願い乍ら……

（長崎　画家　**一瀬比郎**　84歳）

姉弟私記■

▼北田(耕也)先生の事故による突然の訃報は本当に悲しい無念な出来事でした。

この本が最後の作品になりました。最後として考えられていた「イリュージョン」は文字通り「幻視」となりました。「あとがき」にありますように社長以下御社のみなさまの優しさによるものでしょう。今後とも御社のご発展をお祈りいたします。

（東京　**上川昌利**）

▼今は亡き著者に代って、遺書同様のご本をおとどけ下さり、まことにありがとうございました。

貴社から三部作をつくっていただいて、さぞ本望だったことでしょう。仏様に代りまして、弟分の私からも、あつくおん礼申しあげます。

（神奈川　**藤岡貞彦**　84歳）

▼『下天の内』『一塵四記』、そして今回自己の生立と逃れえない過去をこれ程迄に深く掘りさげ、みつめ続けた作品を私は知らない。大音寺一雄という名前は又、大きく響くようなペンネームですね。先生の御冥福を祈ります。（高知　自営業　**辻高志**）

「雪風」に乗った少年■

▼「海軍特別年少兵」の存在や従軍の実態を初めて知った。

西崎信夫さんが生きて、帰るまで

の凄まじい体験に目が離せなかった。戦況が厳しい中、「絶対に死にたくない、何がなんでも生きてやる」という母との約束を胸に、日々を生き残ることを大切に、駆逐艦「雪風」の乗組員が初代寺内艦長とのチームワークに深く携わっていることが感じられた。一方、巨大戦艦「武蔵」や「大和」は短い生涯を閉じ多数が犠牲になった。西崎さんは現在も犠牲となった兵士の無念を思い、戦争に反対し、その真実を語り継がれている。「戦争は恐ろしく、残酷であり、戦争がもたらすものは悲惨でしかない。」言葉が重くひびく著作だった。

（兵庫　会社員　**稲垣雅子**　43歳）

▼昭和十九年に予科練として電測学校を経て現在の大和市にあった海軍の「302空」に転属した私は、そこで多くの若い水兵達に会った。それが特別年少兵出身であることが、この本を読んで初めて分った。

当時を想い感慨深いものがある。

（宮城　**熊谷昭一朗**　89歳）

▼私も海軍志願兵として、勤務した体験がありますので共感共鳴する事、多く、よく理解ができました。又以前、PHP文庫本の雪風、立石優著、を読んでいましたので、よく理解できました。

（島根　農業　**藤原信夫**　89歳）

▼戦争を体験した人がいなくなって残念。この本を読んでほしい。政治家で戦争体験した人がいるか。

天皇が靖国神社に参拝出来る様になればいいと思う。

（新潟　元農家　**和田勇作**　78歳）

▼実戦を経験したものにしか書けない内容に感動しました。

駆逐艦といえば、私十歳のとき、大分県佐伯湾で「あけぼの」を見て海軍にあこがれた。昭和十八年ごろであろう。その後艦名が消されたという（すべての艦船）。「あけぼの」はどう戦ったのか、教えて下さい。

（兵庫　元公務員　**濵田良之**　86歳）

▼西崎氏の貴重な体験、心して拝読いたしました。

戦争は仕掛けてはならぬもの。今の平和は守りつづけて行かねばなりません。

西崎氏のご健勝を心より祈り上げております。

（神奈川　主婦　**飯田真巳**）

▼駆逐艦雪風が幸運艦だったことは聞いたことがありましたが、実際乗組員だった方がどのような体験をされていたのかは知らなかったため、今回この本を読み非常に多くのことを学ばせていただきました。

私はこの本の中で非常に心に残った一節があります。それは三二一頁の二行目から始まる「自分の国だけに目を向けるのではなく、例えば米国人だったら、中国人だったらと、それぞれの立場になってあの戦争を考えることにより、様々な現実を自分の身に受け止めることができるのではないだろうか。」という文です。私の夫は中国系タイ人で、彼の祖母は著者が復員輸送で行かれた中国・汕頭の出身です。私はこれまで日本目線の歴史ばかりを追究してきましたが、タイ人目線、中国系タイ人目線で戦争の歴史を見るとより当時という時代が立体的に見えてくる気がしました。「太平洋戦争があった」という表面的な事実だけでなく、当時を生きた方だからこそ伝えることのできる命の重さをこの本から強く感じました。生きていることに感謝し、戦争についてもっと知りたいと思いました。

（神奈川　主婦兼通信大学学生
ヴィーラパタラクル文恵　30歳）

▼「雪風」は太平洋戦争で数多くの海戦に従事しながら、生残った不沈艦として有名ですが、戦後七〇年以上も経過しているにもかかわらず、乗組員が健在で、しかも当時のことを鮮明に記憶されているのに驚きました。少年時代に受けた軍事教練は大変厳しかったことがよくわかりますが、若い時に体や頭脳を鍛えておくと、頭脳が年老いても衰えないのでしょう。そういう点では海軍の

教育は意義があったと思います。なお雪風が生き残ったのは単に運がよかったからではなく、乗組員の不断の努力によるものであったことがよくわかります。
（三重　会社員　**竹村和久**　60歳）

宿命に生き　運命に挑む■

▼橋本五郎先生が好きで、書かれた書物、新聞記事などはよく読んでいる。語り口が好き、人をよくほめる、家康、為君難などのお話（文章）のような物が好きです。身近に編集にかかわる人がいたし、政治家とか役人がいたので、どちらかというと興味があります。年老いて、時間もできたので、少々難解な文章も読みたいと思って、時々このような本に手をだす事もあります。普通は、ミステリー、大衆小説を読む。
（宮城　元教師　**柏倉貴美子**　84歳）

▼読後、あとで読み直してみたい本として残しておきたい。
（群馬　会社役員　**大淵広明**　71歳）

※みなさまのご感想・お便りをお待ちしています。お気軽に小社「読者の声」係まで、お送り下さい。掲載の方には粗品を進呈いたします。

書評日誌（八・八～九・一六）

(書) 書評　(紹) 紹介　(記) 関連記事
(テ) テレビ　(ラ) ラジオ　(イ) インタビュー

八・八　(記)丹波新聞「長崎の痕」（「丹波春秋」）

八・一七　(記)台湾研究資料「後藤新平賞&シンポ」（「黒柳徹子氏が『後藤新平賞』を授賞」）

(記)読売新聞（夕刊）「後藤新平の会」（「Culture」／「後藤新平の志考えるシンポ」／「東京復興、防貧的政策…色あせぬ魅力」／小林佑基）

八・一八　(紹)毎日新聞「別冊『環』25 日本ネシア論」（「MAGAZINE」）

八・一九　(ラ)Nらじ「長崎の痕」（「瞳の奥に被爆者の人生を見る　大石芳野さん（写真家）」）

八・二四　(記)毎日新聞（広島版）「ヒロシマの『河』」（「実―つけた！」／「被爆青年らの息遣い　演劇に」／高尾具成）

八・二五　(紹)産経新聞「現代美術茶話」

(紹)クリスチャン新聞「別冊『環』25 日本ネシア論」

八・二七　(紹)毎日新聞（夕刊）「中村桂子コレクション1　ひらく」

八・三一　(紹)週刊東洋経済「転生する文明」

八月号　(紹)サライ「長崎の痕」（「長崎に落ちた原爆の〝今〟を切り取る」／角山祥道）

八・九月号　(記)六月の風「現代美術茶話」（「小耳のサンポ」）

(紹)ユースフルエイジ「人生の選択」

夏季合併号　(紹)美術新聞「現代美術茶話」

(書)サンデー毎日「金時鐘コレクションⅣ」（岡崎武志）

九・一　(書)産経新聞「詩情のスケッチ」（「勁さと繊細さ同居した筆」／先崎彰容）

九・六　(書)毎日新聞「ヒロシマの『河』」

(記)公明新聞「移動する民」（「移民・難民を考える」／宇波彰）

九・一四　(記)朝日新聞「「地政心理」で語る半島と列島」（「ひもとく　日韓関係」／「『反』『親』より『知』こそ重要」／小倉紀蔵）

九・一六　(記)毎日新聞「雑誌　兜太」（「詩歌の森へ」／「金子兜太生誕百年」／酒井佐忠）

九月号　(紹)月刊アートコレクターズ「現代美術茶話」

(書)Wedge「「雪風」に乗った少年」（足立倫行）

(書)改革者「対ロ交渉学」（「木村ロシア学の結晶を読む」／佐瀬昌盛）

(書)月刊書道界「現代美術茶話」（「書巻の気188」／「ズバと切り込む縦横無尽の批判眼と諧謔と」／臼田捷治）

十一月新刊予定

都市研究の大家による最高の都市論

都市と文明 Ⅰ（全3分冊）

文化・技術革新・都市秩序

ピーター・ホール

監訳＝佐々木雅幸

都市論の古典であるマンフォード『都市の文化』を凌駕し、「都市の文化と産業の創造性」を基軸に人類の歴史を代表的な都市の歴史に置き換えてダイナミックに展開した、壮大なスケールの「創造都市論」、ついに邦訳刊行開始！〈第Ⅰ分冊〉文化のるつぼとしての都市（アテネ／フィレンツェ／ロンドン／ウィーン／パリ／ベルリン）

〝アメリカ外交〟三部作の端緒の書！

大陸主義アメリカの外交理念

チャールズ・A・ビーアド

訳＝開米 潤

アメリカで建国以来堅持されてきた外交理念とは何か。十九〜二十世紀前半の「帝国主義」「国際主義」の失敗の後、第二次大戦初期の世界情勢を眼前に、歴史家ビーアドがアメリカの「大陸主義」の決定的重要性を説く。戦争責任を苛烈に問うた『ルーズベルトの責任』他と三部作をなす理論的前提の書、待望の完訳。

われわれは二十一世紀をどう生きるか？

ベルク「風土学」とは何か

近代「知性」の超克

オギュスタン・ベルク＋川勝平太

和辻哲郎『風土』を継承して、地理学者ベルクが提唱した、場所と人間の不可分の関係に根差す存在論＝「風土学」とは何か。「モノ」と「文化」を包含するグローバルな経済史を構想する歴史家・川勝平太が、二十一世紀の「共生」を問う根本思想としての「風土学」を徹底的に解き明かす。

どのように一国の経済と主権を守るか？

崩壊した「中国システム」とEUシステム

主権・民主主義・健全な経済政策

F・アスリノ、E・トッド、藤井聡、田村秀男 ほか

編＝荻野文隆

ユーロ体制下で経済活性と民主主義を喪失するフランスと、長期デフレ下での緊縮財政・消費増税に苦しみながら、拡大する中国システムに巻き込まれてゆく日本。健全な経済と政治のために、東西の知が結集。

〈特別収録〉アスリノ氏来日対談―山本太郎、大塚耕平、海江田万里、田村秀男 他

〈寄稿〉小沢一郎／安藤裕／中野剛志／柴山桂太／浜崎洋介 他

10月の新刊

タイトルは仮題、定価は予価。

全著作〈森繁久彌コレクション〉 全5巻 発刊
1 **道──自伝** ＊ (全5巻) 口絵8頁
〈解説〉鹿島茂
月報＝草笛光子・山藤章二・加藤登紀子・西郷輝彦
四六上製 六四〇頁 二八〇〇円 内容見本呈

“フランスかぶれ”ニッポン ＊ 口絵8頁
橘木俊詔
四六上製 三三六頁 二六〇〇円

中村桂子コレクション いのち愛づる生命誌 (全8巻) ＊
4 **はぐくむ** 生命誌と子どもたち 〈解説〉髙村薫 口絵2頁
月報＝米本昌平／樺山紘一／玄侑宗久／上田美佐子
四六変上製 二九六頁 二八〇〇円 内容見本呈

11月以降新刊予定

都市と文明 I (全三分冊) ＊ 発刊
文化・技術革新・都市秩序
P・ホール 佐々木雅幸監訳

大陸主義アメリカの外交理念 ＊
Ch・A・ビーアド 開米潤訳

ベルク「風土学」とは何か ＊
近代「知性」の超克
A・ベルク＋川勝平太

崩壊した「中国システム」とEUシステム ＊
主権・民主主義・健全な経済政策
F・アスリノ／E・トッド／藤井聡／田村秀男 他 編＝荻野文隆

世界の悲惨 (全三分冊) ＊ 発刊
P・ブルデュー編
監訳＝櫻本陽一・荒井文雄

金時鐘コレクション (全12巻) 内容見本呈
10 **真の連帯への問いかけ** 講演集 I
「朝鮮人の人間としての復元」ほか
〈解説〉中村一成 口絵4頁

近代的家族の誕生
天皇制・キリスト教・慈善事業
大石茜

消えゆくアラル海
石田紀郎

好評既刊書

いのちの森づくり ＊
宮脇昭自伝
宮脇昭
四六変上製 四二四頁 二六〇〇円 口絵8頁

雑誌 **兜太** *Tota Vol. 3* ＊
〈特集〉**キーンと兜太**──俳句の国際性 カラー口絵8頁
編集主幹＝黒田杏子 編集長＝筑紫磐井
A5判 二〇〇頁 一八〇〇円

書くこと 生きること ＊
ベルナール・マニエとの対話
D・ラフェリエール 小倉和子訳
四六上製 四〇〇頁 二八〇〇円

メアリ・ビーアドと女性史 ＊
日本女性の真力を発掘した米歴史家
上村千賀子
四六上製 四一六頁 三六〇〇円 口絵8頁

社会思想史研究43号 社会思想史学会編
〈特集〉**東アジアの市民社会** ＊
理論、統治性、抵抗
A5判 二三二頁 二五〇〇円

気候と人間の歴史 I (全3巻)
猛暑と氷河 一三世紀から一八世紀
E・ル＝ロワ＝ラデュリ 稲垣文雄訳
A5上製 七三六頁 八八〇〇円

国難来
後藤新平 鈴木一策＝編・解説
B6変上製 一九二頁 一八〇〇円

＊の商品は今号に紹介記事を掲載しております。併せてご覧戴ければ幸いです。

書店様へ

▼8／31(土)米社会学者・歴史学者のイマニュエル・ウォーラーステインさん逝去。享年88。心よりご冥福をお祈り申し上げます。追悼フェア用パネル等拡材ご相談ください。▼9／14(土)『朝日』読書欄「ひもとく・日韓関係」にて小倉紀蔵さんが**『「地政心理」で語る半島と列島』**を絶賛紹介！▼**『東京人』**10月号苅部直さん書評に引き続き、9／1(日)『**産経**』にて先崎彰容さんが**『詩情のスケッチ 批評の即興』**を絶賛書評！▼9／24(火)『毎日』「火論」にて玉木研二さんが後藤新平**『国難来』**を紹介！ 7月刊**『後藤新平と五人の実業家』**とあわせて大きくご展開ください！▼生誕百年となる故金子兜太さんのイベントが各地で開催。雑誌**『兜太 Tota』**、**『存在者 金子兜太』**をはじめ、関連書籍多数ご用意しております。▼9／1(日)**『熊本日日新聞』**書評(堀川恵子さん)と共に、同日**『毎日』**書評欄にて**『ヒロシマの『河』 劇作家・土屋清の青春群像劇』**を紹介！ 今後もパブリシティの予定が続々ございます。在庫のご確認お願いいたします！**(営業部)**

ミシェル・アジエ氏来日！

7月刊『移動する民』が話題の気鋭の人類学者M・アジエ氏が来日決定。11／28（木）には「21世紀の都市を考える──グローバル世界におけるローカルからの応答」シンポジウム（於・日仏会館）に登壇！

没十年記念テレビ番組

森繁久彌 没十年
人生はミラーボール
～息子が語る父の軌跡～

10／20（日）18時～19時55分
BSフジ サンデースペシャル

描き続けた平和へのメッセージ

四國五郎展

10／1～12／27（月曜休館）　入館無料
9時30分～17時30分
於・平和祈念展示資料館（新宿住友ビル33階）

詩人・峠三吉や画家・四國五郎らの群像を描く、土屋清の名作戯曲『河』を論じた7月刊『ヒロシマの『河』』。絵本「おこりじぞう」の挿絵でも知られる四國五郎の作品展が東京・新宿にて開催中！
▲装画も四國五郎

出版随想

▼昔の読書人ならイマニュエル・ウォーラーステインと聞くと、「ああ、あの従属論の」とわかるはずだが、その従属論者がいつ「世界システム」論者になったかだ。'70年代の世界の学問状況は、「'68年革命」後どんどん変わっていったといってよい。社会科学の王者、マルクス主義の衰退が目立ち始め、それに代わる新たな世界認識、社会認識の方法の模索の時代の始まりであった。歴史学、社会学、経済学、精神分析（心理学）……。クーンの『科学革命の構造』も。自然科学でも「ゆらぎ」「複雑系」……等、新しい概念での捉え返しがあった。又、DNAやゲノム等の発見で、生命科学が誕生したのも。とにかく'70年代は模索の時代。後半期には、"性"にまつわる思想、歴史的な新しい捉え方として、セクシュアリテやジェンダーなど、フーコーやイリイチから鋭い提起があった。フェミニズム抬頭もこの頃だ。

▼ウォーラーステインが「世界システム」論を引っさげて登場するのがこの頃だ。「国民国家《ネーションステート》」の枠組みでは捉えられない、この五百年の「近代世界システム」の提唱である。従来のマルクス主義の枠を超えた試みであった。日本でも八一年に『近代世界システム』が翻訳紹介された。八九年、来日中のウォーラーステイン氏とお会いした。彼の肩書きに何かを感じていたので、「あなたとブローデルはどういうご関係？」とまず聞いてみた。彼は、待ってましたとばかり、「ブローデルの後を継いでるのは、私だ！」と胸を張り、「今のアナール学派は、ブローデルからどんどん遠くに離れていってる」と。その後、色々と談笑が続いた後、「これからのあなたの仕事の邦訳出版権を戴けますか」というと、「喜んでお渡ししましょう。今契約書にサインしよう」と書いてくれた。世界の知識人は、そういう実務的なことは、とにかく素早い。時間が惜しいのだ。イリイチもブルデューも……。

▼ウォーラーステインの本は、現在二十点弱、小社から出版されている。A‐G・フランク『リオリエント』も副産物。この四、五年氏との便りも途絶えていた。斃れる寸前まで、現在の世界の状況分析の文章を書いていたようだ。巨きな人だった。残念である。合掌　（亮）

になったが、当時おしゃれでいい服を着ているのが常だった。私はこの斎藤さんにかわいがられていた。

それからは私は、毎朝新聞をチェックして、皆が並んでいる前で、

「本日はあなたがたにお話する大きな事件は四つあります」

とかなんとか言う役をすることでいくらか助かった。そのためにまわりから嫉妬されて、ウグイスの谷渡りなどいろいろとやらされたが。

四か月の訓練が終わり、感想を書けと言う。

「軍隊もこんなことをしていたのではダメになる」

ということを書いたところ、少尉が私を呼んで、

「これ、ちょっと書き直してくれ」

「だって、何でも訴えたいから」

「いやいや、それは分かったけど、ここはちょっと……」

「じゃ、あんた、なぜ困っている私を助けなかったのだ」

「いや、下士官には言ってあったんだけど、下士官がやっぱりだめだったのかも知れない」

とかいろいろなことを言っていた。ひどいところだった。

兵役期間中に休暇でわが家に帰るときは、ちょっと恥ずかしかった。というのは、放送局にいたものだから、関東軍とは終始関係があり、顔一つで彼らと付きあうことができたのに、私は一等兵のためどうにも恰好がつかないのだ。

「コラコラッ。貴様、一等兵のくせに挨拶もしない、この野郎」

「おれだよ」

「おれだって誰だってダメだ」

という具合だ。

除隊してから、みんなよく遊びに来た。

「おまえらにひっぱたかれたけど……」

と言いながら、うまいものを食わしてあげた。なかには悪いヤツもいたが、もちろんそんなヤツは呼ばなかった。

私は軍隊というのは好きではない。大きな剣を下げ、肩章などをいっぱいつけて威張っている。芥川龍之介が「軍人は小児に近いものである。勲章を下げたり剣を下げたり」と言っているように、感心しなかった。

大ばくち、すべってころんで

旧満映（旧満州映画協会、現在は長春電影制片廠）に来ると、理事長だった甘粕正彦さんのことが思い出される。人の陰に隠れて甘粕さんのことを悪く言う人はかなりいたが、満州国ができたのは彼の力によるところが大きかった。

この満映の理事長時代、甘粕さんは組織を刷新し、日本からプロの監督や脚本家などを呼んで映画製作の質を高めるという手腕を発揮した。大金を上海や北京あたりから持ってきたりしたのだろうが、彼はたいへん緻密な頭を持った、いうなれば事業家であった。

私も満州国のお役に立とうと文化映画づくりにたずさわった。一巻あたり十円、一か月に五巻ほどナレーションを入れれば五十円にもなり、生活が楽になったからだ。なかに、森監督のもとで製作した「松花江」という作品がある。この森監督は、皆がおそれている甘粕さんに向かってずけずけ物を言う人物でもあった。

「あんたはほんとうに大杉栄を殺したのか」

と聞いたりするのだ。

甘粕さんは苦笑いしながら答えなかったが、実際の甘粕さんはおもしろい人だった。東京から大勢の人たちが来ると、南湖の料理屋で酒を飲みご馳走になるのだが、いっさい何の挨拶もなくいきなり飲み出すのだ。みんなこれには困って、

「何かご挨拶はないのですか」

と言うと、

「ない」

と答えが返るばかりだ。のちに甘粕さんにこのことを訊ねると、

「宴会の挨拶ほどくだらんものはない。言わなくてもいいことを言うのはいちばんつまらない」

と言った。

ある時、皆で酒を飲もうということになった。満映のキャップのマキノ光雄、国務院総務庁弘報処長だった武藤富男さんの配下の磯部に、ラジオの私、そして他に大同劇団の藤川や絵描きなど、相当ちゃらんぽらんな連中が集まり、

「今日はちょっといいところで飲もうじゃないか」

と、開花楼という有名な料理屋に出掛けることになった。ここは関東軍の上層部が集まって満州事変を計画したときのテーブルがあった場所だという。そこで飲もうというのだ。

「そんなとこで飲めるわけないじゃないか」

「いや、おまえが甘粕さんを騙りゃいいんだ。だって、おまえ、声色がうまいじゃないか」

そう言われてもと思ったが、皆があまりに言うので、私がその料理屋に電話することになった。

「アー、おかみさん、おるかな」

「はい、おりますが、どちら様ですか」

「アー、甘粕だ」

そこでおかみさんが出て、

「ウン、アー、おれだ。ウン、アー、今日は若い者が大勢行って飲むから、ちょっとよろしく頼む」

おかみさんは「はいはい」と言う。そこへみんなでくり込んで行くと、もう下にも置かない扱いである。さんざん飲み、芸者を一人ずつあてがって……。

翌朝、飯を食べているところへおかみさんが来て、

「みなさんも大変ね。」

「いやあ、もうともかく甘粕さんの顔でこんないいことさせてもらって……」

「ええ、甘粕さんね、今北京なのよ」

「エッ、なんだ、いないの!?」

おかみさんは知っていて、このようなことをわれわれにさせたのだった。

翌日、武藤富男さんのところへ行って、

「すいません。昨日、甘粕さんの声音で……」

「よくない、君たちはやっていることが。人を騙るとは何事だ。まあいいだろう、おれがうまくまとめるから」

ということで収まった。武藤さんは東大出のなかなかのやり手だったが、戦後は明治学院大学の院長をされた方である。このようなおおらかなところが満州の大地のよさだったという気がする。


五十年たって、甘粕さんの思い出の満映に来た。玄関を入ったところにある応接室の掛け軸も昔のままである。あっという間に過ぎた五十年、今ここに知る人は誰もいない。

甘粕さんはわれわれにとっては悪い人という印象はなかった。戦争が終わったすぐ後に彼は私たちの放送局に現われ、

「たいへん世話になった。どうもありがとう」

と挨拶された。その二、三日後、彼は青酸カリを飲んで自殺した。

その時、自室の黒板に、

「大ばくち　すべってころんで　スッテンテン」

と書き残したそうだ。いかにも甘粕さんらしい人生だった。

収容所でひと働き

戦争が終わってみんなが引き揚げるとき、私たち家族はオンボロのかっこうで、重いリュックを背負って無蓋貨車に乗り込み、営口《えいこう》を回って錦州《きんしゅう》に入った。錦州から葫蘆《ころ》島までは一時間ほどである。

その錦州で私は引き揚げの集団から離れた。私が心から愛した満州だ。その満州で人の何倍も働き、ここの土になりたいと思っていた私だ。何をいそいで帰る必要があるのか。満州から引き揚げる日本人全部を送ったあとで、帰れるものなら帰ればよいのだ。いや、この国がなくなってもおれはここに残りたい。そう思っていた私は家内にそのことを言うと、彼女も賛成してくれ、母も「あなたが残るのなら、私も残りましょう」と言ってくれた。そこで私たち家族と友達二人は引き揚げ集団から離れてここに残ることとなった。みんなは帰りたい、帰りたいと言うけれども、私は帰りたくなかった。私はやはりこの国が好きだったのだ。

私たちは錦州の収容所から職員の宿舎に移った。言ってみれば、引き揚げのみなさんのお世話をする仕事にたずさわることになったのである。そこで与えられた一軒の家は四畳半一間ではあったが、それでもみんなでいっしょに眠ることができるのはうれしかった。またわれわれは特別な腕章をもらって鉄条網の外に出ることもできた。街に出られるのは私たち腕章をつけた職員だけで、外へ出ていろいろな物を買うこともできた。そのうち私は街の人たちと仲良くなった。

私が息子二人をつれて外出すると、中国人から声をかけられる。

「この小輩、かわいいから、売れ」

私が冗談に、

「いくらだ」

と言うと、

「二千円でどうか」

「そんな安い値段では売れない」

すると、三千円、四千円と値があがるので、あわてて私は、

「私の子どもだからね、売買はできない」

と言って断ったが、みな私たちに好感をもっていてくれたことは確かだった。

収容所でたくさんの人たちの世話をしたが、なかに、女優の木暮実千代さんもいた。木暮さんのご主人・和田さんは二・二六事件のとき一番乗りをしてすばらしい記事を書いた方で、当時はこの地で新聞社の社長をしていた。木暮さんはご主人といっしょに満州に来ていたのだが、次の列車でやって来るという情報が入ると、私は駅まで迎えに行った。彼女は喜んで、さんざんな目にあったことを話す。そこで私がいる職員の宿舎にお連れして風呂に入れ、冷たいビールを飲ませてあげた。

「どうしてこんなものあるの」

と驚かれたが、鉄条網の外に出れば何でも手に入る。

とは言え、ここにひきあげて来る人たちは悲惨であった。とくに、北満あたりから逃れてきた人たちは裸同然、わずかにムシロを巻いているだけの状態であった。それに対して新京や奉天から逃れて来た者たちは荷物をいっぱい持っている。私たちはそういう人たちから強制徴用して、彼らに着物を着せてあげた。彼らを大きな風呂に入れてあげるのだが、しかしあまりにも汚れているものだから、すぐ風呂の湯水が汚なくなってしまう。それでも少しはきれいになった。

引き揚げの貨車が着くと、そこには一万人ほどの人が乗り込んでいた。ここからさらに、葫蘆島に行かなければならない。ロシアや中国やアメリカ人がいろいろと要求してくるのだが、私たちは裸同然でほとんど何も持ち合わせがなかった。

そこで私は仲間の演劇人などに歌をうたわせ、踊りをおどるチームを作って、演芸を見せることにした。このようなとき彼らは必ず、

「あの何番目の子を何とかしてくれ」

と言ってくるのだ。

「いや、それはちょっと難しい」

と断わると、貨車は出さないと言う。

仕方がないので、みんなに相談すると、

「私は軍人の妻ですが、主人は戦死してしまいました。せめて私でお役に立てるなら……」

と申し出てくださる方が何人かいた。

なにしろ、彼らの気嫌をそこねてしまっては引き揚げの貨車が出せないのだから、そのときはこうでもするしかなかったのだ。

こうして、四十何万人の引き揚げ者たちを、私は見送った。

引き揚げの話は、五十年たった今でも語り難いものがある。


私はこの収容所の仕事をしていたときも、まだ、満州に残ろうと思っていた。満州で死んで、墓を建てて満州の土になろうと思っていた。しかし半年ほど引き揚げる人たちのお世話をしたあと、最後の船で日本に帰ることとなった。

その船はアメリカのLSTという船だった。一万五千トンもある大きな船だが、戦車を積んだりする上陸用舟艇だから、シケのとき龍骨がねじれ、ギューと音を立ててしなる気味悪いものだった。そこに一万人ほどの引き揚げ者が、すし詰め状態で乗り込んでいた。海を見たこともない息子は、

「へえ、南湖より大きいね」

などと言って驚いている。

私たちは家から握り飯などを作ってきていたのであまり困らなかったが、他の人たちは船の底のほうに残っているコーリャンを食べていた。家内が、

「なに、これ、波打ち際ね」

と言ったが、ほんとうに波打ち際ですくって来たようなおみおつけであった。味噌など入っていないのだ。そこで私はずるかったからすぐ船員たちと仲良くなり、彼らを籠絡した。彼らの部屋に行って、

おもしろい話をしてあげるのだ。だいたいスケベ話である。すると彼らは喜び、また呼びに来る。私は船員の部屋でジョニ黒などを飲んでいたのだ。このことを家族は知らず、貧しい食べ物を食べていたのではあるが。

しかし、船の中では陰惨なことが行なわれていた。新京でもどこでも、敗戦となったときに、自らが生きのびようとして人が人を売ったりしていた。日本人が仲間の日本人を売ると相手から二十円くれるものだから、悪いヤツは生きのびるためにこのようなことをしたのだった。それを覚えていた人が、

「おまえの父さんを売ったヤツはこの男だ」

と言いながら、小さな坊やに棒を持たせて叩かすのである。そして両手両足を縛って海の中へ投げ込むのだ。デッキでは毎晩このような人民裁判が行なわれていた。

平和について

人生もおしまいに近い今、私は懐かしい旧満州に来た。かつて住んだところや仕事をしたところなど多くの場所を見て、やはり感慨無量のものがある。しかし、少し懐疑的な思いを抱いてしまったのも事実だ。もの皆新しくなり、立派な家がたち、国民の生活が良くなったにもかかわらず、いささか懐疑的にならざるをえないのである。

私は尾崎士郎の『人生劇場』の吉良常の役を演じたことがあるが、吉良常がぼんぼんに言う次のよ

うなせりふがある。

「ぼんぼん、ちょっと来なされ。ええかの、こっちがよければあっちは悪いんだよ。あっちがよければこっちが悪いんだ。両方ともいいということは世の中にはない。あなた、よく覚えておきなさい」

吉良常のこの教えは、やはり一つの哲学ではないかと思う。

この地に来て思ったことは、「ああ、一見平和になったな」ということだった。しかし、平和とは何だろうか。これは一般論だが、戦争ということがあるから平和があり、戦争がなければ平和ということもない。「こっちのほうがいいんだ」ということを言おうとして平和、平和と言う。それは何ともあてつけがましいことである。人間はどこもここも卑しいもの、嫉妬深いものであり、その嫉妬から戦争が始まるのではないか、と私は思う。

今の長春を見ると、人びとがみな「ファーツァイ、ファーツァイ」、つまり生活の指針のように「儲かる、儲かる」と言っているが、ここに限らず実際に世の中に平和が来ることは絶望に近いと思わずにいられない。世界各国どこを見ても同じである。たとえばアメリカにしても平和なようにみえるけれども、けっして平和ではないのである。そのような「平和」ではなく、平和と言わなくてもごく普通に生きていれば生きてゆけるような、そういう世の中が欲しいと私は思う。

言うなかれ
　古き昔のたわごとを
人も変われり

まつりごともみな
　思い出もまれなり
石だたみ　ただ荒くれ
　我が足の重くして
　　いたずらに
　　　道はのびたり

変わらぬは
　柳絮《りゅうじょ》の舞ひて
わが満語も通ぜず
貴女我を見て
　笑顔の可愛かり
ああ　満州は早や
　いにしえの物語りなり

久彌

大きな主題

五十年ぶりに長春に来て十日間滞在し、人間というものは何をつくろうとし、何を求めて生きていくのかという大きな主題にぶつかったような気がした。

私はここで過去の残滓のような亡霊を見ていたと思う。そのようなものは全部なくなってしまった。現実には着々と新しいものが建設されてはいるのだが。

語弊のある言い方になるかも知れないが、かつて日本人はこの地にやって来て汽車を走らせ人々にその技術を教え、多くの建物を建てていった。そのような国を私は初めはよその国だと思っていたが、最後にはここで死んでもよいとまで思った。

人間は、その土地の上に密着して生きてゆくものである。言うならば、コツコツとアリのように穴の中へ食糧をためて、暑い日も寒い日もその土地で一所懸命働くのである。私は二十七歳のときここに来て、ここに永住し、ここで命をまっとうしようという気持ちであった。その時代とは、何だったのだろう。私はあらためて、大きな主題にぶつかったと思った。

馬車も人力も影をひそめ
自動車（汽車）と自転車の群れなす巷だ
不思議なことにここでは信号が一つもない

人は車をさけ、車も人をさけて
つぶれたアヒルのような警笛を鳴らして元気なのだ
かつて見なかった高層建築が立ち並び、まるで外国へ来た感じだ
道ゆく人の衣装も変わった
言葉すら私のは通じない
一見富める国のふうだ
もの売りはあれど、タンポーラ（サザンカの実）の紅のあざやかさもなく
一枚八十銭の写真屋もいない
うたかたのように五十年は過ぎたのだ
変わらぬものは、空の色と松の林だけだ
わたしが住んだ順天公園も無く、そこは埋められて
そのあたり知人の影も見えず、わたしも言葉を忘れた様にたっていた
ここは私の故郷じゃない、故郷じゃないをくりかえし
ただ、何となく車を急がして回った

久彌

赤い夕陽

烏兎《うと》匆匆《そうそう》、誰を恨むとてない。私すら祖父、祖々父の時代はまるでしらない。自分すら気がつかないうちに五十年が過ぎた。

住めば都というが、思い出はうんとあろう。ただ不思議なことに忘却というケシゴムもある。

過ぎ去るものは日々にうとしか。

だが心の片隅に残る哀しみは時々私の目に涙をさそう。

これが人の生か。


長春に滞在していた最後の日に、私たちは長春郊外に出かけて行った。延々と続く畑があり、広大な満州の大地が広がっていた。

満州の大地に落ちる真っ赤な夕陽を見ながら思う。人間のしていること、したことは非常に清らかなものがどこかにあるということだ。清冽——ちっとも変わらないのがこの赤い夕陽だ。

変わらぬ赤い夕陽に、いっさいの祈りを捧げ、さらば、さらば、さらば、旧満州よ。おそらく、また再び来ることはないだろう。私の年齢からしてそれはかなわぬことだろう。

思へば
歴史ハ無謀なこと

しかも清冽なり
変わらざる紅い夕陽に祈りを捧げて
さらば　さらばぞ
旧満州よ

（平成）八年六月十四日
長春にて

森繁久彌

Ⅳ　わが家族

こじき袋

ガラクタも尊し

何の変哲もなき空なり
何の変哲もなき海なり
されば　これ
奇《あや》しきかな

この碧き潮《うしお》の中に
静かに真珠の生れつつあるを——。

過ぐる盛夏に三日間の休みを得て、この折にこそ久方ぶりにと、日頃の恩顧《おんこ》と久濶《きゅうかつ》を叙すべく、わが家族一同をつれて乗鞍岳から一気に野に下って、鳥羽は真珠の海を訪うた時の感懐である。

乗鞍は〝バスで行ける高山〟のポスター《ふれこみ》通り、誠に労せず雲海をぬけ、お花畑に遊ぶことが出来る日本唯一の文化式登山であった。ただそれだけに、登山本来の楽しみを味わう本道にはほどとおかったが、車中七十何歳かのお婆さんの「有難い御時世になりました」が、全くその通りというところであった。

　最近マナスル登山の映画の解説を入れて、富士山の三倍の高さであり、空気が地上の三分の一しかない頂上を遂に征服する隊員の血のにじむ苦闘の姿を眼のあたり見て、もしもヘリコプターか何かで頂上に難なく登り得たとしても、それは登山とは全く別のものであることをしみじみと知らされたのであるが――この乗鞍は、安直に高山気分を味わうという意味では最たるもので、この大型バスの悠々と登れる道路は、何と、かつて陸軍が頂上に作った航空機の風洞試験場へのために開いたものであると。これこそ、いまわしき戦争の残した功罪の中で唯一の功の部に属するおあまりといわねばなるまい。

　さて山を降ってその日のうちに鳥羽に行ったのである。そして初めてあの奇しき光をはなつ真珠が――何の罪咎もない貝の身をせめさいなんで、かく大量に産出されるその生々しい現場を見て、驚異の中にフト人間の業《ごう》の深さを、茜《あかね》散る真珠島の貝塚の前で感じたのである。

　いや、これが森繁風センチメンタリズムと笑われればそれまでの話だが――無辜《むこ》の民にも似たアコヤ貝の一群が、一個ずつ鋭利なメスで二ヵ所、三ヵ所も身を切られ、人間の大きさにたとえれば野球のボール以上のものを三個も体内に挿入されるのである。キズの痛みもものかは、次には一尺四方ほどの金網のカゴに折りかさなってほうりこまれ、水深三尺の海中に何と三年間、有無を言わさず吊り下げられるのである。

何のとがあってこの長い間、善良な貝たちが、悲しきしおきをうけるのか、恐らく本人たちはどんなにかいきどおり、慟哭《どうこく》したことだろう。潮に沁みる生《なま》きずの痛みを耐えて、彼らは友と擁して夜毎夜毎泣きぬれるのである。その真珠の声が、あの碧い海の底に聞えるかのようであった。つきぬ涙でこの白い異物をつつみ、これをおおうて千日——彼らはやっと籠から出される日が来る。ああ、やっと自由の風は我らの上へ来たと思うやいなや、無残にも身は引き裂かれて、あやしく光る異物のみ、絹のシトネの上にうやうやしく取り上げられ、肉塊は殻とともに憐憫も同情もあらばこそ、弊履のごとく裏の松山に捨て去られてしまう最期である。そして絹の上に残った涙の結晶は、脂肪にむせる夜の酒場に狂う貴婦人の首にブラ下がるのである。思えばはかない一生であり過ぎる。今度生れて来る時は、ゆめゆめアコヤだけには生れ変るまいと私は、ひたすら祈ったほどであった。

〝真珠みて喜劇役者は泣いていた〟——の物語はさてこの位にして。

先頃、不思議なことで兄と二人、熱海の富士屋旅館に招ぜられた。兄はスポーツ・マンで新聞社づとめ、これまたオリンピックで多忙なため、お互いに時間のやりくりのつかない時だったが、兄弟で旅行するなど、小学校の時以来のことなので、この機を逸すべからずと、二人とも所処をスッポかして熱海を訪うた。ところが先方には、早や熱海新聞の久保田道雄氏、富士屋の女将、熱海の古老、関野隆三氏他数氏が待ちかまえて居られ、歓迎万端なっているのである。

さて、この次第は、実は私たちの祖父の弟、成島柳北をしのぶ一夜を郷土史をひもときながら語りあおうという会であった。熱海と柳北——私たち兄弟にしては奇異な気がしたが、案内されしは、なんと富士屋の庭に〝成島柳北記念碑〟があり、知らぬは子孫ばかりなりで恥かしいやら、情ないやら、実に子孫というものは先祖のことは知らんもんである。

この夜話は、あらためて血のつながる先人の功をしらしめて胸のさわぐ思いであった。維新後の乱脈の中に朝野新聞を背負って立った大叔父、柳北が肺を患って熱海に静養するのである。鉄道はおろか馬車もないその頃、この温泉地へ来て湯治のかたわら山紫水明にほれこんで、また大いに熱海開発に力を至す次第は、私達兄弟を墓石に見る以上に歴史的興奮の中にひたらせた。江戸に一旦急あれば軍艦を呼んで熱海の海から品川に帰って行ったなど——また、つづいては伊藤博文の艶文をはじめ、明治の元勲諸公の人を喰った行状記に至っては映画製作をすすめられるほど、つきぬ面白さが湧いて、これまた、あやしく明滅するネオンの近代歓楽境をよそにランプの香いのするほど往時をしのばせ、得がたい一夜と更けるのであった。

思えば、乱脈、動乱とはいえ、明治維新の頃の……何か大まかな、ゆったりとした気風は今日とは大分スケールが違うようで、たとえば、くさるほど金を儲けても、一人占めもせず惜しみなく文明開化に費《つか》いはたしてケロンとしていた往時の大モノがいかにもえらく、また懐しくうらやましくさえ感じられ、それに引きかえ今日の政治家の貧相ぶりや、解体した筈の財閥の独善毒行が、小人アプレの大尽ぶりと見えて不快なあわれとさえ感じさせるほどであった。

そういえば、その孫なども、世には華やかな脚光を浴びる人気スターとやらではあるが、その気宇も根性も遠く及ばず、森繁の成せる業など〝成算なき無気力の男を演じて妙〟とは何と皮相な事ではないかいナ——。

まして前日、女房をして今年九十四になる柳北の長女岡田ふでさんを養老院に訪い、ささやかなお見舞で老人の日をお祝いする仕儀に至っては何とも早や我ながら——申しわけないやら恥かしいやら、こんな誌上に書けることではない。近来、私をおそった劣等感の中の最たるものである。

○

文を重ねて二十八篇、やりナれぬ随筆業は所センは性にあうものに非ずと覚えたので、ひと先ずこの辺で終ることにしたが、これを書かねばならぬばっかりに、良く見、良く聞いたお蔭で、私の〝こじき袋〟はまた一段とガラクタが増えたようである。何でも拾って入れて置いたおかげで随筆はまずくとも、本業役者の方では大いに助かる見込みである。

もう一つ大きなプラスがあったことをつけ加えて置きたい。というのは私が公の紙上に、誰はばからず、また何の制肘も受けずに言論の自由を持ち得たことである。か細い腕で一人切り開くこの芸道の道に、時に不快な弾圧と妨害と予期せぬ不運をもたらす大いなる幻（現）影に——左様、そのチミモウリョウを切り、かつ脅す最良の——これは姿なき護身の武器であったことを痛感している次第である。

物いえば、生意気ジャ、出スギジャとおびやかされ、卑屈にもコソコソと御機嫌とりむすんで歩いて来た——いやこれからも歩まねばならない、力弱き我ら俳優同志のために誰かまた代って言いたいことをズバズバと書いて戴きたい。

会社と役者、いや正しくいうなら映画株式会社と映画現場製作陣とは、一つ屋根に住んでいるので、ともすれば世人は、これを同一映画人と混同するむきもあるようだが――片や映画を作って金をもうけん哉の人、片や次なるものこそ香り高き大芸術をと叫ぶ人、大同小異どころか、この二者こそ小同大異の映画人である。ところが、はからずもこの両者の希望がともに入れられた場合、つまり客が入ってもうかって、作品も芸術的なとき――こよなき満足に両者は欣喜し、これこそ最高作品じゃ、大芸術品じゃと杯を交わす――ところが、はたしてそんなものが毎月五十本も作られる中に何本生れるだろう。いつも、アチラが立てば、コチラが立たず、両立しないシーソーである。が、よく考えてみるとこの原因は双方にあるはずである。何か両方とも足りぬものがあるようである。的確にそれが何だとは私にもいえないが、その原因の一つともなるものに――人と共に生きて行くためになくてはならん人の子のぬくもりみたいなものが、両方とも心の奥に忘れられているような気がするのである。商人も芸術家も何となく冷たいところは共通しているが、人の子のぬくもりをおおねに知らずしては、何時かは金もうけも芸も思想も、大衆からボイコットをくうだろう。

いや生意気なことを言うてしまいました。お気にさわられたらゆるして下さい。

菲才かえりみず雑見いろいろと押し売り致しましたが、書いたものは、大叔父柳北のそれには遠く及ばず、わが業のための二十年もの雌伏も、真珠の色にはほど遠き限りでは、まるで乗鞍岳をバスで上ってバスで下りたようなアッケない印象を残すばかりで、恐縮至極であります。

大方の諸兄に雑文御諒読のお礼を確と申し述べ、さてまた役者の道にひとふんばり、洗心斎戒して立向う所存を誓約して、筆をおく次第でございます。

エビガニの日曜日

　ポカポカとした日曜日である。

　一年のうちで、休みといえば、そう――仕事のぜんぜんないという日が、どのくらいあるだろう。勘定してみたことはないが、おそらく十日とはないにちがいない。

　しかも、それが日曜日にあたる――などという事は、日食のようなものである。

　さて、その貴重な朝である。

　ひさかたぶりにわが家の庭に降り立ってみると、はやもう眼に青葉である。

「ああ、ありがたいお休みだ」

　思わず歓声をもらすと、後ろで、いつの間にかニョッキリ背の高くなった長男の泉《いずみ》が、

「なつかしいですね」

　と、改まった挨拶をするのである。

「パパに会うのは、半月ぶりくらいかな」

「最近はどうだい」

「あいかわらずだよ」

　変な父子の会話である――と思われるかもしれないが、正直、これがわが家の現況なのである。

　ポツンとニキビが一つ出来た顔に、テレくさそうな笑いを浮かべて、

「おいしいものご馳走しようか？　オヤジさん」

オヤジさん、などと変テコな呼び方をする……まア、ニキビのせいだろう。

「うん、お願いしたいね」

「僕の手料理だよ」

「へええ?!」

「安くて、うまくて、新鮮で、栄養に富んだ」

「理想的だな」

「資本金が要るんだ」

「来たナ――」

「イヤ、十円でいいんだよ」

「そのくらいなら出資しよう」

彼は、十円玉を握ると大声で叫んだ。

「オーイ、タツル、ちょっと魚屋に行ってこい、いつものアタマ十円、大至急！」

○

私と次男のタツルが、バケツを持ってわが家のそばの小川の土手に腰をおろし、長グツでエビガニをとる泉クンの鮮やかな手さばきをながめていたのは、それから十分もたたない間であった。
エビガニ――ザリガニと呼ぶのが正しいのかもしれないが、この貪欲《どんよく》無智なる下等動物について、バケツが一杯になる間、私たち参観者は少々ウンチク（というほどのこともないが）をかたむけた。

ザリガニ科に属するこいつは、ともかく淡水産エビの一種である。欧米諸国にはこれに類するものが多いらしく、北米あたりからやって来て、一時、稲の根を食い荒すというので農村では目の敵にされたことがあった。前三対の脚にカニのようなハサミを備えていて、第一対のハサミが大きく脅威である。いやハサミより恐ろしいジストマの宿主である。が、こいつをまた珍味と賞する国も西洋にあるのだから……ETC。

――約三十分にして約五十匹。バケツは喧噪を極める壮観と相成った。

己が体以上のグロテスクな赤い爪を振り立て、彼らは、はい上がれぬバケツの中で悲運に怒り、不幸に沈み、ハネ、トビ、ハサミ、後ズサリし国会の乱闘以上である。獲るほうも獲るほうだが、ひっかかるほうもひっかかるほうである。エビガニ諸君にとって、泉クンは、まさに平和境の憎っくき侵害者である。

「こいつにはさまれたら相当痛いだろう」

「相当どころじゃないよ、パパ。指が切れて血が出るよ。だから僕はあんまり好きじゃないんだ」

次男が参観者にまわった理由は是である。

○

安くて、新鮮で、栄養に富んだ（ごもっとも）この小川の提供になる珍材料は、やがて水道のところに運ばれ――さて、これからが見ものであった。

泉クンの鮮やかな手さばきは電光石火である。爪を振り立て！　後ろへ下がる奴を！　いきなりパッと！　二本のハサミをひっつかむのである！　そして、水道の下で、腹から頭へと一匹一匹ていねいにこれを洗うのである。

洗たくが済んだ奴は、ポイとバケッへ逆もどり。再びバケッには新鮮な水が注がれ――泉クンはその中に手をつっこむや、これを素早くかきまわし、端を押さえてサッと水をこぼす、また入れる、この反復に（いつかハサマれるぞ）と、ひやひやしながら見ていると、

「ちょっとスリルだろう」

と、彼は平然としていう。

「パパ、この要領がむずかしいんだよ――スバヤク手ヲイレマシテ、コレヲカキマシマス。スルト、コイツラハ目ヲマワシマシテ、僕をハサムヒマガナイノデアリマス」

「おいおい、よそ見をしてそんなこと言ってると、やられるぞ」

あまり気持のいい図ではないが、しかし折角の饗応とあれば、いまさら辞退申し上げるわけにもゆかぬ。ついに台所の参観だけは、スポンサーではあったが御辞退申し上げて、私は庭にイスを持ち出し、しばし新緑の初夏に眼をやって心気転換を試みたのである。

やがて一本のビールとともに新鮮なフライは運ばれた。

「お待たせいたしました――さあ、はじめましょう。エビの一口カツで。いざまず父上、さあ一杯」

「(うーむ、食わざるを得ん) いや――うまそうだねえ?!」

一口ほおばった。こいつのせい息していたあのドブ川、醜悪なる姿、バケッの中の乱闘、とつい網

膜に浮ぶ不快なイメージを追い払いつ打ち消しつ——いやそのまま鵜呑《うの》みにするにはフライはいささかトゲトゲしすぎる。

「生きたまま鍋で煮ちゃってね、それから皮をむいてね、フライにするんだからジストマは死んでるよ」

「なるほど」

「うまいだろう、パパ」

「うむ——天丼のエビなんか、昔は安いのはたいていコイツだったらしい」

エビといえばエビ、ザリガニといえばザリガニの味、である。

「この味——覚えてない？」

「エッ？　どういう意味だい」

「パパ、前に何度も食べたんだよ。ママがね、たん白の補給に行きましょうって、狛江の川へみんなでよく行ったんだよ。だけどね、パパが気持悪がるからエビガニだなんて言っちゃダメだって、だから実はヒミツだったんだ」

「ふーむ……」

「おばあちゃんもうまくだまされちゃってね——〝この小エビ新しいねえ、シコシコして、ほんとにおいしいよ〟だなんて」

引揚げて間もないころ。イモとスケソウダラに明け暮れたころ、時折、わが家の食膳をにぎわしたあの小エビのフライとは、うーむ、これであったのか。

私は二つ目を口にほうりこんだ。そして、しみじみとビールを一口味わった。

そういえば、このエビガニでふと想い出したことが一つある。これもあの諸事逼迫のころ——母の日であった。晩の食卓に子供たちが何やら大きなボール箱をかかえて現われた。ママへのプレゼントだという。買物をする小遣いなどある筈もなし、何だろう、私も家内も首をかしげた。ボール箱をあけてみると、パッと眼のさめるような花、蓮華の、それは美しい香り高いレイ……子供たちが相談して、多摩川の土手に咲いている蓮華の花を、三時間もかかって摘み集め、美しいレイに編んだものであった。その足もとまでとどくようなレイをかけた家内を見上げて、子供たちはいかにも嬉しそうである。いじらしさに家内は思わず泣いていた。貧しいなりに、しかし真心のこもったレイによって、どの母の日よりも楽しく祝うことができたあの夜の献立のなかにも、思い出してみると、フライがあったような……あの日の快い思い出が、一口のビールとともにとけていった。

大きな鯉の吹き流しの下に——初夏の陽ざしは明るい。

あれから十年——。

〝目に青葉　庭ホトトギス　エビフライ〟

善い哉・雑種！

祖母の名がマーガレット・ホワイト。

その娘がジュリエット。

孫をオッペル・フォン・ラズモフスキイという。

この三代にわたる家族が、いま、わが家に、私たちと一緒に住んでいる。犬ですが。――いずれも、純粋の雑種であります。

みんな、別にどうというつもりで名付けたわけでもないが――たとえば、カザリン女帝のお気に入りの家来にラズモフスキイと名乗る伯爵がおりまして、まア家のは伯爵というほどの風采でもありません。せいぜい男爵……というくらいの判断と遠慮でフォン（男爵の称号）を与えた、そんなところであります。

猫のクリスチャン・バッハも、ちょうどクリスマスの日に貰ったからのことで、楽聖バッハの尊父と同じ名になったのは、偶然にすぎません（この仔猫は三年前に昇天しましたが）。

オーエンスは、走りまわるスピードが実に速く、黒猫でしたもんで。

ミチカ・パタポン・スベトリーナ――これは家内の命名。

「わからんね、これだけは」

「だって、いかにも軽々と歩くでしょう、だから、パタポン」

「スベトリーナとは、何だね？」

「さア、なんでしょうね」

名付け親にも解らないのである。

「そんな名前をつけて、ネコにわかるはずがないではないか」

「どういたしまして。私が、ミチカ・パタポン・スベトリーナ！　といって一睨みすると、ちゃんとおとなしくなります」

同時にカテリーナ（片目嬢）がいて、ミセス・タイガニック（ドラネコ風）がもらって来られ、子供を生み、一ダース近くで暴れまわるのはいいが（私は家に居ない時が多いですから）、二十日鼠をいじめ、ヒバリをかまい、客間のソファーなどを噛じって台無しにする始末は許しがたく、ジュウタンの片隅をトイレと間違え、酒も飲まぬのに所かまわずこまものやを時に出すし、せっかくだが猫族一同には先日集団疎開をしていただいた（留守中、ひとまとめにして捨ててもらったのである）。

○

ところで、犬族マーガレット、ジュリエット、ラズモフスキイの一家のことであるが——これが、春さきになって、なんとも不思議ななき声をあげる季節になると、三匹が相次いで七匹以上ずつの子供をいつの間にか生むのである。一年に生む子供の数といったら約四十匹以上にもなるのである。これだけの犬族を一体どうしたらよいのかと考えこんでいた矢先、そこへ最近また新しく犬を一匹もらうという話が持ち上がったのであった。

先方は、近所に住むお医者さんのM先生。M先生は、私などと違って真の愛犬家、いやマニヤといってもいいほどで、お宅には血統正しきシェパードをはじめ何々種、何々種、と聞いたこともないような、珍しく、高貴？　な犬族がいろいろと、いい暮らしをしているのであるが——わが家の犬族をみて、こう雑種ばかりでは、と想われたらしく、

「お宅に、純粋のシェパードを一匹差し上げましょう」

と、おっしゃって下さったのである。

「名門のシェパードとはすばらしい、先生、ぜひ」

と、眼を輝かせて乗り出したのは長男の泉だが、

「コレコレ、待ちなさい」

――そんな由緒ある名犬をいただいても、やれ散歩の時間だ、食事の献立だ、なんだと、ズボラ者の多いわが家では満足に世話もできかねまじい状態であるし(子供だけでも手をやいている時に)せっかくの名犬をデタラメな暮らしで堕落させるような仕儀に相成っては、M先生に申し訳ないことでもあるし……ちょっと私も考えたのであったが。

「パパ、あんがい苦労性だね」

「ラズモフスキイやジュリエットのようなぐあいにはゆかないからな」

「大丈夫、ボクが引き受ける」

泉の懇望もだしがたく、それではというので、M先生の名犬を有難く頂戴することになった。

まず、住宅である。

大工を呼んで相談すると、金三千円也という見積りである。犬小屋ともいえん。

「大金だな――ふーむ!」

「ラズモフスキイの長屋のようなぐあいにはいかないからね」

などと泉のやつ、おやじに一本やり返したが、ふところのぐあいもちゃんと心得ているとみえて、

「全額パパに負担さしては気の毒だ。ボクの貯金で半分まかなうよ」といった次第で、名犬の新居にふさわしいケネル（イヌゴヤ）が親子ワリカンながら、庭先の一番陽当りのいい場所に堂々と落成した。

M先生に連れられて、一日、いよいよ名犬アスターが御入来。堂々たる体軀、威あって猛からず、しかもあたりを払いつつ、めでたくわが家族の一人、いや一員（というのかナ）と相成ったのであるが、その夜――ウィリアム・アイリッシュ氏の名推理小説ではないが、

「オール・アト・ワンス・ノオ・アスター（突如アスターは消えた！）」

――朝起き、まずご機嫌うかがいにいってみると、小屋は昨夜のままながらシェパードの影も形もないのである。鉄のボートをはめた扉をガッチリと締めつけている南京錠を見て、思わず私たち親子は顔を見合わせた。何と横の四分板壁を喰い破って、さっさとM先生のお宅へ逃げ帰ってしまったのである。

当人、いや当犬にしてみれば、わが家のごとき、同族とはいい雑種ばかりがゴロゴロしているような所は面白くないと思ったのであろう――さすがは名犬？

○

負け惜しみをいうわけではないが――雑種にもいいところがあるのである。

純粋なものは、とかく弱いようであるが、雑種は、第一強い。バクテリヤにしてからが、同一菌から派生したものが、だんだん弱くなってゆくのに比べて、種類の異ったものが混り合うと次第に強さ

を増してゆく。民族もしかり。

アメリカ人がいま強く旺盛であるのは（菌類などにたとえて悪いけれど）彼らが近代での新しい混交民族だからであろう。日本人も、もとは八つの民族から成る、いわばこれも雑種であるから、根強さではどの世界の民族にも負けぬ行動性、繁殖性があるのである。

犬族にしても、雑種が強いということはいうまでもなく、大体において利口である。よく番をするし、芸も教えれば覚えこむ。

善い哉・雑種！

が、欠点もある。やたらに生むことである（人間もおなじ?）。

マーガレットお婆さんのごとく、ジュリエット母さんのごとく、そして、まだ生れたばかりの子供だと思っていたラズモフスキイのやつでさえ、はや……。

わが家のすぐ前が撮影所になっていて、年二回、犬族の季節になると映画屋さんたちはホトホト困り抜くのである。深刻なラヴ・シーンがいよいよ本番になってカメラがまわり出したとたん、友を呼んで啼き、騒ぎまわる当家のイヌ共の凄まじい声が、スタジオの科学的防音装置もナニもあったものではない。

そのたんびに眼尻を吊り上げた助監督さんが走って来て、

「森繁さん、お宅のイヌを少しおとなしくさしてくれませんか。撮影ができやしない」

「相済みません……。コラッ！　マーガレット・ホワイト、ジュリエットにオッペル・フォン・ラズモフスキイ……」

いやはや、とんだ寿限無《じゅげむ》で――。が、ともかく雑種は生むのである、いくらでも――この分では、せまいわが家はいまに犬だらけになってしまうかもしれない。

雑種の仔でおよろしかったら、よろこんで差し上げます。首輪とクサリくらいはつけさせていただいて、ハイ。

弁天山の幽霊

私たち一家が満州から着のみ着のままで引揚げてきて、偶然ながら一時落ち着くことになったのが、そもそも世田谷区の船橋だった。

終戦直後の東京のことであるから、家も無く、貸間も見当らず（たまに有ってもベラボーな権利金で、手も足も出ず――というといくらかありそうに聞えるけれど、全然ナインデアル）、途方に暮れているときに、ある親切な酒屋さんが見かねて、じぶんたちの住居をそっくり空けて貸してくれたのである。小田急・千歳船橋駅の近くで、三間きりの、住み古された家だったが、当時は、それが、涙の出るほど有難く、とりあえず破れた窓のガラスを入れ変えたりして――金殿玉楼を得た思いだった。

そのうち、わが家などにもボツボツ娯楽雑誌の編集者やら、芸能記者などが訪れてくるようになってきたのであったが――カメラマンには、いかにテイサイをかまわぬ私もあわてざるを得なかった。

「お宅でくつろいでおられるところを一枚……」

「一家だんらんのアリサマを……」

などと、いろいろ、ごもっともな註文ではあるのだが、風流でも超俗でもない戦後的赤貧リアリズムは、いくらなんでも雑誌に載るテイサイの写真にはなりません——と、内心、さすがに私も気がさし、カメラマン諸君もおなじ想いとみえて、言いにくそうにしながら、

「新緑の道を御一家で歩いて居られるところのほうがいいかナ……」

とか何とか、恥をかかさぬ御配慮と相成って、

「では——」

と、そのたんびに戸外へゾロゾロと出て撮っていただく始末。だから、その頃の私たちの写真をとり出してみると、道ばたで手巻きタバコをふかしていたり、付近の雑木林をブラブラしていたり、そんな写真ばかりなのである。

が、どうもぐあいの悪いのは、近所の年頃の娘さんや、朝夕わが家の前を通って隣りの学校に通学して来る女学生諸嬢に、いろいろまる見えのスイート・ホームをオモシロそうに見物批判されることであった。

「ホラ、藤山一郎サンと放送に出てるでしょう、アレの家よ！」

「アラ、森……モリ何とかいうの？」

ＥＴＣ——。こうなっては目隠しの塀でもこしらえないことにはどうにもならないので、一奮発して大工を呼び——費用不足の分は私が助手を相勤めて埋め合わせ、杉板の焼いたものにミカンバコ等も加えて、やっと塀らしき恰好のものが出来上がったのである。

翌朝、もうこれで女学生諸嬢にひやかされたりすることもあるまいと、ひさしぶりに、のうのうと朝寝を楽しんでいると、ガヤガヤ例のごとく通りかかって、と思うと、

「アラ！　塀つくったわヨ」

「ヘーン、キドッテンノ」

くらいのことで、キャッキャッと行ってしまうのはまだいいほうで——縁先方寸の空地にバラの花を咲かせれば、

「チョット、チョット！　見てごらんなさいよ、バラなんか植えてるわヨ」

「ナマイキね！」

(なにをこの毛虫どもめがッ！)

私もイマイマしくて、いや、女学生諸嬢が毛虫のような姿恰好だというのではありません。やがてすぐ色とりどりの美しい蝶々になる、いまはその前の年頃だというつもりです——が、なにかしら夕ネをみつけては、毎朝相変らずひやかしてゆくのである。私も捨てゼリフにかけては人後に落ちないつもりであるが、この女学生諸嬢の朝夕の捨てゼリフにはさんざんであった。

○

そのうちに、だんだん子供たちも大きくなってくるし、いかにも手狭なのでバラックでも建てようと思いながら——つい、おなじ満州から引揚げてきた友人たちが訪ねてきて、住宅金融公庫の手続きがうまくいってやっと家が建つようになったから、チョット頭金だけ拝借……次ぎ次ぎになけなし

をもってゆかれ、気がついてみると、友人知己ことごとく立派な住宅を建てて住んでいるというのに、わが家だけが相変らずの侘び住居に取り残されているのであった。

が、世間はよくしたもので、またまた同情者が現われたのである。町内の仁であるが、ある日、

「こう申しちゃナンですが……森繁さんもそろそろユーメイになられたんですから、少しはマシな家を探すなり建てるなりされたらいかがで？」

「それが、どうも、なかなか……」

「気に入ったのが、ございませんか？」

「いや、天性ズボラなものですから」

それなら、あたしたちがお世話いたしましょう、ただし——せっかくのこれまでの町内のおつきあい、いや、この町でユーメイになられたのであるから、いつまでもこの町内に住み続けるようにしていただいて……といったようなことから、町内有志の方のお世話で、まず近所に土地が決まった。

下検分に出かけてみると、船橋町の通称弁天山と呼ばれているあたりである。山といっても土手の切れっぱしみたいなところであるが、栗の木が茂り、うっそうたる雑木林を透かして望見される緑の丘の起伏や、小川にそった赤土の小路などが捨て難き風情である。

眺望はともかく、早速、三、四十本の栗の木を伐りはらって、いよいよ待望の家が建つことになった。

ところが、柱組が始まると、誰がいたずらをするのか、朝になって行ってみると、一夜のうちに柱のあちこちにとんだ落書が残されているのである。

——われらの楽園をうばう奴！

——この山を独占する気かッ！

いくら消してまわっても、また、

——「ホテルへでも行けというのか！」

森番メラーズ

〝チャタレイ夫人の恋人〟の一くだりをシャレてまで——。

やっと、この弁天山の一角が近在の青年男女諸クンの夜な夜なのランデヴーの名所だったのか、と悟ったのであるが、後の祭り。しかも、その特等席《ロマンス・シート》である栗林をバッサリやってしまったのであるから、まことに恨みをかったのも当然の次第であった。

——聞いてみると、この弁天山に続く土手の線にかけて、日本では一番古い縄紋《じょうもん》式土器が以前に発見されているのである。その後また、たまたま〝江戸今昔展〟という催しを見に行って知ったのであるが、いまのわが家から一町ばかりのところにあるさびれた神社が、これも東京最古の由緒あるお宮で、改めて見直しに出かけたりしたものである。

家の近所で貝塚が掘り出されたというニュースなどもあり——さいわい、家内が考古学にたいへん興味をもっておりまして、アレコレ研究中でありましたから、井戸を掘るついでに庭先のあちこちを掘り返してみましたが、大判小判はおろか犬の骨も出て来ませんでした。

やっとこさ新しい家は出来上がったものの、新築後まもなく、二階の寝室になんと幽霊が出はじめたのである。

昼間のうちは何事もないが、草木も眠るその時刻になると、にわかに家鳴り震動し、不気味な物音が恨むがごとく脅すがごとく……姿はよく見えないが、確かに物の怪とおぼしきものが夜毎に襲い来る気配である。これはきっと弁天山の幽霊にちがいないぞ、いやタヌキかな、天狗かなと私たちは話し合った。栗林にかこまれた昔からの平和な棲み家を役者風情のアプレ野郎に踏み荒され、大いに恨んでの仕業であろう……。が、まアそのうちに、幽霊のほうであきらめてどこかへ引き移ってゆくだろうくらいに、気味の悪い思いをしながらも最初は簡単に考えていたのであったが、幽霊は一向に退散する気配もなく、その時刻になると家鳴り震動が始まり、安眠を妨害するのである。

これはいかん――ひとつ、正体は解らないが供養の碑でも建てて（古戦場ともいうから）弁天山の幽霊の冥福を祈ってやろうじゃないか……一夜、家内とヒソヒソ相談を始めたところへ、ちょうど友人がやって来て、

「オヤ？……シゲさん、顔いろがよくないじゃないか」

「毎晩、眠れないのでね」

と、そこで家内が、幽霊に悩まされているいきさつを友人に話して聞かせたのである。

「冗談じゃないよ、シゲさん――バケモノの正体は、こいつじゃないのか？」

友人は、ゲラゲラ笑いながら立っていって、電気冷蔵庫をコンコンげんこつで叩いて、私たちの顔を見、またゲラゲラ笑いながら引き上げていった。

やはり、電気冷蔵庫だったのである。家の造りの具合で、冷蔵庫を置いた対角線のどこかにモーターのうなりが響いてそんな現象が起ることがあるのだそうな――幽霊供養の碑など建てる前に解ってヤ

レヤレと思った次第であるが、文明の利器も、時に案外罪なイタズラをするものである。

ブラジルの夢

小学校に通っていた腕白ざかりのころ、私がいちばん好きだった話、愛読した物語は、ロビンソン・クルーソーの漂流記だった。

教科書のほうは、ちっとも汚れないが、この海洋大冒険小説のほうは手垢《てあか》でボロボロになっても肌身はなさず――品よく申せば、たいへん冒険好きなロマンティックな少年だったのであります。

中学校（大阪の北野中学でした）に進んでからも、もって生れたこの性質は相も変らず、何か驚天動地わが身に一代の風雲を捲き起すような大冒険が降って沸いてこないものかと、ただつめこみの勉学ばかりで退屈きわまる日々にムズムズしていたところ――ある日（私が二年生のとき）、学校へ、ブラジル雄飛の話をしに来た仁があったのである。

全校生徒の集まった講堂の壇上に悠々現われた人物を一見すると、眼光けいけい、赤銅色に灼《や》けた、いかにも探検家らしい風貌。

未開の宝庫の大自然の素晴らしさを説き、珍奇な見聞を語り、血沸き肉躍る体験を披瀝し、

「行け、諸君、ブラジルへ！」

と、名講演は、日頃あふれる冒険心をもて余していた少年の私をシンから亢奮させ、とたんに、すっかりブラジル熱にとり憑《つ》かれてしまったのである。

○

ブラジル――南米第一ノ大国ナリ。面積オヨソ八五二万方キロ（日本国の約二十三倍という広さでアル！）

熱帯の密林を貫いて流れる大アマゾンを遡れば――アメリカン・インディアンが住み、さらに、奥地には人間の首をとってアクセサリイにしてぶら下げているボトクードのごとき蛮族が、原始的な生活を営んでいるという（よし、そこへも乗り込んだ。そこで私もフライデーにめぐりあう運命になるでアロウ）。

また、いろいろ本を読み漁ってみると――土人の中には女が野良仕事など外に出て稼ぎ、男は家でブラブラ。せいぜいご飯炊き、センタク、子守などして遊び暮らしている種族などもあり……。

広大なる沃土は思いのまま、然り而して、黒も白も黄も人種的差別がこの大陸ではまるでない、まったくの自由の国――〝ロビンソン・クルーソー〟がものをいうチャンスいよいよ到来、と悟り、

「行くぞ、ブラジルへ！」

一夜、家のものに（といっても、母と祖母に）大決心を打ち明けたのである。

考えれば、許される話じゃないのであるが、行ってはならんと言われると、よけい行きたくなるのが人情。

まして熱病に浮かされている状態なのであるから、ナニがナンでもと……そこでふと思い出したのが義兄の存在であった。

エンジニアである義兄を訪ね、

「ぜひ相談に乗っていただきたいことがあります」

「何だ、改まって——ふだんのお前に似合わない」

「義兄《にい》さんは話がよく解る方《かた》ですから……」

「ナマイキ言わんで、用件を話したらどうだ」

「実は、その……ブラジルへ……」

「行きたいのか」

「はい」

「行って来い」

「エエッ?!」

「ブラジルへ、行きたい、というんだろう」

「ハイ、学校をやめて、すぐに……」

「行きたいんなら、行ったらいいじゃないか」

〝行きますッ〟と昂然、肩をそびやかして言わねばならぬところが——どうしたことか案外小さな声で、

「ハイ、そうさせていただきます」

と、義兄のもとを辞したのである。こう事もなげに扱われると却って拍子抜けがしてしまい、実はせっかくのブラジル雄飛の大計画も、竜頭蛇尾に終る始末と相成ったのである——が。

○

つい最近である。

長男の泉が、やや改まった顔つきで私の書斎にやって来た。

「パパに相談がある」

「うむ?」

「ぼく、学校をやめてブラジルへ渡る決心をしたんだ――いいでしょう、行っても」

――突如これはまた何事かと聞いてみると、学校(玉川学園)で〝行け、ブラジルへ〟式の大講演を聞いて来た結果の発心であるらしい。学園では目下ブラジル熱がとみに上がり、小原園長さんまでブラジルに分校を建てようという熱の入れ方、だというのである。

それにしても――わが子ながら、ロビンソン・クルーソーにあこがれていたこのオヤジの血をよくも引いたものかな。わが少年時代の一件をはからずも思い出すと、ムゲに叱るわけにもゆかないのである。

「そういう夢は大いにもってもらいたいが……」

しかし――と、私は泉に言ったのである。

「お前のは、ただ冒険をしてみたいという考えからだけのようだな。百姓はやりたくない、つまり、ほんとうに大地を、土を愛してのことではないようだ。心から自分の土を求め愛する気持があるなら、耕し、種を蒔き、草木を植え、風雪をいとわず土と一つになって暮らす……なにもブラジルでなければばならんということはない。どこででも、いつでもそれはできることである……」

ということを――。

歴史は繰り返すとよくいわれるが、セガレにブラジル行きをいい出されようとは、ちょっと、これは意外であった。

〇

ところで、先日、ある新聞で読んだのであるが――。

広島工大の学生が、外人と一緒にフェニックス号というヨットに乗り組み、二ヵ月を費して太平洋横断の壮行をやってのけた。私も早稲田ではヨット部に席をおいていたことがあるので、およその想像はつくのであるが、これは若人の健康無比な肉体と豪胆不屈の精神をもってして初めて突破できる大冒険である。

だが、向うに着いてから学生諸君が、たぶん旅費の工面がつかなくなったのであろう、メルボルンの港で労働者の仲間に身を落し、外人に雇われて苦しい生活を続けて、航海費をまかなっているという消息である。

――彼らも、一時は、ロビンソン・クルーソーのように、絶海の孤島でこそないが見知らぬ異郷の港に無一物で放り出され、失望落胆したことであろう。が、またロビンソン・クルーソーのように不撓の勇気をもって辛酸に打ち勝ち、万里の怒濤を乗り越えて故国に帰ってくるであろう。

私が少年時代から胸に抱きしめて来ながら、ついに実現できなかった大冒険の夢を、彼らが私に代って一日も早く実現してくれることの祈りをこめて、苦闘する彼らのために、心ばかりではあったが若干の寄付をさせていただき、夢を託したのであった。

○

余談にわたってしまったようだが——。

長じて私が広大な自然にあこがれ、大地のおおらかさを慕って、シナ大陸から満州くんだりをほっつき歩くようなことになったのも、想えば、少年時代に、ロビンソン・クルーソーにあこがれ、ブラジル雄飛の夢に熱狂していた、その続きみたいなものであったのだろうと思っている。

コーヒー王になりそこね、結局、役者なんぞになってしまった次第であるが、しかし、いまでも私はメルヘンだけは常にこの胸にあたためて育てているのである。そして、子供たちにも、

「メルヘンを失うなかれ！」

と、くり返し言い聞かせているのである。

税吏よ、人間であれ

昭和三十五年ごろか。

働きに働いて預金でもしたのならまだ可愛げがあるが、借金に借金を重ね、カネのために明日を待ちうけて働くような、あの日この日が流れた。

だから死ぬにも死ねぬ毎日だったのだ。

そんな暮れのウソ寒い一日──。

夫婦が金策に出かけた留守に、アンちゃんふうの男が数人、ドヤドヤと家に押し入り、問答無用、

「税務署だ」

の一声で上がりこみ、メッタやたらとそこいら中のものに赤い紙を貼って引きあげていった。

夫婦は、ピアノを見、壺のウラをひっくりかえし、押し入れをあけ、庭の自転車を見て呆然自失した。

家中のものすべて、といって大げさでないほど赤札のハンランである。

子供は母の顔を見て、

「ママ、どういうことなの?」

「どうもこうもありませんよ」

「みんな売っちゃうの?」

「だれが売るもんですか」

「パパ、ボクの自転車も売るの?」

「よし、お前たちをいじめた、この山賊の仇は、父さんが必ず討ってやるからナ」

ちょっとした時代劇の雰囲気になった。

要は、こういうことだ。

夏に払うべき、その年の青色申告の予定納税分を二百万円滞納していたため所轄の税務署が差し押

さえに来たというわけだ。

私は東宝へ走った。

そして、事の次第を説明したところ、やっと現金で二百万円を貸してくれた。

それはうれしかったが、心の底にはドブドロのすえた澱《おり》がゆれ動いて、ちっとも晴れ晴れとしない。

「おい、この二百万円、つつめ！　新聞紙でな。さりげなくだよ」

「新聞にですか。どうするんです？」

「いいんだよ、だまってついて来い」

女房を伴って、世田谷の税務署にのりこむのだ。

「ちょっと、着替えますから」

「いいんだよ、そのままで。キタナイほどいいんだ」

どういうわけでキタナイほどいいのか、よく分からなかったが、そんな気がしたので大声でどなった。

女房はシブシブ後に従い、やがて税務署に着いた。

＊

受付をズンと無言で通過し、いきなり、

「署長はどこだ！」
二、三こちらをチラリと見た者がいたが、あとは知らん顔。私はすでに落ち着きを失っているので、芝居としては最低の演技だったに違いない。

「どなたですか」

「うむ？（おもむろにヒトサシ指を自分の顔に向けた）」

「あ！　ちょっとお待ちを……」

「ここでか！」

「もうちょっと、上品になさったら。おかしいですよ」

うしろで女房が小声でいった。

二階の応接間に案内される。

「パパ、うすみっともないこと、やめて下さいよ。払うものは払って帰ったらいいじゃないですか」

しばらくして、小さな男が署長の名刺を持って現れ、インギンにおじぎをした。

「あんたが署長さん？」

「ハイ」

「一度も私の家に顔を出したことがなかったね」

「ハッ？」

「まあいいや。今日は差し押さえのお礼にきたんだが」

「差し押さえ！　そうですか。ちょっと、係を呼びますから」

「君の命令で来たんだろう。知らんのかね」

タバコに火をつけようと思うのだが、どうしたことか、マッチがなかなかつかない。

係が来た。

「実は……」

「説明はいらない。私が四つの質問をするから、答えていただきたい。簡かつ明にお願いする」

「ハイ、どうぞ」

「一つ。署長、あんたは私に対して個人的な私怨私恨をもっておられますか？」

「どういうことでしょう？」

「つまり、年末で君の方も徴税の成績をあげねばならぬから、なるべく取りやすい、あえていうならオドシの効きそうな奴のところをマークして、そこへ向かって集中的にやっているということだナ」

「そんなことはありませんよ」

「じゃ、第二問にうつるが、今年度の税金について同じようなケースの納税者に、もれなく差し押さえ行為を遂行しておられましょうか。東宝・砧の役者が私のそばにも、うんと住んでいるが……実は二年も三年も滞納している奴を調べずみですよ」

「…………」

「ご返答にお困りのようだナ。つまり甲は見逃し、乙は見逃さず——ということが、事実としてあると認めてさしつかえありませんな」

「…………」

「フェアプレーであるべき税金問題が、この辺に、灰色の様相を見せていると解釈して次へ進みましょう。商売道具は差し押さえできぬと聞いたが、家のぼろピアノも、あれで結構、商売道具なんだ。私は楽譜が読めませんから、レコードの吹き込みに際しては、ピアノ弾きがきて、あれで弾いてくれる。それにつれて歌うのです。あんた方が歌ってくれている『枯れすすき』もみんなそうです。研究に研究を重ね――」

「ハハハ……」

「笑いごとじゃありませんぞ」

「いや、笑ったわけじゃありませんが、それは当方の手違いで――」

「お待ちなさい。質問を終わったあとでお答え下さい。つづいて、子供の玩具《おもちゃ》、これは差し押さえできるのですか？」

「どういうことでしょうか」

「お宅の粗暴なる係員は、子供の自転車にも全部赤札を貼りましたが、これは間違いではありませんか」

「…………」

「いたいけな少年の夢を無残にひきやぶり、あまつさえ、近隣の友人たちの笑い者につき落とした。この罪は、天も泣く、許しがたいものですゾ」

「ちょっと、お話し中ですが、私の方の……」

「待ちなさいッ。署長さん、あなたにお子さんはおありか？」

「ハイ、おりますが……」

「どこの学校です。学校名とあなたのご住所をこれにお書き願いたい。私は復讐《ふくしゅう》の鬼と化し、わが子に与えられた心の傷の何倍かの傷を、あなたのお子さんに与えます。この子の親はオニ税務署の主《ぬし》、とお宅と学校の周辺に一夜のうちに数百枚の手製のポスターを貼ります。目には目を、歯には歯を、です。あなたは、アレクサンドル・デュマの『モンテ・クリスト伯』の大復讐物語をお読みになりましたか？」

「ハイ、学生時代に読みました」

「それじゃ、お分かりでしょう。あれです。アレをやりますゾ」

「明日、係をゆっくりお宅に参上致させますから……」

「結構です。これ以上お話の必要ありません。あなたの方も、何ら当方の話を聞かず、いきなりのご行動でしたからね。おい！　ママ、新聞包みくれ！」

私は、何ともにくにくしい敵役の顔をしていたに違いない。芸は忘れていないのだ！　包みを目の前の机にポンと投げた。

「これで、そちらのご成績も少しはあがろうナ！　さ、帰ろう」

＊

くさい芝居を終えて夫婦は連れだって税務署の階段を降りたった。

何となく、奥歯にモノが引っかかる気分ながら、意気揚々たるものがあった。

女房がそっと私のところへ近づいて、

「いい気持ち？」

と聞くから、

「クソ、ざまあ見やがれ。青い顔してたナ。いいキビだ！」

「………」

「見たか、あいつの顔」

「長い間、連れそいましたが、相変わらずですネ！」

「何だ」

「バカみたいネ……。あんなことでいい気持ちなんですかねえ、男というものは。私なら、二百万円のうち一万円払って、あとはまた払いますからって、百九十九万、預金するワ」

男と女の違いというか、亭主と女房の違いを、いやというほど知らされた。税金の話はその時以来、一切口にせんことにして、すべてを水に流した。

この話を書いていたら、あの翌日のことはあなたはご存じないでしょうね、と女房が横からいう。おとなしそうな税務署員が来て、領収書を持参し、「実は……」と、こまごま説明しそうになったので面倒だから、「もういいんですヨ」と、早くお引きとり願おうとした。ただ、その男が赤札のことには一言もふれないので実はちょっと気持ちにひっかかっていたが、戸を閉めて出たあと、またベルが鳴り、はたせるかな男は、ふらふらと戻って来た。

――あの赤札はどうするのですか？

と、今度こそ聞いてやろうと思っていたら、向こうから、

「奥様、恐れ入りますが、あの用紙ですな、赤い……。あれ、ごめんどうでも、お手伝いさんにでも

ハガしていただきますように……」

「(待ってましたとばかり)とんでもない。そちらサマが、多勢、一日がかりで何百もお貼り下さったもの、とてもとても、うちの者がハガすことなどできませんので、ご都合がつきましたら、お越し下さいますよう」

彼は平身低頭して、役人にはめずらしい、わびしい後ろ姿を見せて帰ったという。

＊

そのころ、タイミングよく東京映画から、「負けられません勝つまでは」という映画を撮る話がきた。坂口安吾の原作になる税務署と庶民との一戦ばなしを主題としたもので、私は私情も交えて大いにハッスルしたことをおぼえている。

今は亡き元参議院議員の望月優子が、私の嫁さんでガヤガヤ母ちゃん。私はカイゼルひげをたくわえた、あまり利口でない働き者の自動車修理業者、どんぶり勘定の町工場のあるじだ。その友だちの綿屋で、興奮するとテンカンをおこす、これもあまりかしこくないのが伴淳。これに金を貸しているエタイの知れぬ男が故・左卜全。母ちゃんの妹が、なぜか独身の美女で、飲み屋をやる淡島千景。伴淳の嫁さんが、これまた人のいい、口やかましの乙羽信子。そこへしつこくやって来るのが税務署の職員の小林桂樹。配役は満点だ。

当時、この映画は税務署へのウサバラシもあったのか大入りで、時折、同調者の大向こう(カケ声)〝いいぞ!　いいぞ!〟がスクリーンに飛んだといわれる。

日本では、おおむね税務署は敵役だが、アメリカでは日本のようにエバッテなくて、その職員は丁重で親切で、言葉遣いも「いただきに参りました」と品がいいと聞いたが、当たり前の話だ。敵役にするから、ついつい本人もその気になって、どうせそうなら――と、ぞんざい無礼をきわめるようになったのかと哀しい。

実は、話の途中でいうのも変だが、差し押えは二度目で、一回目はいたく私も恐縮し、お手伝いでもしなければいけないと、家中のガラクタを全部差し出して素直な態度を見せた。ところが係は若僧のせいもあったろうか、まるで値段の分からん男たちで、なんでも大きいものに高い札をつけたのがおかしかった記憶がある。

つい先ごろ、大掃除の時に、古い時計やら、安ものの花生けや、カゴや、ガタボロミシンが往時の赤札をつけたまま出てきた。中にはアンティックとなって、あの時の係官が聞けば地団太ふんでくやしがるほど値上がりのしたのもある。

変な世の中だ。税務署もやりにくかろう。

映画の話が横道にそれた。

最近「負けられません勝つまでは」を深夜映画で見直したが、どうにも私には冷や汗もの。映画としても、もう一つカユいところへ気持ちよく手がとどいていない感じだった。

今もそうかもしれぬが、当時は青色申告にせよ、代書屋と役所が結託しているとしか思えないシチメンドウクサイ書類を何枚も書かせ、ちょっとでも間違っていようものなら、ケンもホロロ、書き直しを命じてロクに口もきいてくれない。それが窓口の小役人の集まりだ。だれの税金で、てめえらメシ食ってんだ！　とひらきなおりたい気持ちにもなろう。どし難い群吏——。

映画にも、もう一つこのあたりの突っ込みが足りなかったように思われる。

が、それでも当時の東京映画に、税務署から圧力がかけられたことは事実だ。

ヤクザを撮れば、ヤクザの方からイチャモンや圧力がかかり、政府を肴《さかな》にすれば横槍がはいり、税務署もさして変わらぬ。

エロチシズムもワヤワヤいわれる時代だったし、表現の自由など、なかなかの遠い道と思ったことも再三である。

そして、それから十何年かが流れた。

ある日、思い出の世田谷税務署から、一日署長をお引き受け願えないかと、ご招請がきた。

昔の敵は今日の友、そういうわけでもないが、忘れっぽい私は、今度は納税模範の一人として選ばれて、この門をくぐり胸に花輪をつけて、署員の拍手の中に迎えられた。くすぐったい話だ。

「皆さん、私は今日は署長です。私は情状酌量はきらいです。とるものは、しっかりとって下さい。しかし、とられるものも人間なれば、とる方も人間です。人間以外のものになってはいけません」

しゃべりながら、歯の浮いてくるのをどうしようもなかった。

アッパさんだんぎ

アッパさんだんぎ

アッパさん。

これは、家族が私にくれた、名誉あるニックネームという。

少くとも、一家の主人である私に、隷属者であるはずの家族が、あだ名を付けるとは……。封建的な奴と、お笑いになる向きもあるかもしれぬが、私は一家の主人であり、威厳と誇りを有する父親である。何たるけしからん奴らだ。世の中を馬鹿にした、過った民主主義が、我が家を、我が子をも、むしばみ始めたかと、慨嘆を久しゅうしたのは、ついこの間の出来事である。

しかし、いま、私は、そのニックネームの由来を、ここで不本意ながら語らねばならない羽目にある。今度、『サンデー毎日』から、好意ある申し出を受けた。折にふれ、事につけての私見を、キタンなくのべよ、その為にページをさいてやろうとのこと……。

そこで思い出したのが、このニックネームにまつわる私生活のこもごもである。題して「アッパさん談義」とした。

或る日の、我が家の夕食の席でのこと……。

次男「……というわけなんだよ」

家族一同、笑う。

父親「何の話だ？　どうもお前らの話は要領を得んな」

次男「そう思うだろう。そこが親父のズレなんだよ」

父親「生意気な！」

次男「でも、泉ちゃん（長男）、アッパさんには閉口しちゃうよな」

父親「アッパさん？　そりゃ何だ」

一同、また笑う。

父親「夕食のテーブルでは、共通した話題を提供するのがエチケットだ」

と言って、この父親は、面白くなさそうな顔をして席を立った。

家庭をうとんじると、不思議なことに、血縁を無視してママを中心としたセクトが生まれる。いかに心奥に父性愛をたたえていても、頭をなでて貰う母性愛の方が遙かに強いらしい。これこそママコンプレックスを証明するものであろう。四十男に家庭的孤立の多いのはこの故で、その精力的な社会的働きに正比例して（つまり、家をあける率の多い程）それらは顕著のようだ。

はなれた椅子に移った父親は、ふと庭を眺めながら、おいてきぼりをくったような淋しい眼をして、おもむろに一服、タバコをつけた。
　長男、泉が、そばに寄って来た。
長男「パパ、どうしたの？」
　……こいつには、男親の心がわかるらしい。或いはやがてこれから、自分も父となれば、時にはこんな淋しい目に逢うかも知れぬそんな時にはほんとに淋しいだろうと、あたたかく考えたのかも知れぬ。どうやら成長して、良い息子になって来たワイと、少し顔がほころんだら、案に相違して、
「少し小遣いを値上げしていただきたいんですが……」
と、期待を裏切って、シャアシャアと敵陣営である。
父親「その前にこっちが聞きたいが――、アッパさんて何だ？」
長男「いま、パパに皆であだ名を付けたんだよ」
父親「ふーん」
長男「怒ったの？」
父親「いや、いいだろう。（遠くへ）おい、食後のフルーツはどうした！」
長男「ね、パパ。アッパさんって面白いだろ」
父親「面白いか面白くないか、お前たちの話は一方的でわからん」
長男「（次男に）おい、建《たつる》、お前説明しろ」
　そこへ、ママが柿を持って現われる。
ママ「パパのお好きな、ゴマのふいた柿です。狛江《こまえ》の植木屋さんが持って来てくれたんですよ」

次男「柿くって、さてその次は？　アッパさん」
私をのぞいて一同は笑う。
父親「うるさいな！　なんだ！　アッパさん、アッパさんって……」
と、この辺でと思ったか――ママが小さく笑って、
ママ「いえ、ネ、子供たちがね、パパは、アッ！　と言ったら、パッ！　とやらないと気のすまない人だって……。で、アッパさんだって言うんですよ」
父親「…………」

なるほど、アッ！　パッ！　か。そう言えば、たしかに俺はアッパさん的なところがなくもない。その程度のことなら別に大したことはない。少し機嫌がなおったようである。犬がそばへ寄って来たくらいだから、続いてみんなが、また私のまわりに集まった。

その夜……。

子供たちも寝しずまり、家内も使用人も寝たが私一人寝床の上で寝つかれず……寝つかれぬままにアッパ的せっかちについてあれやこれやと考えてみた。

現代はリズムの時代であると言われている。その通り、現在、我々の身に感じられる一切のリズムは、しかも常識的に考えられるリズムではなくなっているようだ。スピードにしてからが、アッパではない「マッハ」という単位が基準になって来ているくらいだから……。かつて、のどかに銀座の柳

をなびかせていた東京の風も、はや一昔前のことに、はっきりなってしまった。今日の東京を吹いている風は、耳をつんざくようなリズムと共に、マッハ・タイムで吹いているのであろう。

こういう時代を乗り切って行くためには、何事も、他人に「考える余裕を与えない」アッパ的方法が必然的に生じて来るのである。抜く手も見せず斬りつけ、返す余裕を与えず斬り込んで行くスピードの早さが、勝利を得る第一の条件となる。映画にしたってそうである。鑑賞中の観客に考える余地を与えるようでは、たとい、他のどのような点で優れていても、現代を生きる資格に欠けると言えようものである。

マッハ・タイムのマスコミの時代とは、そういうものなのだ。〝危険な曲り角〟〝爆発するハイティーン〟etc. etc.……。「へえ、十代の青少年にそんな無茶な話があるのかね?」とか、「そんな不健康な奴がほんとうにいるのかね?」と、考えたり探したりする暇も隙もあらばこそ。活字の洪水が、フィルムの大波が、電波のなだれが、大衆をその方向に引きずって行ってしまうのだ。

演技でも何でも、思考の過程を経ないで理解できる――(変な言い方だが)、つまり見たとたんに一目瞭然――即物的にパッ! と見てアッ! とわかるものでないと、アッピールしなくなって来つつあるように思うのである。「思考」という時間は、どうやら、マッハ・タイムの時間表には組み入れてなさそうである。考える間も与えず、相手を自分のペースにひき込んでしまう。そのす早さ……。これから生きて行くには、是非はともかく、絶対不可欠の資質かも知れぬ……。

と、考えついた私は、いささか心の安まるのを覚えた。

……ふむ、伜《せがれ》共よ。お前たちには、アッ! と言えばパッ! とやる親父は閉口だろうが、パパは現代に生きているんだ、だから、アッパさんでない奴は、政治家だって俳優だって何だって、ビリにまわされるんだ。いや、受け容れられないのさ。そう思って貰いたい。

どうやら、これで眠れそうだわいと目をとじたとたん――コン、コンとノック、

「誰だ――」

「僕です。泉です」

「何だ、寝たんじゃないのか？」

「小遣いのことを決めてくれないと眠られないんだ――」

「よし、要求通りにしてやる、早くねろ――」

「お父様、ありがとうございました。今日の様に僕らのこともアッ！　と言ったらパッ！　と今後もお願いいたします。おやすみあそばせ――」

アッパの子もアッパであった。

みんなが　みんなが

「パパお願いがあります」

「……？　何でしょう」

こういう時、つまりお願いという様な言葉が出た時は夢、愛《いと》しい我が子であろうとも、父なる人は友達のような言葉づかいは禁物である。だから「何だい」とか「何だろう」とかいう言葉はさけた方

が賢明である。
父「何でしょう?」(この返事がまず無難である)
子「あのね……みんながね……みんなが持ってるんだよ……」
父「何をだ」
子「……サイクリングに行きたいんだけど……ネ……」
父「行けばいーじゃないか……」
子「そう、有難う、トコロガネ……」
父「ところがどうしたんだ!」
子「ハイ……」
父「小遣いか?」
子「それも要るんだけど、つまり肝腎《かんじん》の自転車なんだけどネ」
父「うちにあるじゃないか……」
子「あれはネ、もうサビちゃってネ」
父「誰がサビさせたんだ、物を粗末にするのはお前たちの一番悪いところだ、大体、お前たちは、お金というものをどう心得とる……」
子「そう最初からおこられちゃ、こまるんだよ……じゃ、今日はよそう」
父「よさんでもいいよ、言ってごらん」
子「つまりネ、サイクリング用の自転車がほしいんだけどネ」

父「そんなゼイタクなハイキングならやめてしまえ」
子「だって、みんながもってるんだよ」
父「よその家もどうかしとるナ」
その夜、家内が、一緒に行くという友達の家に電話をかけてみた。そして、ほんとにみんなが、みんなが持っているかをたしかめた。ところが、どちらのお宅も一様に、みんなが持っているから――持ってないのは僕だけだと訴えていることがバレてしまった。
みんなが着ているからあのシャツを買え、
みんながキャンプに行くから行かしてくれ、
みんながオートバイを持ってるんだ、
みんなが自動車の免許をとったから、
みんなが、みんなが……
はては、みんなが勉強しないから……ともなりかねない。このみんなが的ユスリ戦法は、いずれの家にもあることであろうが、まったく困ったものである。
よく考えてみると、この「みんながみんなが」的思想は、あまり芳しくない精神の発露とうかがえるものである。つまりこれはいやしい心に屈するもので、これが増大すると己れを喪失して、いわゆる犯罪が生まれるのだ。
独立自尊なんか当節は何処へ吹きとんだか、劣等な群集心理や集団依存根性は皆これにつながるようだ。早い話が自分で悪いと知りながら悪いことを平気でする――そして問われると、みんながしているのである。自動車のスピードにしてからがそうであろう。神風か何か知らないが、一台がそうすると全部がこれにならうのである。そして一台を止めて詰問すると、みんなが違反してるじゃないかと言う。全くもって許しがたい自己喪失のあらわれである。

かつて、私が満洲にあった時、一番にがにがしく、一番日本民族の悲しい性《さが》を見たのは、集団にある時の日本人の劣悪さである。軍服を着せて日本軍隊という大集団の中において置くと、この善良な国民は酒乱になった虎みたいに豹変して横暴無礼。列車の中で満人が座を占めていると、足で蹴ってこれを立たせたり、唾をひっかけたりするのである。見ていて寒気のするものである。私がその民族と同じ民族であることをどんなにか慚愧《ざんき》に感じたことは言うまでもない。ところがその一人一人をもう一度、野において野良着の一つも着せれば、何と親切な良識のある村の青年に帰ってしまうのである。公園や、共同便所や、その他の公共の場所が等しく汚いのもそれだろうし、聞くべき演説の会場に、或いは私の芝居にさえ要なき野次をとばす無頼の精神も、このみんながみんなが的根性から出るものではないだろうか。

事がうまくいくとあれは俺がしたとか、さも一人でやったようなことを言い、まずく行くとみんながしたようなことを言って群衆の陰にかくれる奴。こんなことがもしうちの倅にもあるならば許しがたいことと、いきどおっているうちに、我が家の小アッパたちは雲行き悪しとサッサと自分たちの巣に引き上げてしまうのである。

そして彼等はベッドにふんぞりかえって、我が家の組合運動を展開するのである。

「おい面白くねえな……」

「だんだんおやじはケチになるんじゃないか」
「子供の成長に従って、その希望をすなおにうけ入れんのは父性愛の欠乏だ」
「年だヨ」
etc.……。
そんなことをうそぶいているに違いない。我が部屋へ引き上げた父と母は、番茶を一杯のんで、あまり話す気力もなく、別々の方を向いて別々のことを考えていると、
母「今年の運動会はとうとうお仕事で行けませんでしたね」
父「うむ」
母「もう一杯お茶をいれましょうか」
父「ママよ、私はね、小学校の時から〝綱引き〟が一番きらいだったんだ。片方にみんなが集まり、片方もみんなが集まり、何の為に一本の綱を引くのだ。力がうんと強くなると、プッンと切れて尻もちをつき、その時天をとどろかすような大きな音でも出るんだったら、恐らく面白がってやったかも知れないが――あの意味のない引っぱりあいに、オーエスオーエスと応援までついているのはあれは何としたことだろう。これもスポーツというならば実につまらんスポーツだナ、遊戯というなら馬鹿の骨頂みたいな遊戯だ」
母「そんなこと、ムキになっておおこりにならなくてもいいでしょう」
父「みんながみんなが、もきらいだが、あのみんなが徒党を組んで、全くくだらん力を争い合うのも大きらいだ」

母「まア、またつまらないことでごきげんが悪くなりましたね、社会党と自由党――アメリカとソ連、というのもこの綱引きでしょうか」
父「いや、僕はただあんな遊戯を子供の時からやらすから集団の馬鹿が出たのかも知れんと言ってるんだ、朝っぱらからあの選挙の馬鹿声自動車は、たいがいにしてくれと言いたいよね。あれがオーエスオーエスの成長した姿だよ。良いも悪いも分らん奴がアルバイトでどなっとるんだ。そしてあげくのはてはみんなが選挙違反をやっとるから――みんなが大なり小なり贈賄をやっとるから――なら、国民は泣いても泣ききれんじゃないか」
母「明日、また早いから……」
父「一度、ほんとに善良な国民の『みんなが、みんなが』怒ればいいんだな。ほんとうのみんなは、どんなもんかを見せてやるといいんだ」
母「お先へ失礼します、おやすみなさい」

そしてとうとう冷たい台所へ行って父は眠れぬまま冷酒を一杯のんだのである。うちの「みんなが」は、もうスヤスヤと寝ていた。

アッパは酩優

「みんな御機嫌うるわしくて何よりだな」

我が家全員が夕食を共にしたのは、明けて一九六〇年は、今日が初めての一月十五日であった。

パパ「本日成人となったのは誰だい」

長女「アタシ」

パパ「ああ、そうか、お目出度う。一九六〇年、年頭の所感を、一つ昭子からうかがおうかな」

次男「僕は小遣いを……」

長男「早いよ。いきなりそんな話はまずいよ、馬鹿だな、タツルは。ねえパパ」

パパ「…………」

長男「お酒は何にします、何時もの通り日本酒でいいでしょうか？」

パパ「うむ……」

次男「行きつけのお店という程のサービスも出来ませんが……」

長女「めざしのおいしいのと、京都からスグキが来てますから、きざみましょうね」

ママ「お待たせしました。さあいただきましょう。いいわね、今日はみんな一緒で――」

パパ「何だい？　その鍋は――」

ママ「京菜のやわらかそうなのが、ありましたから、油揚と一緒にたきましたの……」

パパ「ああ、これは有難いな……。関西で言う水菜だね、これは関西じゃコロって鯨の皮を入れるんだがね……。うーむ、これはたきすぎだな。シャリシャリとしたところをたべなくちゃうまくないんだよ」

ママ「じゃ、たきなおしましょうか」

パパ「ここへ、ガスをもって来て、たきなさい。それにしても——大きな鍋だね」
ママ「えー、全員十五人ですからね」
パパ「へえー、そんなにいるのか、この家に——やり切れんね。この菜ッパは、すじが残るね、歯でサッと嚙み切れる様な奴でなくちゃだめだよ。料理というものはね、一に材料の選択だ、つまり眼だね、眼力。次が、愛情、いかに、美味しく人に食べさそうかという心づかいだよ。テレビの料理なんか、ただ、プロセスを言うとるだけだから——あれで、あの通り出来りゃ何も苦労はいらんのだ、要するに——」
次男「あの——料理の話は、それくらいにして戴けませんか」
パパ「…………」
次男「そんなこと言ってるうちに、機嫌が悪くなるんだ。パパはハレモノだからな」
パパ「うむ？」
長男「一杯、お酌しましょう」
パパ「うむ、有難う」
長男「じゃ、僕も一杯、おしょうばんして」
パパ「おい、コラ！　お前は成人じゃないだろう」
次男「まあ一杯ぐらい、いいでしょう、泉ちゃんは大学生だもの、それに二、三杯は食欲増進の薬だよ。長男どの、お酌しましょう」
パパ「あきれてものが言えん。何時のまに、そんなことになっとるんだ——」

次男「パパの帰って来ないうちにだよ……ハハッハッ」
パパ「時に、感想はどうした、成人の……」
長女「昨日と同じよ。パパの考え方が変ることによって、私たちの感想も新しく生まれるのよ――」
長男「パパは家族を見る眼に相変らず進歩がないね」
パパ「なる程。おいママ、酒がないよ」
ママ「ハイ、ハイ」
次男「コップでやったらどう、パパ、てまどろこしいでしょう」
パパ「そうだな……」
ママ「おかんは、これくらいでどうでしょう」
パパ「うむ。この辺が、上カンってとこだナ。結構、結構――」
ママ「やっぱり寒暖計つかわなくちゃ駄目ね」
長男「すべては科学的にいかなくちゃ」
パパ「なんだか味気ないね、寒暖計のかんじゃ」
ママ「じゃ、お酒はもうこのくらいにしときますか？」
パパ「たまの団ランにケチケチしなさんな」
長男「たまの団ランなので、本日具申《ぐしん》することが沢山あるんですが」
パパ「うむ、うむ、マア言ってごらん」
全員「じゃー」

パパ「あ、その前におもしろい話を一つしてやろう、福井県ではアッパと言うとウンコのことだって」
次男「へえ、じゃアッパオヤジと言うとクソおやじってことになるんだな」
長男「その話は、そのくらいにして僕はね、小遣いのことなんですが――いままで月給制度だったんですが――大学ともなると、いろいろと必要経費がかさむので、制限解除をしてほしいんだけど」
パパ「……月給制度とはナンダ！」
次男「僕はね、まったく、このところ、値上げがないんで、ストライキしようと思ってたんだけど、うちの組合は実に足なみがそろわないんだ。そうだろう、泉ちゃん」
長男「もうプラカード立ててパパんとこへデモなんかやれるかい、お前一人でやれよ」
パパ「あんなことをしてくれるナ。何だ、子供がプラカードたてて親をおそうとは――。おい！　酒はどうした、早くもっといで。オイ！　泉、一杯のめ」
次男「いま、パパ、未成年は駄目だって言ったじゃないか」
パパ「あそうか」
次男「ねえパパ――ママもそうだけど、今年は子供達のレジスタンスを解除してくんないかな！」
パパ「何だそれは！」
次男「スキーに行くとか、キャンプに行くとか言うだろう、するとすぐ、誰と行くとか、勉強はどうなってるんだとか、この前、行ったばかりじゃないかとか、お兄さんもつれて行けとか――。必ずママから一言あるんだな」
パパ「あたりまえじゃないか。〽妻をめとらば、才たけて……」

長女「もう駄目よ、歌が出てきちゃった！」
次男「生酔いだよ、ねえおやじ！　生酔いでしょ」
長女「ねえ、パパ、古めかしい歌はいいからさ、真面目に聞いてよ」
パパ「きいとるよ、聞いとる。あのねえ、みんなもう一つ、面白い話してやろうか」
全員「もういいよ」
パパ「まあ聞け、或るプロ野球の監督さんの奥さんが、パパのレコードが好きでな。毎日温灸をしながら、かけるんだって。胃が悪いんだな、その奥さん。温灸というのは分るな？　つまり……、うむ、そうだ、にんにくとか、大根のうす切りをだな、おへその上に置いて、その上に、大きなもぐさをくっつけて、点火するんだな。面白いだろう——おい——聞いとるのか」
次男「聞いてるよ」
パパ「タツル！　私語は止せ！　そしてだネ……どこまで話したっけ」
次男「ケムが出てるんだろう」
パパ「そうだ。つまり、煙が、線香の様に、もくもくとお腹のあたりから立ちのぼっとるんだな。言うなれば、その温灸の時間の間、パパのレコードはかかっとるんだそうだ」
長男「閑つぶしの芸術鑑賞だね」
パパ「だまって！　すると、ちょうどお灸を終る時に、あのレコードの最後の、〝ゴンドラの歌〟のところにくるんだそうだ。あれは一番終りに入ってるからな。お腹からゆらゆら煙が上っているところに、パパの低音のいい声が——、〽命短し——と聞えてくると、何だか、自分のお通夜みたいだって……大笑いしてさ！　ハッハッハッ……」

子供達「?!」

パパ「おい、面白くないのか」

長女「何だか良くわからないワ」

パパ「そうか、じゃ、も一ぺん言おうか……」

長男「もう、いいですよ、おい！　みんな早く言わなきゃ駄目だよ！　パパ――僕たちの要求はね、一九六〇年の要求はね……建《たつる》、起こせよ――」

次男「パパ、寝ちゃ駄目だよ。しようがねえな、おやじは――アッパオヤジ！」

長女「もう、ダメダメ」

長男「誰だ、コップなんかで飲ましたの」

ママ「パパの作戦の方が一枚上手《うわて》だったわね――」

次男「おやじは酩優《めいゆう》かあ、あーあ、がっかりだなあ」

三割の秘密

＝友人と喫茶店にて＝

「おい繁さん、アッパさんだんぎは最近なかなか面白くなったね」

「そうかい、ありがとう」

「あれは口述筆記かい」

「えッ！　何ということを……」

＝近所の奥さんと道で＝

「面白く読ませていただいてますよ」

「そうですか、それは何より……」

「あれは奥さんが代筆していられるんですか？」

「それはどういう意味です――」

「お上手だし。家庭のことなんか、あんなに観察なさるお暇もないでしょう……だから」

「…………」

＝撮影所でサンデーの係と＝

「まだ、原稿いただけませんかな」

「もうちょっと、あと五枚ぐらい」

「奥さんの字は読みやすくて助かります」

「……？」

「お宅へ、こちらで勝手に電話してもよろしゅうございますか」

「なぜ――」

「お宅で書いていられるんでしょう」

「私はここにいるじゃないですか」

「はあ――、（うす笑い）でも」

何という、人を馬鹿にした話だろう。

コッコツ人が無い頭をしぼって、書きつらねているのに、うちの女房が代筆しているとか、口述筆記じゃないかとか――、ばかもやすみやすみに言ってくれ。しかも、『サンデー毎日』のこの係まで、どうやら、クサイと疑っているに至っては言語道断も甚だしい。と、クソッ腹の立ったやり場に、困ったことがあったが――。

しばらくたって、冷静になってみたら、いずれにしても、うまいと思っているのだからまあいいや、とニヤリと笑いがこみ上げて来て、わが文筆もどうやら老後のメシのタネにもなるかと、腹の虫も無事におさまったことであった。が思えば、人というものは、何かにつけて、何と疑り深いものであろう。

そして決って、この疑惑の精神は、良いものとか、ほめるべきものとかに、おおむね起るものの様である。つまり疑惑は、他をほめそやすことから来るシット心の一種と見える様でもある。というのは、早い話、これがあべこべの場合を考えてみると納得がいく。

人が失敗したり、ボロを出したり、スキャンダルが暴露されたりする時――には、更に何もカンぐることなく、これを信用するところを見ても分るだろう。

さて疑惑は嫉妬から発すると申し上げたが、今回は一ッこの疑惑も使い様によっては、人生をより楽しくし、また人間の魅力をより増加する手段ともなるというお話をしてみたい。

私の知っている女性に、銀座の某大商店の文子さんという娘さんがいる。その娘さんのお父さんとは飲み友達で、深夜深酒の間柄であるが、この仁がなかなかの粋人で、私のこのおしゃべり屋も、時に口を封じられ聞き惚れる様なイキなことを言う人だったが、惜しい哉、先年物故してしまった。粋人も薄命であるのか、氏を偲んで、彼の思い出の名言を一つご披露したい。放送局につとめるその娘、文子嬢が、ある日こんなことを、私に話してくれた。

「ゆうべも、うちのパパは二時頃、午前さまの御帰宅でネ。あたしは十二時頃帰ったんだけど、自動車の音でハッと眼が覚めたノ。そしたらソーッとドアをあけて、しのびあし……、ママはちゃんとフトンの中で起きてるんだけど、うしろめたいのネ、そうでしょう? 親父族としてあなたも——」

「フム、それで」

「そしたらね、自分の部屋へゆかずに、私の部屋のドアを、そうっとあけて、入って来るノ、やおらベッドのそばに坐ってネ、もちろん真ッ暗ヨ、その暗い中で煙草に火をつけてるノ、相当酔ってるなと、すぐわかったワ、お酒くさい息がフーッと私の顔のところにかかって来るノ、……私ネ、何をするのかと思って、だまってねたふりしてたらネ、——ウイーッなんて言ってネ、私の耳のそばへ酒くさい顔をもって来て、低音よろしくこんなことを言うノ、……〝おい文子、ねてるのか……起きてるのか……〟私、知らん顔してたらね……〝ねてても起きててもどっちでもいい、……聞えてりゃ聞いておれ……いいか、人間はな……、三〇パーセントの秘密がないと生きていても面白くないのだ……ただし三〇パーセントだぞ……、だからパパの三〇パーセントの秘密は、いとしき娘よ許せ——……、そのかわり、お前にも三〇パーセントは認めてやる。それ以上は、おまけはないぞ……、それでな……ママにもな……そう言って置け、三〇パーセントの秘密をもってもいいって、……つまり夫婦も親子も七〇パーセントのつきあいで、三〇パーセントはお互いに自分だけのものをもっていようというわけだな。それだけだ、じゃおやすみ。寒くないか〟――(肩のところをポンポンと二つ程たたいて)ギー、カチッ、とドアをしめて出て行ったノ」

「ふーむ、なかなかシャレたお父さんだね」

「いやな親父だと、何度も思ったことあるんだけどネ、死んでみたら無性に懐しくて、……遊び人だけに私に話してくれたことを今になって思い出してみたら、なかなか良いこと言ってるのヨ」

七〇パーセントは人に見せても、三〇パーセントは人に見せたくないとする――、ここに三割の不可解な秘密が残る。それを知ろうとする気持が起り、この二つの者が互いに近づこうとする作用となる。これが実は、お互い同士の魅力を永遠につなぎとめる結果となるのかも知れない。

ところがわが国ではどうやら夫婦の場合、妻は夫より秘密が少い。貞淑な大和撫子《やまとなでしこ》は、あえてこれを持とうとはしないから妻のすべては見せっきりの、見たっきりになるので、いくらかの精彩を欠き、ここから女の損が始まるのだろう。七割はすっぱり見せてあとの三割は、内ふかく蔵《しま》いこむ――この理《ことわり》を一つ皆さまにも、とくと考えていただいては――とこういう次第である。

私「ねえ、ママよ、役者の芸なんかも、そうなんだね、芝居の人物に七〇パーセントなり切って、あとなり切れぬ三〇パーセントに、その役者の秘めたる味がうかがえるというもんだろう」

妻「そうですかね、少し前のお話とあとのお話とは内容が違うようですが」
私「例えになりませんか？」
妻「なりませんね、あたくしも三〇パーセントいただいていいでしょうか——」
私「ああ、どうぞ」
妻「へえ！　かるく御承知なさるところを見ると、アッパさんの秘密行動を合理化しようとなさってると見てさしつかえありませんでしょうか」
私「まあ、あまりかたくなにお考えになりませんように……笑い話ですから……」
妻「原稿には、一切口出ししていませんから、——ジキ筆についての三〇パーセントの疑いは、まことにお気の毒に思えますが、——お話の向きにはいささか論旨に乱れが見えますが——」
私「こういう話は、具体性を欠きますから、説明不行届になりがちですな」
妻「じゃお茶でも入れましょうか」
私「ありがたいですね」
妻「そのお話はコウお書きになった方がいいでしょう。一緒になった当初は、秘密『零《ゼロ》』の一〇〇パーセントでしたが、最初の十年間に、女の秘密は、僅少なへそくり程度のただの三パーセントくらいであったにもかかわらず、男性の方は、だんだんと秘密が上昇し、ひどい人になると四〇パーセント以上にもなり、やがて次の十年目には年とともに衰えを見せて、いくらか下降し、三〇ないし二〇の線に至ると」
私「なるほど、そういう風に書いた方が面白かったかも知れんな……」

妻「じゃ、やっぱり、いくらか、原稿の方も手伝ってるのね……」
私「……？」
妻「子供たちも皆、言ってますよ、僕らにも時々モデル代をよこせって……秘密でパパは原稿料をつかってるらしいって……」

女房の笑顔

深夜三時——おそるおそる（？）帰宅して、門内に車を乗り入れると、パッと玄関の扉があいて女房がとび出て来た。そのタイミングのよさ、こちらのひがみかあまり御機嫌の好い顔のようではないのである。ここにおいて、もしや主人たる私の知らぬ間にわが家にも、
一つ　主人たるものは仕事を終えたら真直ぐに帰宅すべし。
一つ　主人たるものは、たとえいかにそれを好もうとも、飲酒、喫煙等の趣味娯楽はほどほどにすべし。
一つ　主人たるものは……云々
と、おごそかな家憲ができているのではないかと、少々酔った頭で、思いめぐらしてみたのであるが、今のところはまだ、幸か不幸か、そのようなあまり面倒なことにはなっていないようであった。
近来三人の子供たちが高校生、大学生と次第に成長するにつれて、時々、何だか家長たる私にだけ、亭主訓などというものができて、無言の戒めをうけているかのような錯覚におちいるのである。罪多

きもののうしろめたさか――。

が、とまれ、わが家で家憲らしきものというならば「己れの分を知ること」といったようなことかもしれない。たとえば大人の話の中に子どもが入ること、つまり大人の話に子どもが興味を持つようなことは、厳に戒めて来たことである。このことは大人にもいえることで、人前でみだりに他人の噂や誹謗《ひぼう》をしてはならないことである。

だいたい母親などは子どもが傍にいることにあまりになれすぎているので、ついうかつにも子どもたちの傍で近所の奥さんたちの噂、果てはその悪口などを喋々《ちょうちょう》と語ってしまう。すると、とんでもない時に、それを聞きかじっていた子どもが堂々とその話をママごとに御披露したりして、はてはとり返しのつかないことになる例は往々である。

人前で他人の悪口を言わぬこと、このことを親のほうも十分気を付けていれば、子どものほうも自然と、大人たちが子供に不向きの話をはじめた時に、ひとりでに座をはずすようになるものである。

――このエチケットこそわが家の家憲といえるもののひとつである。

かつて終戦後引揚げてまもなく、スケソウダラとイモガユの生活にあけくれた頃、この働きのない父親が、思わぬ三百円の収入を得たことがあった。貴重な三百円の中から、百二十円の払いを済ませ、とりあえずの百八十円が手の中に残った。私は、引揚げて以来この不満だらけの父親の祖国に、少しはましなところもあるぞ、と、子供たちを動物園か遊園地に連れて行ってやろうと考えたのである。

ともかく、満洲育ちの子供たちは、貧乏という事実を知らないし、また金持も知らない。満鉄も満業も満電も、さして変りのないユニティな給料をもらい、同じような社宅を与えられ、消費組合で同じものを買って来て食い、まったく人間の顔が少し変っているだけで、何の変りもないものがずらりとハモニカを並べたごとく住んでいたのである。そういう中で育って来たわが家の子供たちである。お金がないと言うと「パパは今日ビンボーですか」と言う始末である。

　そんな三人の子どもたちをつれて、一日、妻を残して、多摩川の遊園地に行ったのである。子供たちは喜んだ。懐中百八十円の父親はその姿を見て悲しかった。

　入場券を払って入園し、見たこともない光景に、はやりたつ子どもたちを抑えて、

「一つ一つの乗物は面白いが、みんな乗ることはできないんだよ。実は相談なんだが、パパは電車賃の残り百三十五円しかお金がないんだ。帰りの電車賃をとって、これだけしか残らないから、どうしたらいいだろうネ」

と、春の陽のポカポカさす、メリーゴーランドの遊園地で手の中のお金を子どもたちに見せた。子どもたちは不思議な顔をして首をかしげていたが、やがて長女が、

「じゃ、今日は一回だけ乗せてネ、あとのは見るだけでいいから。その代り長いこと見ていていいでしょ」

「ああ、いいともいいとも。じゃその分も引いて、これだけ残るけど、君たちの何かほしいものを買うか、ママは独りでお留守番だから、少しお肉買ってすきやきでもするか、どっちにする」

と聞くと、

「ワア、すきやきのほうがいい！」

と手をうった。つまらない何でもないことの様であるが、自分ひとり好い子にならず、いつもみんなで楽しむというのも、我が家の家憲らしきもののひとつであろう。

「我が家の家憲って、まあこんなとこだろうね?」

「まあ、こんなに遅いのにまだ、お仕事なんですか。……成程家憲ね、ついでにひとつ入れといて下さい」

「どんなこと?」

「一つ　亭主たるものは女房の笑顔を見ることをもって喜びとなすべし」

「いいね、いいですよ」

「じゃあね、実はね、とてもいい柄の着物を今日呉服屋さんが持って来たんですけど——」

兄得弟損

「パパ大変です」

「どうしたんだママ」

「建《たつる》(次男)がいなくなりました」

「えッ!　何処へ行ったんだ」

「家の自動車を引っぱり出して大阪へ行ったらしいんです」

「そんな馬鹿な！」

「そんな馬鹿なことを――ほんとにしたんですよ」

母親と長男は青くなって、大阪へ発って行った。

共に青くなった父親は憮然《ぶぜん》として、その夜ひとりシーンと静かな食堂の片隅に――電燈を暗くして酒を飲んでいたが、たまりかねて、あまり拝んだこともない仏壇を開いて先祖の霊と天竺の仏に息子の無事を祈ったものである。

さて事件の発端は――こうである。

つい一週間程前、次男が我が家の裏の撮影所にニューッと顔を出し、

「御仕事中恐縮ですが――」

と笑いのとまらぬ様な顔をして撮影中の私に近づき、耳もとでささやいたことには、

建「パパ、誰にもまだ発表していないホットニュースを提供するんだけど」

父「もったいつけずに早く言え、お父さんは仕事の最中だから」

建「仕事も大変だけどね、僕も大変なんだよ。パパにだけ報告するけどネ、我が家の全員には、まだ発表の時期尚早だからかくしてるんだ。この僕の苦しい胸の気持わかってヨ、一人でにニヤニヤして来ちゃうんで困ってんだ」

父「なんだい、早く言いなさい」

建「びっくりさせちゃうんだから絶対にシャベッちゃ駄目だよ……実はこれ。これを見て！」
紙につつんだ薄いものを開けて見たら、自動車の免許証が出て来た。正しくそれには森繁建と書いてある。
父「どうしたんだ――」
建「どうしたとは口惜しいね、取ったんだよ自力で！」
父「間違いじゃないのか？」
建「そう思うだろうネ、パパだって。僕でもそう思うくらいだもん――ヘッヘッヘッ……内緒だよ。約束して（手を出して軽く私に握手をし自分の胸を一ツポンと叩いて）どうぞ父さん、御仕事を」
父「おい！　ちょっと待て。自動車を動かすについては、いろいろと訓示をしなければいかんから、しばらく預っておこう――」
建「そんな殺生なこと言わないでよ、昭子ちゃん（長女）は四回目、兄貴は五回目、ところが僕は一回目でパス。パパはね、僕のことを頭が悪い悪いと思ってるだろ、それは大きな間違いなんだよ。こっそり勉強して一ぺんで学科通っちゃったんだ。ところがね、パパは泉ちゃんには自動車を貸してやるけど僕には貸さないだろ。練習の小遣いを貰うんだって、ママをだますのに容易じゃないし苦労したんだよ。だから運転の実地は一度目は失敗して二度目に通ったの――、まだ街はおっかなくて走れないんだ、じゃあ、さよなら」

それから三日程たった頃。古い半ズボンを引っぱり出してはき、中学時代の帽子をかぶり、さかん

に兄貴のオートバイの手入れをしているので、どうしたんだと聞いたら、
建「このオートバイに乗って駅前の交番に二度もとっつかまったんだ。さんざんしぼられてあげくのはてに北沢署につれて行かれたんだよ」
父「違反をしたんだろう」
建「いや僕の免許証は、原動機付自転車ってね、バイクだけっきゃ乗れない奴なんだ」
父「じゃ当り前だ。せいぜい説教してもらった方がいいんだ」
建「だからね、今から僕ね、少年を装ってあの交番の前を下手《へた》クソに走るんだよ。そしたらまたつかまるだろ。そこだよ痛快なのは。まずバイクの免許証を出すんだ、するとね必ず、ちょっと交番の中へ入れと来るんだ。そしてね、フーム見た顔だナ！　まだお前懲《こ》りんのか！　とアワヤ連行されそうになった時、ちょっと待って下さい、ああ間違っていました。こっちの免許証でした——とサッとこれをネ、こう出すんだ」
父「それでわざわざそんな子供の恰好をしたのか、おろかなことはよせ！」
建「そのおろかなことを一ぺんだけやりたいんだよ」

そんなことがあって間もなくこの事件である。どうして箱根を越えたか——東海道のあの雷トラックをどうかわして走ったのか——、ライトのスイッチも知らないのに夜はどうしたろう——考えれば考える程、胸騒ぎがしてほんとに居ても立ってもいられず、親とはこんな目に会うものかと消えた線香をもう一本つけて鉦の一つもチーンとならしてみた私である。

一方、大阪へ着いた母親と長男は、行きそうな親戚に電話して捜したが、何処にもいない。思案に余ってタクシーをやとい大津から鈴鹿峠の近くまで行ってみたそうだが、どうしようもなくこのまま東海道を上ってたら東京まで行かねばならぬとあきらめて京都に引返し、取りあえず大阪のホテルに宿をとろうと電話したところ、

「えッ！　ハイ……家の子供がですか！　何時頃です……ええ、昨日の夕方から……（たおれそうになったママを長男は後からささえたそうな）――泊っているんですか……ハイ……さっきお風呂へ入って、今は寝てる！」

万事はかくの如く落着したのであるが――ふてぶてしいというか、反抗的というのか、解釈に苦しむことであった。しかも帰路は、長男の運転する車の中で、このあきれ果てた小アッパは、――さぞや来る時には難行を極めたであろう思い出の東海道を、めしを食う時起きただけでグウグウと太平楽をきめこんでいたという。そして長男が、

「おい、お前の腕前も見たいからいっぺん交替してやろうか」

と言ったら、

「もういいんだ。我が本望は達せられたりだ」

と一言言っただけで、――爾来、自動車のジも言わなくなった。

ブの悪いのは昔から弟と相場が決まってると言わんばかりに観念したその顔に、叱りも出来なかったとこれは母親の述懐である。

「そういえば、長男（泉）が友達と二人で東海道の自転車旅行に行った時も、私はわざわざ大阪まで

行ってやり、大阪城の前で長女と二人テープを引いてフーフーいってペダルを踏んでくる泉のゴールを祝福してやりましたが……。何だか建のことになるとツイ忘れて……。こんどのことでも、叱る前にいじらしい気持がして来て……どうか雷をおとすのだけは今回に限って許してやって下さい」

と家内は私に懇願した。

親程、馬鹿《チャンリン》なものはない。

自戒している様な、その後の伜の姿にれんびんを感じたか――、もう一切自動車のハンドルは今後持たないという健気な言葉につい乗せられて、オートバイを買ってやることになったのだが――さて、これが、我が家に運ばれた日、御機嫌になって三輪車に追突し、足を折って、近くの国立病院に救急車で運ばれ、こりてくれたかと思っていた矢先、両親の留守中に、ギブスの足でまたも近所を疾走して砂利山につっこみ、残る足と頭を切り、この止まる所を知らぬ伜の無法に、ほとほと手を焼いたのも最近のことである。


ひるがえって考えてみるに長男次男を、えこひいきして育てた覚えはないのだが、私たちが結ばれて、私が嫁さんを――女房が私を珍しがってチヤホヤ明け暮れし、そのうち二人が慣れて来てどうやら夫婦間の鮮度もうすれかけたころ、こんどは初めての子供が生まれる。これがまた眼に入れても痛くない新鮮な喜びと変り、二人はこの我が子と呼ばれる生きた玩具に眼も心も奪われる。いろいろと着せてはぬがし、ぬがせては着せ、おのが食費《くいぶち》までけずって高価な玩具をこの第一回目の二世に与える。これも最初の子供なればこそで、二度目になれば感激もいささか薄れるのは人の常だ。この二度目のうとんじが何時か尾を引いて次男坊主に残ってゆくのであろう。それが物心ついた頃、次男坊の発見となり兄得弟損を訴え始めるのだ。

それともう一つは日本の家族制度の悪残滓が兄尊弟卑の弊を未だ家風に流れつがせ、それらがくすぶって残るのである。交通事故が次男三男に多いのも、妙な話だが風が吹いて桶屋がもうかる式の因縁で、こんなところにも現われるのではないかと――。

父と母は、庭から聞えるリッ然とする様な伜のふかすエンジンの音を聞きながら話し合った。

炉辺論談――学生のエネルギーへの期待

「クソ！　警官のヤロー、あッ！　やりやがった。これが黙って見ていられるの！　えっ！　パパ」

六月十五日、場所は深夜のわが家の居間、一人ドゴーする高校三年次男建《たつる》をかこんで暗い面もちで集まった父である私と、母である妻と、大学に行っている長男と、二十一歳になる同じく大学生の長女である。

次男「これを見ながら、じっとしてる奴は日本人じゃないヨ、僕は今から行ってくる！」

母「止めて頂戴！　雨がこんなに降ってるのに……」

次男「ママはすぐそれだ。だから考え方が違ってるというんだ。パパ！　行ってもいいでしょう」

父「……」
次男「実際、みんなニエキラないナッ」
父「(しばし沈思黙考) いやネ」
＝言葉も聞かず荒々しく二階の部屋へ行きかけるので＝
父「まあ待て、建。ニエキラないとは誠にうがった言い方だ」
次男「そうでしょう、僕たちはネエ、パパ」
父「待て、少しパパに言わせろ」
次男「じゃ今日は、ハッキリしたパパの意見を聞こうじゃないの」
父「よかろう。しかしな、ハッキリした意見はパパもちょっと言えないが、まず今、お前が出かけて行って、ケガでもされてはたまらんと思っとるのだ」
母「そうなのよ、建。いつも政治問題ではあなたと意見が違うようだけど、ママはね、やはりあなた方がもう少し冷静であってほしいのよ。少しうわずっていない？」
次男「当り前じゃないの、こんなになってる時に冷静な方がおかしいよ、ママはこれを見ていて他人ごとみたいな顔がしていられるの、僕は出来ないんだ、ただそれだけだよ」
母「あなたはまだ社会人になってやしないじゃないの、今日までの日本の歴史の歩みにしたって、また、世界の情勢にしたって十分というほど知ってるわけじゃないじゃないの、正しい判断が出来る能力だって、資格だって」
次男「待って、待って、ママ！」

父「いいから建、黙って、まずママの言い分を聞きなさい、人の話を中途で切って正しい議論なんか出来やしない」
次男「ママなんか、日本人じゃないんだ」
母「何を言うんです！　ママはちゃんとした日本人です」
父「ママもあんまりコーフンしないで」
次男「ママの意見はいつもそうなんだ、つっこんで行くと、するりと違う方に方向を変えるんだ。ママは上手《うま》すぎるよ、岸だよ」
母「岸さんでもいいわ、その代り総理の言うことも聞きなさい」
長男「まあゆっくりやってくれ、僕はねるよ」
次男「兄貴は非国民だナ」
長男「どうしてだ、デモに参加しないものは皆、非国民かい」
父「ああ議場混乱だ、よしお祖母ちゃんの部屋の炉辺へ行こう」
一家はゾロゾロと深夜、祖母の部屋につながる炉端のそばにたむろした。あかあかおこる炭火をかこみ静かな光の下で、落ち着いてこの大きな社会の——そしてまた小さな家庭につながる問題を語りあうことになった。
母「ねえ建。ハガチーさんという国使の一人がですよ——日本に来る一国の元首のことで打合せに来られたのを、どういう理由にしろ、あんな暴挙をもって迎えるということは一体なに？　あれじゃ人食い人種の島に着いたようなもんじゃないの。ママはほんとに哀しんだわ。日本はたとえ戦争に負けたとはいえ、世界の文明国の一つでしょう。終戦後、十五年たった今日では、いくらか国としても国民としても自尊心と名誉を取りもどしたはずじゃないの」
次男「アメリカ式の民主主義教育をおしつけられたんだ」
父「いくらか、はき違えてな」
母「アメリカは日本に、はき違えさせて押しつけたか知らないけど、民主主義と一緒に、物質面では、うんと恩恵を与えたことは事実でしょう、これをよ、アメリカの極東政策だと一言で言い切ってしまうのはどうかしら。向うも大勢の人命を犠牲にさせられた国でしょう、それなのにその大きな気持は……」
次男「それが違うんだな、大きな気持なんかじゃないんだよ、日本を植民地にしてだね、太平洋の飛石の基地にするために」
長男「じゃ建はアメリカがきらいなんだナ」
次男「別にきらいだって言ってやしないじゃないか」
長女「好きよね、建は――毎日ロカビリー唄ってるもの。でもちょっとしたムジュンね」
次男「ハガチーを阻止した学生は、アメリカ式民主教育を受けて来た奴ばかりなんだよ。そうしろって教えたようなもんじゃないか」
父「……そういう見方もあるが……。もう少し、まとまった議論をしようじゃないか」
母「待って下さいパパ。そうね、建の言う通りね。戦後の一変した教育にはほんとに私たちは驚いたわね。東洋の中に流れて来たいい思想も、お行儀のいい習慣も、フッ飛んでしまったのね。昔の教育の中の日本人らしい良質のものもみんな抹殺してしまったわね。少しは忘れず教えこんでいてくれたらあんな無法な暴徒にはならなかったかも知れない……」
次男「面白くねえな。僕はねるよ」
父「まあ、そう感情的になるな。しかしなあ建よ、日本はアメリカに負けたんだから、まずここから考えようじゃないか」
次男「そこからは考えられないんだ。そうかも知れないけど、そんなことは今の僕達には関係ないんだよ、いや関係はあるかも知れないけど、負けたからどうという風に、ヒクツに物を考える必要はないんだよ。つまり今は、そんなことを問題にしていられないんだよ」
父「ははーあん、これはパパの盲点だったな。そうか、敗戦は、君達には直接関係がないのか、なるほど」
次男「そんなこと今ごろ気がつくとは、パパもどうかと思うな。シナ事変だって、太平洋戦争だって、パパの年代の人達がやったんじゃないか。僕たちはその頃、生まれてないみたいなもんだよ。だから何も責任はないし関係はないんだよ」
父「フーム、ごもっともだな、実はパパは自分が戦争に負けた気持があるからお前にもあると思っていたんだ」
次男「困るよ、そんな考え方は。賠償のために僕たちが働かされるとしたら、こんな馬鹿馬鹿しいことはないからね」
長女「建がパパから買ってもらったオートバイで暴走して、ひっくりかえる様なもんね」

次男「女は黙れ！」
長女「立派な民主教育だこと！」
父「まとまらぬ家だな。この足並のそろわぬところは、全く日本の縮図だ。競馬のスタートに似とるな」
母「私たちは敗戦国民として、いや応なしの自覚をさせられたけど、この人たちは、終戦の時代を物資不足の貧しい少年時代を過して来たぐらいにしか考えてないのね」
父「それとね、やはり個人主義を、なまはんかに徹底させすぎたんだな」
次男「今から取り返しはつかないよ」
父「これでね——。少し解って来たようだ。つまりこういう風に大別出来るんじゃないかネ。君たち学生による一つのかたまりは、一応進歩党と称する政治的な一群の連中からは切り離して考えなきゃならないということ。つまり同じ打倒岸というプラカードを立ててデモっていても本質的には全然違うということだ」
母「それはどういうことですか？」
父「生いたちだって成り立ちだって違っているし、すでに大人である革命的分子の情熱が、若い現代の世代の学生たちに流れていったという風な事実も更になかったと見てもさしつかえないんじゃないか。一見一緒にジグザグやってるからあるようには見えるけど——」
ただ一つ似ている様に見えるところは革命という旗印より、今次戦争に対する個々の非責任的態度だろう。

次男が「僕は戦争には関係なかった」と言うように、実は進歩党の各位も、あの苛烈な戦争や、身も心も瓦礫や灰と化するほどの終戦の衝撃も、「関係なかった」と言えるほどの感じ方であったことは事実だろう。

　つまり、野坂さんも浅沼さんも鈴木茂三郎さんも徳球さんも志賀さんも、その指導者の大半は、特攻隊も爆風も、いくらか遠い所で感じていたからだ。獄中であるとか、国外への逃避であるとか、刑事の尾行する散歩であるとか、召集の来ない――つまり傍観を余儀なくさせられるような状態にあったに違いない。内に燃え上る革命の夢は消えずとも、その時は、その瞬間に行われている戦争の惨劇の渦中には己れを捨てて立向うことはなかったわけだ。ところがその人たちは終戦と同時に、不思議や米軍に解放された（今にして思えば、不思議と言わざるを得ん）。そして敗戦の非運におびえ、また泣かされている私たちを尻目に（尻目とは言いすぎかも知れんが、つまり正反対に）、解放された自由の身を謳歌されたことは間違いない。スケソウダラもイモガユも、その人たちには久方ぶりの人民の味であったろう。

　こういって来ると、戦争を知らない点では全学連と同一の場もあると見える。

が、この二つの群団は似て非なる気持で同じプラカードを立てていたのだ。

　まあ、この話はこのくらいにして――、
　さて、これを傍観していた方にも二つの群団があったことを知って貰わねばならない。その一つは保守党をまもろうとする一群で、資本主義の甘い夢に長いこと酔って来た財閥、あるいは銭もうけ一点張りで生きて来た人たち——これらの人たちは、終戦まもなく、富の分散にあわてふためいたが、やがて、持ち前の我利我利亡者ぶりをボッボッ発揮し、岸をふくめての官僚は、新しい網をはり始めた。そして秘かに「ああ良い国に負けてくれた」とほくそ笑んだかも知れない。彼らはこの国に基地が出来ようが、他国の軍人が跋扈《ばっこ》しようが、儲かりさえすれば、パンパン屋の親父と大差なく、恥辱を忘れて平身低頭に明けくれするにやぶさかではなかったのだ。いたずらに財閥やその一群が富を不当に偏在させればアツレキが生まれるのは自明の理、ストは際限なく起り、人民ののろいの声が世に満ちるのも当然だろう。そうなれば虎の子をまもらんがために、この一群が保守党を擁護するのは当り前だろう。

これはこれとして、さてそれ以外に、もう一つの群団があることである。しかもこの群は貧しく、おとなしいが案外に大きい。次男の言うごとく「パパたちは、実際無気力だ」——左様、いかにも無気力に見えるその一群である。

かつて、これらの人々は、実にすなおに国の言いなりになった。コツコツためた貯金は零を二つも引かれて無に等しくなり、あるいは大事な息子や、いや夫も遂に国のためじゃと無理矢理の納得で、むごたらしい最期をさせ、家は焼かれてガソリンをかけて焼かれる蟻のように逃げまどい、しかもその背には、国会を打ち破ったあの青年たちをネンネコにつつんで背負っていた——男女の群である。左様、心身共につかれはてた群である。これをニエキラない消極派と呼び捨てるのはチト早計と言わねばならない。他の三群の連中よりも、もっと大人の心で、心奥から今日を憂えている野心なき愛国者であるかも知れぬ。いや愛国者などという手ぜまな表現では言いえぬ人たちだ。むしろ、骨肉を通して世界の平和を祈っている真のヒューマニストの集まりであるかも知れぬ。顕著な意志表示をしないから、たかをくくっている為政者もいるが、彼等が考えているほど追従的で、無気力と思ったら大間違いだ。たとえば、この連中が声を合わせて選挙に無投票を宣告したら、この国には政治家はいなくなるほどの量であろう。

この人たちをもう少し具体的に説明するなら、朝な夕な、死んでいった肉親の仏壇に祈りを忘れず、東に台風があれば、衣をぬいで送り、西に津浪があれば涙して醵金する。そして、全学連の頭から血の流れるのを見ては——あるいはまた警官の顔に大きな石のぶちあたるのを見ても——、ハガチーさんのことも、アイクさんの来日も心から憂い、なんとか明るく迎えようと願った連中だ。またフルシチョフさんも来るのなら、あなたの言い分も静かに聞こう——そして、じっくりと考えて弱者ながらも判断の誤りをさけたいと思っている……そしてどうしたら、私たちの頭の上に蒼い空が見える日が来るかを、心をくだいて考えている善意の市井人である。

たとえば、この連中を非国民と呼んでみたまえ。彼等は君たちをその時にこそ力をこめて売国奴と呼びかえすだろう。その眼には地球をこわす者に対するはげしい怒りのこめられているのを見逃すことは出来ないのだ。そして思想や主義のセクトにその身を乗せるおろかを二度とくりかえさぬという眼でもある。

しかし、哀しい哉《かな》この人たちにもいくらかのあきらめは見のがせぬ。

頭上の雲は重い。しかし、右雲東に去りなば、左雲ただちに頭上にのしかかり、永遠に望めぬは蒼空と知っているようだ。二つの勢力の谷間に住みあわせた不幸を今さらのように歎じながら、勢力のひしめく所に開花する文明をある意味ではほおかむりをして味わっていることもいなめない。

しかし、これらの良質の中立的人物を動かせなくしたことはなんだろうと考えてみると、私は「一切の不信」という一字につきると思うのである。

例えば――、満洲に終戦を味わった人々は日ソ不可侵条約を結んでいたソ連が、宣戦布告と同時に、手のひらをかえし、突如、うらみもないムコの民衆に向って土足ジューリンをほしいままにした事実を永遠に忘却出来まい。向いの家の強姦の叫び声に、また隣りの家のピストルの音に、身の毛もよだつような暴虐の明けくれを味わわされ、その国のナンタルカを疑ぐった長い一年。やがて、蔣介石の「日本人の生命を保護せよ」の命令にようやく愁眉をひらき、中共の礼節にひたすらの感謝をした事実はよもや忘れはしないのだ。同じコンミュニズムを信奉する二つの国にしてかほどに違う――片や中国は日本に無法の蹂躙《じゅうりん》を受けた国であるにもかかわらず仁愛をもってつつんでくれたことは、中共を受け入れても、うかうかソ連とは同盟を結べぬ気持につながっているようだ。

マルキシズムこそ近代哲学の最たるものだろう、しかしそれが、あんな暗いアンバランスでソ連に結実したのは果して幸せとするべきか、中共に開花したそれを見て私はそんなことを思うのだ。我が国の場合でもそうだが、この国や人の流れに即しながら、もっと明るく、あたたかく大らかに――人類愛を標榜して開花しないかを疑問に思うのである。

革命は血なまぐさい闘争にすぐつながるからだろうか――教えを乞いたい。

立派な日本社会主義のうち建てられる日を望んでいる者はうんとあるだろう。

我々はこの高邁な哲学を吸収するにやぶさかではない筈だ。だが、いたずらに一番目のモデル国を見て、やみくもに、その国と手をつないだり隷属する必要はさらにないと考える大正ッ子だ。私たちの国は――私たちの国だ。どこの外国人にも分らない。だから政治家は純粋の日本の政治家でなければならない――とはげしく思うのだ。

私たちは、この国土に住んだ遠い祖先から生まれて来たのだ。今こそ、この血を――土を――国を――一切の偏見からはずして正しく愛さねばならない時が来ていると考えるのだ。

次男「じゃ、パパは、そういう連中の中の一人なんですね」
父「いや、そう決めこむには、まだ少し説明不足だが――」
次男「僕たちだって戦争に反対してるんだ」
父「しかし、戦争反対が、公共物とか、個人の私邸破壊に発展して行って良いとは言えんだろう。民主主義というものをパパはくわしくは知らんが、第一に言えることは、個人の生命を尊重し個人の生活を侵害せぬことであると思うんだ。いかなる怒りがあっても、首相の家人も住んでいる私邸をおそうということは、日本が法治国である限り許されんぞ。それじゃ、何もないのと同じじゃないか、やたら個人の家庭が脅迫を受けては、法もなければ、節もない野バン国だ。パパの友達が総理私邸の隣りに住んでるが、家へも帰れぬということは誰に文句を言ったらいいんだ」
次男「正しい場所で、正しい発言を許さぬからだ。おまけに横暴なお巡りが手先じゃないか」
父「まてまて。警官だってこれを阻止せよと、上からの命令なら、その矩《のり》を越えて来る者を阻止するにいささかの暴力も必要だろう。パパは別に、警視庁の肩を持つわけではないが、親のスネカジリでやってる君たちより、安い月給で、なぐりたくもない奴をなぐる職業も、相当つらいぞ。まして君たちと違って、さほどの情熱もないのに、同じようにケガをしなければならんとなれば、いくらか己れを護るに、先手を打ってガンとやっつけねば割が合わんだろう」

母「そうですよ」

父「あんまりママは横から賛成するな、学徒はともすれば悲壮になり勝ちだから」

次男「ジッサイ、変な言い方をするなあパパは。僕たちが防波堤にならないで誰がなるの！」

父「それはそうだが、すこしみんなが今日の社会を殺伐にしすぎてはいないかね」

次男「やむにやまれぬ気持じゃないか」

やむに止まれぬ気持――。なる程。これはちょっと考えさせられるな――。

私はここでまた新しい発見をした思いだった。なるほど、今日までの日本を動かして来た大きな力は、やむにやまれぬという気持がその主因であったかも知れぬ――と今さらに反省した次第だ。それは若い日本の生命の中に巣くう宿命とさえ思わせるひびきである。論旨も辻褄《つじつま》も合わぬまま、ただ「徳川を倒せ」で押し切った維新の志士も、あるいは三・一五うらみの日、われ渡政に誓うも、二・二六の青年将校のクーデターも、五・一五も、特攻隊も、今度の全学連も、何かそこに、やむにやまれぬといった、若者だけがもつ民族的な血のほとばしりがあったかもしれぬ。

「岸を倒せ」

「岸を倒してあとはどうするのだ」

「そんなことは、それからだ」

とぶつかって、怒濤のように岩を嚙む、それは波頭にも見えた。

やむにやまれぬ気持――私たち大人も若い時代を想いかえしてこれは分らぬものではなかった。

しかし、くだける波には、ダムの水のような静かに冷たく蓄積された力は見えない。

「極左」も「国際共産主義」も、「ただ岸が気に入らん」も、「こうすれば何とかなるんだ」も一緒になった混淆のジグザグが動くとき、ドヨめくマスの中に自分を発見すると、若者の昂奮は等比級数となって雨の中に全身をしびれさせるのであろう。そして新しい夜明けが、そして蒼い空が何かしら来ると信じこませてしまうのだろう。名誉心も、私利もない無知と呼んではおこられるだろうが――にも近い純粋な気持は曲解を許さぬものと悟った。これは今日の私たちに必要な必要な反省だ。

国会前の現象にとらわれて、学生を暴徒と見るような、大きな誤謬《ごびゅう》をおかしてはならない大事な時だ。私は、この反省以来、今日の学生たちに新しい希望をすら感じたのである。

これは、民族の意識であり、民族のやむにやまれぬ生存の動きであるとも考えるのだ。私たちがかつてそうであったように……。

パン代をもらった奴がいるとか、極左の指導分子がいるとか――、そんな小さな一部分で、全体の判断を急いではならないのだ。

私たちはこの激しい流れの中に、次にバトンを渡す最高の心と、道を、示さねばなるまい。純真な彼等を利用する欲深い連中たちは、やがてその戦列から彼らがはじき出すだろう。大人たちは、静かに落着いて、より高い所からあたたかい大きな愛をもって眺めよう。

この原稿を書き終った日、アカハタの本拠に向う学生たちの記事をのせた新聞を手にした。そして、日共の不思議な声明も聞いた。

学生たちと党の連中との相違が、ここにも現われて来たのだろうか。

さて、その夜だが——

炉辺論談がいろりの傍から少しはみ出して国会の演壇風になったが、深夜の三時だというのにテレビもラジオも国会デモの凄惨な動きを伝えていた。

炉の火もいつか下火になり、子供たちの気負いも下火になった。

雨の音をききながらママの入れる番茶をすすっていたら、明治十九年生まれの祖母が——聞いていたのか——、

「ほんとに、明治は遠くなったんだね」

とポツンともらした。

アッパさん文士

下手くそながら物を書き始めると、これがまた、役者ほどに面白くなって、いっぱし文士気取りになるものだから、家のものは、やり切れんと言う。

つい先頃までは、何時帰るかわからぬ酔漢亭主を待つのに、ホトホトこんな割の合わぬものは無いと、「妻の座」に無情を感じていた家内も、今度は亭主が家にいることなので、ブツブツ言いながらも協力的である。

しかし、今日中に二階に書斎をしつらえよ、と言うアッパ命令には、いささか面喰ったらしい。デパートに車を飛ばすやら、二階に本を運ばすやら、それに机、座布団――。

「これは小さすぎるね。もっと、デンと大きい座布団を持って来なさい」

「じゃ、これはどうでしょう？　坐ってみて下さい」

「うむ、まあまあだね。脇息《きょうそく》がいりますよ」

「後にもたれがあれば、いいでしょう」

「いや、横に、こういう風に重心をおとして考えることもあるからね」

「そうですか。じゃ何とかしましょう」

「電気スタンドがいけないね。このギラギラした光は思考の統一を欠くね」

「ハイ、ハイ」

「あ、それから、引き易い字引をね」

「情ない文士ね。じゃ子供が中学時代に使っていたのでいいでしょう」

「私専用のですよ！」

「贅沢《ぜいたく》なことを。わからない字はカタカナで書いてお置きなさい。私が、清書して埋めておきますから」

「そういうことは、これから口に出して言っちゃいけませんよ。たとえ事実はそうであっても……。私は文士ですからね」

それでも、どうやら、インスタント文士は新しい書斎に落着いたらしい。二階が静かになったので、階下は騒音防止令を布いてヒソヒソ話、我が家には珍しい静謐《せいひつ》な時間が流れた。

そしてしばらく。女房はもうぼつぼつベルが鳴って、「オイ！　お茶」と来るだろう――じゃこちらから先手を打って持参しようと、玉露の良いお茶を淹《い》れて二階に上って来れば、文士はぐうぐう高いびきで、どたりと討死。指から落ちたタバコが、たたみを焼いて、とんだ速成文士にあきれはてたという。

いや、これは女房の話で――どうも女は物事を大げさに言いすぎる。私はそんなことにかまっていられない。

ふっくらとした座布団に坐り、ちょっと火鉢に手をかざし、また、脇息にもたれてみたりして、窓外に眼を移す。外は晩秋の武蔵野である。夏目漱石も芥川龍之介もかくやあらんとしのばれて、なかなかオツなものである。役者稼業などより、はるかに高尚であり、えらそうでもある。三島由紀夫さんが、どうして役者になったのか疑うほどのものである。

ところが、原稿用紙がいつまでたってもまっ白なままであるのが妙である。やはり、撮影所の昼休みとか、夜のセットの片隅とか、飛行中のシートの上とか、喫茶店の隅っこの方が、さらさらと流れるように書けたものが、どうも、この新装成った書斎では勝手が違って駄目である。ははアん、これは私が書斎に合った恰好をしていないからだと気がついて着物に着かえ、もう一度坐ってみた。洋服よりは、ややましなようである。さて、今度こそ〝さらさらと、かそかな音をたて武蔵野の落葉が〟――がさらに先には進まず、樋《とよ》の中にそれが一杯たまっているのがヤケに気になり出した。下の天井にしみができたのは、この葉っぱの故だなとハタと気がつき、文士はやおら窓をこえて屋根に降り立った。

「おーい、ママ」

「何です、屋根に出て……」

「わかったよ。この葉っぱを取らなきゃ駄目なんだ。これのお蔭で雨が下へ洩るんだ――」

「ああ、それじゃ、仕事着に着かえて下さいな」

「うん。こいつは大発見だった。――しかもこの樋は腐ってるね」

「ああ、そう言えばね、お便所の下の根太がね、やはり腐って来てるようなんですよ」

「ああ、あれは僕も気がついてたんだ」

「もう、今日はお書きにならないんですか……。それなら、方々、修繕があるんですよ。また台所にネズミも出てるんですよ」

「よし！　大工道具、持っといで」

文人はペンを投げすて、金槌をにぎった。そして急にいきいきとしたこの叩き大工は、屋根掃除から便所の修繕、ネズミの穴ふさぎからポンプの油差し、垣根のつくろいとすませて、ほっと一息。庭のまん中に腰をおろしてやれやれという顔をしたのは、それから数時間のあとであった。

「大工さん、お三時ですよ」

庭下駄をつっかけて、家内が塩せんべいと番茶を運んで来た。文士の時は玉露だったが――。

「……やっぱり、その方が似合いますね」


背中の汗が急に冷たくなるような、初冬の午後の陽ざしの中に、枯葉の燃えるけむりをはさんで、夫婦は坐った。女房はほほえましげな顔をしている。女房というものは、高級な仕事をしている夫より、低級な仕事をしている夫の方に、より憐憫《れんびん》と慈悲を感じるものらしい。こんな温和な、良い顔の家内を、昨今見たことがない。……役者をしてるあなたは、どこか遠い所の人のようですけど、こうして家で大工さんをしているあなたは、これこそ私のつれあいだ、と言わんばかりの顔である。

「……やっぱり、そうだわ」

「何だ、藪《やぶ》から棒に――。何がやっぱりなんだ」

「子供って、おかしな所が似るもんなんですね」

「え?」

「いえね、泉がやることが、パパに似てどうも近頃落着きがなくて、レコードをガンガン鳴らしてるかと思えば、スキーを引っぱり出し、手入れするのかと思うとオートバイに乗って何処かへ行ってしまったり。どうも、散漫で困ると思ってましたけど……」

「俺の散漫が、子供の散漫に血を引いてるとでも言うのかい」

葉の落ちつくした武蔵野の木々の下に、落葉焼く老(……でもないか)夫婦の抒情はたちまちにかき消えた。

どうも、子供の悪い所は皆、俺の血で、良い方は皆、ママの血だと言う。

ああ、何をか言わんや――。

大工仕事に汚れた手を洗って、書斎に帰った父は、御飯になっても下りて来なかった。

そして、プリプリおこりながら書いたのが、これである。

隻眼少佐と女中尉

昭和二十六年。放送も芝居も、すべて米軍のGHQの許可というか、監視の目があり、何かと英語のクチバシが入ってくる時代であった。

新宿のムーランに入座して、やっとわずかながらも定収入が入ってくるようになって一年。ある日、NHKから堀江史朗という人がやって来た。彼は後、NHKを出て博報堂に入り、現在副社長であるが、その彼と一緒にGHQの日系二世フランク馬場という人もやって来た。

その二人が、NHKの新しい番組に出演しろとすすめるのである。

そのころ、NHKではラジオの番組の選定から、ドラマの演出にまで、GHQが、いちいちクチバシを入れていた。ドラマの最中、相手のセリフを聞いて、ジーッと、いい「間《ま》」を置いていると、ハギンスというカタコト君がすぐに口を出すのである。

「ナニオ、シテイルノカ、クウィック、クウィック」

「ジャスト・ア・ミニッツ、MR《ミスター》ハギンス、ここはインポータントな、サイレントだ」

というと、

「オウー、ラジオの故障か」

とジョークがかえってくる始末。

「じゃ、どうすればいいのか」と聞き返すと、相手がモノをいえば、「ウン」とか、「オー」とか、一応受けておいて、それから好きなだけ「間」をおけという。

「その方がラジオの故障で途中で切れたようになりますよ、MR《ミスター》ハギンス」

といったが、彼はジョークとは取らず、口笛を一つ吹いて、「このヘタクソ！」ぐらいのスラングをハキ捨てるようにいう。

すべてアメリカふうで、出演者は大いに悩まされた。そんな男たちが、三十二、三年ごろまでウロウロ内幸町のNHKにいたかに記憶する。

他方、クーパーというのが母国《アメリカ》での当たり狂言を執拗《しつよう》に押しつけた。

「二十の扉」、「話の泉」、これなんか代表的なものだが、「紅白歌合戦」というギャラ釣り上げ番組もこの中に入っていたかどうかは、つまびらかではない。

さて、そのアメリカ風番組の中で、「陽気な喫茶店」というのが、松井翠声と内海突破で人気を呼んでいたが、もう少し内容を音楽的にし、かつ程度の高いものをやるというので、堀江君とフランク馬場の二人がムーランを訪ねてきたわけだ。

歌の方は、ピンちゃんこと藤山一郎に、そして、その相手のおしゃべりを私に、つまりビング・クロスビーとボブ・ホープのとり合わせを真似たのだろうが、だれが白羽の矢を向けたものか、いずれにしても飛んで来た。楽団は常時五十人、合唱団は上野を出てオペラもやれるお歴々も交じり、毎回のゲストも、高橋義孝さんや、藤原義江さん、中西悟堂さんと、多士多才の面々で私を驚かせたが、面白かったかどうか、キザな番組の印象だけが残っている。

時には、SKDのハチキレそうな娘たちが見学に来た。中にひときわ可愛いのがいたので、名前を聞いてヒイキになってやろうと虫が動いたが、これが後年、草笛光子となって売り出し、私を、お父さん、ダディと呼んで私のムズムズ虫を殺してしまった。

私もピンちゃんに負けず下手な歌をうたった。その中の一つに、「銀座の雀」がある。今もって銀座で静かなブームを呼んでいるが、あれは銀座に開店した「馬上盃」というシャレた飲み屋の壁に、赤マントの詩人、野上彰が酔ってなぐり書きした詩で、その夜、仲間の一人、仁木他喜雄が作曲したものである。

私は毎夜、仁木、野上のお二人にホルモン焼きやエタイのしれぬものを食わされながらこの奇人たちに新しい人生を教えられたのだが、なぜに夭折《ようせつ》するのか、好人物は道を急ぐ。二人とも、すでにこの世にはいない。

さて「愉快な仲間」が一回八百円、一カ月で三千円ちょっと。いかなことでも、これでは食っていけない。ムーランで貰っていた一万円の三分の一だ。服もないし、靴もない。酒もないし、めしもない日々が続くのだが、人間は死なないものである。ピンちゃんが毎日着飾ってくるセビロが羨ましかった。これじゃかわいそうだとNHKも思ったのか、間もなく私がたった一人でレコードをかけて、おしゃべりをする「ラジオ喫煙室」という番組をもらうことになった。なんとそれが十六年間続くのだが、これの作者の、市川三郎、長崎抜天さんたちも忘れられない人たちだ。

市川三郎さんはお店《たな》の旦那だが、この旦那芸ともいう随筆は、いかにも江戸っ子の粋さを見せて、この番組を長寿にした大きな要因であった。

この「ラジオ喫煙室」が後年、今を流行《はや》りのディスクジョッキーとなるのだが、考えてみればこの番組も、もとはアメリカからきた、いうなれば舶来であったのだ。

何をやってもNHKの陰に、アメリカの目があるといったが、今にして思えば、あの中に結構CIAの怖いオッサンが大勢交じっていたに違いない。

昭和二十六年、帝劇に開けた「モルガンお雪」にも、ジョージという男が、NHKというGHQからやって来ていた。

彼はアメ放送のアナウンサーをやっていたが、ハリウッドの演劇学校の出身と私に説明した。不思議な男で、明治、大正の歌から軍歌までたくみにうたいこなし、歌舞伎にも文楽にも詳しい少佐であった。

私は何となく親しくなりよく銀座あたりで飲んだが、彼が隻眼であることに気づかなかった。

「コレハ、ガラスダマデス。ウソノ目ネ。ダカラミエマセン。シカシ、ジョウズニツクリマス。ジャパニーズデナイ。メイドインUSA」

と、彼は万年筆のケツで、自分の片目をコンコンと叩く。

「日本兵が戦場で取ったのか？」と聞くと、妙にシラケた顔をして、

〽からす　なぜ泣くの
　からすは　山に

と歌い出す、小ぶとりの柔和なオッサンであった。

彼は帝劇の舞台げいこのとき、古川緑波演ずるモルガンを再三ケナすので、「あの人はビッグな役者だからやめた方がよい。私は若い時分、あのロッパさんの一座にいて、百ほどなぐられた」と注意したが、「ロッパサン、オー、マタ、ソレガヘタネ」と彼はやった。いよいよくるぞと思っていたら案の定、雷が落ちて、ミニ日米戦争が始まった。

「文句があるなら舞台に来ていえ！　この青目」とロッパ大先生は舞台からどなった。

「ハイ、ハイ、コノ青メ、一ッ目」。ステージに上がって来たジョージは、

「Your Devil get away！　コノセリフダメネ、ロッパサーン、アナタハ Your Devil！　ト、ハジメカラオコリマス。ソレハオモシロクナイデス。ヘタノシバイネ。日本ノシバイハ、ミナソウデス。ダカラッマラナイ。アクマ！　デビルトイウトコロヲ、ワライナガライイマショウ。ソシテ、Get away！　デオコリマス。ヤッテミテクダサイ」

「お前さんやってみな！」と、ロッパおやじは、そっぽを向いた。

彼は、お雪を指さし、「Your Devil！」とニタリとするなり、ガラッと表情をけわしくして、「Get away！」ときめつける。

私はあまりの上手《うま》さに舌をまいた。なるほど、日本の芝居は、一つのセリフでも単調なのだ。そういえば、西部劇など見に行っても、短いセリフだが彼らはその中でいくつもの表情を見せる。私は一

つ儲けたと、早速ノートに書きとどめた。そういえば、あのころのノートに〝舞台を三角にとれ。タテ、ヨコの多い動きに注。ジョージ〟というのや、いろんなアドバイスが書きつけてある。

それから十五年ほどたって、大阪・道頓堀を歩いている時、私の肩をたたいた白髪の外人にあい、その男が片目を指さしたので、「おう、ジョージか」と、再会に驚いたことがある。

「モリシゲ、あんたは今、いい役者になった。私は三つあなたが演るといい戯曲を贈る」

といって喜ばすので北の新地で祝杯をあげたが、いまだにその本は来ない。「今、お前さんは何をしているのか」と聞きもしなかったが、彼もＣＩＡだったか、あるいはそれのナレの果てか。

もう一人、「モルガン」の時に、女のアメリカ人が現れた。名をジェレー・コスビーという。彼女は進駐軍の中尉であった。

これが、私に惚れているのか、しつこく楽屋に居座るので閉口した。というのは、いくらモノ好きでもいただきかねる大柄のアメブスであったからだ。もっとも気サクないい女で、〝私は日本人になりたい〟と、それが願望だった。ついに私と兄妹の杯をかわそうという。

「ＯＫ、ＯＫ」と、いい加減に返事したのを真《ま》に受けて「オニサン、オニサン」と、以来しつこくなつかれて、いささか世のヒンシュクを買った。仕方がないからオニさんは、終演後には彼女も連れてメシを食いに行くのだが、できるだけキタナイ新橋の路地裏の二階などへ連れて行った。彼女は心得たもので、せまい階段下で私の靴もちゃんと片づけ、甘んじて女婢となった。アメリカ人には食えそうもない、くさやの干物とか、ナットウを、食わなきゃ縁切りだと、おどかして食わしたがナマコだけは、「オニサン、ゴメンナサイ」と泣いてあやまったのをおぼえている。

飛ぶ鳥を落とすアメリカ軍人の、しかも女性をしたがえ、居丈高に振る舞ったので、周りの人や女将が大層気にしたが、お陰でラッキーストライクはフンダンに私の傍《そば》にあり、欲しいものは何でもPXで買わせた。

彼女は、コーチャンに「ビギン・ザ・ビギン」の発音などを教えていたが、あまり取りあってくれぬので、もっぱら私の妹役と補給係に甘んじて何年かが流れた。が、どこで飲んでくるのか、ベロンベロンになって夜中にわが家に来ては、ドデンとソファで寝てしまうので女房は弱っていた。

朝、子供が私の部屋に来て、「アメリカのおばさんがスッパダカで寝てる」という。あわてて、モジャモジャのたわしみたいな股の毛の上に毛布をかけに行ったこともたびたびである。

「アニの家だとはいえ、パンツまで脱いで寝るとは何事だ。日本人になるなら、日本の習慣を守れ」となっても、悪びれぬ彼女は肩をすぼめて笑うだけで、ともかくいい奴だった。数年後、軍をやめ歌手になり日本の小場所を回っていた。今はどこでどんなババァになって何をしているか。彼女は確かにＣＩＡではなかったようだ。

私の家族

混血の乙女に幸いあれ

みなさんもご承知かと思うが「今晩は森繁です」という文化放送の番組があって、この中で、ある日、黒人との混血児である小関桂子さん（19）という一女性の手紙を紹介した。

〝私は父を知らない。朝鮮戦争に行ってしまった黒人兵です。母はいますが、その母は知りません。育ててくれた大事な母は死にました。私は人々の冷たい目の中で泣きながら生きてきました。私は戦争の宿命の子。黒い顔の私はただ戦争をにくむばかりです。どうかみなさん、同情はいらないから私を同じ日本人と見てください〟

という訴えを放送したところ大した反響を生んで、これがサンフランシスコ在住の好青年クラーク君の心まで動かし、彼の求婚とまでなったのである。

二カ月ほど前、サンフランシスコの日本語新聞などの切り抜きを持って文化放送を訪れた柔和な黒人に私は紹介された。彼はたどたどしいが上品で美しい日本語をもって私たちと語った。

「もしも、彼女が日本を離れる勇気をもってくれるなら、私は私のもっているすべての力を尽くし、大きな愛をもって迎えたい。それで私はサンフランシスコから休暇をとって来ました」と。その目は真実を語り、眉宇《びう》には国境を越えた愛が輝いていた。私たちはみんな打たれて、これからの桂子さんの人生について考え合った。

しかし、桂子さん自身にしてみれば、なかなか、おいそれと玉のこしにはのれなかった。彼女はどこを押しても切っても日本人だったからである。しかし後日、彼女は決意した。彼女が語ったことばはつぎのようなものであった。

「日本に住む場合は結婚を考えたくない気持ちだが、そんな私でもどんなことで結婚することがあるかもしれない。そんなとき、夫に似て日本人らしい子供が生まれたらしあわせだけど私や私の父に近い子供が生まれては、私だけでなくその子まで、再び悲しい運命の中を生きねばならない。私は新しいアメリカという社会に、英語の一から勉強してはいり込むことに大きな不安を感じるが、この愛のチャンスを受けとめることにした」と。

私たちと、放送を聞いている何百万の仲間が、拍手を贈って彼女の未来のしあわせを祈った。ところがここに予期しなかった大きなトラブルが起こったのである。クラークさんからは往復の旅費はもちろん、もしも船の中で便所に行きたくなったら、こういいなさいとまでいたれりつくせりの録音テープが来たり、アメリカ船会社は、この話題の女性を大事に運べと社長命令まで出したが、かんじんの領事館は彼女にビザを与えなかったのである。仲間は驚いた。そして領事館に日参し、問い、かつ話し、これは小さな二人の人間の問題ではないと頼んだ。

その声がついに実って、やっと出発の十日前、特別の許可がおりて私たちをホッとさせたのである。八月三十一日、彼女は横浜の岸壁から、プレジデント・ウィルソン号の三等船客として、富士とサクラとも別れて万感を胸に故国をあとにしたのである。

「桂子よ、こんどこそ、たんとたんと愛してもらうんだよ」と私は、ただそれしかいえなかった。

過日、ニョークに向う折、飛行機が一時間サン・フランシスコにとまった。時差でボケた私の顔の前に桂子とクラークさんがいた。それでも気がつかないでポケットをさぐっていた私に、「お父さん……」という声が耳に入った。大きなお腹をかかえて桂子は立っていた、泣いているのである。

私もいつか泣いているのである。

「あと一カ月で子供が生れるの！」

「よかった、よかった」

氷原と東京

白皚々《はくがいがい》の深夜の東京の町――しかもまだ足りぬかに粉雪がひひと舞う、残っている黒いものを静かに順次埋めつくしてゆく――NHKの仕事を終えての帰りみち、そんな町なみを見ながら車を走らせていた。

なんだか東京の大掃除みたいで、明日の朝は黒い霧もどこかへ消え去ってさぞや美しかろうと、この雪が三尺も五尺も積もることを願って帰りついたが、雪は朝になっても降りやまず、三日目の朝になって初めて強い日ざしが綿帽子のこずえをぬって差し込んだ。風はことのほか冷たかったが、それでもいつのまにか溶け始め、空と屋根をのぞいて地上はなんともどすぐろくぬかるみ始めた。いやはや清澄のどんでんがえしだ。政界も間もなく雪溶けのこのていたらくを見せそうな予感さえある――うすぎたない東京になってしまった。

×　×　×

庭の雪げしきを見ながらお茶をのんでいたら、郵便が届いた。ペンギンの大陸を見ながら上陸できず……という変な電報が一通舞い込んだきり、なんの音さたもなかった女房から手紙が二つ来ていた。南極観光団用のものであろうクリスマス・カードのような美しい封筒にはいっている。一つにはたった五行

快適な航海をしています
ペンギンの乗っかった流氷はおもしろいけど
ペンギンっているかのように泳いでいます
いつもアベックで……ママ

×　×　×

何かよくわからない。

もう一通には――

×　×　×

世界一美しいというルメール海峡を通って船は南へ向かっています。

片側の大陸の方にも島側の方にも氷河が海に流れ落ちた高い断がいが美しく、ときどき雲間からの光にはえて、海いっぱいに氷山や氷のかたまりが種々な姿に想像されて絶景です。大うみつばめが人なつっこく船のそばに集まって来て投げてもらうパンや肉片にすごい争奪戦を演じます。なんだか観光ずれ？　してるみたい。さいわいに毎日零度前後、暖かい日は五、六度もあります。同行の人たちは意外に老人と女性ばかりでニューヨークで名簿をもらったときは少々がっかり？　しましたが毎日の講義（朝夕二回）にもなかなか熱心ですし相当専門的です。それにみんなとてもよく勉強していますのと、ファイトがあるのにはびっくりさせられます。

〝日本では日本人のどのくらいが南極について知り関心があるか……〟と聞かれ立ちおくれを痛感しました。単なる老人の観光旅行では行けるところではありませんが、一般人がもっと関心をもつべき重大性のあるところと思います。いずれ帰りましてから。夜は基地の人が来て朝まで白夜の中を大パーティーです。ではまた……ママとあった。
のき先のつららがドスンと音をたて落ちるのを聞きながら、氷原とか、東京とか、人間とか、女房とか、年齢とかを考えるともなく考えてみた。

× × ×

オバさん南極へ行く

女房が南極に出かけた。鼻の下の長い亭主はアホみたいな顔をして見ほれている。カングリの悪友は、あいつ、留守中ハネをのばしてウマいことをやるぢやろうという。モノ好きが過ぎると、アザ笑う向きもある。

一月五日、午前十時、そんなことはどこ吹く風と五十をすぎたオバサンは、孫たちが懸命に手をふる中を、サッサと飛んで行ってしまった。その荷物の中には、防寒服やクツや磁石やカメラのほかに、訪問着が数点はいっていた。私も驚いてこれだけはきいて見た。

「南極でパーティーでもあるのかい」

「そう、カクテル・ドレス持参のこと、と書いてあるの」と。

アメリカとアルゼンチンが共同で敢行するこの南極観光団は、世界のモノ好きや学者を集めて、約六十人がニューヨークに集まる。そこで種々と勉強や注意を受けて必要具を貸与され、一気にアルゼンチンの南の涯《はて》（人間が住んでいる南端の町）ウシュアイヤ（Ushuaia）へ飛ぶ。ここでア国の軍艦に乗り、名にしおうケープホーンの荒海を乗り越え、いよいよ氷原にはいる。そして砕氷しながら各国の基地を訪問して行くのである。ところが、そこから約六千キロ、ぼう大な南極大陸の反対側に昭和基地があって、どうしても行けない。これが彼女の最大の残念事であるらしい。以下、羽田のインタビューのぬすみ聞き――。

「なぜ、南極などへ行くご計画を？」

「南極も地球の一部でしょう。ただ、それだけ」

「日本の女の人ではじめてですが、それについて」

「ソ連の基地だって、アメリカだって、女の人がそこで働いているのよ」

「よくだんなさんが、おゆるしになりましたね」

「ヒマをくれました主人に感謝してます。でもお金は一文もくれませんのよ」

私はこの勇壮にしてオッチョコチョイのオバサンの真意を代弁する気はないが、一つだけ弁明しておこう。

彼女はこの費用一切を自分でまかなったことである。そのために私に無縁で商売をやっているが、どうやらそのへんで工面《くめん》したらしいこと。つまり自分で堂々と出ていったわけだ。私より金の使い方を知っている。正月の残りをドテラ姿でコタツにはいり、チビチビやっている亭主は鼻が低い。低いついでにいう話だが、何年か何十年か後に、フィンガーで手をふった孫が〝勇敢なる祖母〟を思い出し「おばあちゃんに負けるナ！」と一つの困難を乗り切れたら意義はその時に成り立つわけだ。やたら事の前に意義づけたがるのは日本人の悪いクセだ。ゆっくり楽しんでこい。おれは異議なく酒でも飲んで待っておる。

吾妻の正月――美人と地酒と山のさちと

クリスマスと正月は、だれもいない船の上で……と、思っていたがその夢もやぶれて元日は、あえなくついえたふじやま丸の写真を前に酒を飲んでいたが、毎年、伴淳氏から誘われていた彼の故郷の米沢にふと行く気になって、三日ヤマバトなる汽車に一行十人と家族をあげてみちのくの客となったのである。

海から山への大転向に子どもらは不思議がりながらも、あれを着ろ、これをはけと大サービスだが、映画会社は目下無断でスキーに行くことを快しとしておらぬから、つまり、足の骨など折って半年も休まれては一大事というので、「パパはこんなところでいいだろう、スキーはやらんから」と手当たり次第のもので身をかためた。当節の子どもなんて変におしゃれになって「パパ、ちぃーとカッコいい格好してくれよ」などと親にまでさしずがましいことをいう。

米沢の町は素通りして、田んぼ道を小一時間も走ったが、雪の少ない道を走るチェーン巻き自動車のうなりがうるさく、スキー場らしい絶景も見当たらぬ平凡ないなか景色に、少々うんざりしていたら、やがて谷あいにさしかかったあたりで車は止まった。夕やみの中で何が何だかさっぱりわからず招ぜられるままにすぐにも温泉にとびこんだ。

ただコンコンとわいている湯舟で、冬山はこんなもんかと、これから出る夕食にもさほど期待もわかず疲れた身体をのばしていたが、モウモウたる湯気のかなたに女性の声が聞こえて、どうやらここは混浴と知った。

世に混浴をいみきらう風習があるが、実はこれほど、清潔な男女の社交場はないと心ひそかに思っていたので、雪山などより雪より白い山形美人をながめることで、旅のうさなどはらそうと思った。ところが、よくしたもので湯けむりが人間の数とともにだんだんと濃くなり、声はすれども姿はのぞめぬ次第となって自然科学の前に頭を下げ「どうせばばぁだろう」ぐらいにあきらめて、ザーッと思いきりよくあがろうと思ったら、谷をこした窓の向こう崖《がけ》に野猿《やえん》が十匹ほど群れている。これはあきらかに裸でいかにも寒そうであった。

さて、食事となったが、何と、これがまず私を喜ばせた。すべてこの地方の伝統料理であろうか、薄味もしゃれたもの、山のさちのあれこれはまったく得がたいもので、ついつい地酒をのみすぎる仕儀となったほど。ところが終わりごろになって突如出てきたのがビフテキである。今までどこのロケでも山家のさしみに閉口してきたのだが、「この家だけはシャレた家だ、ヌルヌルのさしみなど出さんだけでもいいな」なんていっていた矢先である。

「おい、要心して味わえよ、これぞビーフステーキならぬ皮膚ステーキなるぞ」と警告を発しながら一口ほうばったら、これまた山家にしては大出来である。「いい肉があるんだね」と女中さんにいったら、「米沢は牛肉の産地だってお客さんご存知ないかね、神戸肉にひけはとりません」と鼻高々である。

その夜は、まったくまんざらでないみちのくの雪の宿であった。

さて、翌朝、私にはちょうど格好の登り坂約十五分を歩いてケーブルに乗ったが、山頂は少々風は強い。まず壮大な雪の連峰にかこまれた冬山の偉大さに圧倒されてしまった次第だ。ここが吾妻スキー場と呼ばれる第一ゲレンデで、普通の場所の何倍かの大きさだそうだが、約千五百人のスキーヤーがゴマをふいたていど。あまりのいいゲレンデに驚いたら、廃坑となったかつての硫黄のボタ山だそうだ。

ここでウームとうなったが、これはまだ早かった。スキーをはかぬ客ひとり、スキーヤーにまじってリフト千メートルを登り、いやいや、これはこれは絶景といおうとしたら、もう一つお乗りくださいという。またもや千メートルほどを第二リフトで頂上にあげられた。今夏第三リフトを作って、夏山もリフトであげる計画だそうだが、樹氷を通して徐々に眼下にひらけいく、月山《がっさん》、蔵王《ざおう》、飯豊《いいで》、鳥海が紺碧《こんぺき》の空のはてに連なり、米沢平野は見はるかす山すそに静かである。

海の良さに幾たびもたんのうした私だが、なるほど、若い連中が悲しい遭難を耳にしながらも山へ山へと誘われる気持ちもわかった思いだ。

夕焼けが連山を染めるまで零下十何度の山の上でスキーもやらずにぼう然としていたが、思えば日本という国は何とすばらしい地形と色あやなす四季に恵まれていることか。その夜、四杵《きね》でつく名物、ナットウもちをたらふく食って、久方ぶりの正月らしい正月をおくったことであった。

人生は忍耐の一字につきる――。

これは妻の云い分であろうか。五十七年は長いようで短かくもあった。人それぞれに神は忘却の名案をさずけてくださった。あれに傷つき、あれも忘れ、これに腹を立て、これも忘れ、苦々しくも泣きあかしたこともあろうかと、今にして妻を憶う。

いかにも夫という動物は、あつかいにくく我儘で、ひとりよがりで……、いや今さらに反省しても間に合わない。しかし思い起こせば私が満州（中国東北部）へ行くと決った時も、「ああそう、いいわネ、又新しい生活だワ」と、シャアシャアとして、三人の子供を生んだケナゲな女房だ。

長女は難産だったが、一貫五十匁もある赤ん坊で、大陸の強烈な気候の中でもすくすくと育ってくれた。この長女の歴史の中に満州から引き揚げまでの哀しい積み重ねがある。その子もやがて年頃、さっさと親離れして三児をもうけた。その孫の長男が脛毛のもさもさ生えた大きな体で〝ヂヂ、おれ二十歳の成人式だ、何のお祝いをくれる〟には恐れ入った。

長男は、子供の時にヨットに乗せたお陰で大学の時は、私のヨット・ハーバーの建設を一手に引きうけて実学ばかり、折角の学校を大分お留守にさせた。これも私の責任だ。こいつも二児をもうけたが、我が家の庭の一隅に住みついている。

そして次男は、学校をあと一年で卒業する時に、実は家出がしたい――など、このウツケ者とどなったが、遂にハワイ大学に入り一年の後、帰国して、おそまきながら、何となく卒業をした。

その夜、私の枕頭にヌッと立って、免状を見せ「色々と長いことお世話をかけましたが、これでやっとオヤジさんから解放されます、色々やってみようと思いますが、どうか父上御放心を」と生意気なことをいい、間もなく、可憐な娘をつれてきて、これを妻にしますと、否も応もなく結婚して今は三女をもうけた。気にしない、気にしないとて次女三女、の川柳が好きで、些か神の配剤をうらむ気もあるようだ。

ただ、親父として嬉しかったことは、伜も娘も、ただのサラリーマンと平凡な妻になってくれたことだ。その言い分は、

「どうせ、一生懸命やっても、あれは森繁の子だがおやじより上手くはなりそうもない」

など、それはゴメンだとシャッポをぬいで世襲をケ飛ばした利口さか。

有為転変、人はそれぞれに、又も私と同じように、或はそれ以上に波瀾万丈の人生が待ちかまえているのだろう。なべてこの世に在ることは地獄にいるに等しいか。

殿下とともに

ぱったり庭に鳥が来なくなった。庭の柿の木どもが坊主になったせいだろうか。寒いときは、あの鳥たちは、どこにどうしているのやら。

去年の春、息子夫婦と孫娘に家内がお迎えして、わが小艇に常陸宮殿下、華子妃殿下のご乗船をい

ただき、荒川の河口にある人工渚にご案内申し上げた。そこは東京を慕って来た鳥たちの憩いの場で、数万羽が羽を休めている。

これは実はおしのびだが、水上署はちゃんと前日、艇内をくまなく調べあげ、当日は二隻の水上警備艇が後ろをつけていたが、遠く海上保安庁も見守る中、静かに艇は鳥たちの群れに近づいた。

殿下はいち早く望遠鏡を手にされ「もう十四羽の種類を数えたよ」とおっしゃって、ご上陸が待ち遠しいご様子。やがて急ごしらえの桟橋が出来て両殿下は人工渚に上がられ、いささか寒い風にも無関心で、ご熱心な観鳥、どうやら一息おつきになり艇へ帰られた。

熱いコーヒーを召し上がりながら、私ども家族とお昼である。孫にもいろいろお聞きになったが、両親より子供の方が平然たるもので、にぎやかなひと時が過ぎた。

終始、華子妃殿下が上手に振る舞われて、一同の緊張も和らいだ。よほど、ばあさん手製のお握りがお気に召したか、しかもカレーライスがありますと申し上げると「私は大好き」と、それも召し上がって歓談がつづいた。

実はバードウオッチングの会で家内が「そんなにお好きならウチの舟で参りましょうか」が、とうとう実現したのだ。普通ならば、こんなことは滅多にないことだろう。

庶民のよもやま話がよほど面白かったのか、粗飯のお詫びをする家内にも、これが一番結構――とのお返事、この小さな舟に、かつては雲の上の方と私ども庶民の交流が生まれ、何とも言えぬほのぼのとした三時間が過ぎたのである。

そういえば全く普通の方々と拝察した。

過ぐる日、文化功労者に選ばれ、宮中で陛下とお食事をともにいただいた時も、その間の陛下のお話など、私たちをどんなにかリラックスさせていただいたことか。

私どもは大正っ子である。遙拝することは遠く車中の陛下のお姿だけだったが、終生身近にはべることなど思いもよらぬ大事であった。

去年の秋、「かくて戦争は終った」で、私が宰相鈴木貫太郎、そして加藤剛君が今上陛下を演じたが、その名場面にもあの日のことが大いに役に立ち感動の一瞬を創り得たと考える。

常陸宮は、ほんとうに鳥にお詳しい方で一同は多くを教わった次第。

思えば鳥たちは、即そのままで礼服もつけずありのままの姿でお目見えしているのだ。不敬ととがめられることなどない。いうなれば、あからさまな鳥どもの姿で、その生態をお目にかけているのである。

柿の木はぼうず鳥の寒気なり

アニサキス

アニサキス
そは南方に咲きこぼれる
妖しき花なりや
国手《いしゃ》は

われを裸にし　腹を真っ縦に
ズバリと割き　臓腑をかき廻し
やっと一寸ほど
一匹の虫を見つけたり
人　この虫を呼んで
アニサキス　という
ただ　それだけのことなり
虫は　あえなく息たえて
われもまた　あえぐ日夜に懊悩せり
ようやく師走　一年は終らんとす

鮨屋も、とっておきの活きのいい鯖を食わせてくれたのに、こんなことで悩ませてはかわいそうなことだ。ただ最近はグルメばやり美味直送とやらで、十分にしめることもなしに、海からとれたての鮮魚が店頭にならぶ。

このアニサキスも胃袋の中だけで暴れるなら、胃カメラで覗きながら引っぱり出してコトは終るのだが、何を間違ってか小腸にまでもぐりこみ、所かまわず噛み放題、ついに腸閉塞を起こさせれば最早これいかにせん。私のような情けない始末になる。

獅子ではないが、身中一匹の野卑《やひ》きわまる虫を見ながら、この切り取られた腸を見てホゾを噛んだ。

その時看護にきた娘が驚嘆したように叫んだ。

「あらー、パパ、この虫、生意気にも胃袋があるワ」

私は胃袋の切り疵が痛くて笑えなかった。

手術室に向う車《ストレッチャー》の上で、昔の武士の切腹をひかえた心境にも似て静かに瞑目したが、実は意外と不安だった。

「ハイ、今から麻酔を入れます、大きく息を吸って……」

それは聞こえた。でもあとは夢の中だ。ところが医者に聞くと、何とまあそれから喋り続けていたそうだ。

「……次は三幕目だが……」

「そこを早く――違うなあー」

何を夢見ているのか――。

その他、家人に聞かれても困る数人の女名前も出たよし、でも誰も教えてくれない。こんなアヤフヤな時間があろうとは、獅子もクソもただ何とも後味の悪いものである。

私の入院したのは第二日赤という名古屋で一、二をあらそう大病院である。初めての長期入院でこういった大病院の事情は見るもの聞くもの面白かった。この病院は、まず明るくて親切なのだ。ベッピンの看護婦さんばかりが入れかわり立ちかわり私をかまう。鼻につかぬ心くばりが、なべてあたたかい。これだけでも及第だ。お医者さんは、これがまた赤ヒゲ風で、身を粉にして診療に当られるのには頭が下った。

「そりゃモリシゲさんだからでしょう」

の声もあるが、いやウソだと思われるなら入院してごらん――といいたい。病院のいい悪いは院長や幹部の心情によって決るとみえる。

腹の調子がよくなった一夜、私はナース・ステーションでこんな歌、知ってるかい――とそっと唄ってみた。

〽火筒《ほづつ》の響き遠ざかる
後には虫も　声立てず
吹き立つ風は　腥《なまぐさ》く
紅《くれない》染《そ》めし草の色

真白に細き手を伸べて
流るる血汐《ちしお》洗い去り
巻くや繃帯白妙《しろたえ》の
衣の袖は　朱《あけ》に染み

味方の兵の上のみか
言《こと》も通はぬ　あたまでも

いと懇《ねんご》ろに看護する
心の色は　赤十字

これはあなた方、赤十字の歌だよ。

白衣の天使たちは、ただ口をあけて聞き惚れるばかりであった。もっともなことだ。これは明治も日清戦争の時の、婦人従軍歌である。

このアニサキス小事変で、誰が儲けたか、皆、大損小損、大変な迷惑をかけた。ただニッコリ笑ったのがいる。誰あろう鮨屋と花屋である。まず勲二等でお祝いの花、それが早速、御見舞でダブルヘッダーだ。続いて快気祝と——推定ウン百万の花が私の身辺を埋めた。いやはや、もの入りをかけた。

七十五回目の桜がまた見られるのだ。

ただ、ひと言——。

二十一世紀の或る日、私たちはアニサキスのような目に見えるものでないミクロの世界の——それもエイズやB型肝炎の数百倍も強い豪敵に攻められ、人類の大半はあえなく全滅させられるのではないかと、ひとり慄然としたことだ。

わが愛おしき妻よ

この話はどうしても書かねばならない——心というか義務みたいなものである。

正直に書きたいが、嘘を書くのに一番都合のいい相手だ。

それは亡くなった妻のことだが……。私は元来、ずっと女房に頭の上がらない男だったからである。

古い歴史だ。

誰しもこのくらい古きゃ、頭の上がらぬことを二つや十はしているだろう。

今はともかく私の話だ。

昭和十年頃か――。

「来たれ、演劇を志す者よ　大歓迎！

　　早稲田大学劇研」

ポスターを貼りにゆくのは、森繁よ、お前の役だ。

何とも歯の浮くような文面で、あの地下室の演劇研究会でも誰もが微苦笑ものだった。劇研が募集する女性は、早大の名誉にかけて、最高の女子学生でなければならない。選ばれた名誉と興奮を肩に、それでも私たち二人は中央線に乗って女子大へ出向いた。あまり気が向かなかったが、その女子大学は荻窪にあった。堂々と校門を入った。不思議なことにあまり別嬪《べつぴん》はいなかった。

それでも勇気をふるってポスターを貼るらしい場所に来た。二、三人がチラッと見て、プッと笑ったのを聞いた。

「田舎もんが多いナ」

「頭のいいのにエエ娘は居らんナ」

私たちはヨタヨタ帰ったが、先輩は妙に喜んだ。

「どうだ、貼ってきたか？　よし、こっちのもんだ」

「ハイ」

「いいのいたか……」

「よく見ませんでしたが、周りはそこそこでした」

「やっぱり、目白の方がよかったかナ」

あきらめたように先輩たちは黙った。

そのうち、可愛いのが、逢いたいと、劇研を訪ねて来た。

「それ！」

一同は目の色を変えて、その女性を取り巻いた。

「どうぞ、どうぞ、ここへ」

彼女はモジモジしながら、劇研のボロ椅子《いす》に座った。

「ここが有名な早稲田の劇研です」

今とは違う、もっと遠慮深い学生たちであった。

「私は台湾で育ちました」

「おや、あちらの方ですか」

「生粋《きっすい》の日本人です。父が台湾の官吏をしてましたので……」

「そうでしょう、そうでしょう」

私の上に山本薩夫、谷口千吉がおり、彼らは何を間違えて、映研じゃなくて劇研にいるのか、小うるさい文句ばかり、毎日たれている連中だ。それに大森義夫、この人は新劇が大好きだったが、赤城忠次なんて変な芸名をもっていた。そしてもう一年上に、田村泰次郎（作家）がいた。彼はあまり理屈は言わず、菊池寛の「入れ札」などを大隈講堂でやったりした。

早稲田で有名なアートオリンピア事件が起きて、大隈講堂から警察へ大半が持っていかれたのもその頃だった。後にアナウンサーで同期の大友平左衛門というのが首謀者の一人だった。

私はモギリをやらされていた。

水谷八重子が来るという噂で、大会会場は大変だった。そのうち大隈講堂の二階から、日本青年共産同盟に入れ――と垂れ幕が降りて大騒ぎだ。

そう言えば、仲間に、フジテレビの社長になった鹿内信隆もいた。もっといたろうが、遠い話で忘れた。

さて、そんな中に花のごとき女が入ってきたのだ。

後に朝日新聞に入った山本というのが、彼女に惚れてしつこかった。

その日の帰りに、私は彼女を喫茶店に連れてゆき、難を避けたが、山本は相変わらずついて来た。

私は打ち解けて、やたらと喋った。

「お兄さんは？」

「帝大へ行ってます」

三回目あたりに私は自分の下宿に彼女を招いた。ライバルがやたらと多いので、いち早く押さえつけて私のものにしたかったのだ。

次の来訪の時、私は彼女の桃色の肌を抱いた。少し血が出たが、初めてではしようがないと自分に言い聞かせて、その日初めて女性を私の部屋に泊めた。

もっとも、〝結婚する〟という条件だった。

言うならば、その頃の学生は総じて純情だったのだ。あるいは私だけかも知れぬが――。「大学生の割に処女か?」とあの時言ったのを覚えている。

それからの数年が大変であった。私は台湾へ、船で行った。台北に着いて、あまりに勝手が違うので、紆余《うよ》曲折、船中では刑事が私たちをキャビンに呼んで、あれこれ尋問した。

私は、それこそ純朴な母親の前で両手をついて、〝お嬢さんをいただきたい〟と背中に汗をびっしょりでお願いした。

「父が在世なら、お出迎えしたでしょうが。実は一昨年、みまかりました」

「そうですか」

私は己の履歴を書いたものを渡した。

「ぜひ、お嬢様をいただきたい」

「へえ、そのおつもりで」

「はい」

母上は気を利かされたか、私たちは並んで床に入った。何しろ兄弟の多い家で、ビーフンやショウケイという台湾料理もご馳走になって、手を握りながら寝た。

許されたので私たちは東京へ帰っても大っぴらに寝た。

私は二十一歳か二歳か忘れたが――、余りに遠い話だ。

やがて愛児も生まれ、彼女は、私の勉強のためもあり、早大に入り、私にカンニングペーパーまで書いてくれた。

荏苒《じんぜん》と日は過ぎ、それから六十余年、彼女は世界中を旅行して回り、私はもっぱら日本で映画を撮り、芝居をやっていた。

何事もなかった六十年――でもなかった。四、五人の有名なスターと同衾《どうきん》したことも否めない。

彼女の旅の足跡は二百十余カ国に及び、女ひとりでは到底なしえないような旅だ。パリ・ダカールのレースで有名なアフリカのサハラ砂漠、シルクロード、北極には二回、南極二回、フンザ（パキスタン）等々、私はその間、羽根を伸ばした。でも立派な子供が生まれた。男二人、女が一人。

ちょうどその頃、TBSで、七人の孫というプログラムをやっていたが、私には八人の孫ができた。

そのスタッフの連中を連れてきては、毎夜のように酒を囲んでおだを上げた。

家内は女学校の時、アフリカにハンセン病の病院を建てたシュバイツァー博士の話を聞いて、いたく心酔した。死ぬまでには何とかして会いたいと彼女は必死で願ったらしい。

ある日、私に、

「ちょっとアフリカへ行ってきます」

と言って、半年ほどいなくなった。

アフリカのランバレーネという奥地の小さな村に、シュバイツァーは病院を建てて住んでいた。

そこへ行くために大変な紆余曲折があったらしい。大きな河を渡り、やっと到達するのだが、その船はハンセン病の患者が三人で漕いで渡った。渡り終えると、その河畔《かはん》に、静かに立っているのがシュバイツァー博士だった。

非常に丁寧な挨拶《あいさつ》があった。

「よくこんな遠い所まで来てくれましたね。どうぞゆっくりお休みください」

一室を与えられ、そこで初めて憧《あこが》れのシュバイツァーの全貌《ぜんぼう》を見た。

立派な方で、朝晩シュバイツァー博士と一緒に朝の祈りも夕べの祈りもして、患者とも話した。すばらしいアフリカの夜だったそうだ。

しかし、待っている私は、いつまで経っても帰って来ないので、何処にいるかも分からず、ただ無事平穏を祈るだけだった。

「お前、病気になったらどうするんだ」

「博士の病院に入れてもらうわ」

シャアシャアとした返事だ。

しかし、女学生時代の感動は、彼女を熟《う》ましめた。

私を驚かしたのは、そればかりではない。南極へ行く者を求めているというニュースを耳にして、

「私も連れてってください」

「女は駄目ですよ」

「どうして駄目なんですか？」

彼女は執拗《しつよう》に食い下がった。しかし、駄目なものは駄目で、ついにアメリカのリンドブラッド社（旅行会社）に頼むことにして必要以上にしつこい手紙を書いた。

ある日、向こうからオッケイが出た。ただし、イブニングドレス数着、これだけは持ってきてください、と書いてあった。

彼女は飛行機でアメリカからアルゼンチンに飛び、南極大陸に向かった。

やがて二日後に南極の大祭があるという。軍艦に乗って南極の海上で素晴らしいミサが始まった。

彼女はそのミサにも参列した。霧のかかる海上に賛美歌が流れた。

荘厳の極みの中、ミサは進行し、南極で倒れた人々の名が朗読された。なんとその中に日本人の名があった。

南極の小さな軍艦の上で、彼女は、この人種差別もない立派な行事にただひたすら感動したという。

それから彼女は南極が好きになり、もう一度南極へ行くのだが、その前に北極へも行った。

もっと驚いたのはシルクロードを車で走ったことだ。

ペルーでは、チャンカイ文化の遺物、とくに織物類では世界一の天野博物館の天野芳太郎博士に逢ってたくさんの収穫を得た。その天野さんにもおんぶにだっこで甘えたらしい。天野さんはペルーの誇る第一人者だった。

ただし、いろんな所へ行くまでには多くの事故に遭ったらしい。

南米では六人乗りの飛行機が不時着するというすごい嵐にも遭って一命を取り留めた。

またジープがひっくり返って、山麓《さんろく》を転げ落ちながら、これも危うく一命を取り留めた。

驚いたことにはチッキで送ってきた荷物はボロばかりが入っていた。

「これは何だ」

と聞くと、

「ミイラが着てたの」

と言う。

「剝《は》がしてきたのか」

「ええ」

私は次の言葉が出なかった。

「その代わり、あなたにはビキューナの生地を買ってきたわ」

これは南米アンデス山脈の高地に住むカモシカに似た動物から産する最極上の洋服地で、国外持ち出しは禁じられているはずのものだ。

彼女はこんなことを言ったことがある。

「どうして私を抱かないんですか？」

「お前には世界中の黴菌《ばいきん》が付いている」

現地人は、そばに寄ると異様に臭《くさ》いのは閉口した。聞くと、その臭いを嗅《か》いで興奮するので、絶対に陰部は洗わないという。まさかそんな連中に犯されているわけはないだろうが……。

アフリカの時にも往生した。アフリカの現地人が性器に被せるペニスケースを、四つも五つも持ち帰り私を驚かせた。

蛇も喰《く》い、象も喰い、鰐《わに》も喰って、露命をつないだそうだ。

平成二年十月二十一日、私は名古屋から急ぎ汽車に乗った。

横浜駅に着いた時、ホームに今は亡くなった倅《せがれ》が立っていた。

「残念ですが、ババ、亡くなりました」

思えば良妻であった。

私は恥ずかしげもなく泣きながら昭和医大に飛んでいった。

「私は、あなたより先に死ぬのは厭《いや》」と言っていたそのすばらしい妻も、悲しいかな、そこには蠟《ろう》のように透き通った顔で、横たわっていた。私は抱き起こして、しばらく抱いた。

まだ身体は温かい。

「バカ……なんでお前、一人で死んだ。淋しかったろう、許しておくれ」

彼女は不思議な才能を持っていた。

私の家のすぐそばに撮影所があった。

「今から飯を食いに帰る」

「ハイ」

決して「ダメ」とか「イヤ」とは言わない女だった。

「何人なんですか」

「二十人」

「ハイ」

たった二十分ぐらいで全部支度が出来ていた。

「今夜は三十人ぐらい来るからね」

「ハイ」

すべてが整っていた。

「今日は懐かしい連中を全部集めるんで」

「二号さんもですか？」

私は返事に困った。

「あれは二号さんじゃないよ」

「じゃあ何です？」

「そりゃ、あのう、友達だ」

「この次の宴会には、みんなお友達を呼びましょうね」

「喧嘩《けんか》するから駄目だよ」

久しぶりに早く帰った。

「なんだ、早く帰ってきたのにブーたれて」

「上がってください」

「当たり前だよ、俺の家だ」

「あたしたちは、そのうち全員で三原山に行きますから。なにごとがあっても驚かないでください」

「ちょっと、ゆっくり話しようよ」

「出版会社の社長夫人ですか」

「それがどうしたんだ」

「この間、あなたの服を洗濯屋に出したら、ポケットからこんな紙が出てきました」

「記憶にないなあ」

「あなたにはなくても私にはあります」

「なんて書いてある」

「この子が可哀想です。もう四カ月です。私は病院で泣いています。あなたは来ないし、いい病院があることも聞いてます」

「どうせそのうち、一緒に同じ穴に入ってたっぷり謝るよ」

「許さないと言ったら？」

「そこの横に小さな穴掘ってそこに入るよ。とんとんとんとん、とんとんとんとん、ごめんね」

妻を送る

思いわび
夢と思えぬ秋の暮れに
この悲しみは何ならむ
空の蒼《あお》さにホロホロと
目頭拭《ぬぐ》い妻を送る

恥多き男の悲哀ぞ
世に生まれ　生きてこしこと
すでにして苦しみと知る
言うなかれ君よ別れを
世の常を

詩聖は謳う
虚《うつ》ろに聞いた
己の恥辱ぞ

言うなかれ君よ別れを
世の常を
また生き死にを

恋せし頃の
君は美しき
妻となり娘息子を産み
ああ、
あの日から
これ苦しみの幾年月

重き荷を背負いて
廃墟《はいきょ》の中幾春秋
六十余年はまるで
白駒の隙《すき》を行くがごと
重きもの胸に秘め
ひとり道を急ぎぬ
遠き道

何を念じて歩むらむ
思えば
またも虚しさに
涙頬《ほお》を濡《ぬ》らす
ああ　一九九〇年
慚愧《ざんき》の秋は
黙念として
更けるのみ

亡き長男へ——あとがきに代えて

本書（『品格と色気と哀愁と』）の執筆中に、私は長男の泉《いずみ》を失いました。五十八歳の若さでした。倅《せがれ》の思い出は、彼の名の通り泉のごとく溢《あふ》れるばかりです。こんな悲しみがあるとは、私の心のどこにもありませんでした。老いさらばえた私は、ただ泣いて泣いて、動かぬ倅の顔をじっと見入るばかりでした。本来なら、私が先に逝くべき筈《はず》なのに、人の命なんて分からぬものです。

時として気力も萎《な》え、力尽きようとする私を叱咤《しった》し、温情溢れる励ましを頂いた桜井秀雄監督と朝日新聞社出版局の山下勝利、中島泰両氏のお力添えがなければ、私のこの漫筆も終わりを見なかったことでしょう。ここに改めて深謝する次第です。

今はもう何も書けません。私の悲しみにお寄せ下さいました多くの方のご厚情に応えた謝辞をここに転じて、あとがきに代えさせていただきます。

古人曰《いわ》く、語るべきは多くして、語るもまた詮《せん》なし。

謝辞

今から千年も前のペルシャの詩人、オーマ・カイヤムの詩集『ルーバイヤート』の四行詩です。

いづ地より、またなにゆゑと
知らで　この世に生まれきて
荒野を過ぐる風のごと
行方も知らぬ去るわれか

（矢野峰人訳）


こんな痛烈な詩がありましょうか。私は、いまこれをしみじみと噛《か》みしめています。

生まれた時、死はすでに覚悟すべきとはいえ、その逆縁は老いの目をしばたたかせます。

皆様から頂いたお手紙にこめられた心は、私に迫るものがありました。

八十六歳にもなって、私は世界一の愚か者のように泣きくずれました。

泣くことを知ったのは生まれた時ですが、香煙縷々《るる》と立ちこめても、何度かむせ返るばかりでした。

せっかくの天竺《てんじく》のお経も、その深遠な意味は解せませんが、生まれることもまた、ひとつの苦しみと知りました。愛することもまた、苦しみであるように、今は、〝……いく夜寝覚めぬ須磨の関守〟の心境です。

倅はいずれに消えたか、知る由もありませんが、たわごとを書きながら、ふと目を閉じますと、倅が笑っています。

あの日、私の前に横たわって動かぬ倅の冷たい頬《ほお》を舐《な》めますと、いくらか塩の香りがしました。ああ、生きている匂いだ、としみじみ思い、抱きしめました。

皆様には思わぬご迷惑をおかけしました。

“Somebody's knocking the door”（誰かがドアを叩いてる）と唄う黒人霊歌の中にこんな一節があります。

〝死んじゃったおまえ、恥ずかしくないか〟

私もまた、同じ思いがいたします。

暖かい愛情と慈《いつく》しみを頂いた倅は幸せです。

すでにもの言わぬ倅に代わりまして、厚く、御礼申し上げます。

（平成十一年二月六日の告別式で）

欲張りは男の恥か

八十路をこえて　やっと知る

己のむなしさ
それにしても　時たま　うごめく
かにかくに
己をうらむか　神をうらむか

死して護国の鬼ともならず
凡夫　いやしきままに
奥津城《おくつき》に入る　恥ずべし

生きるとは　何なりや
我が行く道は　いづ地とも知れず
神のごときもの　道を示すとあれば
我、ただそれに　従うのみ

火は燃え盛り
水は底知れず　深くとも
いづれの力もて　そを妨ぐるか
はや詮なし

人ははじめて
生きることの　苦しみを
年ふりて　覚ゆなり

我はただ　人より楽しき
日々を過ごしたる
げに幸せ者と言うべし

嗚呼《ああ》　いつの日か召さるるとも
また　この骸《むくろ》
いかように　引き裂かるるとも
詮なし

魂のいづこにありや
そも知らず　ここに終わる
潔しとせむか
この日　陽は昇り　また沈む
天地《あめつち》に変わりなし

平成十一年三月十四日
——横須賀市野比《のび》にて——

森繁久彌

金婚式

花火のような一夜でした
皆さまの美しくも深い情愛に
堪えてはおりましたが
部屋へもどって私どもは泣きました
　馬齢を重ねて七十年
拾ったような命ですが、
戦后の垣間をくぐりぬけ、
ようやくひとさまのお顔に
接することが出来るようになりましたが
思えば正に皆さまのお力でございます
　深く頭べをたれて心から
お禮申し上げます

有難うございました
余命カキ立てて少しでも
お役に立ちたいと夫婦そろって念じております
亦過分なお祝いを戴きました皆さまに
厚くお禮申し上げます
その御芳志　中国残留孤児の
お役に立てたいと存じております
我らが夫婦に最良の日を
お与え下さいました皆様に
心から感謝申し上げて
一筆したためました

（昭和）五十八年十二月

森繁久彌
杏子

（昭和五十八年十一月二十四日）

文化勲章を受章して——文部省〝文部時報〟に寄せた文章

わが胸にずしりと重し　たちばなの
　文化の我に　ありや　なしやと

平成三年十一月三日　文化の日
夢見あこがれた文化勲章を戴いた。

何が私を、そのような名誉ある者に仕立て上げたか、正直いって分からないのが胸のうちだ。映画も二百九十本撮ったし、演劇も四十年近く、その演目は数え切れない。加えてラジオとテレビだが、これも数え切れない。NHKの日曜日にやる日本の名作劇場、これも私と加藤道子氏の二人だが、何と三十七年目に入った。まだやっているのである。

その他、会長は日本俳優連合を始めいくら整理しても十を下らない。戴いた賞も都民栄誉賞、毎日芸術賞、菊池寛賞、早稲田文化芸術賞、これも数え上げれば五十を越すだろう。

その中に燦然と輝くのが今回の文化勲章である。

私は亡妻の前で一年待っていたらな……と、涙とともに報告した。

大きな道が開けたのだ。逢う人ごとにそれを一番に喜ばれた。どうかすると我々の仕事はなかなか高くは見られない。どんなに人が私の芝居を愛しても、それと賞とは違うということのように思われた。自分で言うのもおこがましいが、これで道が拓けたとすれば、それはどんなにか万人の喜ぶところだろう。

ふり返れば、我が八十年近い人生は波乱万丈、有為転変の人生であった。よくもまあ生きのびて来たかと不思議な程だが、今や共に働いた人達が黄泉路《よみじ》へ急いで周りが淋しくなった。生きている人たちの為にも、私は健康に留意して長生きをしなくては申しわけがたたない。

考えれば私の人生の前半は、云うなれば若い日の森繁などは何のクソにもならなぬ男だった。無くていい二十五年程を引くと、私はまだ五十台だ。しっかり大地に足をつけて、少しでもこの道の発展のために尽くさねばなるまい。

底本一覧

＊タイトルは変更した場合がある

序　『森繁自伝』中央公論社　一九七八年　新装版あとがき（初版一九六二年）

I　私の履歴書――さすらいの唄

『さすらいの唄――私の履歴書』日本経済新聞社　一九八一年

II　森繁自伝

『森繁自伝』同右

III　満洲

「柳絮舞う新京――満州変貌」『もう一度逢いたい』朝日新聞社　一九九七年
「長春の夜の物語り」「引き揚げの長春南駅」『青春の地はるか』日本放送出版協会　一九九六年
「大陸に沈む夕陽」『もう一度逢いたい』同右
連作詩「満洲の空は碧かった」『一片の雲』ちはら書房　一九七九年
「トラ・トラ・トラ」『あの日あの夜』東京新聞出版局　一九八六年
「蒙古残照」「行軍」「引き揚げ」『人師は逢い難し』新潮社　一九八四年
「始皇帝の垣根」「〝蒙古人の眼〟のように」「蒙古草原の饗宴」「王爺廟のお祭」「青い海の底で」「国境の日本人墓地」「論語読みの論語知らず」「住めば都」『こじき袋』読売新聞社　一九五七年

「信州の爺」「月下のオロチョン部落」『さすらいの唄』同右
『新天地・満州国』『こじき袋』同右
「はじめに」「国境を見よう」『黒龍氷原を往く』「国境のおまわりさん」「四か月の兵役訓練」「大ばくち、すべってころんで」「収容所でひと働き」「平和について」「大きな主題」「赤い夕陽」『青春の地はるか』同右

Ⅳ　わが家族

「ガラクタも尊し」「エビガニの日曜日」「善い哉・雑種！」「弁天山の幽霊」「ブラジルの夢」『こじき袋』同右
「税吏よ、人間であれ」『にんげん望遠鏡』朝日新聞社　一九七九年
「アッパさんだんぎ」「みんなが　みんなが」「アッパは酪優」「三割の秘密」「女房の笑顔」「兄得弟損」「炉辺論談——学生のエネルギーへの期待」「アッパさん文士」『アッパさん船長』中央公論社　一九六一年
「隻眼少佐と女中尉」『にんげん望遠鏡』同右
「混血の乙女に幸いあれ」「氷原と東京」「オバさん南極へ行く」『ブックサ談義』未央書房　一九六七年
「吾妻の正月——美人と地酒と山のさちと」『一片の雲』同右
「私の家族」『隙間からスキマへ』日本放送出版協会　一九九二年
「殿下とともに」『あの日あの夜』同右
「アニサキス」『帰れよやわが家へ』ネスコ　一九九四年
「わが愛おしき妻よ」「あとがきに代えて」『品格と色気と哀愁と』朝日新聞社　一九九九年
「金婚式」早稲田大学坪内博士記念演劇博物館資料より　昭和五八年一一月二四日
「文化勲章を受章して——文部省〝文部時報〟に寄せた文章」早稲田大学坪内博士記念演劇博物館資料より

解説　メイキング・オブ・モリシゲ

鹿島　茂

森繁久彌という名前をいつ頃に覚えたのだろうか？

自分で金を払って見た記憶がはっきりしている森繁主演の映画は『サラリーマン忠臣蔵』（一九六〇年一二月）である。ただ、実際に見たのは翌年の一月か二月だったと思う。当時、封切館、二番館、三番館というピラミッド型の時間差配給システムが存在しており、各地方の一流館で封切られた作品は、都市近郊や場末の二番館、三番館へと落ちていくのが普通だったからだ。私の生まれた町は半農半漁の寒村だったので、映画は隣町の杉田にあった杉田東洋（松竹と新東宝の三番館）と杉田東映（東映と日活、および東宝の三番館）まで市バスに乗って見にいかなければならなかった。では、映画環境がよいとはいえなかった割に小学生の頃から映画をよく見ていたのはなぜかといえば、酒屋を営んでいた実家に二つの映画館のポスターが貼られていたからだ。つまり、その代わりにビラ下券という無料招待券を受け取っていたので、小学校の三年生頃からは、隔週くらいの頻度で友達を誘って二館のどちらかに出掛けることができたのである。

というわけで、『サラリーマン忠臣蔵』を杉田東映で見たのは一九六〇年の一二月封切りではなく、二、三週間落ちの翌年一月の下旬ごろだったことになる。忠臣蔵そのものは毎年、映画会社がオールスターキャストで製作していたので、小学生といえどもストーリーは頭に入っていたから、『サラリーマン忠臣蔵』の翻案《アダプテーション》が非常に巧みだということはよくわかり、おおいに楽しめた。

しかし、さらに記憶をたどってみると、私はもうこの頃には森繁久彌という名前とそのキャラクターについてはかなり知っていたと思われる。ではいったい、最初の森繁映画は何だろう？　そう思ってフィルモグラフィーに当たるうちに、久松静児監督『路傍の石』（一九六〇年五月）を父親と一緒に見たことを思い出した。高等小学校卒で丁稚奉公に出なければならず、中学校に行けなかった父親が、山本有三の原作に自己同一化して、映画を息子にも見せたいと思ったようだ。吾一少年を演じているのが定期購読していた漫画雑誌『少年画報』の表紙になっていた太田博之だったので、私も同行を承諾したのだと思う。

この『路傍の石』で吾一の父親をやったのが森繁久彌で、士族であることを誇りにしながら山林訴訟に明け暮れて財産を蕩尽する性格破綻者の父親を、じつに見事に演じていた。とりわけ記憶にあるのは、父親が買ってきた袋入りの焼きいもを吾一が「ひとつだけなら」と思って食べたところ、どうにもやめられなくなり、結局、全部食べてしまって父親に怒られる場面。また、焼きいもの味を覚えた吾一が、父親が丹精していたダリアの根を焼きいもと勘違いして食べてしまうところも、強烈に記憶に焼き付いている。

しかし、では、このときが森繁とのファースト・エンカウンターだったのかといえば、そうでもない。森繁の顔と声はすでにお馴染みだったからである。考えられるのは、『路傍の石』以前に、『社長太平記』（一九五九年）、『続・社長太平記』（一九五九年）、あるいは『新・三等重役』シリーズ（一九五九年〜一九六〇年）のうちどれかをすでに見ていたということ。この可能性は高い。

もうひとつは、ラジオ少年だったために、一九五七年に始まったＮＨＫ第一の『日曜名作座』を毎週聴いていたという可能性である。いずれにしても、一九六〇年には森繁の顔と声とキャラクターは私の記憶に十分定着していたのだが、しかし、森繁に心底ほれ込み、森繁というのはすごい役者だと思ったのはそれから一年後、一九六一年の八月に新東宝が倒産し、大量のフィルムがテレビ各社に流れたときのことである。新参入のフジテレビや日本教育テレビ（現在のテレビ朝日）はこの頃から新東宝作品を午後と深夜に放映したが、私はこれにより、新東宝の熱烈なファンになると同時に森繁久彌という端倪すべからざる俳優を知ることとなったのである。

なかでも、『森繁の新婚旅行』（一九五六年）を含むシリーズ（『森繁の新入社員』『森繁のやりくり社員』『森繁のデマカセ紳士』いずれも一九五五年）には心底ほれ込んだといってよい。

では、これら連作のどこがどう凄いのかといえば、森繁の天才的なアドリブ力に尽きる。もちろん映画は脚本に基づいて撮影が行われているはずなのだが、新東宝の森繁のシリーズを見ていると、とてもそうは思えない。森繁は脚本を無視して、アドリブで演技しているように見える。とりわけ面白かったのが『森繁の新婚旅行』である。

森繁扮する冴えない新聞記者は、特だねとして首相の写真を撮ったはいいが、首が欠けていたために上役から大目玉を食い、四国の田舎町の支局に左遷される。あまり暇なので、窓の外を通る女性に片端から「暇があったら、結婚しない？」とナンパしている。もちろん、誰ひとりとしてその言葉に答える女性はいないが、あるとき、和服姿の美女が「よろしいですわよ。私でよろしかったら」と答えたことから、森繁は平清盛の末裔という名家の娘と結婚するはめに。かくて東京に新婚旅行に出掛けることになったのだが、森繁が書いた旅行スケジュール表が風に吹かれて、修学旅行を計画していたその町の高校教師の手に入ったことから、森繁夫妻は行く先々で修学旅行の悪ガキ（三木のり平・千葉信男）たちと鉢合わせすることとなり……。

私は、この『森繁の新婚旅行』を見て以来、映画そのものよりも森繁久彌という怪優の全貌が知りたくなった。いったい、どんな人生がこんなにも特異なキャラクターをつくるんだと思ったからである。

以来五〇年以上、「メイキング・オブ・モリシゲ」の本が読みたいと思っていたところ、ここに奇跡が起こった。藤原書店から『全著作〈森繁久彌コレクション〉』が刊行され、その第一回配本として自伝関連のエッセイが『自伝』と題されて一巻となったのである。しかも、その解説として、なんとこの私が起用されたので、ゲラの段階で「メイキング・オブ・モリシゲ」を知ることができたのである！

しからば、この森繁久彌の『自伝』をどのような観点から読むべきなのだろうか？「マイナス貯金」という視点に立って読むことをお勧めしたい。

人生にはあきらかにプラスになるような経験もあれば、その反対にマイナスにしか思えないような経験もある。私はこれらを「プラス貯金」と「マイナス貯金」と呼んでいる。とりわけ重要なのはマイナス貯金だ。

なぜなら、マイナス貯金というのは、人生のある時期に劇的な転換が起こると、絶対値はそのままにマイナスが一気にプラスに転ずるという奇跡をなすオセロ・ゲーム的貯金だからだ。とりわけ、表現者にはこうした奇跡が起きることが多い。つまり、それまでひたすらマイナスとして積み上げられていた惨めで悲痛な体験が、自己表現の素材となり、手がかりとなり、表現の方法論となるのである。森繁の『自伝』は、このマイナス貯金の蓄積過程として読むことができる。しかも、このことに関して森繁はかなり自覚的だったと思われる。冒頭に置かれた「あゝ『不良』」というエッセイで大正・昭和の時代の自分を回想しながら、森繁は当時「不良」と呼ばれた中産階級の少年たちについて語っているが、これこそは「マイナス貯金」へのオマージュと見なせるものである。

「親の金をクスね、どことなく怠惰で、それでいて妙に斬新の風を見せる一群であった。ところが不思議なことに、私たちの周辺を見ても、この『不良』たちが、今日文化の先端に立って大きな仕事をしているものが多いのである。(中略)

虫も殺せぬ几帳面でヒ弱な優等生、つまりアンチ不良の秀才は、意外にも平凡な役人で終ったり重役から閑職についたりして余りパッとしない余生を送ったりしている。中には教授や博士になって物静かに人生を思考の中で終ろうとしているものも多い。

今、私は過ぎ去った六十余年を懐古しながら、この『不良』という言葉にえもいわれぬ奇妙な魅力を感じ、その語感の中に少年の日の多感な夢を想い起すのだ」

森繁の『自伝』全体を通してマイナス貯金の預金高が最高となるのは、なんといっても満洲での体験、玉音放送に続く阿鼻叫喚の引き揚げの日々、それに戦後の混乱の中での生活ということになるだろうが、しかし、森繁が『自伝』で意識的に「マイナス貯金」として語ろうとしているのは、そうした究極の悲惨ではなく、「不良」として過ごした楽しい「マイナス貯金」のほうである。よって、この解説では、森繁がこの時期に「マイナス貯金」をどのように着々と貯金していったかを語ってみることにしよう。

『自伝』でまず注目すべきは、父親が関西実業界の大立者・菅沼達吉だったという事実である。日外アソシエーツの『20世紀日本人名事典』には、菅沼達吉は次のように立項されている。

「仙台藩大目付〔森繁は江戸大目付としている〕・森泰次郎の子に生まれ、12歳で菅沼家の養子となる。叔父・成島柳北や箕作秋坪に漢学・英語学を学ぶ。二高教授兼舎監として9年間務めた後、銀行界に転じ、日本銀行大阪支店長を経て、山口銀行頭取に就任。のちに手腕を買われて大阪市高級助役に選ばれ市政を担当。大阪電燈取締役も務め、関西政財界の重鎮として活躍した」

ちなみに、私は最近、阪急や宝塚歌劇団の創設者・小林一三の伝記をものしたが（『小林一三——日本が生んだ偉大なる経営イノベーター』中央公論新社、二〇一八）、小林は阪急の前身である箕面有馬電気軌道の創設に奔走していたとき、関西財界や大阪市と頻繁に接触し、資金の工面に駆けずりまわっていたから、当然、菅沼達吉ともかかわりがあったはずだ。後に森繁が東宝に就職し、戦後も東宝からデビューしたことを思うと、そこにある種の運命の糸というものを感じずにはいられない。

それはさておき、この菅沼達吉に関する履歴で注目すべきは、叔父が『柳橋新誌』の成島柳北だったという事実である。私もミニ・バイオグラフィーを書いたので（『ドーダの人、森鷗外――踊る明治文学史』朝日新聞出版、二〇一六収録）、成島柳北については多少とも通じているが、成島の本質をひとことで定義すれば「マイナス貯金の人」ということになる。

すなわち、高位の幕臣でありながら、不遇時代に歓楽街・柳橋に沈潜し、その栄枯盛衰を見据えながら「マイナス貯金」を溜め込んでいったこの成島柳北が大叔父だとすれば、森繁の中に流れる血のことを考えないわけにはいかないのだ。これぞ「マイナス貯金」としての「不良」の原点だからである。

森繁は「この人と父との日常のことなど、もう少し父が生きていてくれたら面白い挿話がつづれたと思って残念だ」と書いているが、おそらく長じて文学に親しむようになってから自分の大叔父が成島柳北だと知り、もしかすると、自分はこの大叔父の生まれ変わりではないかと考えたのではないだろうか？　森繁は「昭和の成島柳北」だったとも言えるのである。

次に森繁の履歴で注目すべきは、やはり二歳で父・菅沼達吉と死別し、複雑な大所帯の中で成長したことだろう。

「私の兄弟は六人だった。

先妻との間に一男二女、そして私の母に三人の男の児があり、母はどういうことか入籍ならずして、私たちは庶子と謄本にうたわれている。（中略）

新築なった枚方の邸には、祖父江戸大目付役の妻である祖母エキが未だ健在で、腹違いの兄、嫡子の豊、つづいて私のすぐ上の兄俊哉（中略）と私、そして母、もう一人不思議な女性がいた。高木ハルというハイカラな一見、外人風な小母さんと、その子高木登吉、そして隻眼の爺やと書生、女中たちであった」

私も一四、五人の成員がいる大家族の中で育ったのでよくわかるが、こうした環境に置かれた子供というのは必然的に人間の善し悪しを瞬間的に判断することを強いられる。自分にとって危険な人物か否か（つまり怖い人か否か）を察知するために、その人物から発せられる情報を即座に分析し、比較・検討して結果を出さなければならない。それには顔と声が最も有力な情報源となる。さらにいえば、顔のどの部分、声のどんな質や抑揚にそうした情報が現れるかを分析する必要も生まれる。大家族なので、比較検討するサンプルには事欠かない。

こうして、大家族に育った子供というのは、生まれながらにして優れた情報分析官となる。そして、情報を分析して結果を出そうとつとめているうちに、成員の外見的な特徴を内面的な性格や性質と結び付けて記憶しようと努める。その作業を最も効率的に行えるのは、分析対象たる成員になりきること、つまり物真似であると悟る。

思うに森繁が後に表情としゃべり方をそっくり真似てその当人になりきってみせるという七変化的な物真似によって芸能界で頭角を現すのは、大家族の中で成長したというこの環境にあったのではないかと思われる。自伝では語られていないが、容易に想像できることである。この父系大家族での幼年時代というのは、かならずしも「マイナス貯金」とはいえないが、人によっては、プラス貯金に転ずることないままに終わる場合も少なくないはずだ。

ところで、森繁という複雑怪奇なキャラクターを分析するには、大家族という要素だけでは足りない。もうひとつ、女系家族という要素が不可欠となる。なぜなら、菅沼家のような男系の大家族の中からは森繁のようなキャラクターが誕生する可能性は少ないと思われるからである。女系家族こそは森繁というキャラクターのブレンディングには絶対に必要なのである。事実、菅沼家のゴッド・マザーである菅沼エキが亡くなったため、森繁の母は実家の馬詰家に戻ることになり、女系直系家族という要素が森繁のキャリアの中にあらわれてくる。

「その頃、阪神沿線、甲子園に（勿論まだ甲子園は建っていなかったが）母たちと移り住んだ。あの武庫川の支流の枝川のほとり、西畑というところに、一群の文化住宅が建ち、大正の初期、そこは大阪、神戸に働く高給取りのいわゆる文化村であった。そこに母方の祖父祖母と乳母のトメたちと移り住んだのだ」

森繁の父方は完全な男系（父系）だが、母方は女系（母系）であるといったのは、こちらは、西日本に古くからある婿取り型婚姻の残存形態で、祖母の家に祖父が婿入りをするという形式で保たれていた家系なのである。しかも、その祖父というのは、森繁と直接に血のつながりのある祖父ではない。というのも、母方の実家である馬詰家は阿波屋という大阪河口の海産問屋だったが衰退し、祖母の婿養子として最初に入った森繁の本当の祖父はアメリカに出奔して養子縁組は解消され、次に山口県出身の南海鉄道の技師である森繁平三郎が婿養子に入ったからである。

では、森繁がなにゆえにこの血のつながりのない祖父の名前を継いだかといえば、それは次のような理由による。

「上の兄、弘は須磨の姉の婚家に引きとられ、中の兄がエキ祖母のお気に入りで枚方の家に残された。姉のところへ入った長兄は母方の馬詰を継ぎ、私は母方の祖父の森繁を継ぎ、中の兄だけが菅沼として残った」

いまの人にはなかなか理解できない養子縁組制度だが、当時はこうしたことは普通だった。なぜか？　明治憲法によって家督制度が法制化され、個人よりも家が重視されていたというのが表向きの理由だが、実際には明治初年に導入された徴兵制度では家督を継いだ男子（戸主）は徴兵されないということになっていたことが大きい。この点に目をつけて、次男、三男を嫡男のいない他家に養子に出して家督相続者に仕立て、徴兵を免れるようにしていた家が多かったからである。ただし、この徴兵逃れが効いたのは大正年間までで、森繁が成年に達したころには戸主や長男免除はなくなってしまったのは皮肉である。

それはさておき、森繁久彌という特異なキャラクターがブレンドされるには、父系の大家族、母系の直系家族といった家族的要因のほかにもう一つ、阪神間の新興住宅地という地理的要因もカウントにいれなければならない。というのも、小林一三率いる阪急が大正九年（一九二〇年）に神戸線を開通させることで花開いたといわれる「阪神間大正モダニズム」だが、じつは、そのもう少し前から阪神沿線、とくに武庫川の西岸で始まっていたのだ。五歳で、この武庫川西岸の甲子園近くの鳴尾村西畑に一家で移り住んだ森繁は『自伝』に格好の証言を残している。

「さて、この西畑村は、大会社の社長や、裁判官、素封家の後裔たちに、大阪の大店の旦那たちが住んでいたが、中でも有名なのは佐藤紅緑という文豪がいたり、白蓮さんたちがかけ落ちしてきたりして不思議な村だった。しかし今はもうその片鱗も見あたらない」

「いまのようにアクセク働かない人ばかりの様に思えた。どの家もみんな平和で、大きな庭があり、黒い塀を登って他家の庭を逃げて鬼ゴッコをやったのだ」

幼い森繁は佐藤紅緑の長男の彌（ワタル）と親しくなるが（その弟が作詞家のサトウ・ハチローで妹が小説家の佐藤愛子）、しかし、武庫川西岸に落ちついた馬詰家という母系家族で幼い森繁に強い影響を与えたのは、甘い母親に甘やかされて育った二人の兄、とくに長兄の馬詰弘である。弘は静岡高校時代に左傾化して退学、立教大学でナップに入り、「プチブル共産党の見本」になるというような一面もあったが、その一方で、子供の頃からドイツ製の鉄道玩具、スポーツ、演劇、書物などの文化的な面で弟の自己形成に少なからぬ影響を及ぼしたからである。

このほか、森繁をモダニズムに導いた一人に、さきほど話に出てきた高木ハルさんという女性がいた。この高木ハルは森繁の父方の祖母エキが夫・森泰次郎を亡くした後、高木という人のところに嫁に入って生んだ女の子で、夫の高木が死んだのちに息子達吉の新築の家にハルをつれて戻ったのだが、この高木ハルさんが森繁に西欧の香りを運んできたのだ。なぜなら、高木ハルは外国船の女パーサーを長くやっていたこともあり、この時代の女性には珍しく常に洋装で、胸に「かざり鎖」（ネックレス）などして、髪も断髪だったし、風貌も「外人」のようだった。

「家の中では、私たちにビスケットを焼き、シュークリームを作ってくれたが、この人も我が家に外国文化を注入したことは事実だ。恐らく朝のハムエッグもハンバーグステーキも、この小母さんのお土産だったかも知れない」

実際、東京には絶対にないような母系モダニストの多くは、「阪神間大正モダニズム」から生まれている。サントリーの元会長・佐治敬三、映画評論家・淀川長治、漫画家・手塚治虫、小説家・村上春樹などである。森繁もまたこの系譜の中に位置付けられる一人である。

このように、鳴尾村西畑で小学校時代の大半を過ごした森繁は、母親の判断で大阪の名門北野中学の受験に有利だからという理由で堂島小学校に転校し、そこから北野中学に進学した。この北野中学時代には『子供の科学』を読み耽っていたことから理科系少年となり、地理、歴史といった暗記物が苦手となった。また、『自伝』の冒頭で回想しているように、いわゆる「不良」となり、小説、詩、映画、演劇、喫茶店遊びなどを覚えたことから、厳しい校則への反発も生まれた。その反発は、三年生の期末試験で爆発し、森繁は歴史の試験で白紙回答を出したため留年、三年生留め置きとなる。これなどは典型的なマイナス貯金で、このマイナス貯金ゆえに、人生自体をマイナスのままで終わってしまう人も少なくないが、森繁の場合、この留年経験はマイナスをプラスに転じるための一つのジャンピング・ボードにはなったようである。このあたりから、総合的エンターテイナー森繁が少しずつ姿をあらわしてくるからだ。

「それでも私はクラスの人気者だった。どこがといって取り柄もないが、クラス会などでは、余人をのけて歌も活弁も、詩の朗読もうまかった。私はやたらと大正詩人の詩を暗記した。後年そんなことが役に立とうとは」

教室のような閉じられた空間での「素人エンターテイナー」の成功体験というものは、思っているよりもはるかに大きな影響を当人に及ぼすもので、森繁の「原体験」もこのあたりにある。しかし、留年したクラスでの居心地はこのように悪くはなかったが、留年それ自体が気にくわなかった森繁は四年修了で、早稲田第一高等学院理工科を受験し、合格する。ときに昭和六年(一九三一年)のことだった。この時代、一九二八年の共産党大弾圧(三・一五事件)により、政治面での左翼活動は下火となり、共産党も地下に潜伏して武装共産党となっていたが、演劇や映画、それに同人雑誌などによる文化的左翼活動は隆盛を極めていた。森繁も早稲田の劇研(演劇研究会)に入ると、こうした文化左翼の片端に名を連ねることになる。

「当時の劇研には、田村泰次郎、大森義夫、山本薩夫、谷口千吉などがおり、やがて、大隈講堂でアートオリムピアという催しをやって大事件となるのだ。青共の連中の運動にまきこまれて、山本、谷口の両氏は去り、鹿内(サンケイ新聞社長)や、私のNHKの同期のアナウンサー大友平三衛門（故）も警察のブラックリストに載って大変だったのである」

森繁は劇研での活動のかたわら、新宿二丁目（当時は青線）や吉原、神楽坂などで放蕩を重ね、ときには横浜本牧のチャブ屋にまで足を伸ばすかと思えば、都内各所のダンスホールに日参するなど、おおいに羽を伸ばしたが、ではこうした遊蕩生活を下宿での独身三昧で送っていたのかと思うと、さにあらず。じつは息子たちが三人とも東京に出たのを機に母親が上京し、目黒や大久保に家を構えて息子たちと一緒に暮らすようになっていたのだ。つまり、森繁は親元から遊蕩に繰り出したことになる。

母系家族のマザコン放蕩息子という森繁のキャラクターにある要素はこうして形成されていったのだが、もしかすると、この時期、マイナス貯金は最大になっていたのかもしれない。つまり、後に森繁が演じることになるさまざまなキャラクターは、このころにマイナス貯金として蓄積されたところから生まれてくるのである。このようにマイナス貯金が最大になった頃、森繁にとって生涯最大ともいえる事件が起きる。

「大学へ行く様になって、私たち三人兄弟は、一家が東京に住むことになり、大久保の柳生さんのお屋敷の離れというバカでかい家を借りて住むことになったが、早稲田劇研に誘致のポスターを東京女子大学に張ったら野村萬壽子というのがきた。劇研に花が咲いたが、そこへたむろする学生の心にもそれぞれ花が咲き、一刻も争うようなツバぜりあいとなり、私が強引にこれを自分のものにした。

この女性（杏子と改名）との夫婦生活が波乱の中にもやがて五十年を迎えようとしているが、その頃私たちの家のものは、世間態を気にして妹ということで、この大久保の住居に引きとって一緒に暮すことになったのだ」

上に独身の二人の兄弟がいるにもかかわらず、母のいる家に嫁を同居させるという解決策はマザコン放蕩者の森繁ならではのものである、しかし、実家にもこうしたかたちで新婚夫婦を同居させておく余裕がなくなってしまう。浪費家の母の散財に加えて二人の兄と森繁自身が投機に失敗したことで、家に残った書画骨董を整理して家計の規模を縮小せざるをえなくなったのだ。

さすがの森繁もここにいたって、真剣に人生の再設計を考えざるを得なくなり、軍事教練が導入されたのを機会に早稲田を退学して東宝劇団に入った。昭和十二年頃のことだと思われる。

この東宝劇団というのは、女性ばかりの宝塚少女歌劇団に限界を感じていた小林一三が大劇場主義に基づく男女混合の国民劇の創成を目指して昭和九年に結成したものだが、歌舞伎、新劇、それに藤原良江のオペレッタなど、どれも中途半端で魅力に欠けていたため、ライバルである松竹の牙城を崩すにはいたらず、迷走を続けていたのである。大学中退の森繁が東宝劇団に入れたのも、人材難で、俳優の頭数がそろっていなかったことによる。しかし、いかに人材難といえども、大学中退の若者がいきなり頭角を現せるほど東宝劇団も甘くはなかった。

「その時の東宝劇団というところは、寿美蔵（後の寿海）、もしほ（勘三郎）、蓑助（三津五郎）、高麗蔵（団十郎）、芦燕（我童）など若手が顔をならべ、私などはハナクソみたいなもんで、このハナクソが、おとなしくしていればいいものを、馬の足などやらされると、フテくされて出トチるし、風呂で幹部さんと喧嘩などするものだから、まったくウケの悪い奴だったに違いない」

東宝への就職はプラス貯金になるはずが、またもやマイナス貯金にしかならなかった。しかしすべて悪いことばかりではなかったようで、この頃に松竹から東宝に移籍した古川ロッパに気に入られ、一座に加えられた。これは戦後に森繁が東宝で再デビューするさいに役立つことになる。

このように東宝でくすぶっていたのがよくなかったのか、昭和十三年には中耳炎を患って入院手術。しかも退院とほぼ同時期に召集令状が届いたので、これを機に森繁は明治記念館で夫人と正式に結婚式をあげ、人生に区切りを付けることにする。すでに、日本は前年の昭和十二年七月から日中戦争の泥沼に足を踏み入れており、森繁も出征すれば戦死する恐れは十分にあったからである。

ところが、運は森繁に味方した。丹波篠山の連隊に入隊したところ、前日飲んだ酒のせいで中耳炎の患部が充血していたらしく即日帰郷とあいなったのである。もちろん、この時に森繁が軍隊に入って様々な体験をしていたらこれもまた大きなマイナス貯金となり、後の森繁の大きな芸の肥やしになったかもしれないが、日中戦争での戦死率は高かったから、「後の森繁」というものがなくなっていた可能性も高い。

しかも、即日帰郷は森繁の人生を大きく転換させることになる。東宝への復帰を断念した森繁は家族を養わなければならないと考え、ＮＨＫのアナウンサー試験を受けてみることにしたのである。結果は、応募者九百七十人の中の三十人に選ばれて入局。このとき初めて森繁は、大きく運命を変える選択を行う。任地として満洲を選んだのである。

関釜連絡船で日本をあとにし、任地である満洲の首都・新京に着いたとき、森繁は生まれてはじめて「決心」をする。

「私は一種の決別の〝時〟をここで知った。すでに助けを求める人もいない。それは、寥々として私をまったくの孤独にしてしまう大地であり、そして明日からは、ここに何のかわりもなく夜がきて朝がくるのだ。

自ら働いて食う。やがて女房が始めて生んだ子供をつれてくるのだ。ここでは私以外に彼女も子供も頼るものがないのだ。（中略）

親がえらかろうが、先祖がどうだろうが、俺の血の中にこそ遺産はあっても、俺がよくなるのも悪くなるのも、この地ではこの自分の力しかない」

この決心により、森繁の人生はくるりと一八〇度反転する。なぜなら、それまでは果たしてプラスになるかマイナスになるのかわからぬまま、行きあたりばったりで経験してきたさまざまなこと、すなわち偉大なる父の残した大邸宅と大家族、大正モダニズムの洋風住宅で微温的な母系家庭での甘やかされた生活などが、これを境に「マイナス貯金」としてはっきりと自覚されることになったからだ。

もちろん、この後に、満洲体験と引き揚げ体験、および戦後の空腹生活などのもっと大きなマイナス貯金が続くのだが、しかし、それらは「マイナス貯金」の蓄積を自覚した森繁にとってはもはやたんなるマイナスの体験とは捉えられなくなるのである。

「早く世に出る神童上りみたいなものもあろうが又、失敗に失敗を重ね、一敗地にまみれて、そこからなかなか立ち上れぬ人間もたんといる。

しかし、人生には、二度や三度はチャンスがくるのだ。意味なく生きている筈はない。人間が人間の為に造った社会なのだから。いたずらにあせっても、運は向うから来るもので、ただ眼をふさいでいては見こそなうことがあるということだ」

見事な「マイナス貯金人生哲学」というほかない。森繁『自伝』こそ現在、マイナス貯金続行中の人々に読まれるべき自伝の白眉である。

○かしま・しげる　一九四九年、神奈川県生まれ。作家・フランス文学者・古書コレクター。現在、明治大学国際日本学部教授。専門は十九世紀フランス文学。一九九一年『馬車が買いたい！』でサントリー学芸賞、一九九六年『子供より古書が大事と思いたい』で講談社エッセイ賞、一九九九年『愛書狂』でゲスナー賞、二〇〇〇年『パリ風俗』で読売文学賞を受賞。二〇一七年、書評アーカイブサイトALL REVIEWS（https://allreviews.jp）を開設。

〈補〉

大叔父・成島柳北と父・菅沼達吉の生涯

――森繁久彌の原点――

楠木賢道

昭和・平成の名優、森繁久彌（一九一三～二〇〇九）は、生涯に二〇冊余りのエッセーを上梓し、作詞・作曲にも取り組んだ。また筆まめであり、ファンレターには返書し、サインを頼まれれば、相手に相応しい言葉を書き添えた。テレビや誌上での対談では、軽妙《けいみょう》洒脱《しゃだつ》な語り口に味わい深い含意があり、その姿は文人と呼ぶにふさわしいものであった。

ではこの文人、森繁久彌の原点は、どこに求めれば良いのであろうか。

森繁久彌は、大正二年（一九一三）五月四日に現在の大阪府枚方市で生まれ、昭和六年（一九三一）に一八歳で早稲田第一高等学院に進むまで、関西で過ごした。この関西での生活は、後年、大阪を舞台とした『夫婦善哉』を主演する際、骨肉となったことであろう。

しかし森繁の父方の祖父、森泰次郎（一八一五～一八九八）は徳川幕府最末期の目付を務めた幕臣であり、森繁のルーツは大坂ではなく、江戸の武家社会にあった。また森の実弟は奥儒者として徳川十三代将軍家定、十四代将軍家茂に仕えた成島柳北《りゅうほく》（一八三七～一八八四）である。成島は幕府最末期に外国奉行など要職を歴任し、明治維新後は新政府からのリクルートを一切断り、ジャーナリスト・実業家として在野で活躍した。森繁自身、自分が幕臣の末裔であることを意識しており、『日本経済新聞』に「私の履歴書」を連載し、自分の前半生を語るにあたって、祖父・森泰次郎、大叔父（祖父の弟）・成島柳北の叙述に紙幅を割いている。特に奥儒者、侍講として将軍家に仕えながら、風雅を愛し、諧謔《かいぎゃく》洒脱《しゃだつ》の精神を持ち続け、激動の時代を雄々しく生きた成島の人生に、森繁は惹かれていたようである。森繁久彌の実父・菅沼達吉（一八六一～一九一五）の追悼集である『菅沼達吉君記念誌』

には、森・成島兄弟について記述する部分がある。森繁家に今も所蔵されている同書には、森繁久彌自身が何度も読んだ形跡が残されている。

そこで森繁久彌の原点を探るため、成島柳北の生涯から説き起こすことにする。なお成島については、古くは永井荷風が着目し、また前田愛『成島柳北』（朝日新聞社、一九七六年）・乾照夫『成島柳北研究』（ぺりかん社、二〇〇三年）があるので、適宜参照する。

一　成島柳北とその時代

現在、台東区の谷中霊園の一画に、「松本氏之墓」「森氏之墓」「菅沼氏之墓」と彫られた大きな墓石が列んでいる。この三つの墓は、菅沼達吉の一周忌を前にして、建立されたものである。「松本氏之墓」の裏面には、三家の関係が漢文で記されている。それによると、森・成島兄弟の実父は、幕臣の松本治右衛門といい、生年は未詳であるが、天保一四年（一八四三）に没している。隣国の清朝がアヘン戦争でイギリスに大敗した直後であり、ペリー来航までまだ一〇年あったが、幕末の動乱へと着実に歩を進めていた時代である。

父子・兄弟間で、苗字が異なるが、これは世襲制度下の幕臣が、嫡男以外も養子に出して幕臣としたい、できることなら格上の家に養子に出したいと願う生存戦略の結果である。

成島が天保八年（一八三七）生まれ、森が文化一二年（一八一五）生まれなので、年の離れた兄弟である。また成島は襁褓《おしめ》が取れないころに養子となったため、自分が養子であったことすら、成人するまで知らなかったようである。

成島家は代々奥儒者として将軍に仕えており、柳北は養父・成島稼堂《かどう》（一八〇二〜一八五三）の死去に伴い家督を継いだ。兄との交流が始まるのはこの頃のことである。

安政元年（一八五五）に将軍侍講見習となり、安政三年に将軍侍講に昇進した。ただ奥儒者はあくまで、将軍の儒教的教養に資することを本分とし、幕政に干渉することは許されなかった。このため成島は、激動の時代に現実政治では無用の自身を悲嘆し、職場に狂詩を大書して、文久三年（一八六三）に免職、屏居となった。すると即日、悪友の桂川甫周《かつらがわほしゅう》（蘭方の奥医師）、宇都宮三郎（洋学者、化学工業の先駆者）らが、堅苦しい宮仕えを離れ、自由となったことを「祝い」に成島邸を訪れている。

以後、成島は英語の修得に励んだ。また成島邸あるいは桂川邸で、桂川、宇都宮のほか、福澤諭吉（万延遣米使節・文久遣欧使節の随員、後の慶應義塾塾頭、東京学士院の創設会員）、箕作秋坪《みつくりしゅうへい》（幕末の蘭学者、文久遣欧使節の随員、後の東京学士院の創設会員）ら少壮の洋学者が集い、洋学サロンが形成された。やがて幕末の激動の中、彼らはそれぞれ自らの使命を見いだして多忙となり、洋学サロンからは足が遠のくが、成島はこのときの交友を終生大切にした。

成島自身も慶応元年（一八六五）幕府新式陸軍の歩兵頭並《ほへいがしらなみ》に抜擢され官途に復帰し、続いて騎兵頭並に転じる。慶応三年には騎兵頭、さらに騎兵奉行に累進するが、大政奉還の報をうけ、志を全うできないと悟り辞職する。しかし、翌慶応四年正月に外国奉行さらに会計副総裁に任じられる。このとき成島は、兄の森に「何たる因果」と書き送り、来訪を請うた。徳川の世の終わりを察していたのである。そして新政府軍が迫る中、成島は徳川家の恩に報いるため、賊の汚名を受けるとも一戦交えるべしと主張する。しかしこの建議も通らず、江戸城開城の日が近づくと、一切の職を辞す。後年、成島は当時の心境を「天地の間、無用の人」になったと述懐する。一方森は、新政府軍が江戸に迫るなか、目付に抜擢され、寛永寺で謹慎する徳川慶喜の警護に加わる。そして江戸開城に際して、彰義隊《しょうぎたい》に利用されないように江戸から離れる徳川慶喜を山岡鉄舟《てっしゅう》、高橋泥舟《でいしゅう》らとともに、水戸まで送り届けている。なお『菅沼達吉君記念誌』は森が大目付であったと記し、森繁久彌自身もそう記すが、誤解である。ただ森が役職以上の重要な役割を果たしたことも事実である。

これらの言動からは、成島が主戦派、森が開城派と対立したように見えるが、会計副総裁就任の日、すでに自らの宿命を悟っていた成島は森と語らい、徳川の世の幕引きの役割を示し合わせて、果たしたというのが真相であろう。維新後も兄弟の関係は良好であった。

江戸城開城の前日、成島は養子の信包《のぶかね》に家督を譲り、一時隠居する。士分も信包に継承させ、成島自身は平民となる。「天地の間、無用の人」は、政治的には無用の人、新政府には関わらない、自分を管理・監督するものがいない自由人という気持ちの吐露である。

成島は縁あって、明治五年(一八七二)から翌年にかけて東本願寺法主大谷光瑩《こうえい》の欧州視察団に随行する。明治七年には『朝野新聞』の主筆に迎えられ、後に社長となり、言論界から新政府批判を展開する。新政府が明治八年『新聞紙条例』『讒謗律《ざんぼうりつ》』を制定すると、成島はこの二法案を起草した井上毅《こわし》、尾崎三良《さぶろう》を揶揄する文章を執筆し、『朝野新聞』に掲載し、諧謔の精神をもって政府の言論弾圧を批判した。すると井上、尾崎は名誉棄損で告発し、裁判の結果、翌九年に官吏侮辱の罪で、禁獄四カ月、罰金百円の刑が確定し、成島は収監されてしまった。ただこれが宣伝となり、『朝野新聞』は一挙に発行部数を伸ばす。

このころから成島は実業界と頻繁に交流しはじめ、出所後に、安田財閥の創設者である安田善次郎らと実業家・銀行家の親睦団体、偕楽社を結成した。

また渋沢栄一を中心に、明治一一年に東京商法会議所を設置されると、成島も加わった。ただ政府の指導保護下での実業家の意見の集約、政府諮問への答申を活動と考えていた渋沢会頭と、自主独立の運営を目指す成島とは意見が対立することも多かった。しかし渋沢ら主要役員たちも成島の見識には一目置くところがあり、明治一二年七月にアメリカ前大統領グラントが来日した際には、東京商法会議所を代表して接遇委員となった。

さらに欧州視察時に互助共済制度に感銘していた成島は、安田善次郎にはかり、明治一三年に日本初の生命保険会社、共済五百名社を設立した。現在の明治安田生命の源流である。同年末には、国益民利という観点から、生糸輸出の利益を独占していた外国商人に対抗するため、成島は偕楽社《かいらくしゃ》の会員とともに、生糸の直輸出会社、扶桑商会を設立した。

また明治一一年ころ、参議と大蔵卿を兼任していた大隈重信が福澤諭吉を介して、成島に会見を申し込み、その後両者は交流を深める。明治一四年、大隈は即時議会開設を要求する意見書を提出したため、薩長閥から排斥され、下野した。そして一五年四月に大隈が立憲改進党を結成して総理になると、成島も入党した。このような大隈との交流を経て、成島の新政府批判は自由民権という精神的支柱を持つことになった。ただし成島の書く文章は、終生、諧謔洒脱を旨とし、風雅を愛する江戸時代文人の精神を忘れることはなかった。

このように後半生の成島は、市井に身を置きながら、公器としての新聞社を育て、国益、公益、共済互助を考え財界で活動し、民権思想にまでたどり着くのである。持病の結核が悪化し、明治一七年（一八八四）逝去する。決して長くはない人生の中で、成島がこのような広範な活動をできた背景に、成島の文人としての生き方に惹かれていた幕末以来の多様な人脈があったことは間違いない。

二　菅沼達吉とその時代

文久元年（一八六一）二月八日、達吉は森泰次郎・エキ夫妻の長男として生まれる。

達吉は、明治四年（一八七一）叔父の成島柳北が開いた啓蒙義塾で英語、漢文を学び、明治六年に菅沼家を嗣ぐ。菅沼家はもともと一二五〇石の禄を食む旗本で、森家より家格が上である。維新後、森が御三卿の一つ、清水徳川家の再興を新政府に働きかけ、成功したことがあり、これに報いるため清水家が、この養子話を斡旋したのかも知れない。

明治八年九月に、菅沼は箕作秋坪が開いた三叉学舎に入塾し、英語を学ぶ。当時の三叉学舎は慶應義塾とともに、英語塾の双璧であった。箕作はかつて成島邸、桂川甫周邸で形成された洋学サロンの主要メンバーであったので、菅沼の入塾も、成島の紹介だろう。

箕作のもとで学ぶこと一年、明治九年九月に、菅沼は大学予備門（旧制第一高等学校の前身）の第三級に編入され、二年間学んだ。当時の学生の間では、学生寮の事細かい規則に対する鬱憤を晴らすため、賄い飯のまずさを口実に、食堂で狼藉を働くことが流行しており、これを賄征伐《まかないせいばつ》といった。菅沼はなんとこの賄征伐に加わって、退学処分になってしまった。若き菅沼は、なかなか、やんちゃな性格だった。このころ菅沼は胸の持病が再発したため、退学後、二年ほど静養し、この間、個人的に成島から漢文を学んだ。成島が言論人・財界人として最も活躍していた時期とかさなる。

菅沼は明治十四年（一八八一）二月、明治義塾に入学し、理財学（経済学）などを三年間学ぶ。明治義塾は三井財閥が明治一一年に創設した三菱商業学校が前身である。同級生には、岩崎久彌（後の三菱財閥第三代当主）、桐島像一《しゅういち》（後の初代三菱地所社長）らがいた。桐島は当時、菅沼と詩文の贈答を行っていたが、そのときの思い出を、「老成の風格があり、特に漢学の素養があるためか、その言語・文書はいずれも洗練された格段の風趣を具え、過ぎし江戸時代の名残とでもゆうべきか、洒落た動作の裏に、一種の気骨を包蔵していた」と記している。成島柳北の薫陶宜しきを得ていたのである。

明治義塾卒業後、菅沼は明治一七年九月、東京大学文学部理財学撰科第二年生に編入されるが、翌一八年には退学し、東京英語学校（日本学園中学校・高等学校の前身）の教員となり、さらに一九年には英吉利法律学校（中央大学の前身）の教員を兼任する。

そして明治二一年（一八八八）末、菅沼は創設間もない仙台の第二高等中学校に招かれて英語を教え、助教諭、教諭を歴任し、明治二三年一〇月に教授に昇進、明治二四年には寄宿舎の舎監を兼任した。

その後、明治二七年の高等学校令施行に基づき、第二高等学校と改称された。このころ、英語だけではなく、英語原書を用いた経済学の講義も行っていた。このように教育者としての菅沼の将来は順風満帆に見えたが、明治三〇年に事件が起こる。厳格主義を推進する校長を排斥するため、学生たちがストライキを行ったのである。菅沼らが学生との調停にあたったが、文部省の方針は、徒党を組んで反抗するとは怪しからん、厳重に処分せよというものだった。この方針にしたがい、菅沼らが学生一人一人に、このままでは一身上の不利益を被ると説諭した。しかし学生たちは承知せず、いよいよ処分となって、文部省の方針が一転し、ほんの名目だけの処分となった。この騒動の責任を取って校長は辞職し、つづいて調停にあたった菅沼らも辞職する。このとき最も強硬に辞職を主張したのが菅沼であった。ただこの辞職は、定見のない方針転換によって学生を欺いたことになり、これでは教育が成り立たないという、文部省に対する菅沼なりの抗議であった。同時に教授を辞職した山本悌二郎は、ただ円満滑脱で世才に長けた人間だっただけではなく、腹の底には一種の気概を蓄えている、と菅沼を評している。なお菅沼は、ストライキを実行した学生に対して、別段、わだかまりを持っていたわけではなく、辞職後も終生、交流を続けた。このような寛容な態度はなかなか取れるものではない。

辞職後、菅沼は人を介して日本銀行総裁の岩崎彌之助（三菱財閥第二代総帥）に会い、明治三〇年（一八九七）六月、日銀に職を得る。九月大阪支店勤務となり、鶴原定吉《さだきち》、片岡直輝《なおてる》の二代の大阪支店長に能力を評価される。菅沼が学んだ明治義塾は、三菱財閥が創設したビジネススクールであり、菅沼はここで学んだ三年間と東京大学で学んだ一年間で、経済学に関する必要な素養を身につけており、日銀は菅沼の適性にあった職場だった。

明治三一年に新任総裁の山本達雄と鶴原ら幹部職員は激しく対立し、翌年一斉に辞表を提出した。このなかに大阪支店監査役の町田忠治《ちゅうじ》がいた。町田は退職後、請われて、大阪の山口財閥の中核、山口銀行の総理事に就任した。両替商が起源となる山口財閥は、金融以外への展開が進んでおらず、そのため銀行自体の経営も虚弱であった。町田はその経営立て直しを委ねられたのである。町田は自分の補佐役について鶴原・片岡に相談し、鶴原・片岡が菅沼を推薦し、九月、菅沼は山口銀行に支配人心得《こころえ》として迎えられた。菅沼は職場に解け込むため、洋装を改め和服とし、鬚をそり落として、大阪商人風の姿に整えたという。町田は成島柳北の死後であるが、明治二一年に論説委員として朝野新聞に入社し三年間勤めたので、菅沼の叔父が成島であることをすぐに了解したであろう。

町田と菅沼の努力により、山口銀行の経営立て直しが順調に行き始めると、今度は、明治三四年八月に大阪市長に就任した鶴原が、自分の補佐役に菅沼を貸してほしいといってきた。山口銀行と町田にとって、菅沼は必要不可欠の人材であったが、大阪市あっての山口銀行であり、鶴原の懇請に折れて、鶴原が市長を辞めたら、山口銀行に返還することを条件に、町田は菅沼の転出を認め、九月菅沼は大阪市の高級助役に就任した。

大阪市政には問題が山積していたが、菅沼に与えられた最大の任務は、明治三六年（一九〇三）に予定されていた第五回内国勧業博覧会を執り行うことであった。菅沼は、明治三四年一二月に大阪出品協会副会長、三五年二月に協賛会第一部長に推薦され就任した。内国勧業博覧会自体は、政府・農商務省主催であるが、開催地大阪の受け入れ組織が協賛会であり、オール大阪で組織された。協賛会には二名の部長が置かれ、実務責任者となったが、第一部長が協賛会員の募集と会計、第二部長が設備を担当であったので、銀行出身の菅沼にとって第一部長はうってつけの職であった。

第五回内国勧業博覧会は明治三六年三月一日から七月三一日まで五ヶ月間、大阪天王寺今宮で開催され、空前の盛況であった。また海外からも一四カ国一八地域の出品があり、事実上の万国博覧会にもなっていた。菅沼は博覧会成功の功労者である。

菅沼は本務においても鶴原市長を助けて、大阪築港、市区改正、教育刷新などの課題や、おりからの日露戦争後援事業に精力的に取り組んだ。そして鶴原市長退任の内意を受け、菅沼は約束通り、明治三八年二月、助役を辞し、三月、支配人として山口銀行に復帰した。

以前と同様に、山口銀行では、町田忠治がて銀行の総責任を負い、菅沼が行員教育を含め、行内の問題を中心に担当した。また辣腕の町田には敵も多かったが、菅沼は敵を持つことを嫌い、このためややもすれば決断が鈍く、回りの人間に面倒をかけることもあったが、それでも彼らから好意を持たれていた。菅沼の人徳であった。

元来、行内のあらゆる案件は、支配人の菅沼に報告され、菅沼が優先順位等を調整して処理していたが、改革が進み、経営が順調になってくると、それも重要な仕事ではなくなり、活躍できる場が狭まっていった。さらに菅沼の山口銀行に対する実際の貢献とは別に、少なくとも名目上は使用人・従業員のトップであり、経営者・役員ではなかった。このため財界活動の宴席では、大阪政財界での功績とは関係なく、低い席次になってしまい、周囲を悔しがらせることもしばしばであった。この情況を気の毒に思った町田が大阪瓦斯社長に就いていた片岡直輝に相談し、片岡が大阪電灯（関西電力の前身）常務の職に菅沼を推薦し、株主総会を経て明治四二年（一九〇九）選任された。同社社長の土居通夫は大阪商業会議所会頭として財界活動が忙しく、会社経営は菅沼に任せることも多かった。

菅沼は銀行出身らしく、まず財務強化に取り組む。従来は収益を株式配当に還元することのみを重視していたが、この方針を変え、配当率を一六％から一二％に下げ、減額分を減価償却資金に繰り入れて、社内留保を増やし、経営の安定化を実現した。

当時、大阪電灯は、大阪市との間で電気料金値下げという懸案事項を抱えていた。電気料金値下げは、交渉の過程で、大阪市による大阪電灯の買収という事案に発展する。大正二年（一九一三）五月に大阪電灯と大阪市の間で会社買収契約が成立するが、七月に大阪市議会で否決され、水泡に帰する。

このような多忙で苦しい情況下でも、菅沼は夢を持っていた。輸入に頼っていた発電・送電機器の国産化である。社内にあった修理施設を拡充し、関西の関連会社と協力して、国産化することを考えていた。ただ会社買収案に伴い社内が混乱し、第一次世界大戦の勃発により欧米企業との交渉が困難となり、夢は実現しなかった。しかしその後の日本の重電業界のめざましい発展を考えると、菅沼には先見の明があったといえよう。

この間、大阪市との交渉に伴う激務と心労は、心臓に持病を抱える菅沼の身体を確実にむしばんでいった。一時、別府温泉で転地療養を試みるが、その甲斐なく大正四年（一九一五）五月三日、成島柳北同様、長くはない人生を終える。もっと長命であったらどのような実業家になっていたであろうか。満五四歳であった。森繁久彌が満二歳になる前日である。

大阪時代の菅沼も、それ以前と変わらず、漢詩を吟じ、和歌を詠み、碁を打つというように多趣味・多才であった。あらたに謡曲にも取り組んだ。八犬伝を得意としたというが、滝澤馬琴《たきざわばきん》の『南総里見八犬伝』をもとにした義太夫のことであろうか。『菅沼達吉君記念誌』に寄せられた友人たちの追悼文を読むと、成島が柳橋をこよなく愛したように、最晩年に医者に止められるまでは、酒席を好み、風雅を愛した菅沼の姿が偲ばれる。江戸文人としての姿を大正の世まで体現していたのである。円転《えんてん》滑脱《かつだつ》と表現される菅沼の姿は、財界人・同僚・部下・友人を魅了したであろう。

以上、森繁久彌の原点を探るため、成島柳北と菅沼達吉の生涯をたどってきた。彼らは何れも洋学・英語から近代を学び取り、実業家となった。ただその背景には、多趣味・多才で諧謔洒脱な江戸文人の姿があり、多くの人々を魅了し、人材が彼らのもとに集まり、実業家としての活動を円滑にしていた。森繁久彌には、このような江戸文人の遺伝子が受け継がれているのである。森繁は、もちろん大叔父・成島に会ったことはなく、また父・菅沼の記憶もなかったが、成島・菅沼を追慕し、自らを彼らの姿に寄せようとしていたことは間違いがなかろう。

（くすのき・よしみち／吉林師範大学教授）

刊行に寄せて

昭和三十二（一九五七）年、父が『週刊読売』に連載した随筆が単行本『こじき袋』として世に出た事から、父の執筆活動が始まりました。

思った以上に評判が良かったと思ったのか、三冊目には『森繁自伝』を出版しました。自伝を書くには少々早いような気がする五十歳の時でした。

以来、八十九歳まで毎年のように随筆集を出版し続け、実に二十五冊となりました。しかしその殆んどが絶版となりいささか寂しい思いをしておりましたところ、藤原社長とご縁が出来、是非何とか残そうではないかとのお話を頂きました。

大変有難く、三年ほど前から分類・編纂等のお手伝いをさせて頂きましたが、ようやく父没後十年という節目に出版する運びとなり、感激も一入であります。

父の「今更もういいよ」と言う声が聞こえてきそうですが、寸暇にペンを走らせた父の心情を少しでもお汲み取り頂けましたら、本人も望外の喜びであろうと思います。

森繁　建（息子）

森繁家・馬詰家・菅沼家

楠山家

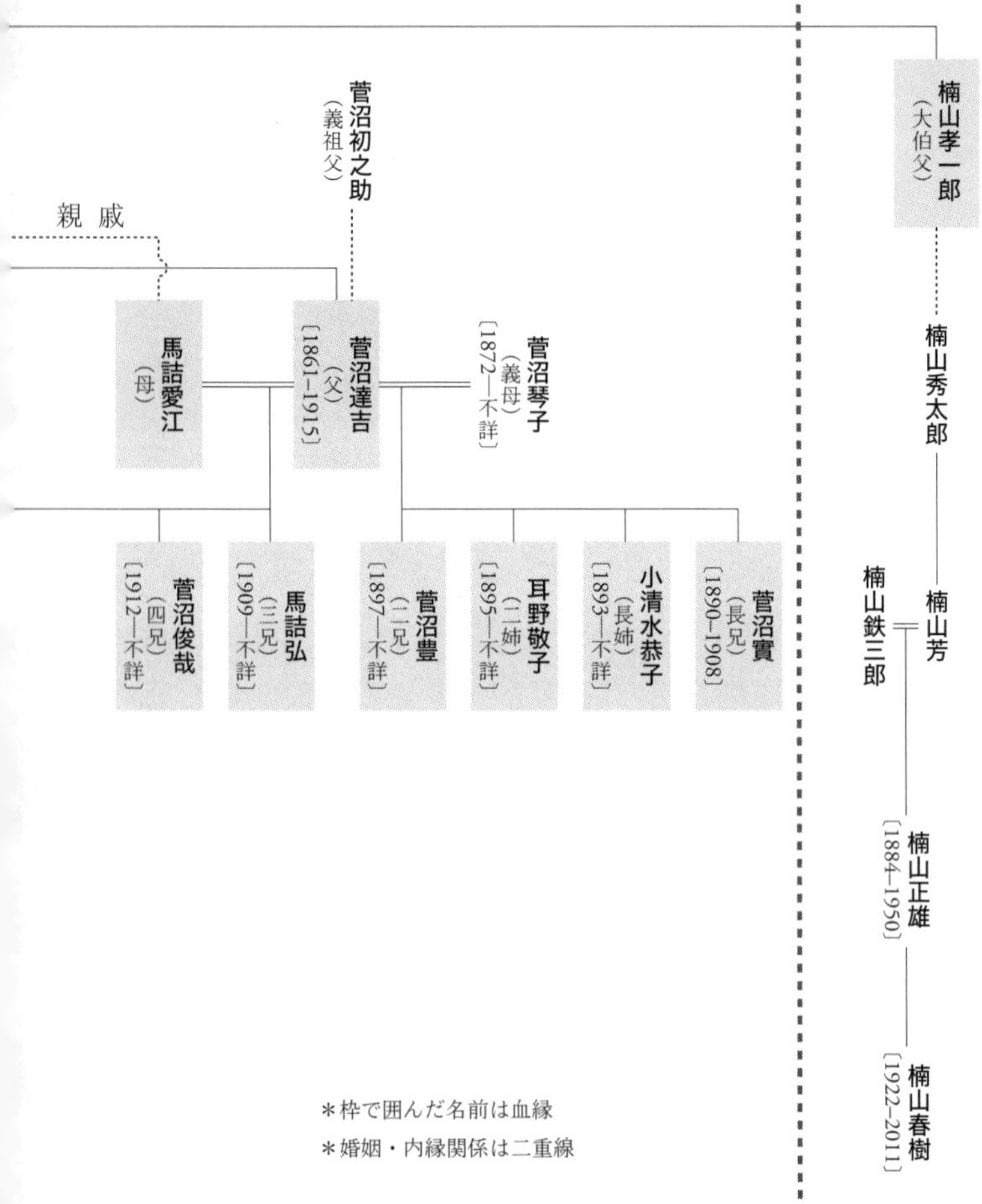

森繁久彌 関連系図

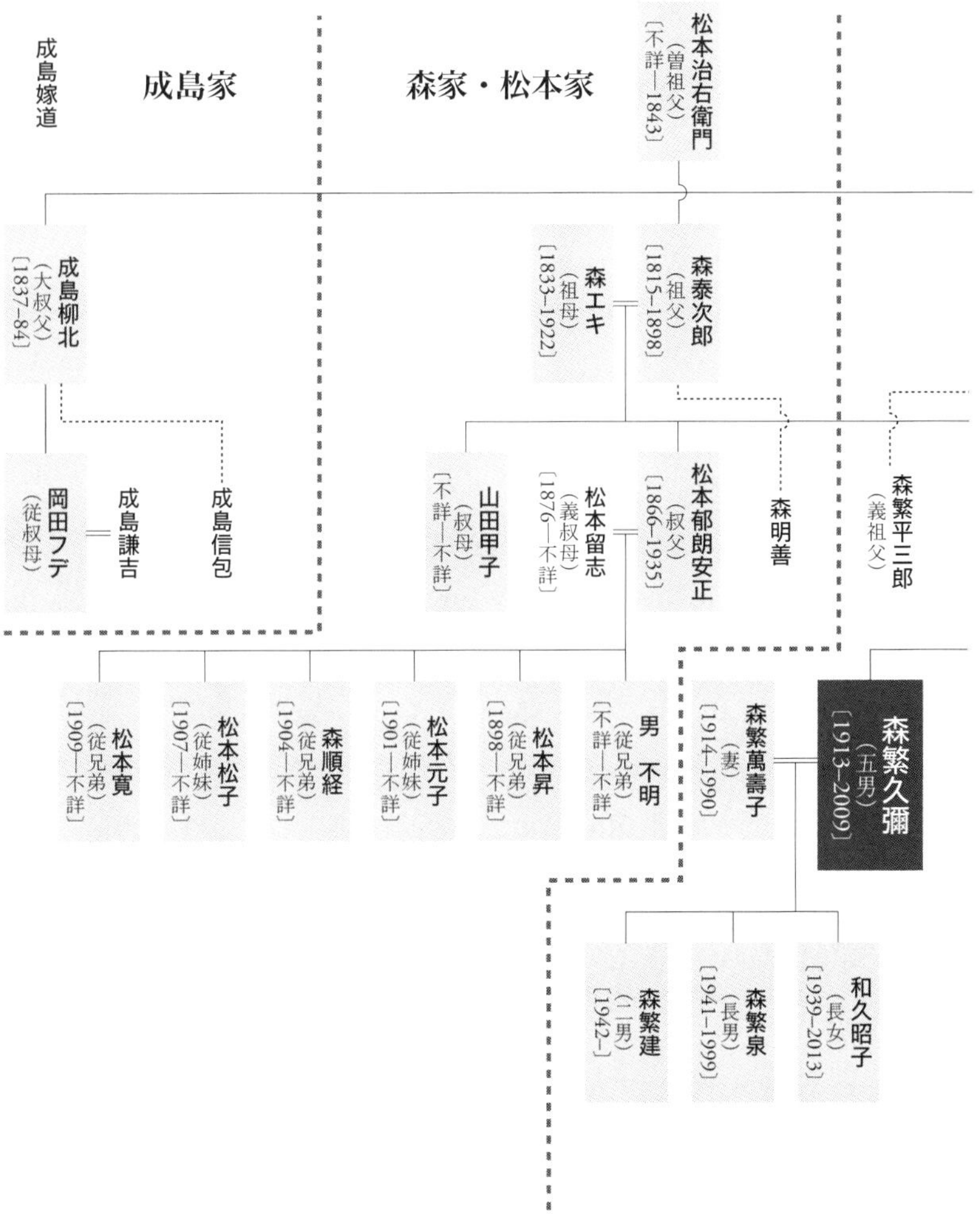
成島嫁道
成島家
森家・松本家
松本治右衛門（曽祖父）〔不詳—1843〕
成島柳北（大叔父）〔1837–84〕
森泰次郎（祖父）〔1815–1898〕
森エキ（祖母）〔1833–1922〕
岡田フデ（従叔母）
成島謙吉
成島信包
松本郁朗安正（叔父）〔1866–1935〕
松本留志（義叔母）〔1876—不詳〕
山田甲子（叔母）〔不詳—不詳〕
森明善
森繁平三郎（義祖父）
男 不明（従兄弟）〔不詳—不詳〕
松本昇（従兄弟）〔1898—不詳〕
松本元子（従姉妹）〔1901—不詳〕
森順経（従兄弟）〔1904—不詳〕
松本松子（従姉妹）〔1907—不詳〕
松本寛（従兄弟）〔1909—不詳〕
森繁久彌（五男）〔1913–2009〕
森繁萬壽子（妻）〔1914–1990〕
和久昭子（長女）〔1939–2013〕
森繁泉（長男）〔1941–1999〕
森繁建（二男）〔1942–〕

森繁久彌　年譜（一九一三—二〇〇九）

大正2（一九一三）

大阪府枚方市に生まれる。父・菅沼達吉、母・愛江。「久彌」の命名は父と実業家・岩崎久彌との親交から。

▼漢口事件、南京事件

大正4（一九一五）……………………………2**歳**

父・達吉が死去。

▼対華二十一ヶ条要求

大正7（一九一八）……………………………5**歳**

阪神沿線の鳴尾（兵庫県）に引っ越す。大正初期の文化住宅が建ち並ぶ、当時の西畑文化村であった。

▼第一次世界大戦終結

大正9（一九二〇）……………………………7**歳**

枚方小学校から兵庫県鳴尾小学校に入学、のち大阪の堂島小学校に転校。母方祖父の森繁の姓を継ぎ、森繁久彌となる。

▼国際連盟発足。松竹キネマ合名会社が設立、映画製作に乗り出す

大正15・昭和元（一九二六）……………………13**歳**

大阪府立北野中学校に入学。模型科学にこり、学問は定まらず、家庭教師が手を焼く。中学三年生を落第。作家の野間宏、吉本興業の元社長・八田竹男は同級生。

昭和6（一九三一）……………………………18**歳**

早稲田第一高等学院に入学。理工科を希望するが、断念。

▼満洲事変

昭和8（一九三三）……………………**20歳**

新宿の易者が姓名を判断し「これ以上の不運なる運命なし、姓名を変更せよ」と。大いに怒り、今日より運命に逆らうことをキモに銘じる。

昭和10（一九三五）……………………**22歳**

早稲田大学商学部に入学。演劇研究部で活躍するが、脱退して人間座を結成。築地小劇場でオニール「アンナ・クリスティー」等を上演。のち東宝に入社。この頃、東京女子大学の野村萬壽子（杏子と改名）との芸術的共感が恋愛に。

昭和11（一九三六）……………………**23歳**

東宝新劇団に入団。中野実作「細君三日天下」が商業演劇初舞台となる。新劇団が解散し、東宝劇団歌舞伎に入る。金子洋文作「ふるさと」で馬の片足となる。憤慨し、これを機にロッパ一座に移る。学校では軍事教練がきびしく、退学届を提出。

▼二・二六事件

昭和13（一九三八）……………………**25歳**

野村萬壽子と挙式。ロッパ一座を退座。応召されるが、中耳炎の大手術後のため即日帰郷となる。

昭和14（一九三九）……………………**26歳**

NHKアナウンサー試験を経て、満洲の新京中央放送局に勤務。長女・昭子が誕生。

▼9月、ドイツのポーランド侵入、第二次世界大戦勃発

昭和16（一九四一）……………………**28歳**

長男・泉が誕生。

▼12月、真珠湾攻撃

昭和17（一九四二）……………………**29歳**

次男・建が誕生。

▼6月、ミッドウェー海戦。日活が合併され大日本映画となる

昭和20（一九四五）……………………………………32歳
新京（満洲）で8月の敗戦を迎え、ソ連軍に捕らえられるなど辛酸をなめる。

▼8月、終戦の詔勅。日本の映画はGHQ下部組織CIE（民間情報教育局）に管理される（～昭和27年）。戦前からのテレビ研究がGHQにより禁止

昭和21（一九四六）……………………………………33歳
新京で仲間を集めて劇団コッコ座を結成。十一月、家族とともに帰国。12月、徳島県海陽町の旅館に宿泊中に、昭和南海地震に遭遇する。

▼1月、天皇の人間宣言。テレビ研究禁止が解除、NHKがテレビ研究を再開

昭和22（一九四七）……………………………………34歳
帝都座ショウ、空気座などを転々とする。衣笠貞之助監督「女優」の端役で映画初出演。

昭和23（一九四八）……………………………………35歳
菊田一夫の紹介で「鐘の鳴る丘」に出演。井上正夫と共演し、「器用な芝居は大成せんよ」とのお言葉を頂戴する。東宝大争議で、決まっていた出演作がなくなる。

昭和24（一九四九）……………………………………36歳
新宿ムーラン・ルージュに参加し、「蛇《ながむし》」「太陽を射る者」などに出演。ムーラン演技派男優の誕生に喝采が送られる。

▼10月、中華人民共和国の成立

昭和25（一九五〇）……………………………………37歳
NHKラジオ「愉快な仲間」に藤山一郎と共演、その話術が評判になる。並木鏡太郎監督「腰抜け二刀流」で映画初主演。出演料で墓をつくる。NHK「ラジオ喫煙室」が始まる。

▼朝鮮戦争始まる（一九五三年休戦）

昭和26（一九五一）……………………………………38歳
日本初のミュージカル劇「モルガンお雪」に出演、

共演は越路吹雪。この頃から映画出演が多くなる。
▼サンフランシスコ講和条約に調印

昭和27（一九五二）……………………………39**歳**
会社員の心のうさをアドリブで入れた映画「三等重役」「続三等重役」公開、後の「社長シリーズ」に。
▼GHQによる映画検閲が廃止、時代劇が復活。
松下電器産業が日本初の民生用テレビを発売

昭和28（一九五三）……………………………40**歳**
「半七捕物帳　十五夜御用心」でテレビ初出演。映画「次郎長と石松」。
▼2月、日本放送協会のテレビ放送開始。松竹、東宝、大映、新東宝、東映が専属監督・俳優の引抜き禁止、貸出しの特例廃止（五社協定）

昭和30（一九五五）……………………………42**歳**
映画「警察日記」「夫婦善哉」が大ヒット。「夫婦善哉」の柳吉の「オバはん、頼りにしてまっせ」が流行語に。一九五三年に始まった五社協定を守らず、日活、新東宝、東京映画、東宝の作品に出演する。

昭和31（一九五六）……………………………43**歳**
「警察日記」「夫婦善哉」ほかの演技に対し、ブルーリボン賞、毎日映画コンクール主演男優賞を受賞。「社長シリーズ」始まる（～昭和45年）。映画「神阪四郎の犯罪」「猫と庄造と二人のをんな」などでブーム。
▼経済白書「もはや戦後ではない」

昭和32（一九五七）……………………………44**歳**
芸術座の柿落しとして「暖簾」を初演。NHKラジオ「日曜名作座」始まる。初めての著作『こじき袋』を読売新聞社から出版。

昭和33（一九五八）……………………………45**歳**
「駅前シリーズ」始まる（～昭和44年、24作）。NHK和田賞を受賞。

昭和34（一九五九）……………………………46**歳**

東宝自由劇団提携公演で「佐渡島他吉の生涯」を初演。他吉の昇天の場が話題を呼ぶ。第十回NHK「紅白歌合戦」に出場（昭和40年の第十六回まで七年連続）。ヨット「メイキッス号」を購入し、関西へ航海。

▼4月、当時の皇太子殿下御成婚でテレビが一般家庭に普及

昭和35（一九六〇）……………………**47歳**

初めてプロデュースした主演映画「地の涯に生きるもの」が完成。この撮影のため知床に長期滞在した際に「知床旅情」を作詞・作曲。NTV（現在のテレビ朝日）の番組企画で40日間のヨーロッパ旅行。翌年、旅行記『見てきた・こんな・ヨーロッパ』を出版。

▼1月、新日米安全保障条約に調印、安保闘争

昭和37（一九六二）……………………**49歳**

森繁劇団の旗揚げ公演として「南の島に雪が降る」などを上演。

昭和39（一九六四）……………………**51歳**

五月、一年半かけて建造した船「ふじやま丸」進水。九月、西宮港で台風のため座礁、大破。テレビ「七人の孫」に出演。紺綬褒章を受章。

▼東京オリンピック開催。十九世紀末の帝政ロシア領に暮らすユダヤ教徒の生活を描くミュージカル「屋根の上のヴァイオリン弾き」がアメリカで初演

昭和40（一九六五）……………………**52歳**

昭和三十九年度のNHK放送文化賞を受賞。

昭和41（一九六六）……………………**53歳**

NHKテレビで「太陽の丘」出演。

昭和42（一九六七）……………………**54歳**

ブロードウェイで人気のミュージカル「屋根の上のヴァイオリン弾き」初演（昭和61年に九百回を迎える）。主役の牛乳屋テヴィエ役をつとめる。

昭和48（一九七三）……60歳
映画「恍惚の人」が日本映画久々の大ヒット。
▼オイル・ショック

昭和50（一九七五）……62歳
NHKラジオ「日曜名作座」で昭和四十九年度の菊池寛賞を受賞。「屋根の上のヴァイオリン弾き」再演のテヴィエ役で「世界的名優」と激賞される。この年、紫綬褒章を受章。

昭和51（一九七六）……63歳
東宝入社以来、芸能生活四十周年を迎える。ゴールデンアロー賞を受賞。2月2日、テレビ長寿シリーズ「徹子の部屋」第一回のゲストに。

昭和52（一九七七）……64歳
「屋根の上のヴァイオリン弾き」で昭和五十一年度の紀伊國屋演劇賞特別賞、毎日芸術賞、菊田一夫演劇大賞を受賞。

昭和53（一九七八）……65歳
NHKテレビ「赤サギ」に出演。

昭和54（一九七九）……66歳
芸術選奨文部大臣賞を受賞。日本＝ニューカレドニア親善協会会長に就任。

昭和56（一九八一）……68歳
「屋根の上のヴァイオリン弾き」が仙台公演で五百回となり、日本中を感動の渦にまき込む。「余暇の作文」で創作集団文芸賞を受賞。

昭和57（一九八二）……69歳
帝劇で「屋根の上のヴァイオリン弾き」の六カ月長期公演を行う。日本俳優連合の理事長に就任。

昭和58（一九八三）……70歳
テレビと映画で吉田茂役を演じる。東京都民栄誉文化賞、日本アカデミー特別賞を受賞。芸能生活五十周年を記念して、帝劇で「孤愁の岸」を上演。

昭和59（一九八四）……71**歳**
昭和五十九年度の文化功労者に顕彰される。

昭和62（一九八七）……74**歳**
勲二等叙勲。11月19日、アニサキスによる腸閉塞で御園座「蛍」「貝殻島にて」途中降板。

昭和64・平成元（一九八九）……76**歳**
1月7日、昭和天皇崩御の際、宮中に呼ばれる。
▼東西ドイツの統一

平成2（一九九〇）……77**歳**
妻・萬壽子が死去。

平成3（一九九一）……78**歳**
俳優としての初（伝統芸能以外の大衆芸能では初めて）の文化勲章を受章。クルーザーで日本一周。
▼湾岸戦争。ソ連解体

平成4（一九九二）……79**歳**
日本アカデミー賞栄誉賞を受賞。

平成8（一九九六）……83**歳**
日本映画批評家大賞を受賞。

平成11（一九九九）……86**歳**
長男・泉が逝去。

平成12（二〇〇〇）……87**歳**
胆管結石で入院。

平成14（二〇〇二）……89**歳**
年末、急性心筋梗塞で入院。

平成15（二〇〇三）……90**歳**
祝卒寿記念「銀幕の天才　森繁久彌」映画祭新文芸坐で開催。
▼イラク戦争。

平成16（二〇〇四）……91**歳**

映画「死に花」に最後の映画出演。テレビドラマ「向田邦子の恋文」で俳優として最後の演技。

平成19（二〇〇七）……94**歳**

日本俳優連合の理事長を勇退、永世名誉会長となる。

平成21（二〇〇九）……96**歳**

11月10日、老衰のため東京都内の病院で死去。12月、国民栄誉賞が追贈。

『銀幕の天才　森繁久彌』（ワイズ出版、二〇〇三年）『こぼれ松葉』（日本放送出版協会、一九八三年）等を参考に作成

や　行

ら　行

わ　行

ま　行

な 行

は 行

た　行

人名索引

＊森繁久彌による本文より，人名を原則として姓の五十音順に配列した。

著者紹介

森繁久彌（もりしげ・ひさや）

大正2（1913）年、大阪府枚方市に生れる。2歳の時に父・菅沼達吉が死去。大正9年、母方祖父の姓を継ぎ森繁久彌に。昭和10年、早稲田大学商学部入学。昭和11年、東宝新劇団に入団、解散し東宝劇団歌舞伎、次いでロッパ一座に。昭和14年、NHKアナウンサー試験を経て、満洲の新京中央放送局に勤務。昭和21年、新京で劇団コッコ座を結成、11月帰国。昭和22年、「女優」で映画初出演。昭和24年、新宿ムーラン・ルージュに参加。昭和25年、「腰抜け二刀流」で映画初主演。昭和28年、「半七捕物帳　十五夜御用心」でテレビ初出演。昭和30年、映画「警察日記」「夫婦善哉」大ヒット。昭和31年、ブルーリボン賞、「へそくり社長」で「社長シリーズ」始まる。昭和33年、「駅前旅館」で「駅前シリーズ」始まる。昭和35年、初プロデュースの主演映画「地の涯に生きるもの」。この撮影で「知床旅情」作詞・作曲。昭和37年、森繁劇団の旗揚げで「南の島に雪が降る」上演。昭和42年、ミュージカル「屋根の上のヴァイオリン弾き」初演（主演テヴィエ役、昭和61年に900回を迎える）。昭和48年、映画「恍惚の人」大ヒット。昭和59年、文化功労者。平成3年、俳優として初の文化勲章を受章。平成16年、映画「死に花」で最後の映画出演。テレビドラマ「向田邦子の恋文」で最後の演技。平成21（2009）年11月10日死去。12月、国民栄誉賞が追贈。

道《みち》——自《じ》伝《でん》
全著作《ぜんちょさく》〈森繁久彌《もりしげひさや》コレクション〉1（全5巻）　〈第1回配本〉

2019年 11月10日　初版第1刷発行©

著　者　森　繁　久　彌
発行者　藤　原　良　雄
発行所　株式会社　藤　原　書　店
〒162-0041　東京都新宿区早稲田鶴巻町 523
電　話　03（5272）0301
FAX　03（5272）0450
振　替　00160 - 4 - 17013
info@fujiwara-shoten.co.jp

印刷・製本　中央精版印刷

落丁本・乱丁本はお取替えいたします
定価はカバーに表示してあります
Printed in Japan
ISBN978-4-86578-244-8

▶本コレクションを推す◀

◇ヨットの思い出…………………… 作家 石原慎太郎

天下の名優、天下の才人、森繁久彌を海に誘い百フィートの大型ヨットまでを作り、果ては三浦半島の佐島にヨットハーバーまで作らせたのはかく言う私で、後々にも彼の絶妙な色談義を交えたヨット談義を堪能させられた。森繁さんの海に関する物語は絶品の本にもなるだろうに。

◇森繁久彌さんのこと………… 女優・ユニセフ親善大使 黒柳徹子

森繁久彌さんは、面白い人だった。この本を読むかぎり、相当のインテリだけど､私に会うたびに「ねえ！　一回どう？」と最後までささやいて下さった。何歳になっても、ウィットのある方だった。セリフのうまさは抜群で、私は長ゼリフなど森繁さんから習ったと思ってる。カンニングしながらでも、その人物になりきっている森繁さんに、ちっとも嘘はなくセリフは真実だった。そして何より、森繁さんは詩人だった。もっと長く生きてほしかった。

◇天 才 ……………………映画監督 山田洋次

演じても歌っても描いても語っても、何をしても一流だった。こういう人を天才というのだろうが、そんな言い方をされるのを死ぬほど嫌がる人でもあった。

◇森繁さんと再会できる ………………… 歌手 加藤登紀子

私にとって運命の人、森繁さん。満州から佐世保に引き揚げた日がわが家と森繁家は数日しか違わない！　そう解ったのは「森繁自伝」でした。森繁さんの声が聞こえて来そうな名調子に魅せられて、何度も読みました。「知床旅情」が生まれた映画「地の涯に生きるもの」と「屋根の上のヴァイオリン弾き」という貴重な足跡からも、他の誰にもない熱情を受け止めてきました。没後十年で「森繁久彌の全仕事」が実現。もう一度じっくりと、森繁さんと再会できる！　本当に嬉しいです。

◇“森繁節”が聞こえる……………歌舞伎俳優 松本白鸚

「この人は、いまに天下とるよ」。ラジオから流れる森繁さんの朗読を聞きながら､播磨屋の祖父（初代中村吉右衛門）がポツンと言いました。子どもだった私が、森繁さんを知った瞬間です。祖父の予言どおり、森繁さんはその後、大活躍をされ、日本を代表する俳優の一人となられました。『勧進帳』をこよなく愛し、七代目幸四郎の祖父、父、私と、三代の弁慶をご覧になり、私の楽屋で、勧進帳の読み上げを朗々と披露してくださいました。それはまさに祖父の弁慶の科白廻しそのままでした。本書には、多才で教養に充ち、魅力溢れる森繁さんの「人となり」が詰まっていて、読んでいると、在りし日の「森繁節」が聞こえてくるような気さえします。

全著作〈森繁久彌コレクション〉

全5巻　　**内容見本呈**

推薦　石原慎太郎／稲盛和夫／老川祥一／岡田裕介／加藤登紀子／黒柳徹子／堺 正章／玉井義臣／野村正朗／橋田壽賀子／橋本五郎／松本白鸚／萬代 晃／山田洋次／由井常彦／吉永小百合

2019年10月発刊　各巻本体2800円
四六変上製カバー装　各600頁程度
各巻に**解説・口絵・月報**を収録

I　道——自伝　　**解説＝鹿島 茂**

文人の家系に生まれその流れを十二分に受け継ぎ、演劇の世界へ。新天地・満洲での活躍と苦難の戦後、帰国。そして新しい日本で、俳優として活躍された森繁さん。人生五十年の“一応の区切り”として書いた『森繁自伝』、『私の履歴書』他。〈付〉年譜／人名索引

月報＝草笛光子／山藤章二／加藤登紀子／西郷輝彦

640頁　ISBN978-4-86578-244-8　［第1回配本／2019年10月］2800円

II　人——芸談　　**解説＝松岡正剛**

「芸」とは何か、「演じる」とは何か。俳優としての森繁さんは、自らの“仕事”をどう見ていたのか。また俳優仲間、舞台をともにした仲間との思い出を綴る珠玉の随筆を集めた『品格と色気と哀愁と』『もう一度逢いたい』他。　［次回配本］

III　情——世相　　**解説＝小川榮太郎**

めまぐるしい戦後の社会の変化の中で、古き良き日本を知る者として、あたたかく、時にはちくりと現代の世相を見抜く名言を残された森繁さん。『ふと目の前に』『左見右見』他。

IV　愛——人生訓　　**解説＝佐々木 愛**

俳優として芸能界の後輩に語るだけでなく、人生のさまざまな場面で、だれの心にもしみる一言を残してくれた森繁さん。『わたしの自由席』『ブックサ談義』他。

V　海——ロマン　　**解説＝片山杜秀**

人と文化をつなぐ“海”を愛し、「ふじやま丸」「メイキッス号」などの船を所有し、78歳で日本一周をなしとげた森繁さん。『海よ友よ』を中心としたエッセイなどを収録。　[附]著作一覧